本书出版得到

国家文物保护专项资金补助项目

（项目编号：1-01-19-4200-013）

资助

荆州郢城遗址

——2018～2021年考古发掘报告

荆州博物馆　编著

科学出版社

北京

内 容 简 介

　　郢城遗址是1956年湖北省人民政府公布的第一批省级文物保护单位，2013年5月，被国务院核定公布为第七批全国重点文物保护单位。2016年12月~2017年7月，荆州博物馆组织考古人员对郢城遗址进行了较为全面的考古调查、勘探工作。2018年，为验证前期考古勘探结果，荆州博物馆对郢城遗址城垣西北角台基、东城门及护城河区域展开考古发掘工作。为配合荆州郢城遗址本体保护修缮一期工程建设，荆州博物馆于2020年7月开始对前期工程建设项目涉及的5处文物点进行考古发掘，包括：郢城东城门至郢城中鱼塘疏浚工程（"郢街"项目）发掘点2处；"L"型水系发掘点1处；城内南北水系与内壕交汇发掘点1处；南北水系中暴露木桥遗迹1处。为推进郢城遗址的学术研究，促进遗址展示方案设计及实施，荆州博物馆对郢城遗址三号台基进行考古发掘，获得了一批重要的遗存，为研究华中地区秦汉城址的布局与演变提供了必要的考古资料。

　　本书可供从事考古、文物、历史研究的学者及高等院校相关专业师生参考、阅读。

图书在版编目（CIP）数据

　　荆州郢城遗址. 2018~2021年考古发掘报告 / 荆州博物馆编著. —北京：科学出版社，2023.9

　　ISBN 978-7-03-076491-1

　　Ⅰ.①荆…　Ⅱ.①荆…　Ⅲ.①古城遗址（考古）–发掘报告–荆州–2018-2021　Ⅳ.①K878.3

　　中国国家版本馆CIP数据核字（2023）第188566号

责任编辑：王光明　蔡鸿博/责任校对：邹慧卿

责任印制：肖　兴/封面设计：张　放

科 学 出 版 社 出版
北京东黄城根北街 16 号
邮政编码：100717
http://www.sciencep.com

北京汇瑞嘉合文化发展有限公司 印刷
科学出版社发行　各地新华书店经销

*

2023年9月第　一　版　开本：889×1194　1/16
2023年9月第一次印刷　印张：18 3/4　插页：30
字数：640 000

定价：268.00元
（如有印装质量问题，我社负责调换）

序

郢城遗址是长江中游地区具有代表性的秦汉城址，是国务院公布的第七批全国重点文物保护单位，也是著名的荆州三城（纪南城、荆州城、郢城）之一。由于郢城始建于战国后期，历经战国晚期、秦和西汉，其与楚秦汉诸文化的关系、秦汉南郡及江陵地望等一系列学术问题紧密相连，故备受学术界关注。

有关郢城遗址的考古工作始于20世纪60年代。20世纪，考古工作者曾先后四次对郢城遗址作了零星的勘探与发掘，初步确认郢城遗址的年代上限为公元前278年左右、下限为东汉，主体文化堆积应为秦汉时期。同时，因为在郢城内出土了较多楚文化遗物，特别是1971年还在城内发现了郢爰，从而认定郢城应与楚文化关系密切。

进入21世纪后，随着楚汉文化研究的深入，考古工作者对郢城遗址开展了大规模的考古工作。2016年12月～2017年7月，荆州博物馆对郢城遗址进行了全面的调查与勘探，基本摸清了郢城遗址的护城河及水系分布、城垣、城门、角楼、城内建筑台基、地层堆积以及周边秦汉遗址和墓群的分布情况，且于2021年6月出版了《荆州郢城遗址——考古调查、勘探与试掘》。在此基础上，荆州博物馆又于2018～2021年有针对性地对郢城遗址做了较大规模的考古发掘，并及时进行整理研究，于2022年即拿出了《荆州郢城遗址——2018～2021年考古发掘报告》（以下简称《郢城报告》）的初稿。《郢城报告》是郢城考古工作极为重要的阶段性成果，也是截至目前郢城遗址最为系统的考古研究。

本次发掘面积约为3500平方米，相较于整个郢城遗址而言，发掘面积并不算大，但发现了大量且重要的遗迹遗物，收获丰富，其中最为重要的收获和成果主要有四个方面。

第一，基本厘清了郢城的考古学年代。关于郢城的年代，纷纷扰扰几十年，始终未成定论。本次发掘的城址西北角台基、东城门及两侧城垣等遗迹中，发现了西北角城垣夯土叠压于战国晚期文化层之上；同时，在城内还发掘了秦汉时期的木桥、三号台基、"郢街"等重要遗迹。从这些遗迹及其所处的地层中出土了大量的瓦当、筒瓦、板瓦、陶罐、陶盆等建筑材料与生活用器以及半两钱、五铢钱、大泉五十等货币。这些发现表明，城内主要文化堆积的年代为战国晚期至西汉。这是用考古的方法进一步证明了郢城城垣的始筑年代为战国晚期，使学术界认定的郢城的年代上限可能为公元前278年或其后一年得到了实证，同时也证明了郢城的使用年代为战国晚期至西汉晚期，其年代下限可晚至王莽时期。

第二，基本弄清了郢城的布局和特征。本次发掘是在对郢城遗址全面勘探的基础上进行的。结合勘探资料，《郢城报告》的作者对郢城城址的布局和基本特征也有了比较清楚的掌握和认识。郢城的布局与特征至少可以归纳为四点：①城门偏少，且西垣无门；②城垣内外均设护城河即双护城河，具有防御和排涝双重作用；③水系发达，仅城内就有三条水系，且其中一条位于城内中间，贯穿南北，具有郢城建筑布局的中轴线概念；④城内建筑布局多倾向于西部，如11座平均面积约7000平方米的大型建筑台基绝大多数都位于西部，此情形虽应与西城地势较高有关，但也反映了建城者的某些建城理念和信仰。这些特征的充分把握和认识，对于整个郢城遗址的进一步研究具有重要作用。

第三，基本阐明了郢城的性质。关于郢城的性质，《郢城报告》的作者用考古资料与文献材料（包括郢城周边墓葬出土的文字材料）相结合的方法作了认真研究，认为郢城应是秦和西汉早中期南郡以及江陵县的治所，郡县同治。郢城内考古发现的建筑台基和建筑遗迹不仅规模大而且数量多，完全可以满足郡县同城共治的需要。

第四，东城门外护城河及城内水系的发掘，发现了三座秦汉时期的木构桥梁。这可是一个了不起的重大收获。《郢城报告》作者对此极为重视，作了仔细地分析和复原研究。根据桥梁的建筑风格和特点判断，这三座桥梁应是由秦人在灭楚以后主导兴建的。郢城虽为秦城，但实际上是由楚地工匠所建。结合纪南故城涉水、过水建筑遗存以及郢城周围墓葬建筑形制分析，郢城木构建筑仍然表现出强烈的楚地建筑风格，无论是桥梁构架结构还是木作拼合技术，都充分体现出荆楚先民城市建设的智慧和人水和谐的居住理念。整体上看，郢城发现的数处桥梁乃是国内外罕见的古代桥梁遗存，在世界范围内都是极为珍贵的。郢城桥梁遗存的发现，对中国桥梁史、建筑史以及水利史的研究，都具有重要的学术价值。

关于南郡，乃秦首置，西汉沿用，这没有疑问。关于江陵，在战国晚期白起拔郢之前楚国即有江陵邑，战国秦时所置南郡之首县江陵县乃是由楚之江陵邑发展而来，汉仍之，自战国末至秦代再至西汉，其一直为南郡的政治、经济中心。至于郢县，战国末至西汉前期并不存在，《汉书·地理志》记载的南郡郢县乃是西汉中后期设置。有学者指出，武帝以后，江陵县及南郡治所南迁至今荆州城的位置，而郢城仍然存在，故于郢城另置郢县。王莽以后，郢县并入江陵县，郢城废除。这是有关南郡、江陵以及郢县历史脉络的学术观点，这些观点既来自于历史文献，也来自于考古实证，《郢城报告》则是得出和支撑这些学术观点的最有力的考古实证。

总体而言，《郢城报告》资料客观详实，信息量大，研究缜密且深入，结论或学术观点有理有据，是一部不可多得的秦汉考古发掘报告。

张万高

2022年7月12日

Foreword

As a representative site of Qin and Han dynasties in the middle reaches of the Yangtze River, Ying City Ruinsis listed in the seventh batch of national key cultural relics protection units, as one of the famous three cities of Jingzhou (Jinan City, Jingzhou City and Ying City). Since Ying City was built in the late Warring States Period and passed through the Qin and Western Han Dynasties, it was closely connected with the cultural relations between Chu, Qin and Han dynasties, Nan Prefecture and Jiangling county of Qin and Han dynasties and a series of academic issues, which had attracted sufficient academic attention.

Archaeological work on the Ying City Ruins began in the 1960s. In the 20th century, archaeologists have conducted sporadic exploration and excavation for four times, and preliminarily believe that its age limit is around 278 BC to Eastern Han Dynasty, and the accumulation of themed culture should be in the Qin and Han dynasties. Meanwhile, because it unearthed many relics of Chu culture, especially the discovery of Ying Yuan in 1971, it is believed that Ying City should have a relationship with Chu.

After the 21st century, with the in-depth study of Chu-Han culture, archaeologists carried out large-scale archaeological work on the Ying City Ruins. From December 2016 to July 2017, Jingzhou Museum conducted a comprehensive survey and exploration to figure out the distribution of moats and water systems, city walls, gates, turrets, architectural foundations, stratum accumulation, and the distribution of surrounding Qin and Han ruins and tombs. In June 2021, they published the *Archaeological Survey, Exploration and Trial Excavation of the Ying City Ruins in Jingzhou*. On this basis, it conducted a large-scale archaeological excavation of the Ying City Ruins from 2018 to 2021 with timely collation and research, then completed the first draft of the *2018-2021 Archaeological Excavation Report of the Ying City Ruins in Jingzhou* (hereinafter referred to as the *Report of Ying City*) in 2022. It is an important stage achievement of the archaeological work of Ying City, and the most systematic archaeological research of the Ying City Ruins so far.

The excavation area is about 3,500 square meters, which is relatively small compared with the whole site, but a large number of vital relics have been found with profound harvests, among which the most crucial achievements are depicted mainly in four aspects.

Firstly, it basically clarifies the archaeological age of Ying City, since the date has been debated for decades without final conclusion. In the ruins of the northwest corner, such as the platform, the east gate and the two sides of the city wall, the rammed earth of the northwest corner of the city wall has been found on top of the cultural layer in the late Warring States Period. Moreover, the city wall on both sides of the east gate can be divided into two periods, namely the late Warring States period and the Western Han Dynasty; meanwhile, it has excavated wooden bridges from the Qin and Han dynasties, the No.3 building platform and the relics of Ying Street. From these relics and the strata in which they were located, a large number of tiles, cylinder tiles, plate tiles, pots, construction materials and living utensils, as well as the Banliang coins, Wuzhu coins, Daquan fifty coins were unearthed. These findings indicate that its major cultural accumulation dates from the late Warring States Period to the Western Han Dynasty, which further proves that the construction age of the city wall is in the late Warring States Period by archeology, with the upper limit of 278 BC or one year later. It also proves that the use age ranges from the late Warring States Period to the late Western Han Dynasty, while the lower limit can be reached to the Wang Mang period.

Secondly, it basically clarifies the layout and characteristics of Ying City. The excavation was carried out on the basis of a comprehensive exploration of the Ying City Ruins. Combined with the exploration data, the authors of the *Report of Ying City* had a clear grasp and understanding of the layout and basic features of the Ying City Ruins. The layout and characteristics of Ying City can be summarized into four aspects: ①Fewer gates and no gate on the west wall; ②both inside and outside the city wall are equipped with moats, namely double moats, with dual functions of defense and drainage; ③developed water systems. The city has three water systems, one of which is located in the middle and runs through the north and south, indicating the concept of the central axis of the architectural layout; ④the layout of buildings in the city tends to be in the west. For example, most of the 11 large building foundations with an average area of about 7,000 square meters are located in the west. Although this situation is related to the higher terrain of the West City, it also reflects ideas and beliefs of the city builders. The full grasp and understanding of these features plays an important role in the archaeological research of the whole site.

Thirdly, it basically clarifies the nature of Ying City. With regard to the nature, the authors of the *Report of Ying City* made a careful study by combining archaeological data with literature materials (including written materials unearthed from tombs around Ying City), then concluded that Ying City should be the seat of Nan Perfecture and Jiangling county in the early and middle Qin and Western Han Dynasties under the same administration. The architectural foundations and architectural remains discovered by archeology are not only large in scale but also in number, which can fully meet the need of co-governance of the prefectures and counties.

Fourthly, three wooden bridges dating back to the Qin and Han dynasties were discovered in the excavation of the river and water system outside the east gate. The author of the *Report of Ying City* attached great importance and made a careful analysis and recovery study. Judging from the architectural style and characteristics, these three bridges should have been built by the Qin people after the destruction of Chu. Although Ying City was under the rule of Qin, it was actually built by Chu craftsmen. Combining with the analysis on the remains of wading and water-crossing buildings in Jinan Old City and the shape and system of tombs around Ying City, the wooden architecture still shows a strong architectural style of Chu. No matter the bridge structure or wood blending technology, they all reflect the wisdom of urban construction and the living concept of harmony between people and water of Jingchu ancestors. On the whole, several bridges and wooden buildings are rare relics of ancient bridges at home and abroad, which are extremely valuable worldwide. The discovery of the bridge remains at Ying City is of great academic value for the research on the bridge history, architectural history and water history of China.

As for Nan Prefecture, it was first established in the Qin State and was used until the Western Han Dynasty. As for Jiangling, in the late Warring States Period, there was Jiangling Yi in the state of Chu, and the first county of Nan Prefecture was established in the Warring States Period of Qin State. Jiangling County developed from Jiangling Yi of Chu until the Han Dynasty, from the end of the Warring States Period to the Qin Dynasty and then to the Western Han Dynasty, it was the political and economic center of Nan Prefecture. As for Ying County, it did not exist from the late Warring States Period to the early Western Han Dynasty. The Ying County of Nan Prefecture recorded in the *Book of Han • Geography* was set in the middle and late Western Han Dynasty. Some scholars pointed out that after Emperor Wu of Western Han Dynasty, Jiangling County and Nan Prefecture government moved south to Jingzhou City, while Ying City still existed with Ying County. After the regime of Wang Mang, Ying County was merged into Jiangling County and Ying City was abolished. These are academic views on the historical context of Nan Prefecture, Jiangling County and Ying County, which come from both historical documents and archaeological evidence, and the *Report of Ying City* is the most powerful archaeological evidence to derive and support these academic views.

Above all, the *Report of Ying City* is a rare archaeological excavation report of Qin and Han Dynasties with objective and detailed data, sufficient information, careful and in-depth research, along with well-founded conclusions and academic opinions.

Zhang Wangao

July 12, 2022

目　　录

插图目录

图版目录

第一章　绪　论

第一节　地理概况

荆州市位于湖北省中南部，江汉平原腹地，长江自西向东横贯全市，地理坐标东经111°15′~114°05′，北纬29°26′~31°37′。东望武汉，西接宜昌，南连湖南常德，北临荆门、襄阳。总面积14100平方千米，占湖北省总面积的7.58%。

荆州市位于杨子准地台中部，处于中国地势第三级阶梯的西部边缘，是江汉平原的主体。全市地势略呈西高东低，由低山丘陵向岗地、平原逐渐过渡。山丘分布于西部松滋市的庆贺寺、刘家场及西北部荆州区八岭山，地势最高点为松滋市的大岭山，海拔815.1米。岗地分布于荆州区的川店、马山、纪南和公安县的孟溪、郑公以及石首市的团山、高基庙一带。东部地势低洼，最低点在洪湖市新滩乡沙套湖，海拔仅18米。

郢城遗址位于湖北省荆州市纪南生态文化旅游区郢城村。该区是2010年11月由湖北省人民政府（鄂政函〔2010〕342号）批准设立的荆州海子湖生态文化旅游区，2014年6月，湖北省政府批准荆州海子湖生态文化旅游区更名为荆州纪南生态文化旅游区，占地220平方千米，由中德生态示范城、文化遗产旅游景区、海子湖生态景区等组成。区内包括鸡公山旧石器时代遗址、楚纪南故城遗址、雨台山墓群、郢城遗址、引江济汉渠、长湖等历史文物和自然景观（图1）。

郢城遗址位于在荆州古城东北1.5千米处，西北与楚故都纪南城相距2.9千米。城址四周被公路和铁路环绕，沪蓉高铁距南城墙118~155米，西城墙距荆州火车站约300米，东城墙距楚都大道180~230米，北城墙距引江济汉渠道约1.8千米。城址中心地理坐标（北京坐标系）东经112°13′05.6″，北纬30°22′48.1″，海拔33.35米（图2）。

第二节　历史沿革

郢城之北的鸡公山遗址，证明旧石器时代晚期这里就有人类活动。新石器时代大溪文化、屈家岭文化、石家河文化遗址众多，连绵不断。商周时期遗址发现较少，春秋中期以后遗址明显增多。"荆州"之名最早见于成书于战国时期的《尚书·禹贡》"荆及衡阳惟荆州"（荆山

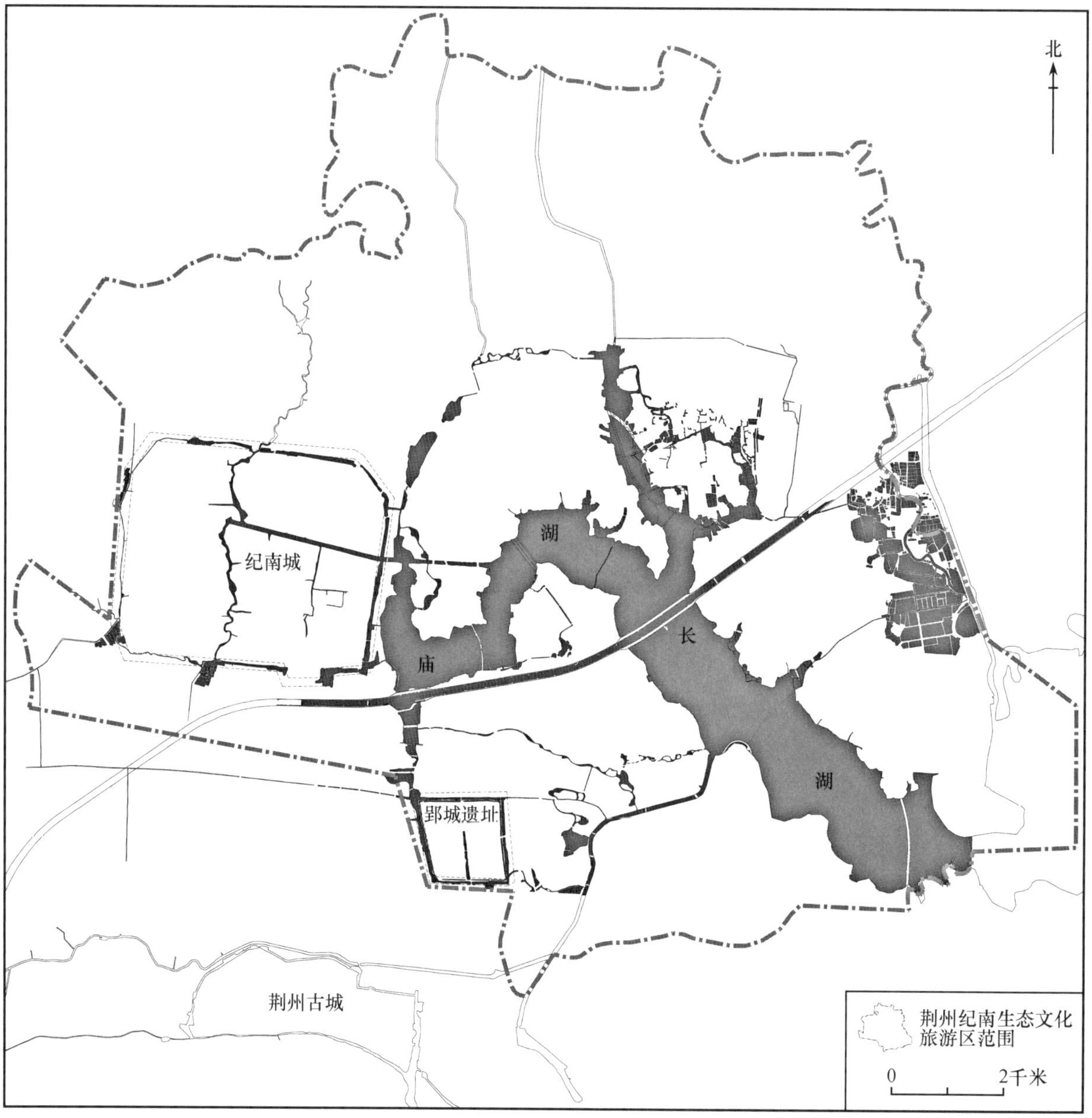

图1　荆州纪南生态文化旅游区管辖区域图

与衡山之间为荆州，荆山位于湖北省南漳县，衡山位于湖南省衡阳市），《周礼·夏官·职方氏》中也有："正南曰荆州。"为传说禹划九州之一，此时的荆州地域面积广阔，包括今湖北、湖南两省的大部分地区。

"江陵"之名最早见于上海博物馆藏战国晚期楚"江陵行邑大夫玺"。

战国时期，楚国迁都于郢（今荆州区纪南城）。

秦属南郡，郡治江陵。

汉武帝元封五年（前106年），设立荆州刺史部，西汉、东汉的主要时段皆属南郡。南郡的异动，只是在汉高帝元年（前206年），项羽分封诸侯时以之同长沙、黔中两郡置为临江国。高帝五年（前202年）临江国除，南郡复故。景帝二年（前155年）三月复以南郡置临江国

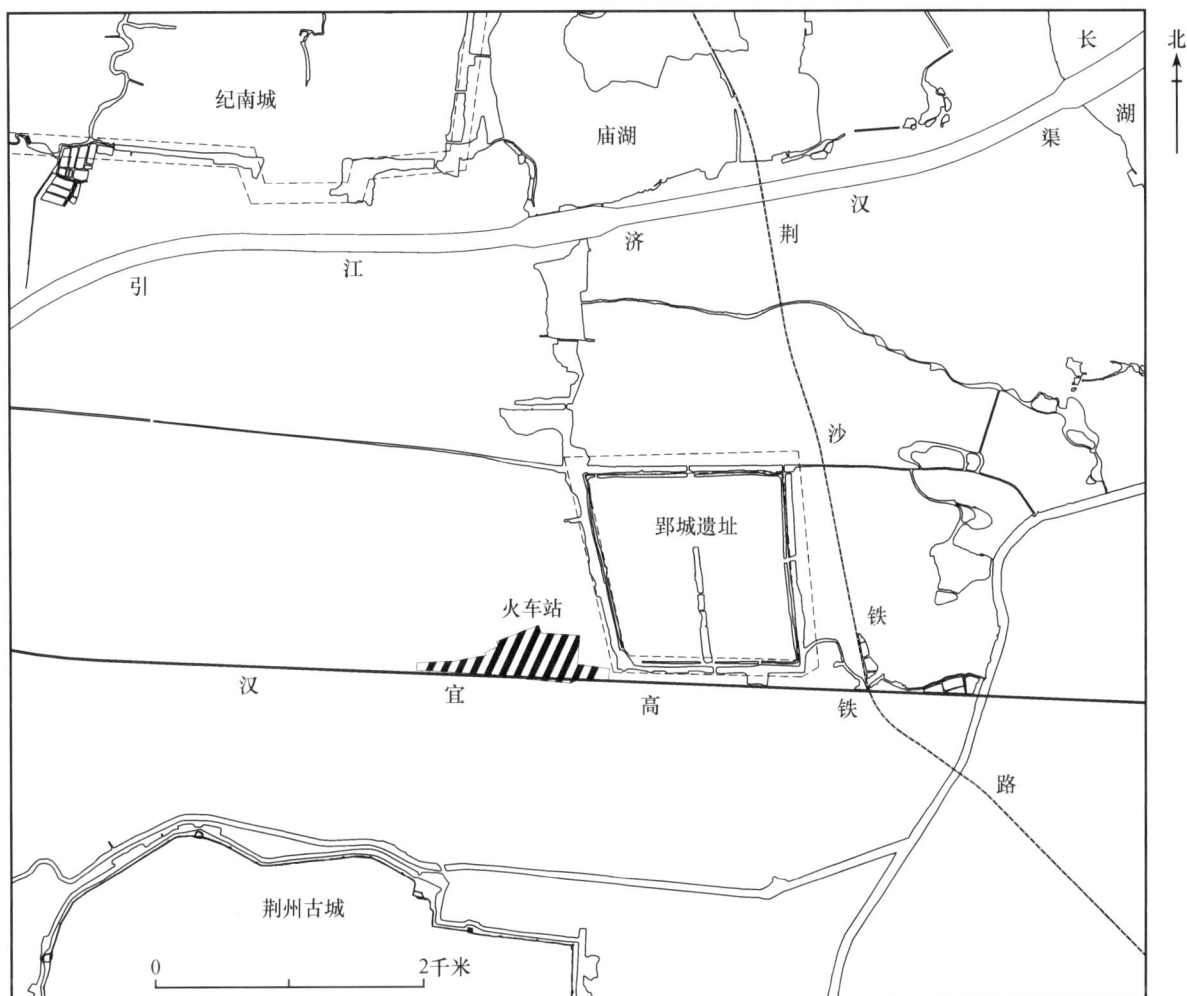

图2 郢城遗址与纪南城、荆州古城区域关系图

封子阏；四年（前153年），临江王薨无后，国除为郡，七年（前150年）十一月，复置临江国，封废太子荣，是为临江闵王；中元二年（前148年），荣因罪自杀，国除复为郡，此后南郡未再置国。

三国时期，魏、蜀、吴三分荆州。后归吴，定治南郡。

西晋太康元年（280年）荆州治江陵。

东晋桓温重修江陵城，始见江陵城、荆州城并称。

南北朝时，齐和帝、梁元帝、后梁萧铣皆以荆州为国都。

隋开皇二年（582年），因与后梁联姻，罢总管府；开皇七年并后梁，又置江陵总管；二十年改为荆州总管。大业初，复称南郡。

唐贞观元年（627年）属山南道；开元二十一年（733年）山南道分为东、西道，属山南东道江陵府，设荆州大都督府，至德后置荆南节度使。唐天宝十四年（755年），山南东道移治江陵郡，上元元年（760年），以江陵为南都，改荆州为江陵府；次年（761年）罢都。

五代十国时（925年），荆南节度使高季兴割据荆、归、峡三州，称南平王，国都设江陵。

北宋至道三年（997年）始为荆湖北路，治江陵府。

南宋属荆湖北路江陵府。

元世祖忽必烈至元十三年（1276年）诏毁襄汉荆湘诸城，于江陵所在地区置中兴路，改隶河南江北行省荆湖北道。

明洪武九年（1376年），湖广行省改置湖广承宣布政使司，荆州府改属河南布政司。洪武二十四年（1391年）荆州府复属湖广布政使司。

清康熙九年（1670年），置上荆南道，驻荆州府。雍正十三年（1735年）上荆南道更名荆宜施道。光绪三十年（1904年）荆宜施道更名荆宜道。

民国元年（1912年），荆州府裁府留县，所辖各县直属荆宜道。1914年荆宜道更名为荆南道。1921年8月复称荆宜道。1932年为湖北省第七区行政督察专员公署。1936年改为湖北省第四行政督察区。

1949年7月成立荆州行政区督察专员公署，专署驻江陵县荆州镇，辖荆门、京山、钟祥、天门、潜江、公安、松滋、江陵等8县；同月，析江陵县之沙市镇建沙市市，属省辖市。

1952年由沔阳县析置洪湖县，驻洪湖。

1970年，荆州专区改称荆州地区，地区驻江陵县，辖沙市市及江陵、荆门、钟祥、京山、监利、石首、天门、潜江、沔阳、洪湖、公安、松滋12县。

1994年9月29日，经国务院批准（国函〔1994〕99号），撤销荆州地区、沙市市、江陵县，设立荆沙市。1996年11月20日，经国务院批准（国函〔1996〕99号），将荆沙市更名为荆州市。

第三节　遗址概况

郢城遗址是1956年湖北省人民政府公布的第一批省级文物保护单位，2013年5月，被国务院核定公布为第七批全国重点文物保护单位。

根据《省人民政府办公厅关于公布文物保护单位保护范围和建设控制地带的通知》（鄂政办发〔2015〕29号），郢城遗址保护范围：郢城遗址及周围一定范围。四至：东至岳山村八组和高路村六组、七组，西至五台村二组、荆北村十组，南至郢南村二、三组，北至郢北村三、四组。郢城遗址建设控制地带：以保护范围四至为界，其中，东、西、北三面向外各延伸100米，南抵沪汉蓉高速铁路（图3）。

郢城遗址城垣由土夯筑，城垣高于城内外地表，其西南角早年遭毁坏，其他均保存较好。郢城遗址整体形状呈不规则正方形，北城垣89°，东城垣174°，南城垣90°，西城垣167°。每边城垣长度在1.292～1.488千米，城垣周长5562米，城址面积约191.8万平方米（图4）。

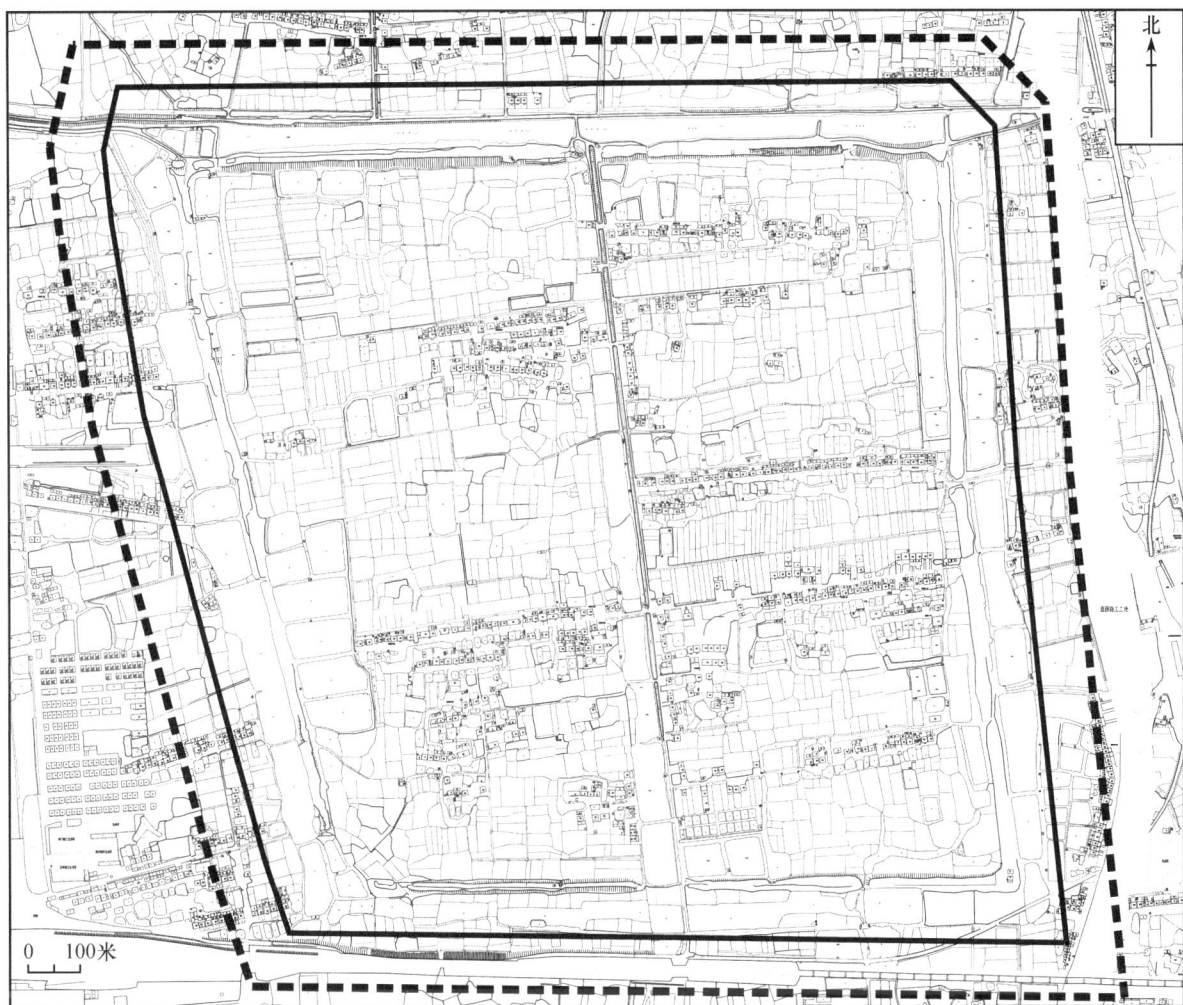

图3　郢城遗址保护范围及建控地带

第四节　既往工作

20世纪50年代中期，中国科学院考古所张云鹏先生对原江陵县境内进行遗址调查，首次发现郢城遗址，并初步判断其为汉代城址。1956年，湖北省人民政府公布郢城遗址为第一批省级重点文物保护单位，2013年5月，被国务院核定公布为第七批全国重点文物保护单位。

20世纪60～80年代，湖北省文物考古机构对郢城遗址做了4次考古调查、勘探和试掘。分别为：

1）1964年11月，湖北省文物工作队在城内中部试掘了1条2米×10米的探沟，出土了一批秦汉时期的文物。

2）1965年配合城内农田水利建设，发现了王莽时期的货币和铜镜[①]。

---

① 刘彬徽：《江陵郢城内出土王莽时期文物》，《江汉考古》1980年第2期。

图4　郢城遗址地形图

　　3）1979年12月、1981年6月，江陵郢城考古队先后两次对郢城进行了考古调查性质的勘探和小面积的发掘。出土一批汉代生活器具，包括甑、釜、盆、盂、碗、豆、瓮、罐等①。

　　20世纪50～80年代，文物工作者对该地区进行了三次文物普查，发现一批秦汉墓地，应与郢城遗址有紧密关系。2012年10～11月，荆州博物馆对郢城南侧的荆北新区进行了文物专题调查，该次文物调查共发现文物点48处，包括墓地20处。2013～2014年，为了配合荆州区城北片区改造建设，荆州博物馆对郢城城址西侧进行了考古调查。共发现文物点10处，分别是施家草场墓群、车家草场墓群、东岳庙墓群、高家大坟遗址、李家院墓地、瓦屋院墓地、西鬼草场墓地、吴家山子墓群、黄家台墓群和王家草场墓群。至今，郢城周边发现秦代文物点16处；汉代文物点83处（其中古文化遗址15处，古墓地68处）。

　　因郢城遗址位于荆州城北，随着城市经济的发展，基本建设工程的不断增多，近年来郢城遗址周边做了不少配合基本建设的考古发掘工作。其中较为重要的考古发现有：

---

　　①　江陵郢城考古队：《江陵县郢城调查发掘简报》，《江汉考古》1991年第4期。

1）1973年8月中旬至11月中旬，长江流域第二期文物考古工作人员训练班在位于纪南城内的凤凰山墓地发掘了20余座秦汉土坑木椁墓。其中102和170号秦墓出土的漆器铭文中记有二十六年和三十七年字样，据考证，这两座墓的年代属秦昭王和秦始皇时期，说明郢城地区在秦昭王时期即有秦民居住。西汉文帝十三年下葬的凤凰山168号汉墓，出土告地策载有"江陵丞敢告地下丞"。西汉文帝十六年下葬的凤凰山9号汉墓，出土了三枚木牍，为安陆守丞所上文书①。

2）1985年11月～1986年3月，湖北省博物馆发掘了下葬年代为汉文帝前元十二年的毛家园1号墓，出土了"告地书"木牍②。

3）1986年初，荆州博物馆在岳山墓地发掘秦墓10座、汉墓31座③。

4）1990年12月，荆州博物馆在杨家山子墓地发掘了127座秦汉墓，其中135号秦墓，封土直径30、高4.5米，墓口东西长6.3、南北宽4.5米，棺椁为一椁重棺，出土随葬器物90余件，是目前江陵地区发掘的规模最大的一座秦墓地④，均发现了秦下级官吏的墓葬⑤。另外在肖家山、周家台（30号秦墓出土的竹简中有记录墓主生前任职期间履行公务记载的《三十四年质日》，出土的木牍中有秦二世元年历谱，部分竹简记有"戊戌宿江陵""丁未起江陵""己巳宿江陵""庚午到江陵"岳山、凤凰山等墓。

5）1990年，荆州博物馆为配合宜黄公路建设，分别在黄山、鸡公山、高台等墓地，发掘了千余座战国、秦汉、六朝、明清墓，其中鸡公山249号墓为一座秦铜器墓，出土铜戟上阴刻有"丹阳"和秦昭襄王"五十二年"等铭文内容，是标准的秦国兵器⑥。

6）1991年9～10月，荆州博物馆在瓦坟园墓地发掘了4座西汉墓，其中西汉晚期的4号墓棺床木板底面阴刻"王□□市郢君□官"等字，这里的"市郢"所指应该即是郢城⑦。

7）1991年，原沙市市博物馆在印台墓地发掘了36座秦汉墓。2002年1月～2004年1月，荆州博物馆在印台墓地发掘了一批西汉墓，出土了大批竹简，其中的文书简中有景帝前元二年（前155年）临江国丞相收到中央政府丞相申屠嘉下达文书的记录，有的告地书记载了墓主下

---

① 湖北省博物馆：《湖北省文物考古工作新收获》，《文物考古工作三十年（1949—1979）》，文物出版社，1981年；湖北省文物考古研究所：《江陵凤凰山一六八号汉墓》，《考古学报》1993年第4期；长江流域第二期文物考古工作人员训练班：《湖北江陵凤凰山西汉墓发掘简报》，《文物》1974年第6期。

② 杨定爱：《江陵县毛家园1号西汉墓》，《中国考古学年鉴（1987）》，文物出版社，1988年。

③ 湖北省江陵县文物局、荆州地区博物馆：《江陵岳山秦汉墓》，《考古学报》2000年第4期。

④ 湖北省荆州地区博物馆：《江陵扬家山135号秦墓发掘简报》，《文物》1993年第8期。

⑤ 荆州博物馆：《湖北荆州市沙市区肖家山一号秦墓》，《考古》2005年第9期；湖北省荆州市周梁玉桥遗址博物馆：《关沮秦汉墓清理简报》，《文物》1999年第6期；荆州地区博物馆：《江陵王家台15号秦墓》，《文物》1995年第1期；湖北省江陵县文物局、荆州地区博物馆：《江陵岳山秦汉墓》，《考古学报》2000年第4期；陈振裕：《试论湖北地区秦墓的年代分期》，《江汉考古》1991年第2期。

⑥ 张绪球：《宜黄公路仙江段考古发掘工作取得重大收获》，《江汉考古》1992年第3期。

⑦ 荆州博物馆：《湖北荆沙市瓦坟园西汉墓发掘简报》，《考古》1995年第11期。

葬的绝对年代①。

8）1992年，荆州博物馆在高台墓地发掘了44座秦汉墓。其中西汉文帝前元七年下葬的高台18号汉墓，出土有江陵丞给死者签发的木牍"告地书"②。

9）2004年底，荆州博物馆在纪南城内的松柏村六组发掘了4座汉墓。其中下葬年代为西汉武帝早期的松柏1号汉墓，在出土的部分简牍中亦有涉及纪年的资料，具体包括：记载秦昭襄王至汉武帝七年历代帝王在位年数的叶书、汉武帝时期的历谱、汉景帝至汉武帝时期周偃的升迁记录及升调文书等公文抄件。木牍有南郡及江陵西乡等地的户口簿、正里簿、免老簿、新傅簿、罢癃（癃）簿、归义簿、复事算簿、见（现）卒簿、置吏卒簿等南郡的各种统计簿册③。

10）2007年11月，荆州博物馆发掘了西汉吕后五年下葬的谢家桥1号汉墓，出土木牍2载有"江陵丞虒移地下丞"④。

11）2013年，荆州博物馆在严家台墓地发掘秦汉等时期墓葬11座，其中6号秦墓出土了一件有铭铜铍，颈部刻有铭文9字"卅四年少府工佗铜铍"⑤。

12）2013年10～12月，荆州博物馆在西胡家台墓地发掘了西汉晚期墓10座、东汉早期墓3座、六朝墓2座、北宋墓2座、明墓10座⑥。

13）2014年9月～2015年1月，荆州博物馆在王氏堰墓地发掘西汉中期后段及晚期墓41座、东汉墓9座、六朝墓20座、唐早期墓2座、宋墓79座、明墓97座、清墓24座⑦。

14）2015年12月～2016年1月，荆州博物馆在张家屋台墓地发掘了战国墓4座、西汉早期及中期前段墓8座、六朝墓3座、隋及唐早期墓3座、宋墓13座、明墓15座、清墓13座⑧。

15）2016年5月，荆州博物馆在凤凰地墓地发掘了汉文帝前元十二年下葬的24号墓，出土有木牍"告地书"⑨。

上述考古发现为认识郢城遗址的年代及性质提供了基础材料。凤凰山168号汉墓发掘后，考古工作者依据出土竹简有"江陵丞敢告地下丞"的记载，率先认为西汉江陵县城"即今江陵城关东北约二千米半的郢城"⑩。黄盛璋则认为郢城遗址为秦南郡治所，江陵县城位于今荆州城⑪。朱俊英认为郢城的始建年代应为秦将白起拔郢之年，即公元前278年左右，其废弃年代

① 郑忠华：《印台墓地出土大批西汉简牍》，《荆州重要考古发现》，文物出版社，2009年。

② 湖北省荆州博物馆：《荆州高台秦汉墓》，科学出版社，2000年。

③ 荆州博物馆：《湖北荆州纪南松柏汉墓发掘简报》，《文物》2008年第4期。

④ 杨开勇：《谢家桥1号汉墓》，《荆州重要考古发现》，文物出版社，2009年，第191页。

⑤ 云南省博物馆、荆州博物馆：《南方霸主——庄蹻故国楚文物大展》，云南美术出版社，2016年。

⑥ 荆州博物馆：《湖北荆州西胡家台墓地发掘简报》，《文博》2016年第2期。

⑦ 李志芳：《荆州市王氏堰西汉至清代墓地》，《中国考古学年鉴（2015）》，中国社会科学出版社，2016年。

⑧ 荆州博物馆：《湖北省荆州市张家屋台墓地发掘简报》，《文博》2017年第4期。

⑨ 荆州博物馆馆藏资料。

⑩ 纪南城凤凰山一六八号汉墓发掘整理组：《湖北江陵凤凰山一六八号汉墓发掘简报》，《文物》1975年第9期。

⑪ 黄盛璋：《江陵凤凰山汉墓简牍及其在历史地理研究上的价值》，《文物》1974年第6期。

应为东汉初期，是为秦南郡西汉的江陵县城所在地①。王红星、刘建业等注意到郢城周边墓地等级较高的墓葬，其下葬年代主要在秦至西汉武帝前期；郢城城内没有六朝时期的文化堆积，但城外部分墓地有大量六朝墓，还有些墓葬等级较高，这些墓葬显然不属郢城而应归属嵊峨山城；王氏堰墓地与六朝墓共存的西汉墓，起始年代为西汉中期后段，西胡家台墓地与六朝墓共存的西汉墓，起始年代为西汉晚期；文献记载西汉晚期南郡江陵县与郢县分立，王莽时郢县改为郢亭。据此，他们认为，郢城的始建年代为公元前278年当年或其后一年，秦至西汉汉武帝前期，为南郡郡治与江陵县治所在。约在西汉中期早、晚段之际，南郡与江陵县迁至今荆州城西北的嵊峨山城址附近，郢城为郢县县治。王莽时期郢县撤并入江陵县，郢城为郢亭所在，城址自此废弃②。

2016年12月～2017年7月，为配合《全国重点文物保护单位·郢城遗址保护规划》的编制，受荆州纪南生态文化旅游区管委会委托，荆州博物馆对郢城遗址进行了较为全面的考古调查、勘探、试掘工作，对郢城遗址的年代、性质、布局有了初步的了解，满足了保护规划的编制条件，取得了一系列新收获。通过考古勘探得知，郢城城垣有四座城门，即东垣东陆门、南垣东陆门、南垣西水门、北垣水门。西城垣经勘探确认没有城门。

城垣外环绕一周护城河。城垣内有一周内环壕沟，城内正中南北向存在一条水道，位于南城垣水门与北城垣水门之间，呈"≈"形，贯穿南北，水道较为平直，由于郢城内部北低南高，该水系与南、北护城河相通，由南向北流动，最终通过城外水系与北部长湖相通，南端应与长江故道相通。

城内发现12座夯土台基，有曲尺形、长方形、椭圆形三种类型。其中长方形为多，次为曲尺形，椭圆形最少。台基的面积以FT6的面积最大，FT12的面积最小。面积最大者可能是当时城内的主体建筑，面积最小者为东城垣城门附属建筑。

城中水道之西部有两处台基分布密集，台基较大，文化层较厚，遗物较多。一是台基T2、T3、T4、T5，此处台基分布密集，四处台基整体略呈方形，南北走向，如将四处台基视为一个整体，其中心点距北城垣578、距东城垣808、距南城垣745、距西城垣505米，基本位于城址中部，紧邻南北贯穿城中的主干水系S1西侧，该区内夯土堆积深厚，探孔发现大量建筑材料残渣，面积约为74000平方米，约占城址（含城垣）总面积的3.9%。二是台基T6，该区域分布较大面积烧土堆积，可探面积约500平方米（南部为居民区，水泥场地，不排除仍有烧土堆积的可能），部分区域烧土堆积约有0.8米厚，建筑失火也会造成大面积红烧土堆积，但考虑到该区域烧土的分布位置以及堆积厚度，并且该台地为城内面积最大，位置居中，应是郢城较为重要建筑之一。

根据考古调查、勘探、试掘材料，结合相关文献记载，判明郢城的始建年代为公元前278年或其后，秦至西汉汉武帝前期，为南郡郡治与江陵县治所在。王莽时期郢县撤并入江陵县，郢城为郢亭所在，城址自此废弃。

① 朱俊英：《略论郢城的时代与性质》，《湖北省考古学会论文选集（三）》，江汉考古编辑部，1998年。
② 王建苏、刘建业、王潘盼、朱江松：《郢城遗址的年代与性质新证》，《江汉考古》2020年第3期。

第五节 工作经过及布方方法

郢城为秦至西汉前期的南郡、江陵县，西汉后期的郢县、王莽时期的郢亭所在地，与楚纪南故城、荆州古城形成江陵地区完整的城市发展序列，共同见证了该地区历史时期的政权更迭与人类活动变迁。郢城遗址包含丰富的历史信息，作为江陵地区一系列城址遗存中的代表性遗存，是秦汉时期城市体系的重要组成部分，见证了列国争雄分裂状态的终结和秦汉帝国统一局面下新的等级制度的形成，是研究秦汉时期城市建设和江陵文化的重要实物例证。郢城周边同时期墓地出土简牍的内容为历史研究提供了不可多得的珍贵实物资料。有鉴于此，深挖郢城遗址文化内涵是十分必要的。

1）2017年，为了验证前期考古勘探的结果，拟对郢城遗址东城门及护城河、FT6、FT8号台基、城垣东北角台基开展考古发掘工作，根据国家文物局考古发掘证照（考执字〔2017〕第（283）号），申报发掘面积1000平方米。

2018年4月，郢城考古发掘工作正式启动，为了解决郢城内农民生产生活与文物保护的矛盾，做好郢城文化园的展示利用，荆州纪南生态文化旅游区将郢城内部分村民和房屋进行了搬迁，但因郢城东北角台基葬坟较多，迁坟工作尚未能解决，故此次发掘将城拐角台基的发掘位置更换到郢城西北角台基上。

郢城西北拐角台基的发掘，是为了了解郢城有无角楼遗存和该台基与护城河之间的关系；掌握该处台基城垣外坡坡度；确认城垣修筑有无基槽并与相邻西、北城垣的关系。

为配合荆州纪南生态文化旅游区关于郢城保护利用的意见，发掘过程中将大部分发掘面积安排在郢城东门及护城河的发掘上，着重了解东城门门宽、进深、附属建筑及护城河宽度、堆积等情况。

2）根据《国家文物局关于郢城遗址本体保护修缮工程一期设计方案的批复》（文物保函〔2019〕645号）、湖北省文化和旅游厅《关于开展郢城遗址保护修缮工程（一期）设计方案的核准意见》（鄂文旅字〔2020〕15号）、荆州纪南生态文化旅游区文物局《关于开展郢城遗址保护修缮（一期）工程文物考古工作函》（2020年3月25日），要求尽快组织开展相关的考古发掘工作。为了落实该项工作，荆州博物馆郢城遗址考古工作队依据《荆州郢城遗址考古勘探报告》，向国家文物局申请对工程涉及的9处遗存进行考古发掘工作，并得予准许（考执字〔2020〕第786号）。

为配合荆州郢城遗址本体保护修缮工程一期建设，荆州博物馆于2020年7月开始对前期工程建设项目涉及的5处文物点进行考古发掘，包括：①郢城东城门至郢城中鱼塘疏浚工程（"郢街"项目）发掘点2处；②"L"形水系发掘点1处；③城内南北水系与内壕交汇发掘点1处；④南北水系中暴露木桩遗迹1处。

3）为推进郢城遗址的学术研究。落实好国家文物局《关于郢城遗址保护规划的意见》（文物保函〔2018〕1478号）中"重点开展城址营建和内部功能布局研究，还原历史文化面貌和古代社会生活"的工作要求；促进遗址展示方案设计及实施，荆州博物馆对郢城遗址三号台基进行考古发掘（考执字〔2019〕第236号），计划清理至汉代文化层，了解其结构、规模、特点。同时，对城内中心区域夯土台基（T2、T3、T4、T5）进行重点勘探，目的是了解台基之间的关系及台基在郢城中的功能与地位，借此判断该区域是否为官署区（古南郡治所或江陵县治所所在地），为遗址展示方案设计及实施提供考古依据。

郢城遗址发掘区域以西南角（X3361999.800，Y616180.311）为坐标原点划分为A、B、C、D四个区域，西北角台基发掘处于A区，东门及护城河、"郢街"项目发掘点处于B区，"L"形水系发掘点处于D区，城内南北水系与内壕交汇发掘点处于D区，南北水系中暴露木桩遗迹发掘点处于四区域交汇处，三号台基发掘点处于A区（图5）。

1. 西北角台基发掘区域　2. 东城门及护城河发掘区域　3. "郢街"项目发掘区域　4. "L"型水系发掘区域　5. "南北水系"中段发掘区域　6. "南北水系"与"南内壕"交汇处发掘区域　7. 三号台基发掘区域

图5　郢城遗址发掘区域及发掘点示意图

第六节 报告整理编写过程

郢城的田野考古调查、勘探和试掘工作于2016年12月1日开始，2017年7月30日结束。通过调查、勘探与试掘，基本摸清了郢城遗址护城河、城垣、城门、角楼、城内台基分布、地层堆积以及周边秦、汉文物点的分布情况，据此编写的《荆州郢城遗址——考古调查、勘探与试掘》于2021年6月出版。

根据考古调查、勘探的结果，荆州博物馆从2018～2021年连续三年对郢城遗址进行了考古发掘工作。

田野工作结束后并未第一时间从郢城遗址考古工作站现场撤离，转而进行资料整理。整理工作由荆州博物馆考古研究所副研究馆员、郢城遗址考古发掘领队朱江松、刘建业主持。参加整理工作的人员有汤琪琪、陈程，技术人员朱枫、王家鹏、谢章伟、王家正、彭巍、张黎涛、刘中义、刘冬梅、胡鹏程；荆州纪南生态文化旅游区文物局黄强、张丙银。整理工作按以下步骤进行。

第一步：将城内外8处发掘点出土遗物按堆积单位进行清洗、放置。清洗时要求不损伤遗物，注意保留遗物的色彩、烟垢与残留物。在清洗过程中注意标签与遗物不能脱离，并将纸标签装入塑料封口袋内，防止标签水浸漫漶，字迹不清。

第二步：将洗净的遗物（主要是陶器残片）晾晒，随后在每件器物和残件上写上出土的堆积单位。如是探方内出土的遗物则写上探方号与地层编号，如是遗迹单位内（灰坑、灰沟、墓葬）的出土物则写上遗迹单位的编号，遗迹代号按照约定成俗，为汉语拼音第一个字母的大写，如墓葬（M）、灰沟（G）、灰坑（H）等。

第三步：对遗物进行拼对修复，尽可能拼对修复出较多的完整器类。如不能进行复原的完整器类，也尽可能把小块陶片拼对成大块陶片。为下一步统计和形态学研究做好资料准备。

第四步：按出土单位对遗物进行统计。按国家文物局颁布的《田野考古工作规程》附表内容进行统计，而且特别注重"陶片数量统计表"和"器形统计表"的统计与填写。

第五步：器物拼对、修复工作全部完成以后，进行器物绘图。在器物绘图的同时，核对整理地层剖面图、遗迹图。核定位置图、地形图、遗迹分布图和单项遗迹图。在完成器物图的绘制以后，进行制卡。制卡内容参照国家文物局《田野考古工作规程》的"表一九 陶器登记卡片"中的内容，主要包括体量、制法、使用、型式描述、检测等。

第六步：进行形态学研究。出土遗物先按质地进行分类，如铜器、铁器、瓷器、陶器。再在质地下面按用途分类。如陶器分生活器皿、生产工具、建筑材料等。形态学研究以地层为依据，以叠压打破关系为准绳，采用桥联法和横联法区分器类的式别。为了便于表述，在器类下分型，型用大写英文字母A、B、C等代表，式用罗马字母Ⅰ、Ⅱ、Ⅲ等代表。

1. 编写思路

无论是围绕特定学术课题的考古工作，还是配合建设工程进行的考古工作，最后如何提交一部符合要求的、令人满意的考古报告，是我们在编写本报告时必须首先要考虑的问题。按照我们理解，考古报告质量的高低，主要取决于此项工作有无明确的课题意识和学术目的，工作方法是否科学严谨，发表的资料是否翔实可靠，获取的信息是否全面，对获取的资料和信息的解析是否客观并有深度。合格的考古报告应该能够将报告提供的信息资料还原到报告中的各个堆积单位，复原遗存的本来面目和当时人们的各种行为过程。出于上述思考，本报告编写的指导思想是实事求是地、全面系统地报道资料，真实客观地反映考古发掘和室内整理研究的成果。

在郢城田野考古工作开始之前，总体思路是以郢城城址为中心，对城外遗址、墓地、城周的地理环境作为一个相互联系的整体开展田野工作。这在前期的考古调查、勘探工作中已基本完成。本报告整理、编写近三年发掘的郢城西北角台基与东门及护城河、郢城遗址本体保护修缮一期工程涉及的5处文物点、郢城遗址三号台基的发掘资料。

2. 报告体例

本报告分为七章。第一章绪论。第一节主要介绍郢城的地理位置、自然环境。第二节介绍郢城的历史沿革，重点是通过文献资料的梳理，查找相关文献对黄州和禹王城不同历史时期的记载。第三节是郢城遗址的概况，包括文物保护级别、文物保护范围、建设控制地带、城址规模的基本情况。第四节介绍郢城遗址本体及周边既往的工作，对20世纪60年代开始至今，郢城遗址本体及周边考古发掘情况的一个梳理。第五节是本报告的工作经过和布方方法，对近三年郢城遗址考古发掘的情况进行简单介绍。

第二至五章是对西北角台基、东城门及护城河、郢城遗址保护修缮一期工程（"郢街"、"L"形水系、"南北水系"木桥、"南北水系"与"南内壕"交汇处）、郢城遗址三号台基发掘情况的报告。第六章结语，是对本报告报道的全部资料进行归纳总结，也是对郢城的考古学研究。通过文献记载与考古材料互证，最后对郢城遗址的历史文化价值做出判定。

第二章　西北角台基发掘

2018年4月，郢城考古发掘工作正式启动，为了解决郢城内农民生产生活与文物保护的矛盾，做好郢城文化园的展示利用，荆州纪南生态文化旅游区将郢城内部分村民和房屋进行了搬迁，但因郢城东北角台基葬坟较多，迁坟工作尚未解决，故此次发掘将城拐角台基的发掘位置更换到郢城西北角台基上，台基中心地理坐标为东经112°13′1.99″，北纬30°23′1.67″。

郢城西北拐角台基的发掘，是为了了解郢城有无角楼遗存和该台基与护城河之间的关系，掌握该处台基城垣外坡坡度，确认城垣修筑有无基槽并与相邻西、北城垣的关系（图6）。

第一节　探方发掘情况

郢城遗址西北拐角共布5米×5米探方9个，其中东西方向7个，南北方向2个，面积225平方米，台基面仅揭露至城垣夯土本体，局部区域开展解剖工作（图7；图版一，1）。现将探方发掘情况简述如下。

1）ATN134E53地层堆积可分为2层。

第1层：表土层。厚10～20厘米。土质疏松，土色黄褐。包含大量植物根系及少量绳纹瓦片。

第2层：垮塌堆积。深10～20、厚5～70厘米。土色黄褐，土质紧密。包含少量绳纹陶片。其下为郢城城垣夯土。

2）ATN135E53地层堆积可分为2层。

第1层：表土层。厚12～20厘米。土色灰褐，土质疏松。包含大量植物根系及少量绳纹陶瓦片。在东南角处有一块打破第1层，长143、宽110厘米的现代堆积。

第2层：垮塌堆积。深12～20、厚18～62厘米。土色黄褐，土质疏松。包含少许绳纹瓦片。在探方东部距北壁70厘米处有一块宽160厘米的红烧土打破第2层。其下为城垣夯土。

3）ATN136E48地层堆积可分为4层（图8、图9）。

第1层：表土层。根据土质、土色分2亚层。

第1A层：厚53～108厘米。土色灰褐偏黄，土质疏松。包含现代塑料制品及少量绳纹陶瓦残片。

第1B层：深53～108、厚0～22厘米。土质松软，土色灰褐。探方东部1米的区域铺有一层

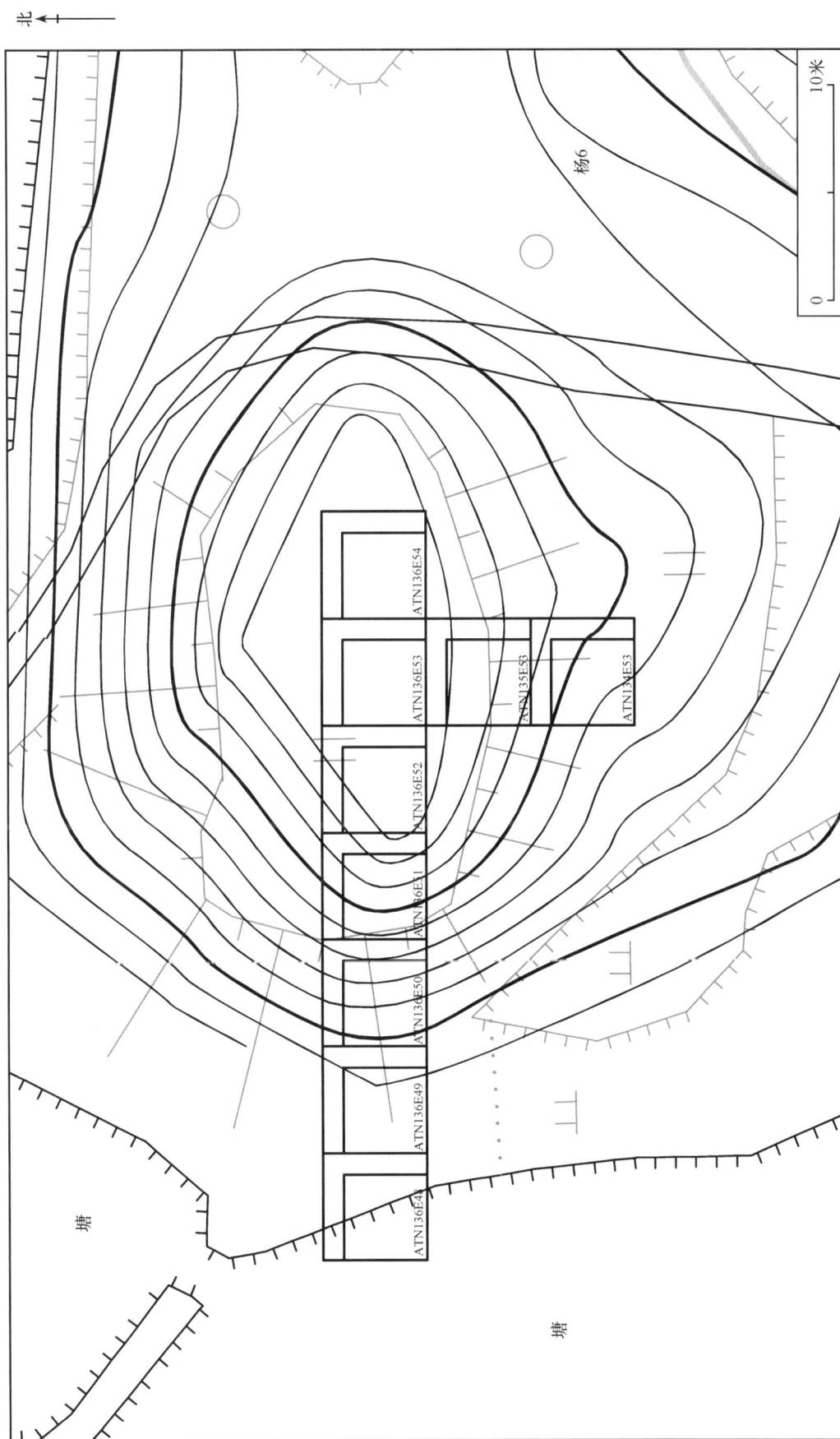

图6 西北角台基发掘探方分布示意图

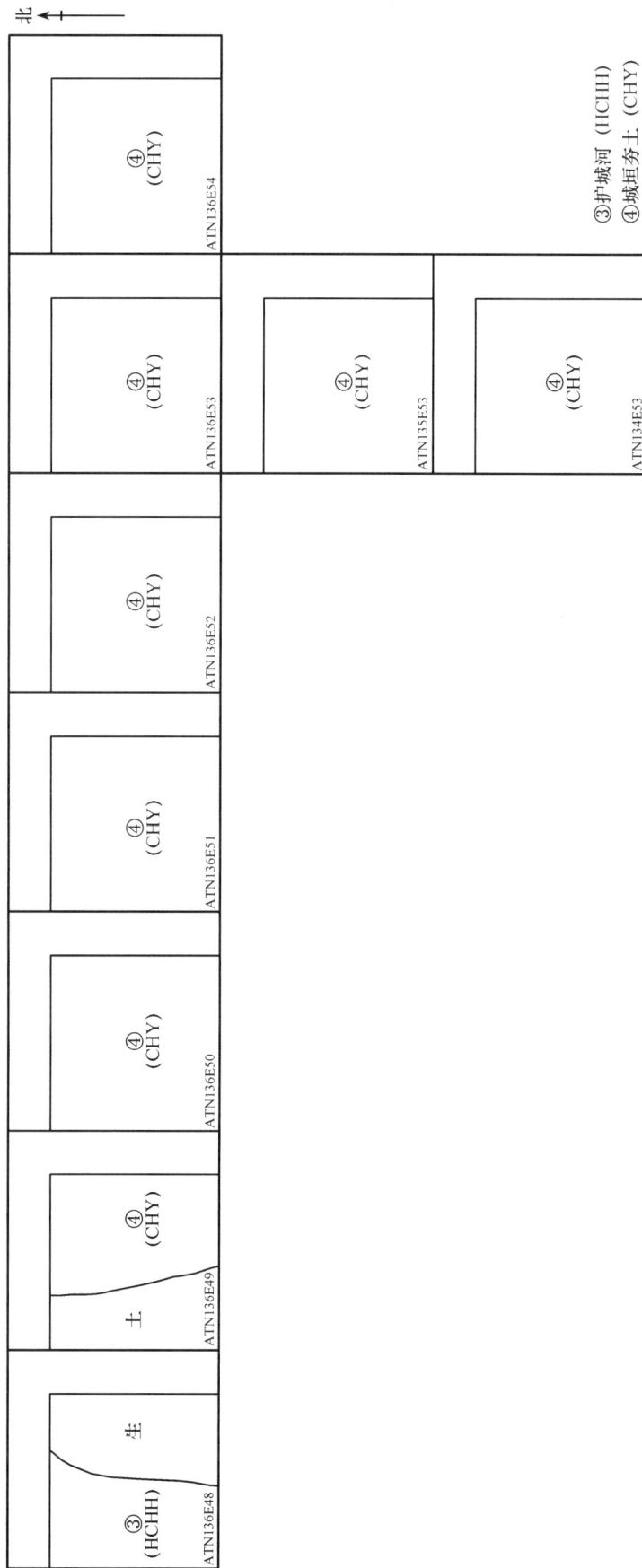

图7 西北角台基发掘遗迹分布示意图

③护城河（HCHH）
④城垣夯土（CHY）

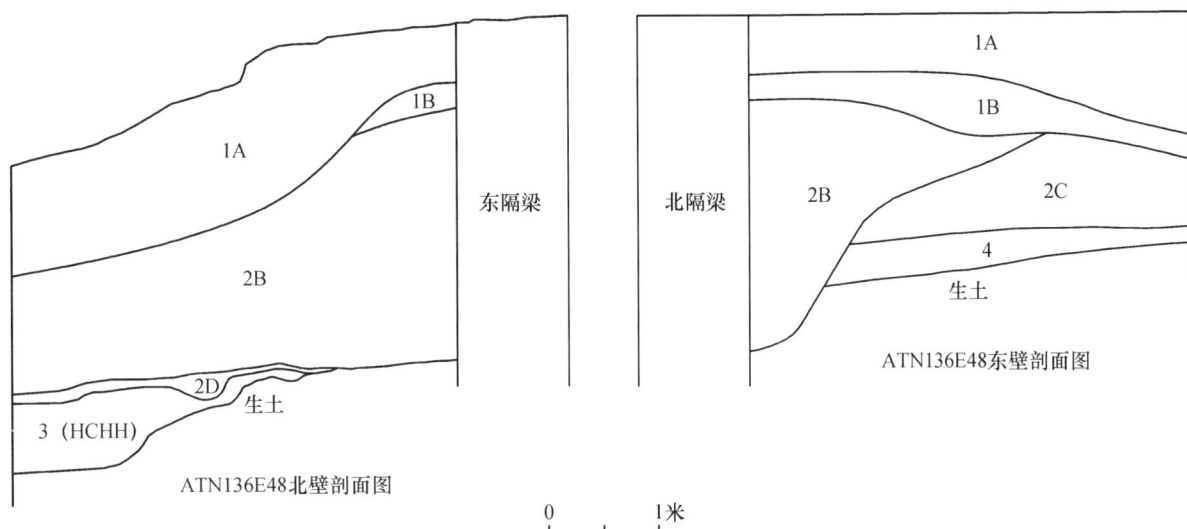

图8　ATN136E48北、东壁剖面图

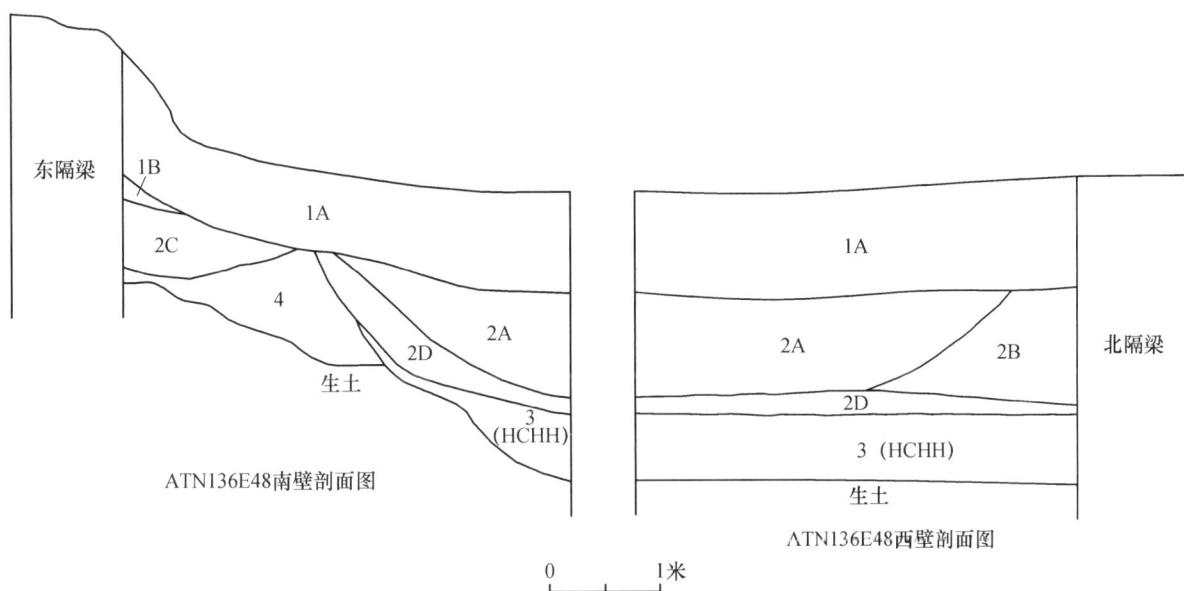

图9　ATN136E48南、西壁剖面图

鹅卵石，夹杂少量瓷片。

第2层：垮塌堆积层。根据土质、土色分4亚层。

第2A层：深69～89、厚0～92厘米。土质稀软，黏性极大，土色青灰。夹杂莲藕根系，分布于探方西南区域。

第2B层：深74～106、厚0～221厘米。土质较硬，土色灰褐夹黄斑。包含大块的绳纹灰陶瓦片，分布于探方北部大半区域。

第2C层：深106～203、厚0～84厘米。土质黏重，土色黄褐夹灰色。包含大量泥质灰陶绳纹瓦片，分布于探方东南角的区域。

第2D层：深68～201、厚0～46厘米。土质黏，土色黄褐。分布于探方西部区域。

第3层：护城河内堆积。深123～195、厚0～58厘米。土质紧实，土色青灰。分布于探方西部区域，包含少量绳纹陶瓦片。

第4层：东周文化层。深70～163、厚0～89厘米。土质较为坚硬，土色黄褐夹灰斑。分布于探方东部区域，包含少量陶器残片。其下为生土。

4）ATN136E49地层堆积可分为4层（图10；图版一，2）。

第1层：表土层。根据土质、土色分2亚层。

第1A层：厚0～74厘米。土质疏松，土色灰褐偏黄。包含大量植物根系和少量陶片。分布于探方西部区域。

第1B层：深0～74、厚10～57厘米。土质疏松，土色灰褐。包含大量植物根系和少量陶片片，分布于整个探方。

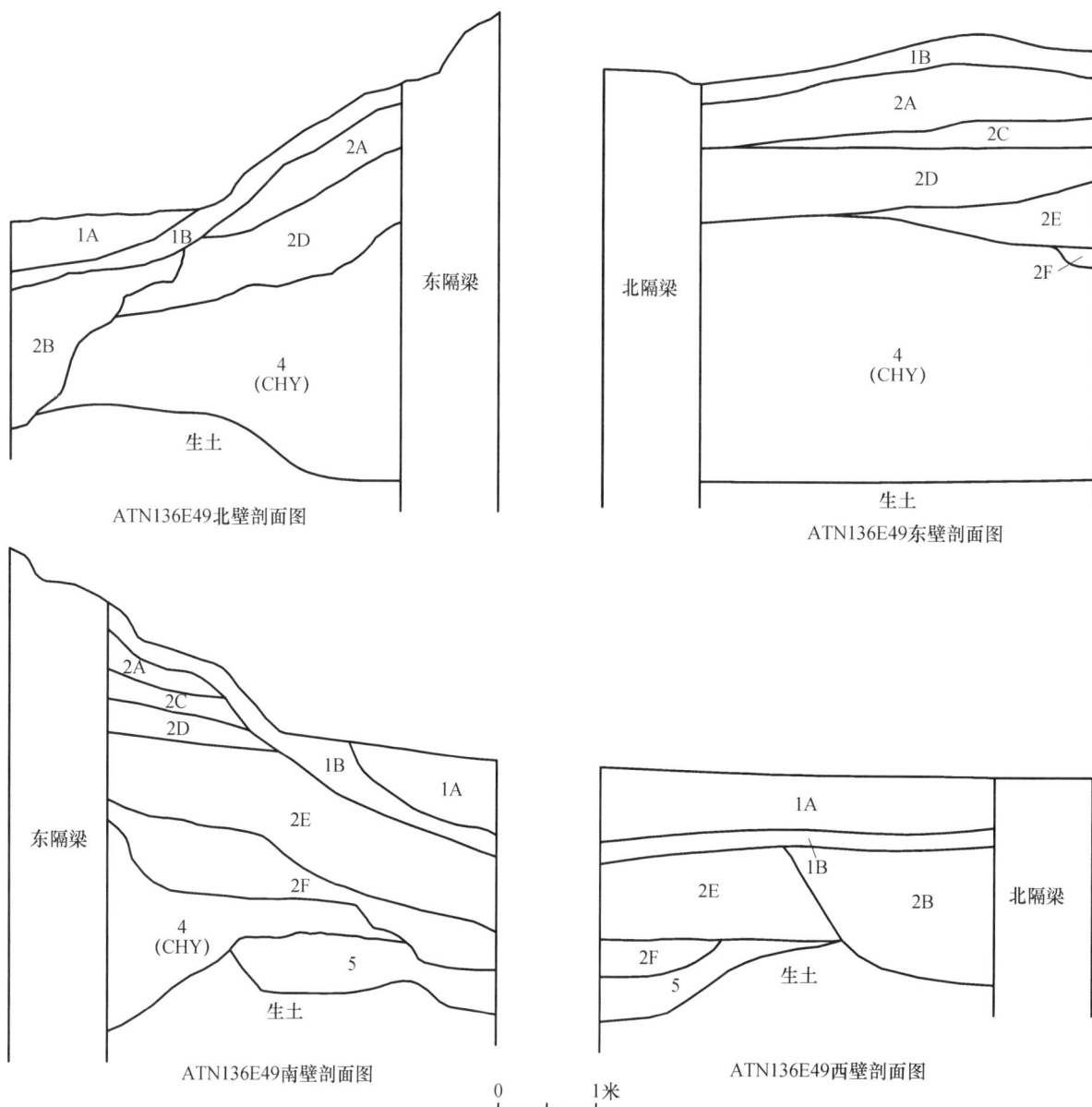

图10　ATN136E49四壁剖面图

第2层：垮塌堆积层。根据土质、土色分6亚层。

第2A层：深20～30、厚0～61厘米。土质疏松，土色灰褐。包含少量绳纹陶瓦片。分布于探方东部区域。

第2B层：深38～71、厚0～137厘米。土质较硬，土色灰褐色夹黄斑。包含少量绳纹灰陶瓦片。分布于探方西北角区域。

第2C层：深31～85、厚0～30厘米。土质疏松，土色黄褐夹浅灰。包含大量的泥质红陶绳纹板瓦片及少量灰陶残片。分布于探方东部区域。

第2D层：深23～102、厚0～74厘米。土质较紧，土色黄褐夹灰斑。包含少量的灰陶残片。分布于探方东部大部分区域。

第2E层：深23～148、厚0～96厘米。土质黏，土色黄褐夹浅灰色斑点。包含少量的灰陶残片。分布于探方南部大部分区域。

第2F层：深167～197、厚0～67厘米。土质较黏，土色深灰褐。包含少量绳纹灰陶筒、板瓦碎片。分布于探方南部1米的区域。

第4层：城垣夯土。深102～215、厚0～257厘米。土质密实，土色为灰、黄、褐花土。包含一件残损的灰陶绳纹陶罐碎片。分布于探方东部大部分区域。

第5层：东周文化层。深162～208、厚0～59厘米。土质较坚硬，土色浅灰夹黄斑。包含散碎灰陶器物残片。分布于探方西南角2米区域。其下为生土。

5）ATN136E50地层堆积可分为3层（图11；图版一，3）。

第1层：表土层。厚12～35厘米。土质疏松，土色灰褐。包含大量植物根系和少量陶片。

第2层：垮塌堆积层。根据土质、土色分4亚层。

第2A层：深12～35、厚64～135厘米。土质疏松，土色灰褐。包含少量绳纹板瓦片。分布于整个探方。

第2B层：深84～133、厚0～108厘米。土质疏松，土色黄褐夹浅灰。包含大量泥质红陶绳纹板瓦片和少量灰陶片。分布于探方西部、南部区域。

第2C层：深76～242、厚0～90厘米。土质较紧，土色黄褐夹灰斑。包含少量灰陶片及铜箭镞残件。分布于探方西南大部分区域。

第2D层：深170～342、厚0～57厘米。土质紧密，土色黄褐夹深灰斑。包含少量灰陶片。分布于探方西南角区域。

第4层：城垣夯土。深70～316厘米。土质密实，为灰、黄、褐花土。未继续向下发掘。

6）ATN136E51地层堆积可分为3层（图12）。

第1层：表土层。厚10～29厘米。土质疏松，土色灰褐。包含大量植物根系和少量陶片。

第2层：垮塌堆积层。根据土质、土色分2亚层。

第2A层：深10～29、厚38～138厘米。土质疏松，土色灰褐。包含大量的泥质红陶绳纹板瓦片和少量灰陶。分布于整个探方。

第2B层：深149～161、厚0～88厘米。土质疏松，土色黄褐夹浅灰。包含少量泥质灰陶绳纹瓦片。分布于探方西南角区域。

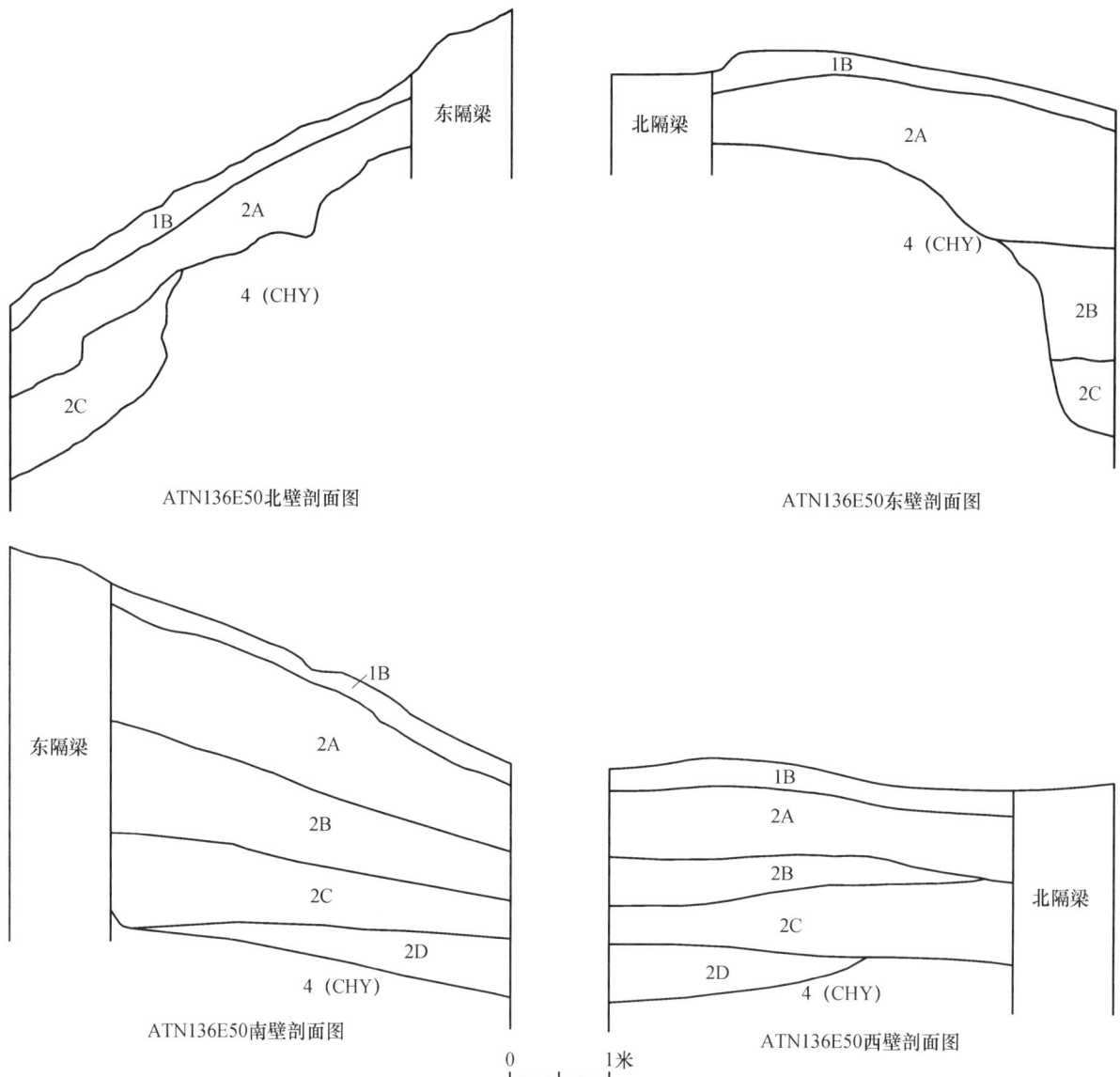

图11　ATN136E50四壁剖面图

　　第4层：城垣夯土。深84～238厘米。土质密实，为灰、黄、褐花土。分布于整个探方。未继续向下发掘。

　　7）ATN136E52地层堆积仅为1层。

　　第1层：表土层。厚20～48厘米。土质疏松，土色灰褐。分布于整个探方，包含大量植物根茎及少量绳纹陶片、瓷片。其下为城垣本体。

　　8）ATN136E53地层堆积仅为1层。

　　第1层：表土层。厚12～20厘米。土质疏松，土色灰褐。包含大量植物根茎及少量玻璃、贝壳、瓷片、绳纹陶片。其下为城垣本体。

　　9）ATN136E54地层堆积仅为1层。

　　第1层：表土层。厚17～55厘米。土质疏松，土色灰褐。包含大量植物根茎及少量陶、瓷片，陶片多为绳纹。其下为城垣本体。

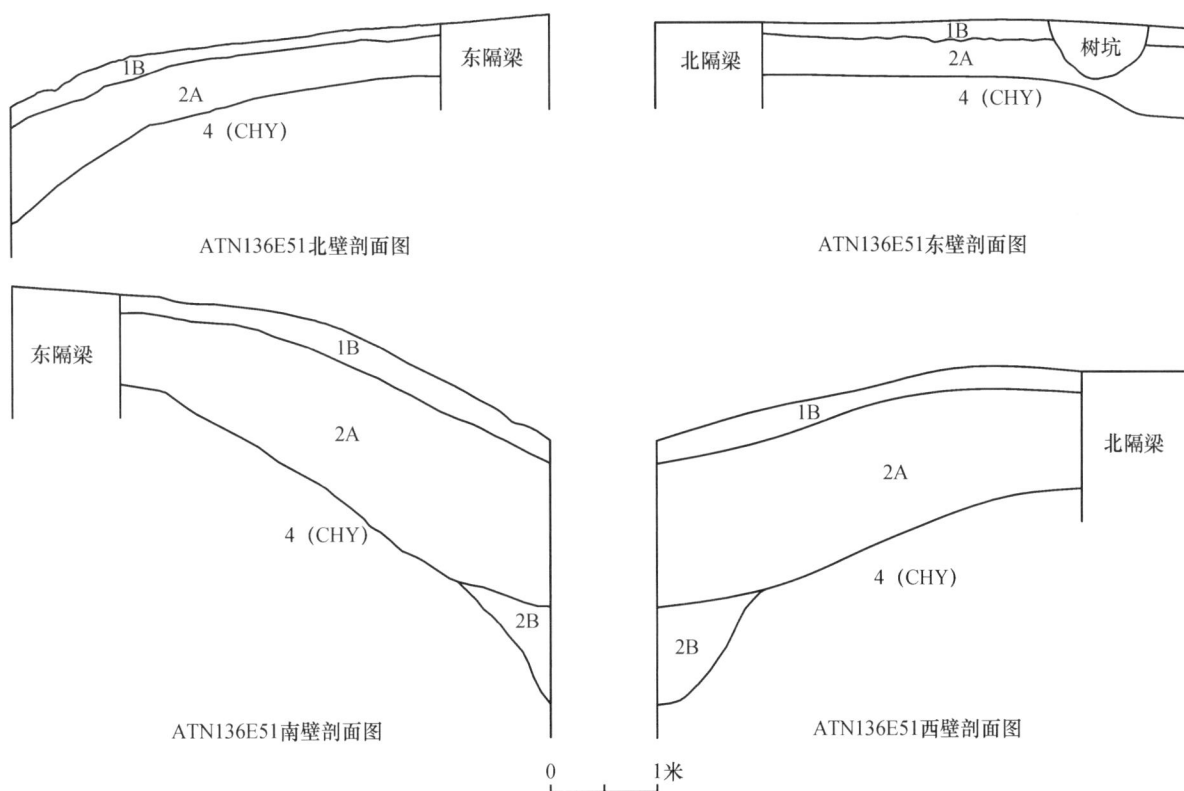

図12　ATN136E51四壁剖面图

第二节　地层堆积情况

根据探方发掘情况，郓城遗址西北角台基地层共分5层（图13）。

第1层：现代层。厚15～95厘米。土色灰褐，土质疏松。包含陶瓷片及大量植物根系。

第2层：垮塌堆积层。根据土色、土质可分为8亚层，分述如下。

第2A层：深15～30、厚0～145厘米。土色灰黄，土质疏松。包含大量的泥质红陶绳纹板瓦片和少量灰陶。

第2B层：深70～90、厚0～95厘米。土色黄褐，土质紧密。包含绳纹灰陶板瓦片。

第2C层：深40～130、厚0～220厘米。土色为灰褐色夹黄斑的花土，土质较硬。包含大块的绳纹灰陶瓦片。

第2D层：深30～170、厚0～125厘米。土色黄褐夹浅灰，土质较疏松。包含少量泥质灰陶绳纹瓦片。

第2E层：深30～105、厚0～90厘米。土色黄褐夹灰斑，土质较紧密。包含少量绳纹板、筒瓦残片。

第2F层：深25～310、厚0～95厘米。黄褐夹浅灰色斑点黏土，土质较硬。包含绳纹板、筒瓦残片。

第2G层：深70～205、厚0～50厘米。黄褐黏土，土质较硬。包含泥质绳纹灰陶片，多为板、筒瓦残片。

第2H层：深115～200、厚0～70厘米。土色深灰褐，土质较黏。包含少量绳纹灰陶筒、板瓦碎片。

第3层：城外护城河堆积。深125～195、厚0～60厘米。土色青灰，土质紧实。包含大量泥质灰陶绳纹板、筒瓦残片。

第4层：城垣夯土。深0.8～190、厚0～755厘米。以褐、黄、灰为主的花土，土质坚硬。有明显夯层，夯层厚8～20厘米。

第5层：东周文化层。深70～210、厚0～95厘米。土质较为坚硬，土色黄褐夹灰斑。包含少量泥质灰陶盆、罐残片。其下为生土。

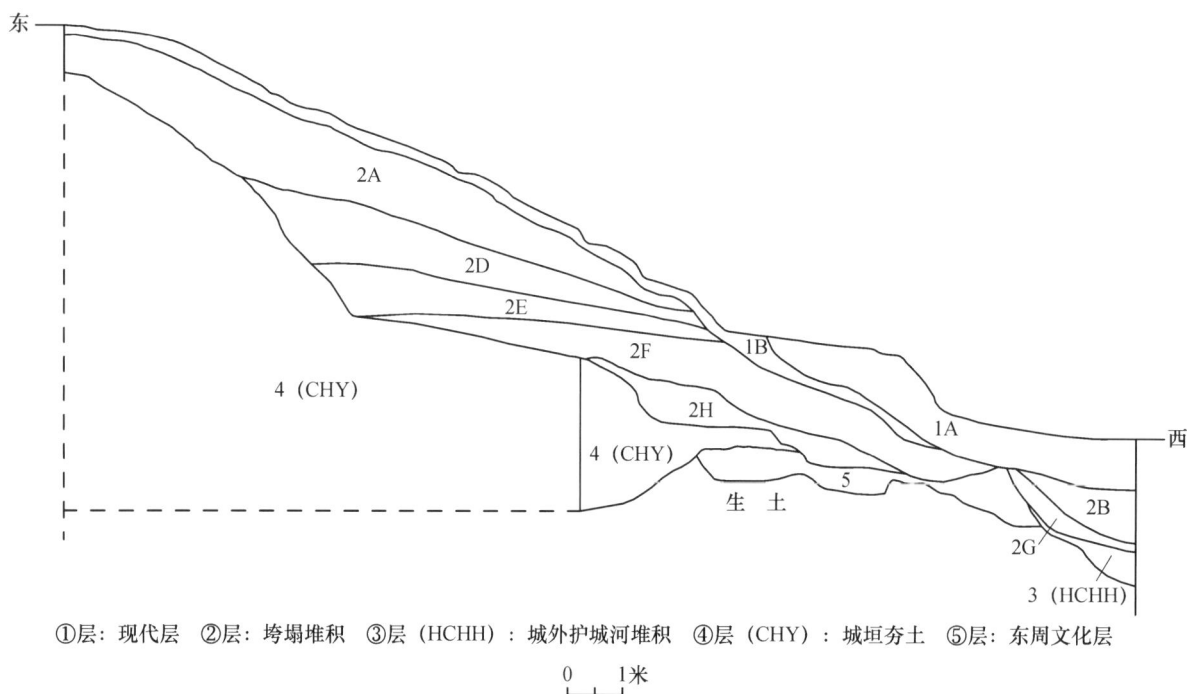

①层：现代层　②层：垮塌堆积　③层（HCHH）：城外护城河堆积　④层（CHY）：城垣夯土　⑤层：东周文化层

0　1米

图13　西北角台基发掘剖面示意图

第三节　遗　　物

除郢城西北角城垣及护城河外，未发现其他遗迹现象，未对该处城垣进行大规模解剖。此处发掘的器物主要出土于垮塌堆积和护城河堆积中，均为陶器，其中绝大多数为泥质灰陶，少部分为泥质红陶。出土陶器主要为建筑材料，极少生活用器。器形主要有筒瓦、板瓦、陶瓮、陶盆、陶罐、陶盂、铜箭镞等。因陶片出土数量众多，本报告仅列举部分标本。

筒瓦　瓦唇呈弧形微翘，圆唇，肩平直，正面饰绳纹。采集标本30件。泥质灰陶27件、泥质红陶3件。其中，泥质灰陶火候较高，泥质红陶火候差。标本ATN136E48②F：1，正面饰一道凹弦纹及纵向绳纹，背面素面。残长11.8、宽7、厚0.9、瓦唇长1.8厘米（图14，1）。标本ATN136E48②F：2，正背面均素面。残长12、宽13.4、厚1厘米（图14，2）。标本ATN136E48②F：6，残长19.6、宽13、厚1.4厘米（图14，3）。标本ATN136E48②F：7，背面饰麻点纹。残长17、宽15、厚1.4厘米（图14，4）。标本ATN136E48②F：8，背面饰麻点纹。残长15.2、宽7.6、厚1厘米（图14，5）。标本ATN136E48③：1，背面饰麻点纹。残长14.5、宽12.6、厚0.7厘米（图14，6）。标本ATN136E48③：2，背面素面。残长13、宽14.6、高4.3、厚0.6、瓦唇长2.2厘米（图14，7）。标本ATN136E48③：3，正、背面均饰中绳纹。残长20.4、宽10、高7.7、厚1.1厘米（图14，8）。标本ATN136E48③：4，背面近瓦唇处饰数道凹弦纹。残长12.2、宽8.5、高7、厚1、瓦唇长2.1厘米（图14，9）。

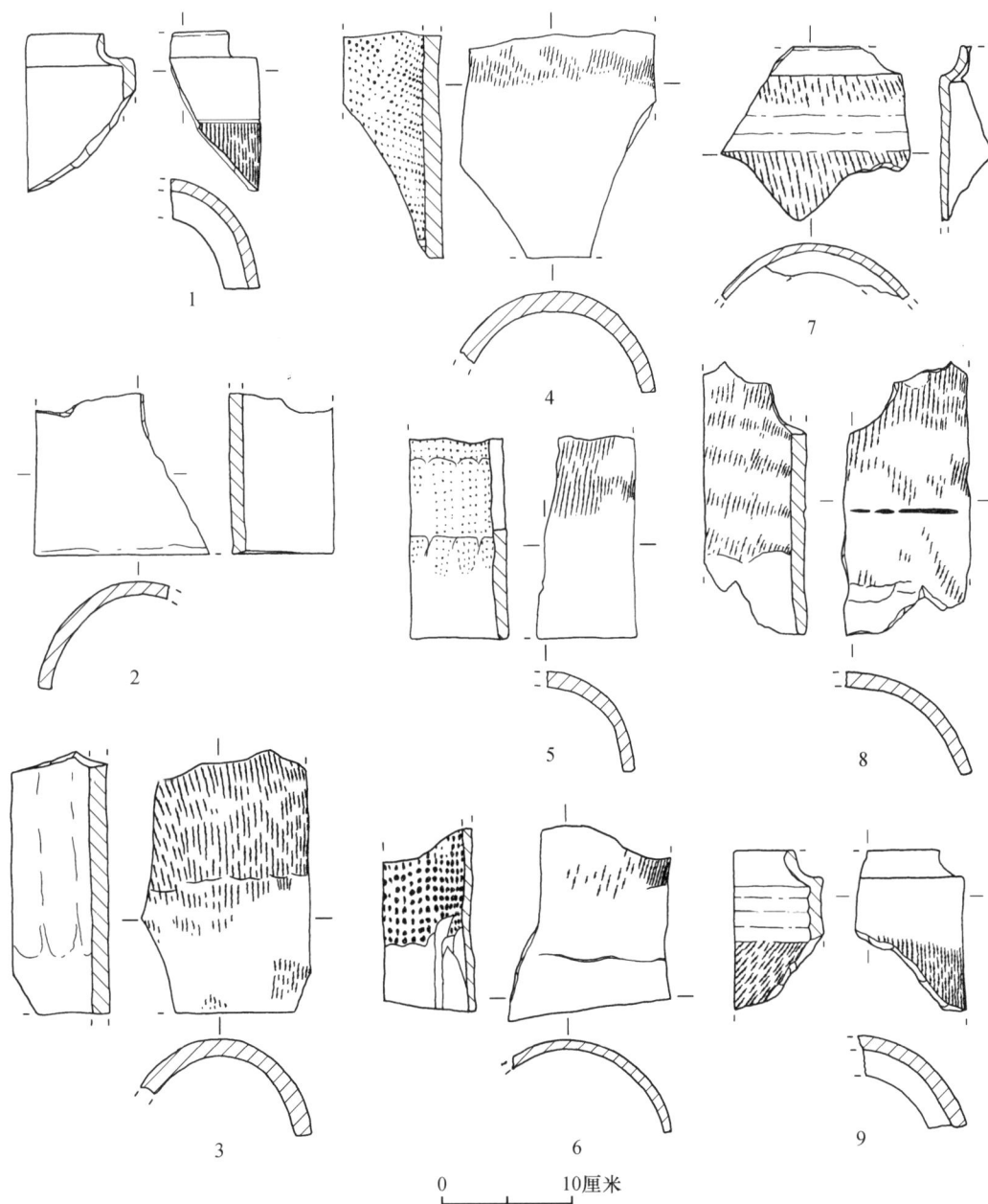

0　　　　　　10厘米

图14　西北角台基出土筒瓦

1. ATN136E48②F：1　2. ATN136E48②F：2　3. ATN136E48②F：6　4. ATN136E48②F：7　5. ATN136E48②F：8

6. ATN136E48③：1　7. ATN136E48③：2　8. ATN136E48③：3　9. ATN136E48③：4

标本ATN136E48③：5，背面饰麻点纹。残长10.7、宽6.4、高6.4、厚0.9、瓦唇长2.2厘米（图15，1）。标本ATN136E48③：12，肩内侧饰三道凹弦纹，背面饰麻点纹。残长8.2、宽11、高8、厚1、瓦唇长2.2厘米（图15，2）。标本ATN136E48③:14，尾端处内处有刻槽。残长14、宽8、高8、厚1厘米（图15，3）。标本ATN136E48③：15，背面饰麻点纹。残长16.8、宽9、高9.5、厚0.8、瓦唇长1.8厘米（图15，4）。标本ATN136E48③：17，瓦

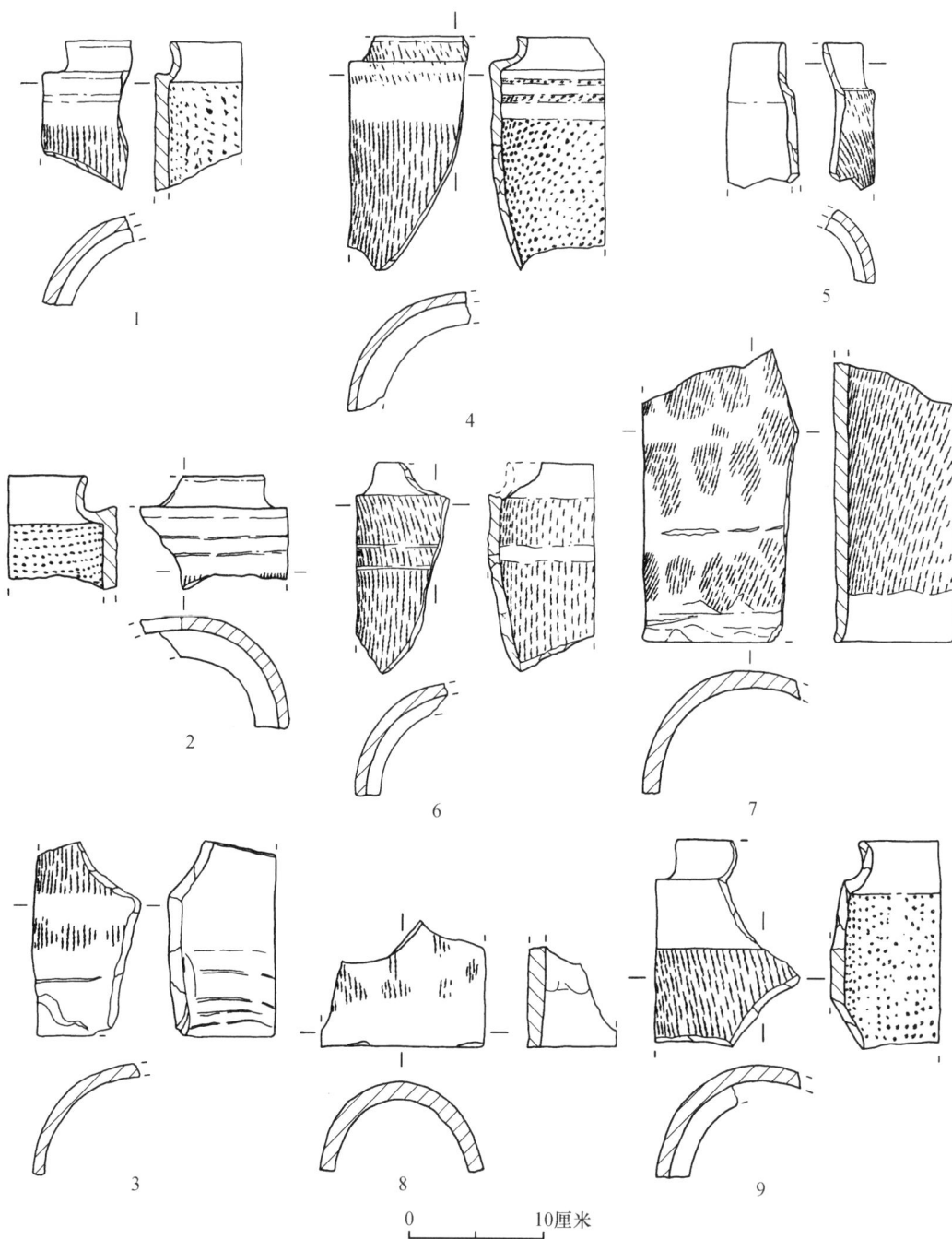

图15　西北角台基出土筒瓦

1. ATN136E48③：5　2. ATN136E48③：12　3. ATN136E48③：14　4. ATN136E48③：15　5. ATN136E48③：17
6. ATN136E48③：18　7. ATN136E48③：19　8. ATN136E49②D：5　9. ATN136E49②D：6

唇较长。背面素面。残长10.5、宽5.4、高5.2、厚0.7、瓦唇长3.4厘米（图15，5）。标本ATN136E48③：18，背面饰绳纹，有抹痕。残长15、宽7、高8、厚0.8、瓦唇长2.2厘米（图15，6）。标本ATN136E48③：19，背面饰绳纹。残长20.9、宽11.6、高8.8、厚1.2厘米（图15，7）。标本ATN136E49②D：5，残长9、宽12.4、高6.4、厚1.2厘米（图15，8）。标本ATN136E49②D：6，正面饰绳纹，背面饰麻点纹。残长14.8、宽10.8、高8、厚1、瓦唇长2.8厘米（图15，9）。标本ATN136E49②D：7，背面素面。残长15、宽12.8、高6、厚0.8厘米（图16，1）。标本ATN136E49②D：8，背面饰麻点纹。残长8.4、宽7.2、高6.8、厚0.8、瓦唇长2厘米（图16，2）。标本ATN136E49②D：9，背面饰麻点纹。残长9.6、宽6.8、高7、厚1、瓦唇长1.6厘米（图16，3）。标本ATN136E49②D：10，背面饰麻点纹。残长8、宽10.6、

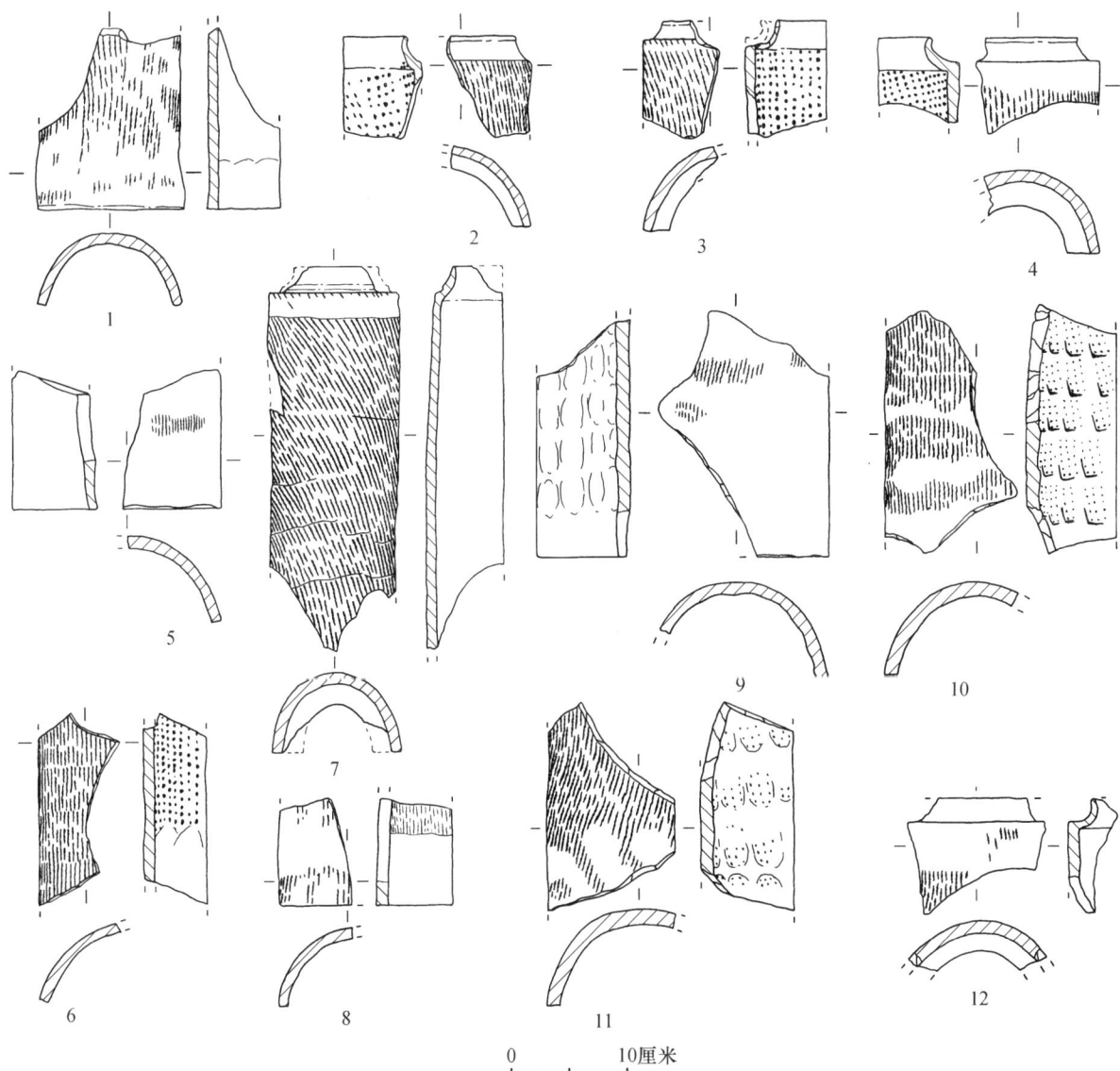

图16　西北角台基出土筒瓦

1. ATN136E49②D：7　2. ATN136E49②D：8　3. ATN136E49②D：9　4. ATN136E49②D：10　5. ATN136E49②H：6
6. ATN136E49②H：7　7. ATN136E49②H：8　8. ATN136E49②H：9　9. ATN136E50②E：6　10. ATN136E50②E：7
11. ATN136E50②E：8　12. ATN136E50②E：9

高7、厚1、瓦唇长2厘米（图16，4）。标本ATN136E49②H：6，正面饰绳纹，背面素面。残长11.6、宽8.4、厚1厘米（图16，5）。标本ATN136E49②H：7，背面饰麻点纹。残长16、宽8、厚0.9厘米（图16，6）。标本ATN136E49②H：8，肩有一道抹痕。残长32、宽11、厚0.8、瓦唇长2.2厘米（图16，7）。标本ATN136E49②H：9，背面饰绳纹。残长9、宽6.4、厚1厘米（图16，8）。标本ATN136E50②E：6，背面有刮痕。残长20.4、宽14.8、高8、厚1.2厘米（图16，9）。标本ATN136E50②E：7，背有拍印痕迹。残长20.2、宽11.5、高7.8、厚1.2厘米（图16，10）。标本ATN136E50②E：8，背饰麻点纹。残长17.4、宽11、高8、厚1.2厘米（图16，11）。标本ATN136E50②E：9，正面饰绳纹，背面素面。残长9.8、宽12、高4.2、厚1、瓦唇长2厘米（图16，12）。

板瓦　采集标本26件。泥质灰陶18件、泥质红陶7件。其中，泥质灰陶火候较高，泥质红陶火候差。截面呈弧形。凸面饰绳纹，凹面素面或饰绳纹、麻点纹。标本ATN136E48②F：3，凹面素面。残长13.6、宽13.4、厚1厘米（图17，1）。标本ATN136E48②F：4，凹面素面。残长14、宽15.6、厚1厘米（图17，2）。标本ATN136E48②F：5，凹面素面。残长13.8、宽20.6、厚1.2厘米（图17，3）。标本ATN136E48②F：9，凹面素面。残长11.6、宽8、厚1厘米（图17，4）。标本ATN136E48③：6，凹面素面。残长13.4、宽7.8、厚1厘米（图17，5）。标本ATN136E48③：8，凹面饰麻点纹。残长27.4、宽24.8、厚1厘米（图17，6）。标本ATN136E48③:13，凹面素面。残长18、宽22.6、厚0.8厘米（图17，7）。标本ATN136E48③：20，凹面饰绳纹。残长20、宽24、厚1.2厘米（图17，8）。标本ATN136E48③：21，凹面素面。残长14.4、宽10、厚0.7厘米（图17，9）。标本ATN136E48③：22，凹面饰麻点纹。残长14.5、宽20、厚1.2厘米（图17，10）。标本ATN136E48③：23，凹面饰麻点纹。残长13.4、宽12.6、高8、厚1厘米（图17，11）。标本ATN136E48③：24，凹面素面。残长11.7、宽12、厚0.6厘米（图17，12）。标本ATN136E48③：25，凹面素面。残长12、宽13.5、厚0.6厘米（图17，13）。标本ATN136E49②D：1，凹面饰绳纹。残长16.2、宽20、厚1.2厘米（图18，1）。标本ATN136E49②D：2，凹面饰绳纹。残长20、宽18、厚1.1厘米（图18，2）。标本ATN136E49②D：3，凹面素面。残长12、宽16、厚1厘米（图18，3）。标本ATN136E49②D：4，凹面素面。残长12、宽15、厚1.4厘米（图18，4）。标本ATN136E49②D：11，凹面素面。残长11.2、宽14.6、厚1.4厘米（图18，5）。标本ATN136E49②D：12，凹面绳纹被抹平。残长12.6、宽11.8、厚1.8厘米（图18，6）。标本ATN136E49②H：1，凹面饰绳纹。残长15.1、宽15.6、厚0.8厘米（图18，7）。标本ATN136E49②H：2，凹面素面。残长16、宽8.6、厚1厘米（图18，8）。标本ATN136E49②H：3，凹面素面。残长12.4、宽12、厚1.2厘米（图18，9）。标本ATN136E49②H：4，凹面素面。残长19、宽19.2、厚0.8厘米（图18，10）。标本ATN136E49②H：5，饰绳纹并有加工痕。残长15.2、宽18.4、厚1厘米（图18，11）。标本ATN136E49④：3，凹面素面。残长10.4、宽19.6、厚1.1厘米（图18，12）。标本ATN136E49④：5，凹面素面。残长32、宽16.1、厚1厘米（图18，13）。

陶瓮　1件。标本ATN136E48②G：1，泥质灰陶。轮制。敛口，平折沿，方唇，矮领，广肩。肩部饰细绳纹。口径21.2、残高4.2厘米（图19，1）。

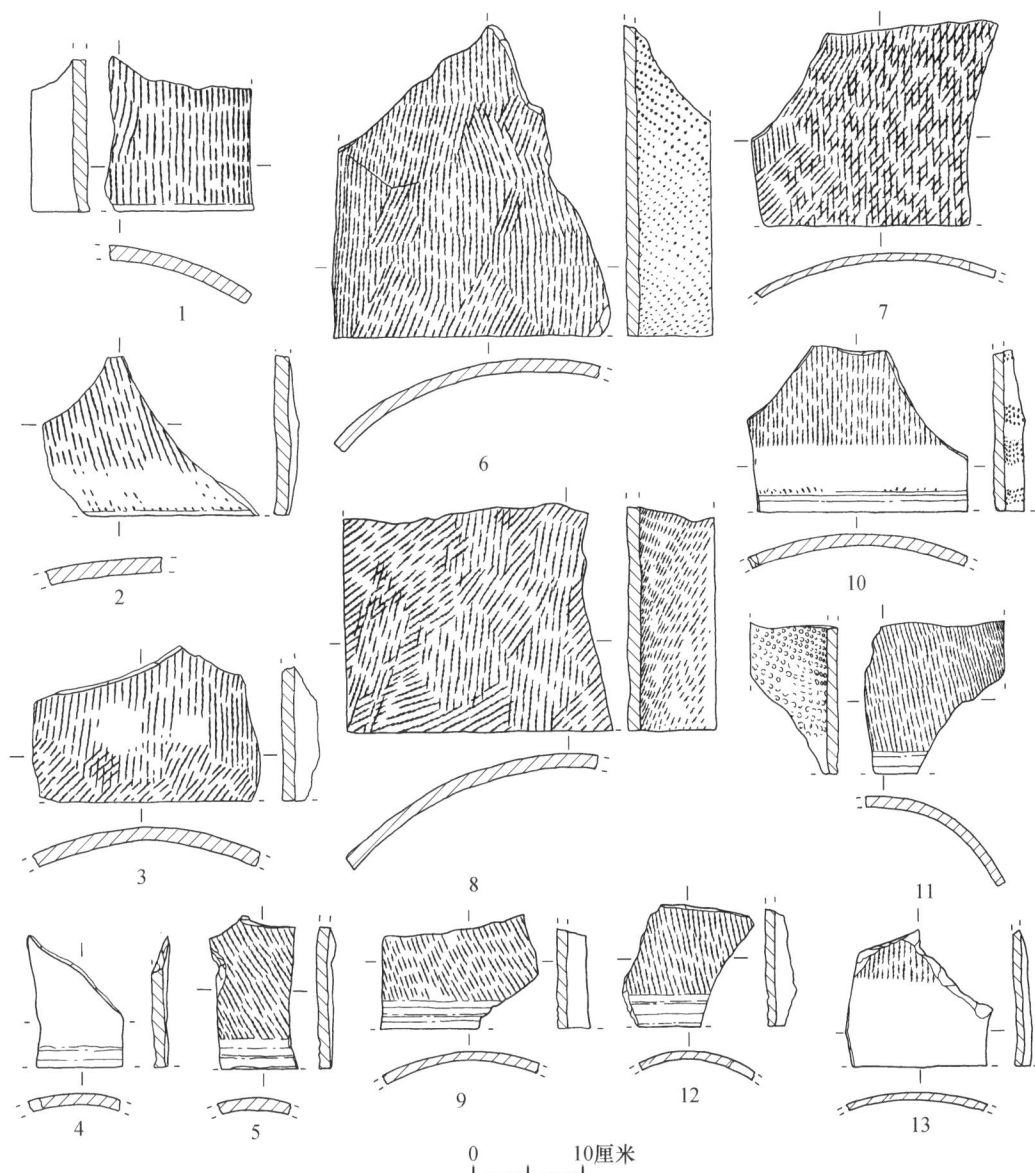

图17　西北角台基出土板瓦

1. ATN136E48②F：3　2. ATN136E48②F：4　3. ATN136E48②F：5　4. ATN136E48②F：9　5. ATN136E48③：6　6. ATN136E48③：8
7. ATN136E48③：13　8. ATN136E48③：20　9. ATN136E48③：21　10. ATN136E48③：22　11. ATN136E48③：23
12. ATN136E48③：24　13. ATN136E48③：25

　　陶盆　3件。标本ATN136E48②G：2，泥质灰陶。敞口，平折沿，略倾，折腹下收。腹下
部饰细绳纹。口径42、残高11厘米（图19，2）。标本ATN136E48③：16，泥质灰陶。轮制。
口微敛，折沿下倾，弧壁。沿面饰数道弦纹，沿下饰一周凸棱，腹下部饰绳纹。口径49、残高
10厘米（图19，3）。标本ATN136E49④：2，泥质灰陶。轮制。口微敛，卷沿，圆唇，弧壁。
沿面饰数周凹弦纹，上腹部饰一周凸棱。口径48、残高5.6厘米（图19，4）。

　　陶罐　2件。泥质灰陶，轮制。仅残存口沿。标本ATN136E48③：7，敛口，平折沿，方
唇，溜肩。肩部饰间断绳纹。口径20、残高4.4厘米（图19，5）。标本ATN136E49④：1，口

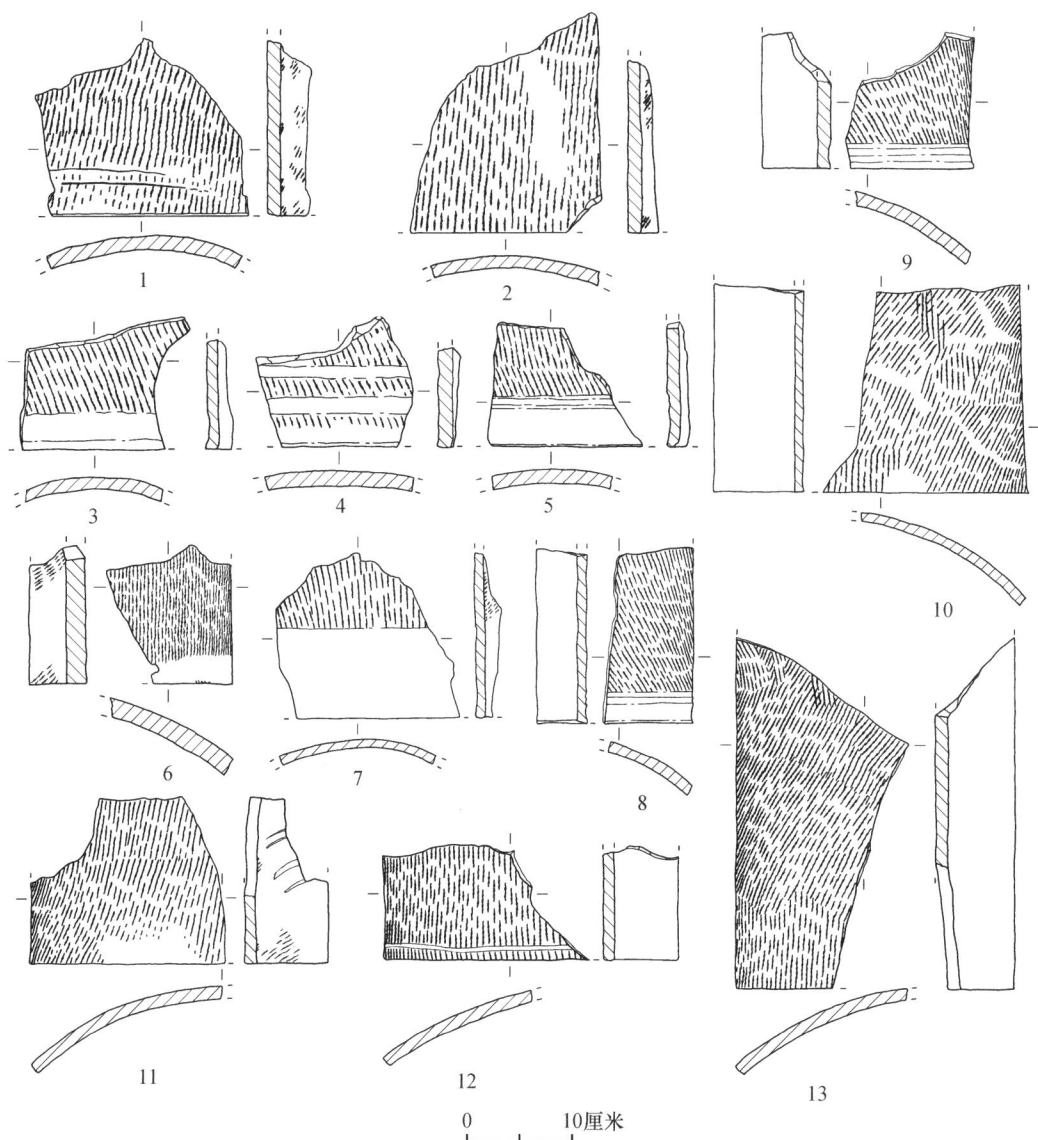

图18　西北角台基出土板瓦

1. ATN136E49②D：1　2. ATN136E49②D：2　3. ATN136E49②D：3　4. ATN136E49②D：4　5. ATN136E49②D：11
6. ATN136E49②D：12　7. ATN136E49②H：1　8. ATN136E49②H：2　9. ATN136E49②H：3　10. ATN136E49②H：4
11. ATN136E49②H：5　12. ATN136E49④：3　13. ATN136E49④：5

微侈，折沿微翘，圆唇，高领。领部饰绳纹。口径20、残高8.6厘米（图19，6）。

陶盂　1件。标本ATN136E49④：4，泥质红褐胎，施黑色陶衣。轮制。口略侈，窄平沿，方唇，折腹下收。素面。口径28、残高3厘米（图19，7）。

铜箭镞　5件。根据刃边分二型。

A型　4件。三棱刃，刃边微呈弧形。标本ATN136E50②E：1，锋与铤残缺。全长2.8、身长2.5、铤长0.3、锋宽1.2厘米（图19，8）。标本ATN136E50②E：2，锋与铤残缺。全长2.6、身长2.2、铤长0.4、锋宽1厘米（图19，9）。标本ATN136E50②E：3，身长2.3、锋宽1厘米（图19，10）。标本ATN136E50②E：4，尖状锋，铤缺矢。全长3、身长2.7、铤长0.3、锋宽1

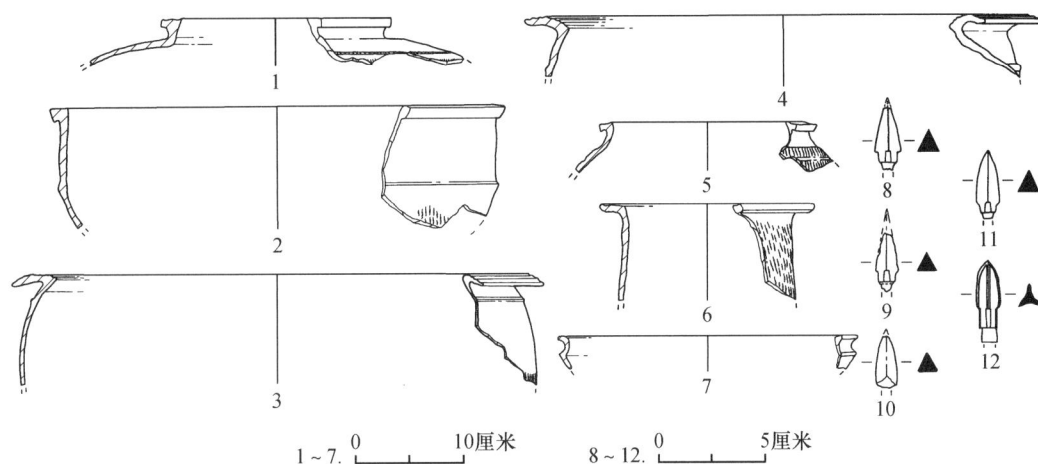

图19　西北角台基出土遗物

1. 陶瓮（ATN136E48②G：1）　　2~4. 陶盆（ATN136E48②G：2、ATN136E48③：16、ATN136E49④：2）

5、6. 陶罐（ATN136E48③：7、ATN136E49④：1）　　7. 陶盂（ATN136E49④：4）　　8~11. A型铜箭镞（ATN136E50②E：1、

ATN136E50②E：2、ATN136E50②E：3、ATN136E50②E：4）　　12. B型铜箭镞（ATN136E50②E：5）

厘米（图19，11）。

　　B型　1件。三棱刃，锋尖圆，带血槽。标本ATN136E50②E：5，全长3.8、身长3.1、铤长0.7、锋宽1厘米（图19，12）。

第三章　东城门及护城河发掘

　　为验证郢城遗址东城门是否存在，了解此处护城河宽度、堆积及与城垣的关系，荆州博物馆对郢城东门缺口及护城河进行发掘，东门缺口中心地理坐标为东经112°13′57.77″，北纬30°22′42.12″。此处发掘遗迹主要包括郢城东门、两侧城垣、护城河、进出城木构桥梁等。

　　荆州博物馆考古队在郢城东门及护城河共布5米×5米发掘方82个，加扩方面积，共2061平方米，并对城门北侧城垣进行部分解剖，此处发掘遗迹主要包括郢城东城门、西侧城垣、护城河等（图20；图版二，2；图版三）。现将探方发掘情况简述如下。

第一节　东城门及两侧城垣发掘情况

一、东城门部分探方发掘情况

　　1）BTN16E129地层堆积可分为3层（图21）。

　　第1层：表土层。厚5～40厘米。土质疏松，土色灰褐。包含少量陶片及大量植物根系。

　　第2层：垮塌堆积。厚0～60、深5～40厘米。土质硬且黏，土色黄褐。包含较多绳纹筒、板瓦残片。其下为第3层（东周文化层）。

　　2）BTN16E130地层堆积可分为4层（图22）。

　　第1层：表土层。厚15～25厘米。土质疏松，土色灰褐。包含少量陶片及大量植物根系。

　　第2层：明清堆积。厚0～40、深15～25厘米。土质松散，土色黄褐。包含青花瓷片，绳纹筒、板瓦片。

　　第3层：垮塌堆积。厚0～35、深40～55厘米。土质较硬，土色灰夹黄褐斑。包含绳纹筒、板瓦片。其下为城垣夯土和第4层（东周文化层）。

　　3）BTN16E132地层堆积可分3层（图23）。

　　第1层：表土层。厚15～50厘米。土质疏松，土色灰褐。包含少量陶片及大量植物根系。

　　第2层：明清堆积。厚0～25、深15～40厘米。土质松散，土色黄褐。包含少量青花瓷片，绳纹筒、板瓦片。

　　第3层：垮塌堆积。厚0～25、深25～40厘米。土质较硬，土色灰夹黄褐斑。包含绳纹筒、板瓦片。其下为花土堆积，即城垣夯土。

BTN18E126

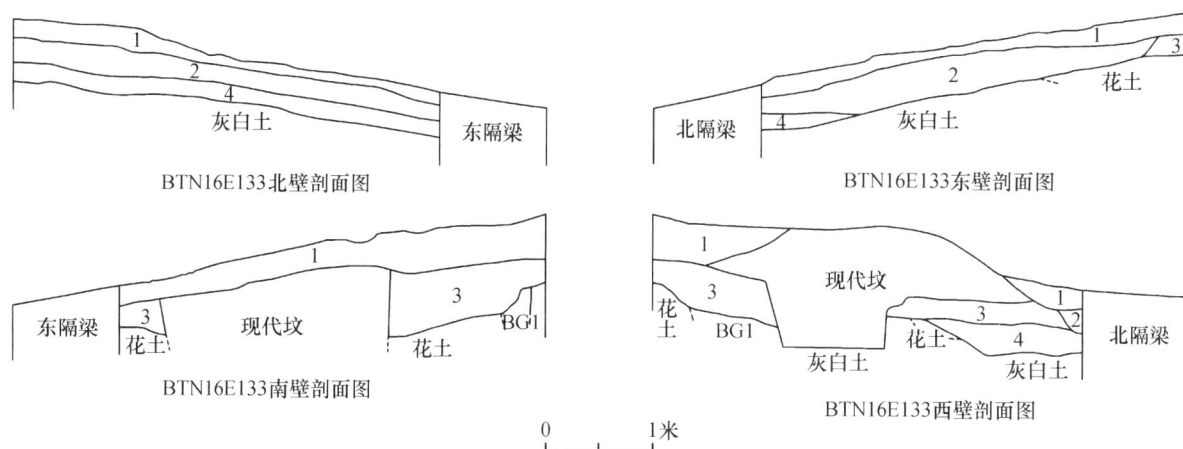

图24　BTN16E133四壁剖面图

第4层：垮塌堆积。厚0～30、深26～80厘米。土质较硬，土色黄褐泛灰。包含绳纹筒、板瓦片。

其下为花土堆积（东周文化层），灰白土堆积（新石器时代文化层），时代均早于城垣夯土。未继续向下发掘。

5）BTN16E134地层堆积可分4层（图25）。

第1层：表土层。厚0～150厘米。土质疏松，土色灰褐。包含少量陶片及大量植物根系。

第2层：明清堆积。厚0～50、深100～150厘米。土质松散，土色黄褐。包含青花瓷片，绳纹筒、板瓦片。

第3层：明清堆积。厚0～60、深0～50厘米。土质较硬，土色灰夹黄褐斑。包含绳纹筒、板瓦片。

第4层：垮塌堆积。厚0～40、深0～55厘米。土质较硬，土色黄褐泛灰。包含绳纹筒、板瓦片。

其下为花土堆积（东周文化层），灰白土堆积（新石器时代文化层），时代均早于城垣夯土。未继续向下发掘。

6）BTN17E130地层堆积可分2层（图26）。

第1层：表土层。厚10～25厘米。土质疏松，土色灰褐。包含少量陶片及大量植物根系。

第2层：明清堆积。厚0～45、深10～45厘米。土质松散，土色灰褐夹灰黄斑。包含青花瓷

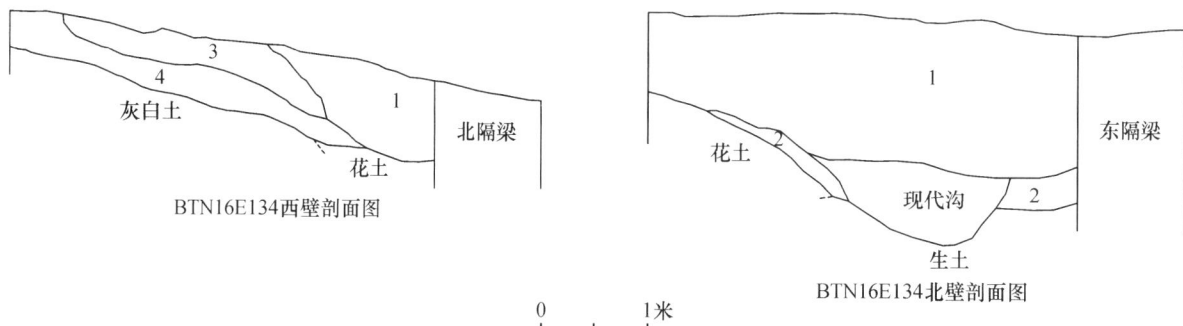

图25　BTN16E134西、北壁剖面图

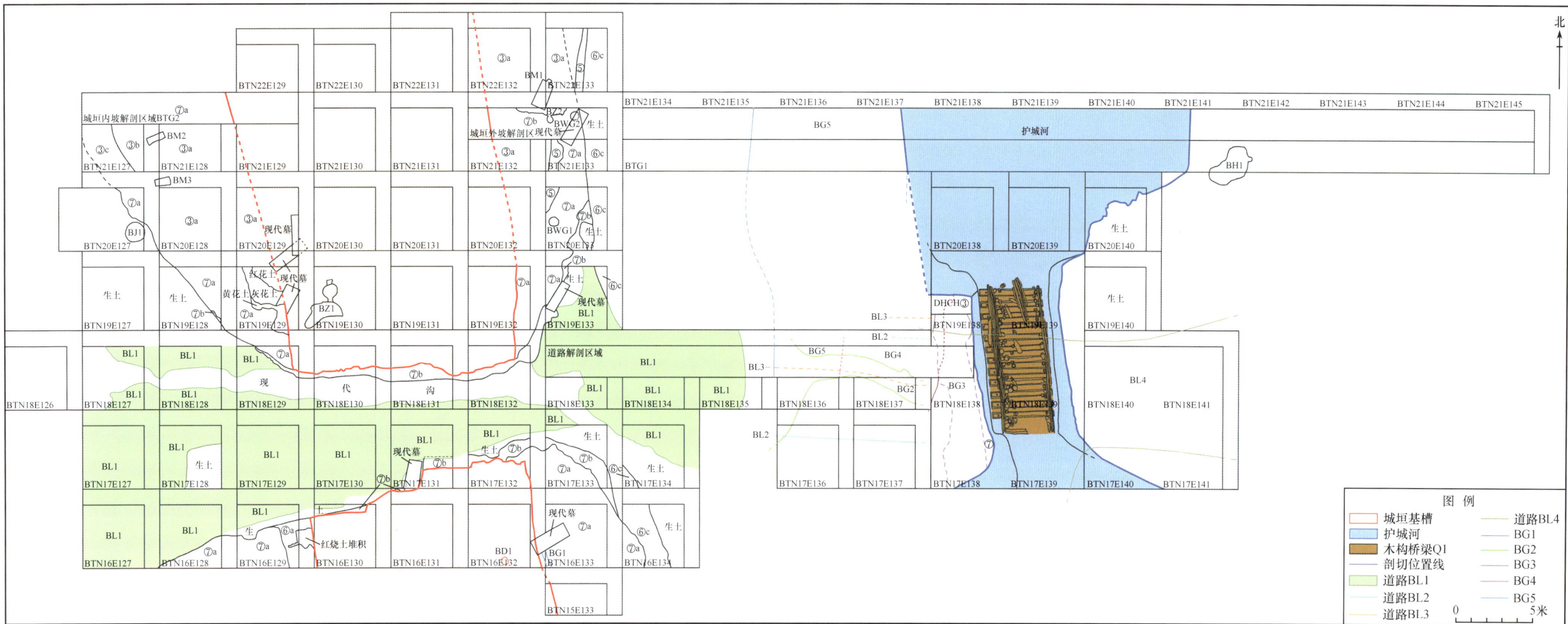

図20 東城門及護城河発掘探方及遺迹分布示意図

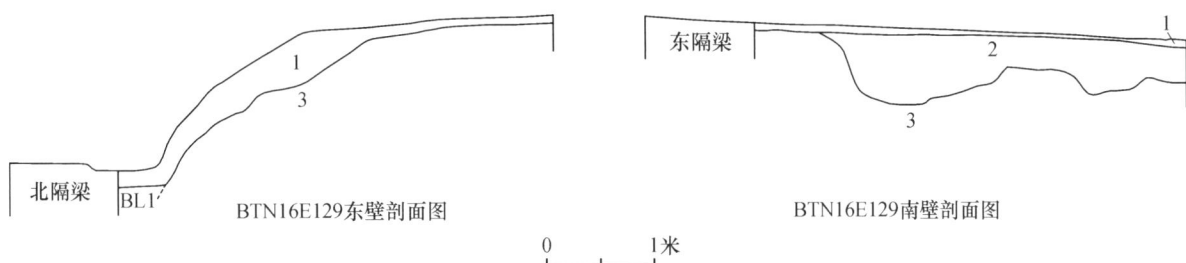

图21 BTN16E129东、南壁剖面图

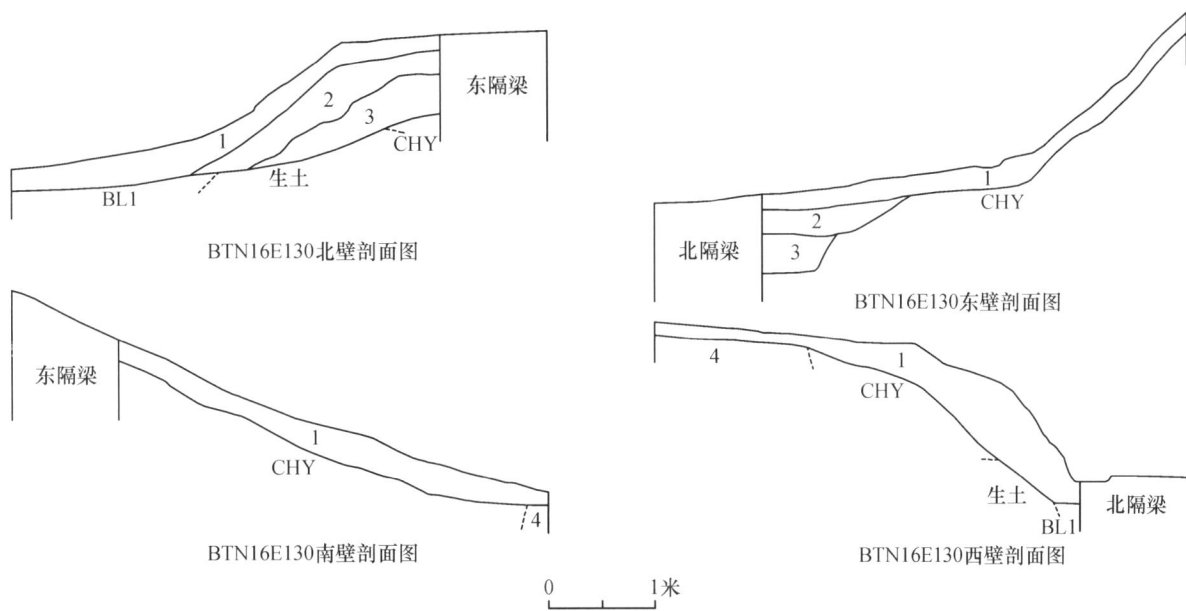

图22 BTN16E130四壁剖面图

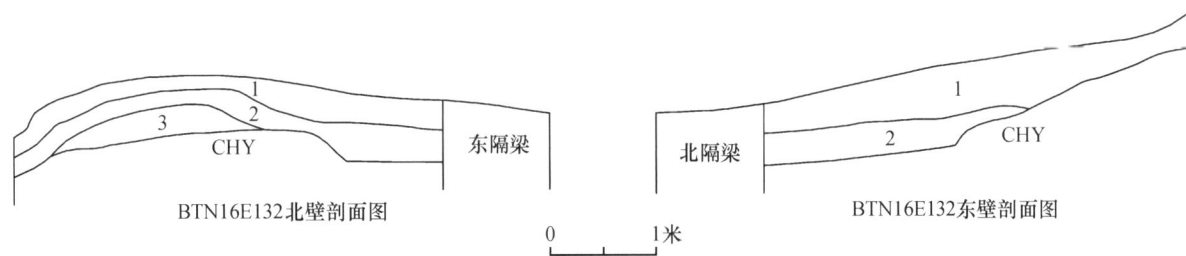

图23 BTN16E132北、东壁剖面图

4）BTN16E133地层堆积可分4层（图24）。

第1层：表土层。厚15～35厘米。土质疏松，土色灰褐。包含少量陶片及大量植物根系。

第2层：明清堆积。厚0～35、深15～35厘米。土质松散，土色黄褐。包含青花瓷片，绳纹筒、板瓦片。

第3层：垮塌堆积。厚0～40、深15～50厘米。土质较硬，土色灰夹黄褐斑。包含绳纹筒、板瓦片。其下为秦汉时期排水沟BG1。深60～90厘米，南北向，长1.16、宽0.27米，沟内排水管用筒瓦相扣而成。

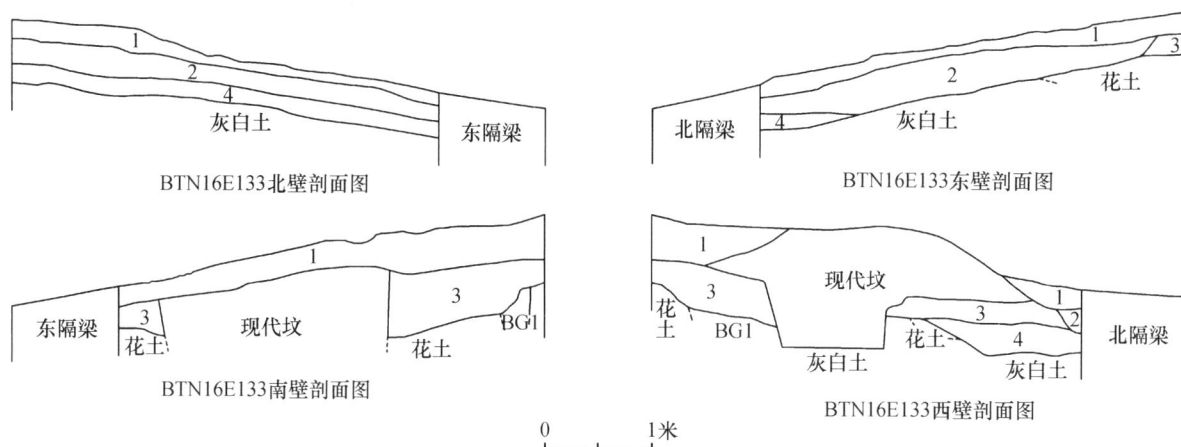

BTN16E133北壁剖面图　　　　　　BTN16E133东壁剖面图

BTN16E133南壁剖面图　　　　　　BTN16E133西壁剖面图

0　　　　1米

图24　BTN16E133四壁剖面图

第4层：垮塌堆积。厚0～30、深26～80厘米。土质较硬，土色黄褐泛灰。包含绳纹筒、板瓦片。

其下为花土堆积（东周文化层），灰白土堆积（新石器时代文化层），时代均早于城垣夯土。未继续向下发掘。

5）BTN16E134地层堆积可分4层（图25）。

第1层：表土层。厚0～150厘米。土质疏松，土色灰褐。包含少量陶片及大量植物根系。

第2层：明清堆积。厚0～50、深100～150厘米。土质松散，土色黄褐。包含青花瓷片，绳纹筒、板瓦片。

第3层：明清堆积。厚0～60、深0～50厘米。土质较硬，土色灰夹黄褐斑。包含绳纹筒、板瓦片。

第4层：垮塌堆积。厚0～40、深0～55厘米。土质较硬，土色黄褐泛灰。包含绳纹筒、板瓦片。

其下为花土堆积（东周文化层），灰白土堆积（新石器时代文化层），时代均早于城垣夯土。未继续向下发掘。

6）BTN17E130地层堆积可分2层（图26）。

第1层：表土层。厚10～25厘米。土质疏松，土色灰褐。包含少量陶片及大量植物根系。

第2层：明清堆积。厚0～45、深10～45厘米。土质松散，土色灰褐夹灰黄斑。包含青花瓷

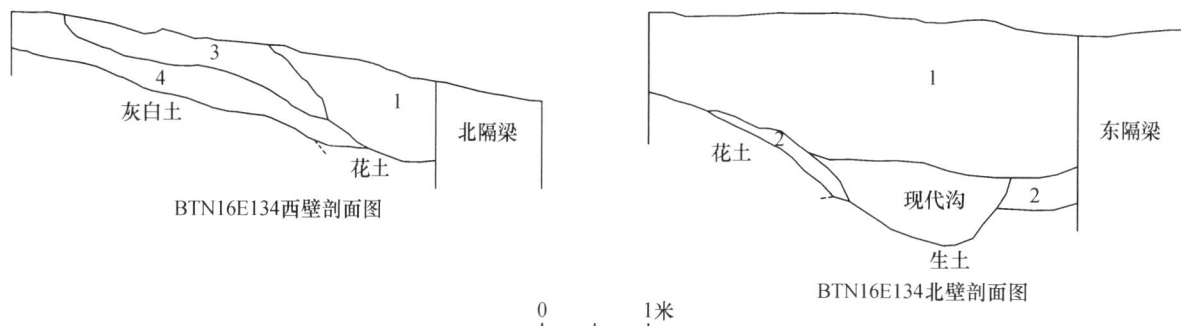

BTN16E134西壁剖面图　　　　　　BTN16E134北壁剖面图

0　　　　1米

图25　BTN16E134西、北壁剖面图

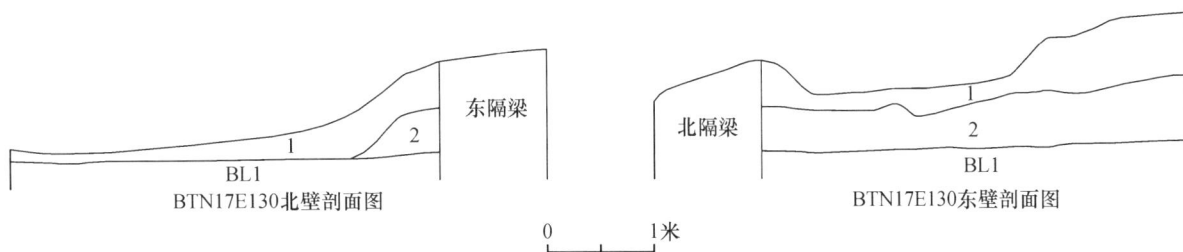

图26　BTN17E130北、东壁剖面图

片，绳纹筒、板瓦片。

其下为清代路土BL1。厚8～10、深10～115厘米。土质较硬，土色灰褐夹黄斑，夹杂大量圆角碎瓦砾及少量青花瓷片。其下为生土。

7）BTN17E131地层堆积可分4层（图27）。

第1层：表土层。厚10～25厘米。土质疏松，土色灰褐。包含少量陶片及大量植物根系。

第2层：明清堆积。厚0～45、深10～25厘米。土质松散，土色灰褐夹灰黄斑。包含青花瓷片，绳纹筒、板瓦片。

第3层：明清堆积。厚0～45、深25～40厘米。土质较硬，土色灰褐泛白。包含绳纹筒、板瓦片。

第4层：明清堆积。厚0～45、深50～80厘米。土质较硬，土色灰黄。包含青瓷片，绳纹筒、板瓦片。

第4层下探方北部为清代路土BL1。厚0～45、深50～115厘米。土质较硬，土色灰褐夹黄斑，夹杂大量圆角碎瓦砾及少量青花瓷片，其下为生土。

第4层下探方南部为城垣夯土CHY。厚0～20、深50～65厘米。土质较硬，为以褐、黄、灰为主的花土，其下为黄灰土。

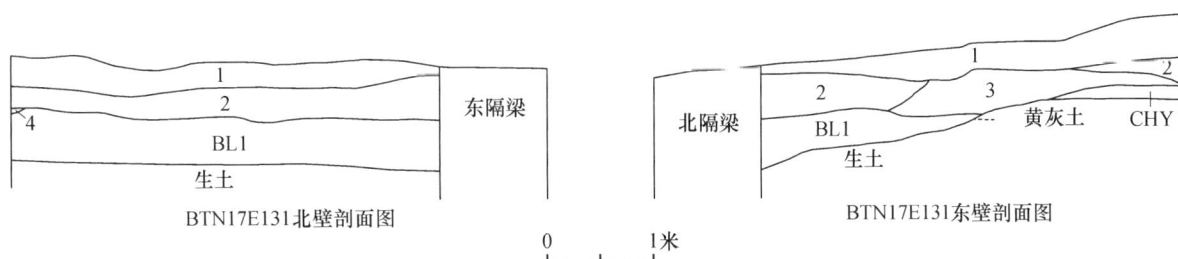

图27　BTN17E131北、东壁剖面图

8）BTN17E132地层堆积可分4层（图28）。

第1层：表土层。厚10～20厘米。土质疏松，土色灰褐。包含少量陶片及大量植物根系。

第2层：明清堆积。厚0～50、深10～20厘米。土质松散，土色灰褐夹黄斑。包含青花瓷片，绳纹筒、板瓦片。

第3层：明清堆积。厚0～55、深25～40厘米。土质较硬，土色灰褐泛白。包含绳纹筒、板瓦片。

BTN17E132北壁剖面图

BTN17E132东壁剖面图

BTN17E132南壁剖面图

BTN17E132西壁剖面图

0　　　　1米

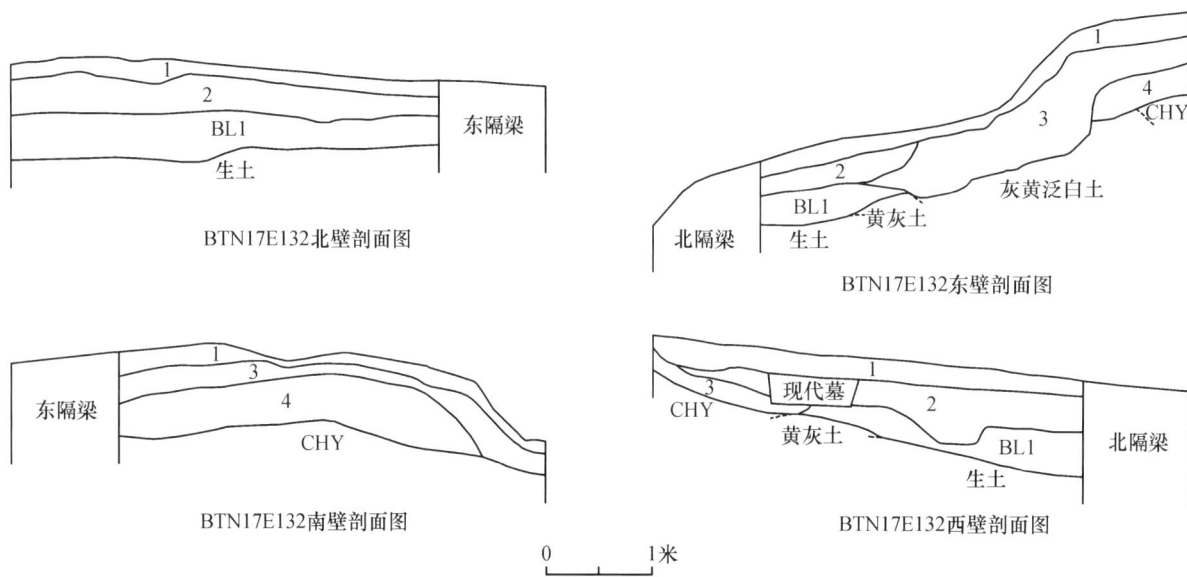

图28　BTN17E132四壁剖面图

第4层：垮塌堆积。厚0～45、深20～50厘米。土质较硬，土色为灰黄夹花土。包含绳纹筒、板瓦片。

第3层下探方北部为清代路土BL1。厚0～40、深30～70厘米。土质较硬，土色灰褐夹黄斑，夹杂大量圆角碎瓦砾及少量青花瓷片，其下为生土。

第4层下探方南部为城垣夯土CHY。深30～70厘米，未向下发掘。土质较硬，为以褐、黄、灰为主的花土，其下灰黄泛白及黄灰土均为新石器文化层。

9）BTN17E133地层堆积可分5层（图29）。

第1层：表土层。厚10～60厘米。土质疏松，土色灰褐。包含少量陶片及大量植物根系。

第2层：明清堆积。厚0～30、深10～40厘米，土质松散，土色灰褐夹灰黄斑。包含青花瓷

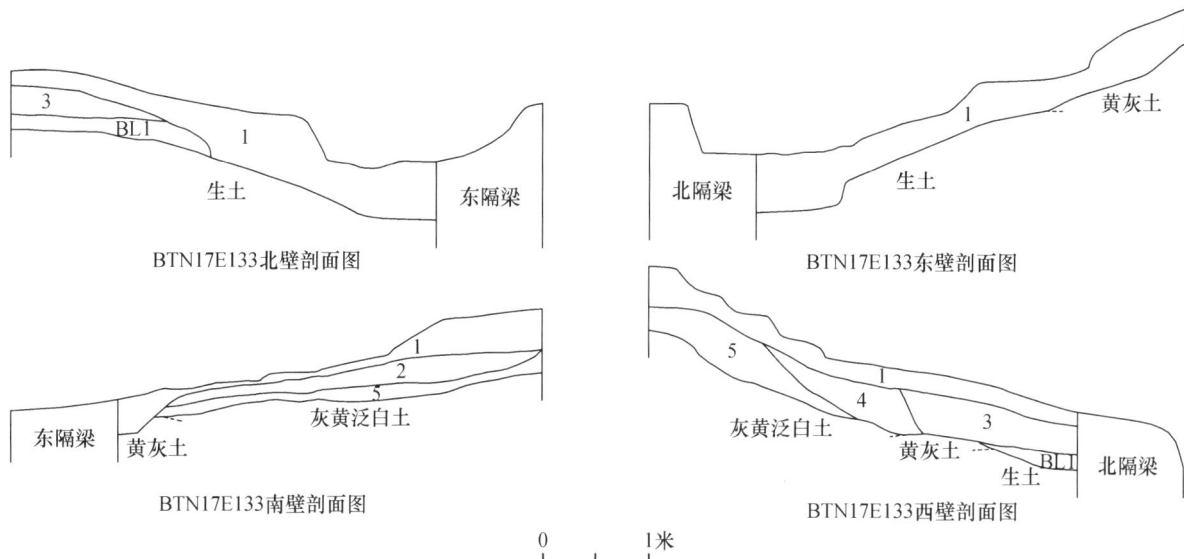

BTN17E133北壁剖面图

BTN17E133东壁剖面图

BTN17E133南壁剖面图

BTN17E133西壁剖面图

0　　　　1米

图29　BTN17E133四壁剖面图

片，绳纹筒、板瓦片。

第3层：明清堆积。厚0~30、深15~35厘米。土质较硬，灰褐泛白。包含绳纹筒、板瓦片。

其下为清代路土BL1。厚0~15、深40~45厘米。土质较硬，土色灰褐夹黄斑。夹杂大量圆角碎瓦砾及少量青花瓷片，其下为生土。

第4层：明清堆积。厚0~15、深0~45厘米。土质较硬，土色灰黄。包含青瓷片绳纹筒、板瓦片。

第5层：垮塌堆积。厚0~45、深20~55厘米。土质较硬，土色黄褐泛灰。包含绳纹筒、板瓦片。

其下为灰黄泛白及黄灰土均为新石器文化层（未向下发掘）。

10）BTN17E134地层堆积可分3层（图30）。

第1层：表土层。厚80~150厘米。土质疏松，土色灰褐。包含少量陶片及大量植物根系。

第2层：明清堆积。厚0~70、深80~150厘米。土质松散，土色黄褐。包含青花瓷片，绳纹筒、板瓦片。

第3层：明清堆积。厚0~15、深80~150厘米。土质较硬，土色灰夹黄斑。包含绳纹筒、板瓦片。

其下探方北部为清代路土BL1。夹杂大量圆角碎瓦砾及少量青花瓷片（未发掘）。西南角为早于城垣的花土堆积（未发掘）。其余为生土。

11）BTN17E136地层堆积可分4层（图31）。

第1层：地表土。厚5~20厘米。土质坚硬，土色呈灰黄。含现代砖瓦、瓷片、碎石块、植物根茎。此层堆积依地势覆盖整个探方。

第2层：现代堆积。深30~60、厚10~50厘米。土质较松散，土色呈深灰。主要包含少量

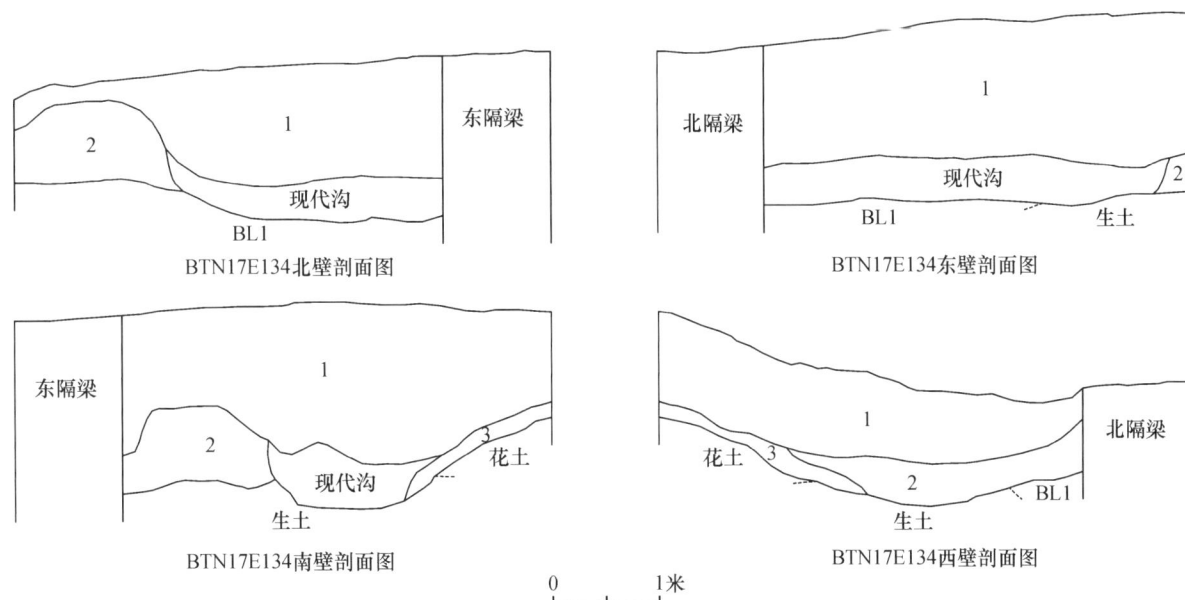

BTN17E134北壁剖面图

BTN17E134东壁剖面图

BTN17E134南壁剖面图

BTN17E134西壁剖面图

0   1米

图30　BTN17E134四壁剖面图

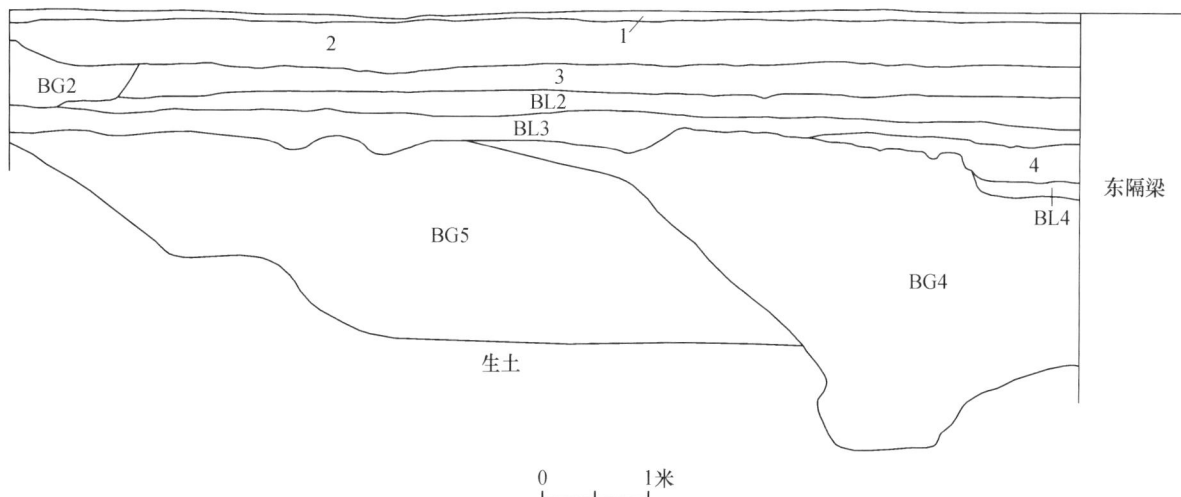

图31　BTN17E136北壁剖面图

陶片、釉陶片、废电池等。此层堆积依地势覆盖整个探方。

　　其下为现代沟BG2。深25～50、厚0～100厘米。土质较松散，土色深灰泛黄。夹杂少量青花瓷片、绳纹灰陶、碎砖块等。

　　第3层：明清堆积。深75～80、厚25～50厘米。土质较硬，土色黄褐。包含绳纹陶灰片、瓷片等。

　　其下为明代道路BL2，深65～80、厚0～30厘米。土质紧密，土色黄褐夹灰斑。夹杂青花瓷片、圆角碎瓦砾等。BL2下压宋代道路BL3，深85～105、厚12～38厘米。土质紧密，土色褐夹黄斑。包含圆角碎瓦砾、瓷片、青砖块。

　　第4层：宋代堆积。深110～120、厚0～35厘米。土质较松软，土色深灰。主要包含绳纹灰陶、红陶残片等。其下为唐代道路BL4，深145～155、厚0～15厘米。土质紧密，土色黄褐。包含圆角碎瓦砾、瓷片、瓮罐残片。BL4下压汉代时期水沟BG4，深105～170、厚0～290厘米。土质较软，土色交杂。包含绳纹板筒瓦残片、碎砖等。BG4下压东周时期水沟BG5，深110～120、厚10～185厘米。土质紧密，为黄褐为色花土。包含少量绳纹陶片。

　　12）BTN18E129地层堆积可分2层（图32）。

　　第1层：表土层。厚15～45厘米。土质疏松，土色灰褐。包含少量陶片及大量植物根系。

　　第2层：明清堆积。深15～35、厚0～20厘米。土质松散，土色灰褐夹灰黄斑。包含青花瓷片，绳纹筒、板瓦片。

　　其下为清代路土BL1，深10～45厘米（未发掘）。土色灰褐夹黄斑。包含密集碎小圆角瓦砾。

　　13）BTN18E130地层堆积可分2层（图33）。

　　第1层：表土层。厚10～60厘米。土质疏松，土色灰褐。包含少量陶片及大量植物根系。

　　第2层：垮塌堆积。深20～30、厚0～40厘米。土质松散，土色灰褐夹灰黄斑。包含青花瓷片，绳纹筒、板瓦片。

　　其下为清代路土BL1，深15～60、厚0～30厘米。土质较紧密，土色灰褐夹黄斑。包含大

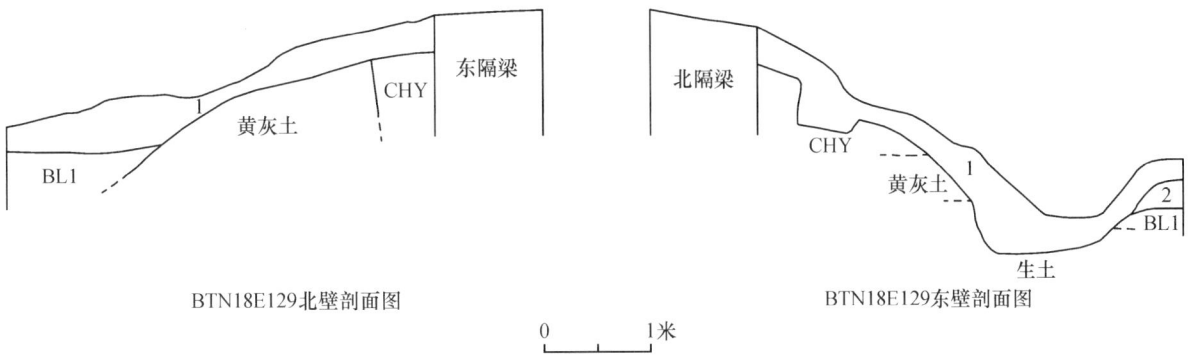

BTN18E129北壁剖面图　　　　BTN18E129东壁剖面图

0　　　　1米

图32　BTN18E129北、东壁剖面图

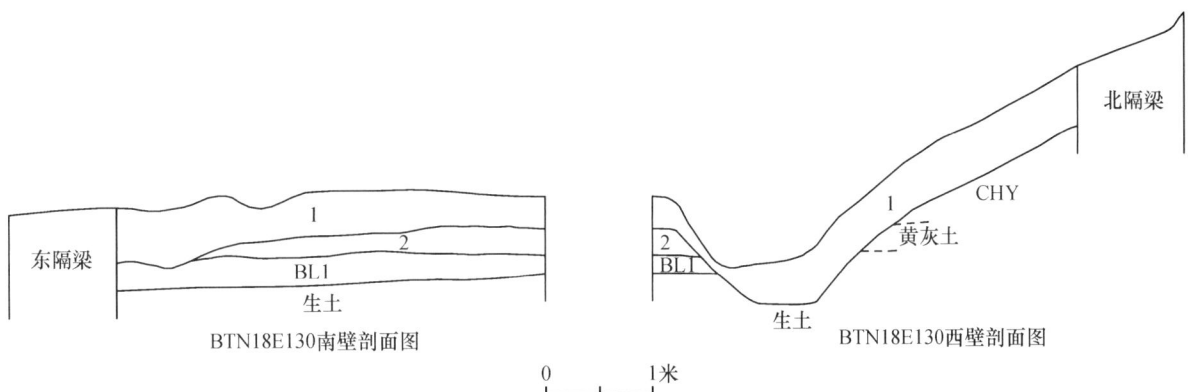

BTN18E130南壁剖面图　　　　BTN18E130西壁剖面图

0　　　　1米

图33　BTN18E130南、西壁剖面图

量圆角碎瓦砾及少量青花瓷片。其下为生土。

14）BTN18E131地层堆积可分2层（图34）。

第1层：表土层。厚15～35厘米。土质较硬，土色灰褐。包含大量植物根系及少量陶瓷片。

第2层：明清堆积。深15～35、厚5～70厘米。土质紧密，土色黄褐。包含少量绳纹陶片。

其下为清代路土BL1，深20～60、厚0～35厘米。土质较紧密，土色灰褐夹黄斑。包含大量圆角碎瓦砾及少量青花瓷片。其下为生土。

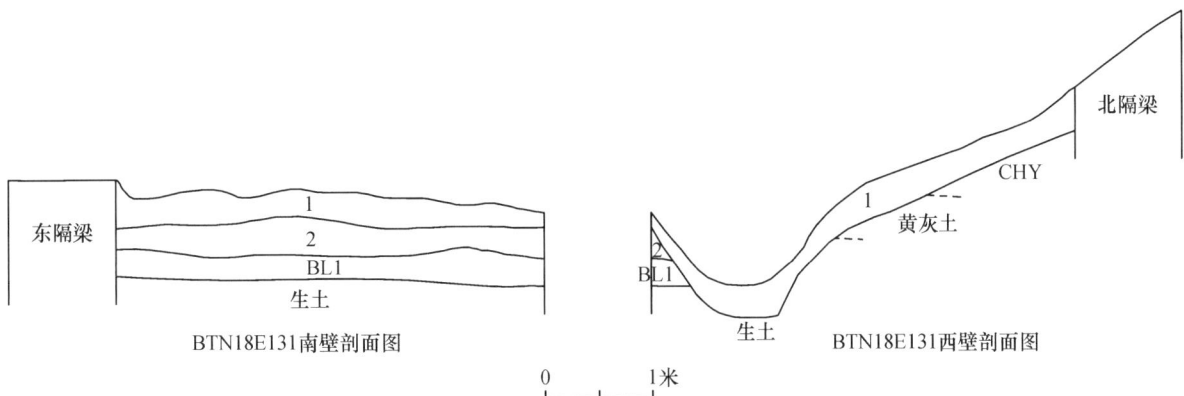

BTN18E131南壁剖面图　　　　BTN18E131西壁剖面图

0　　　　1米

图34　BTN18E131南、西壁剖面图

15）BTN18E132地层堆积可分3层（图35）。

第1层：表土层。厚10～120厘米。土质疏松，土色灰褐。包含少量陶片及大量植物根系。

第2层：明清堆积。厚0～40、深20～30厘米。土质松散，土色灰褐夹灰黄斑。包含青花瓷片，绳纹筒、板瓦片。

其下为清代路土BL1，深15～50、厚0～35厘米。土质较紧密，土色灰褐夹黄斑。包含大量圆角碎瓦砾及少量青花瓷片。

第3层：垮塌堆积。厚0～20、深30～40厘米。土质较硬，土色灰褐泛白。包含绳纹筒、板瓦片。

16）BTN19E128地层堆积可分2层（图36）。

第1层：表土层。厚15～40厘米。土质疏松，土色灰褐。包含少量陶片及大量植物根系。

第2层：明清堆积。厚0～50、深15～35厘米。土质松散，土色灰褐夹黄斑。包含青花瓷片，绳纹筒、板瓦片。

其下为早于城垣的新石器时代文化层，未继续向下发掘。

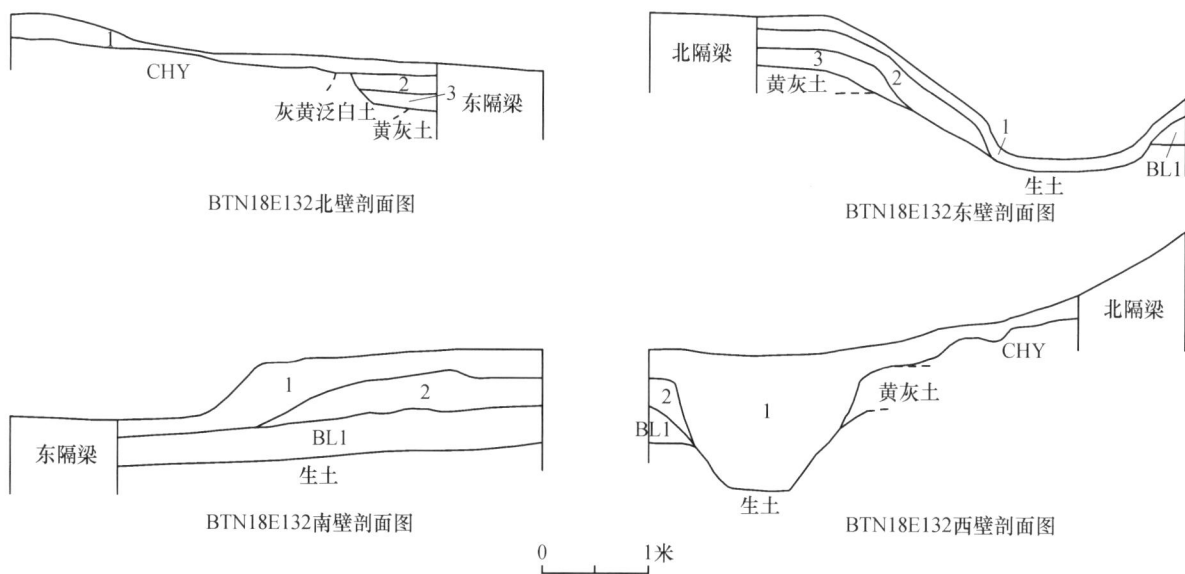

图35　BTN18E132四壁剖面图

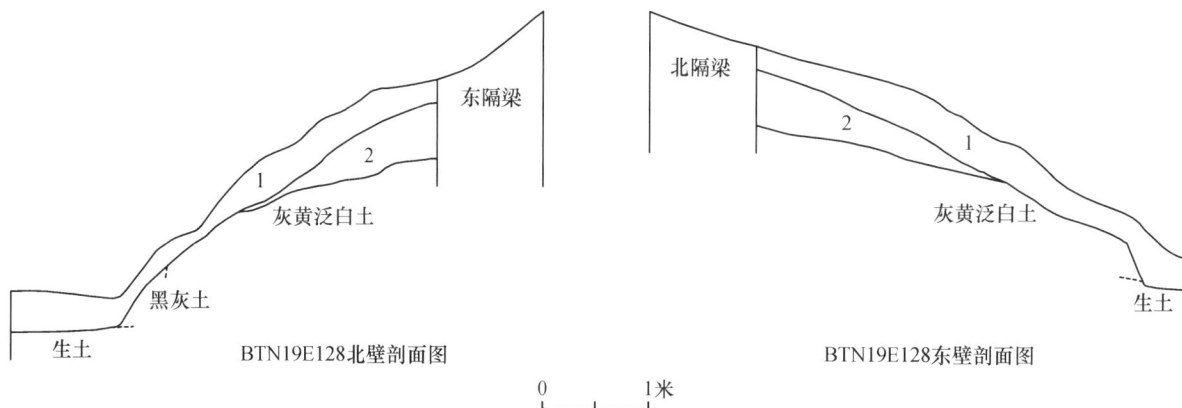

图36　BTN19E128北、东壁剖面图

17）BTN19E129地层堆积可分3层（图37）。

第1层：表土层。厚10～30厘米。土质疏松，土色灰褐。包含少量陶片及大量植物根系。

第2层：近现代堆积。厚0～40、深10～35厘米。土质松散，灰褐夹黄斑。包含青花瓷片，绳纹筒、板瓦片。

第3层：垮塌堆积。厚0～50、深30～80厘米。土质较硬，土色灰褐泛白。包含绳纹筒、板瓦残片。

其下为城垣夯土和新石器时代文化层。

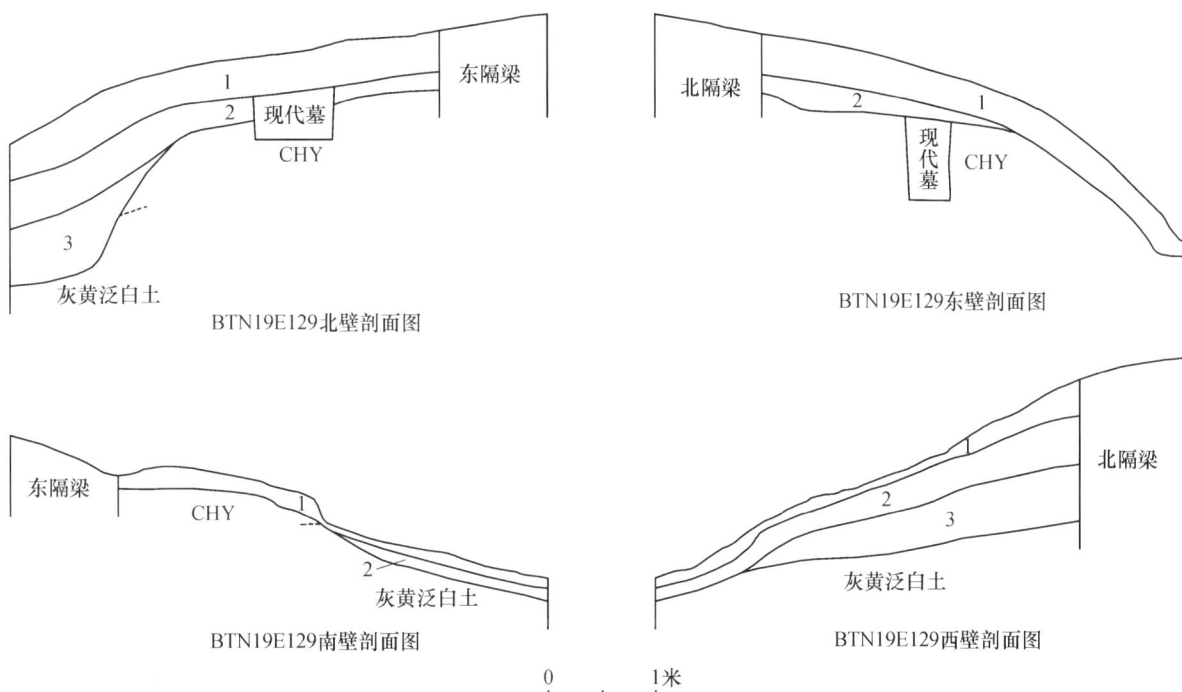

图37 BTN19E129四壁剖面图

18）BTN19E130地层堆积可分2层（图38）。

第1层：表土层。厚5～80厘米。土质疏松，土色灰褐。包含少量陶片及大量植物根系。

第2层：近现代堆积。厚0～40、深15～40厘米。土质松散，土色灰褐夹黄斑。包含青花瓷片，绳纹筒、板瓦片。其下为城垣夯土。

19）BTN19E132地层堆积可分2层（图39）。

第1层：表土层。厚10～15厘米。土质疏松，土色灰褐。包含少量陶片及大量植物根系。

第2层：近现代堆积。厚0～50、深10～15厘米。土质松散，土色灰褐夹黄斑。包含青花瓷片，绳纹筒、板瓦片。其下为城垣夯土和新石器时代文化层。

20）BTN20E129地层堆积可分3层（图40）。

第1层：表土层。厚15～60厘米。土质疏松，土色灰褐。包含少量陶片及大量植物根系。

第2层：明清堆积。厚15～50、深15～60厘米。土质松散，土色灰褐夹黄斑。包含青花瓷片，绳纹筒、板瓦片。

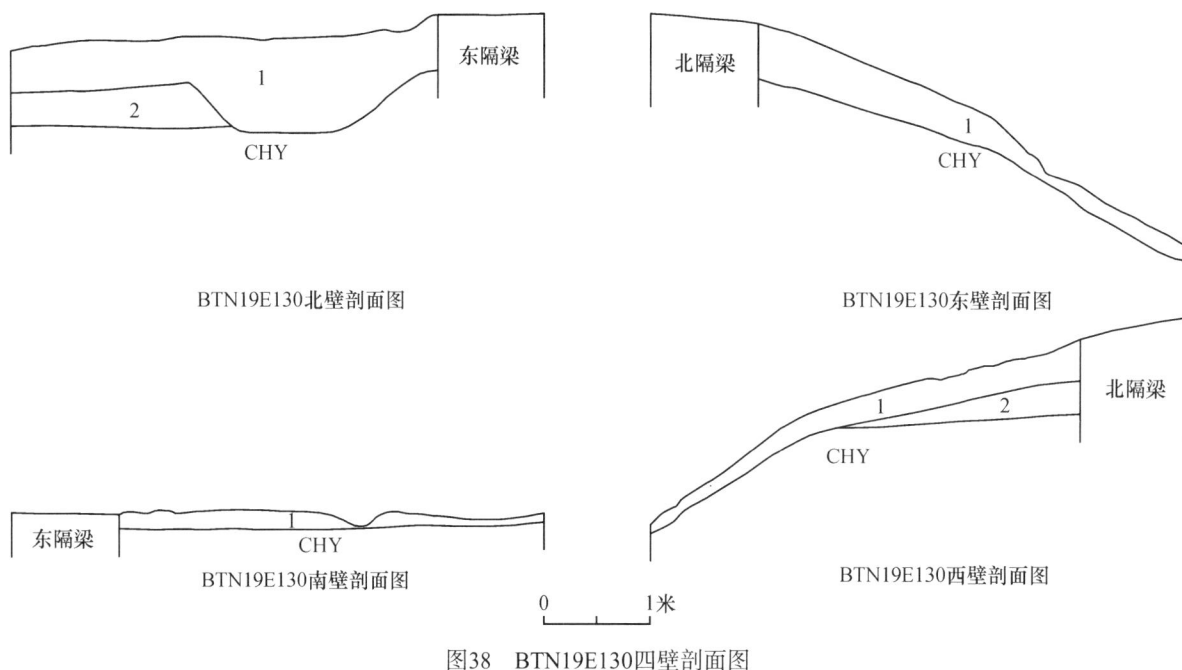

图38　BTN19E130四壁剖面图

BTN19E130北壁剖面图

BTN19E130东壁剖面图

BTN19E130南壁剖面图

BTN19E130西壁剖面图

0　　　　1米

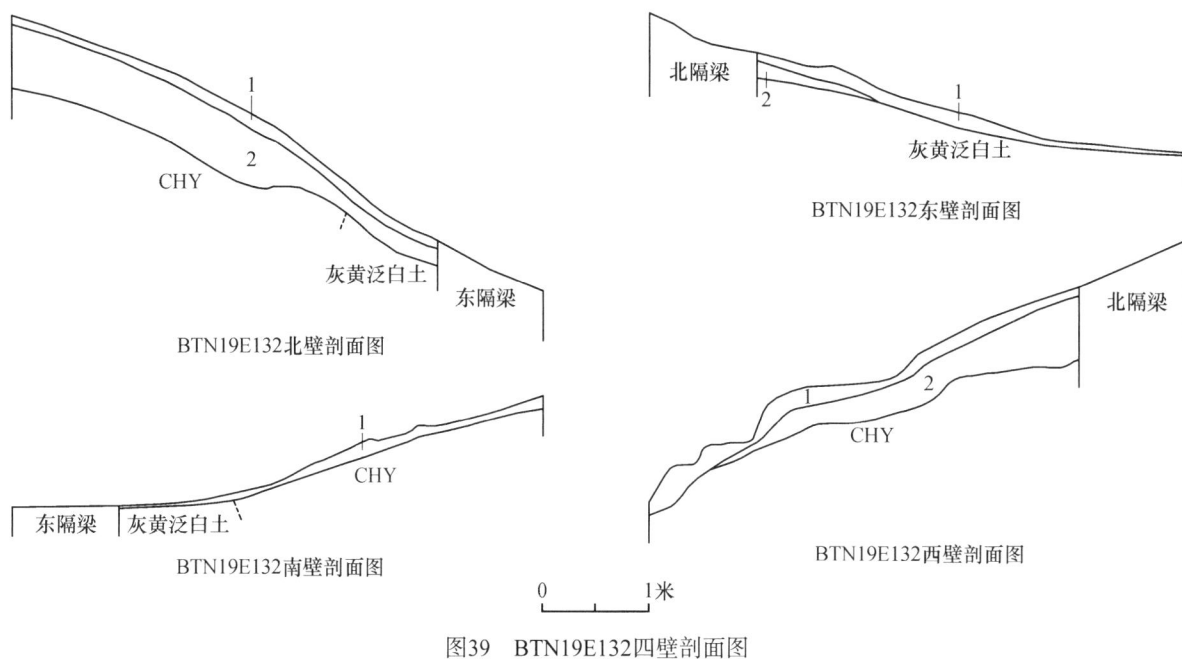

图39　BTN19E132四壁剖面图

BTN19E132北壁剖面图

BTN19E132东壁剖面图

BTN19E132南壁剖面图

BTN19E132西壁剖面图

0　　　　1米

第3层：垮塌堆积。厚0～55、深45～105厘米。土质较硬，土色灰褐泛白。包含绳纹筒、板瓦片。其下为城垣夯土。

21）BTN20E130地层堆积可分2层（图41）。

第1层：表土层。厚15～105厘米。土质疏松，土色灰褐。包含少量陶片及大量植物根系。

第2层：垮塌堆积。厚0～40、深15～30厘米。土质松散，土色灰褐夹黄斑。包含青花瓷片，绳纹筒、板瓦片。其下为城垣夯土。

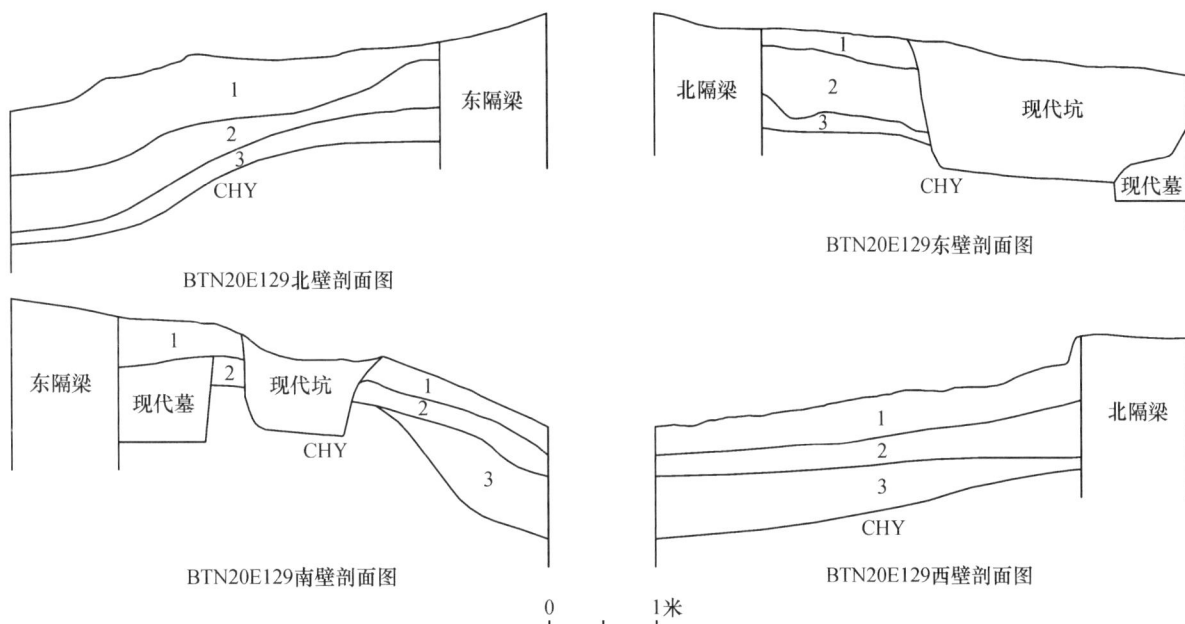

图40　BTN20E129四壁剖面图

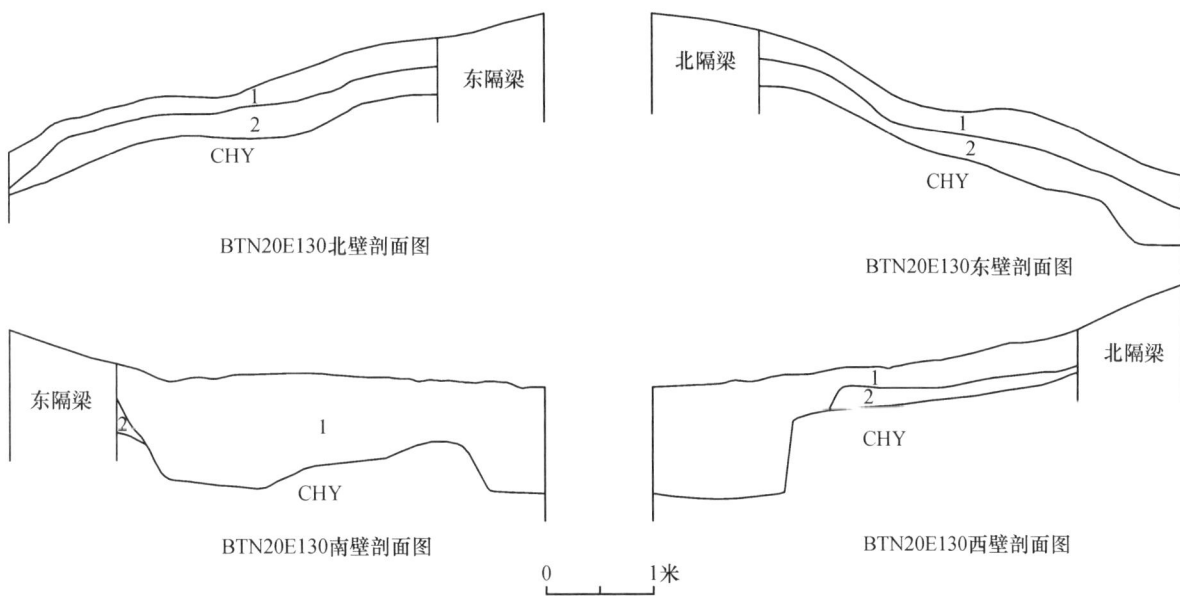

图41　BTN20E130四壁剖面图

二、东城门及城垣两侧地层堆积情况

东城门两侧城垣地层共分7层。

第1层：现代层。根据土色、土质可分为3亚层，分述如下。

第1A层：厚0～185厘米。土色交杂为褐、黄、灰，土质较紧密。包含少量泥质绳纹板瓦残片、青花瓷片、红砖块。

第1B层：深140～185、厚0～25厘米。土色青灰，土质稀软，黏性极大。包含青花瓷片、红砖块。

第1C层：深0～140、厚0～50厘米。土色为灰褐，土质疏松。包含绳纹灰陶瓦片、青花瓷片、红砖块。

第2层：明清堆积层。根据土色、土质可分为2亚层，分述如下。

第2A层：深10～25、厚0～85厘米。土色灰褐泛白，土质较疏松。包含青花瓷片，绳纹板、筒瓦残片。

第2B层：深50～80、厚0～45厘米。土色灰黄花土，土质较硬。包含青瓷片，绳纹板、筒瓦残片。

第3层：城垣垮塌堆积。根据土色、土质可分为4亚层，分述如下。

第3A层：深15～110、厚0～120厘米。土色灰黄，土质较疏松。包含青花瓷片、青砖块及大量绳纹板、筒瓦残片。

第3B层：深55～160、厚0～70厘米。土色黄褐，土质较硬。包含绳纹灰、红陶板、筒瓦残片。

第3C层：深30～190、厚0～60厘米。土色灰黄泛白，土质较硬。包含绳纹灰、红陶板、筒瓦残片。

第3D层：深70～170、厚0～60厘米。土色黄褐夹灰白斑，土质较硬。包含少量绳纹灰陶板、筒瓦残片。

第4层：城垣垮塌堆积。根据土色、土质可分为3亚层，分述如下。

第4A层：深10～150、厚10～60厘米。土色灰褐夹黄斑，土质较硬。包含大量绳纹灰、红陶板、筒瓦残片。

第4B层：深20～210、厚25～45厘米。土色深灰褐夹花斑，土质较硬。包含绳纹红、灰陶板、筒瓦残片。

第4C层：深145～250、厚0～35厘米。土色黄褐，土质较硬。包含少量绳纹红、灰陶板、筒瓦残片。

第5层：外城垣护坡。深30～200、厚0～55厘米。为以褐、黄为主的花土，土质较为坚硬。包含绳纹灰陶板瓦残片。

第6层：东周时期文化层。根据土色、土质可分为3亚层，分述如下。

第6A层：深70～230、厚0～35厘米。为以黄、褐为主的花土，土质较硬。包含绳纹灰、红陶板、筒瓦残片。

第6B层：深30～260、厚0～40厘米。为以灰白、褐、黄为主的花土，土质较硬。包含绳纹灰陶板、筒瓦残片及新石器红陶片。

第6C层：深50～165、厚0～170厘米。为以灰白、黄、褐为主的花土，土质较硬。包含少量绳纹红、灰陶板、筒瓦残片及新石器陶片。

第7层：新石器文化层。根据土色、土质可分为2亚层，分述如下。

第7A层：深55～285、厚0～115厘米。土色深灰褐夹黄斑，土质较硬。包含红陶片、烧土块、炭屑。

第7B层（该层未发掘）：深65～355厘米。土色灰黄泛白，土质较硬。层表可见红、灰陶器残片、烧土块、草木灰。

三、东城门及城垣两侧遗迹

（1）城门

开口于道路BL1下。两侧城垣夯土中断，明显可见两侧城垣夯土基槽痕迹，其进出城路土被破坏殆尽，现有道路BL1为清代时期的遗存。门宽4.8、进深约15米（图42、图43；图版三，1）。

（2）柱洞、柱础

1处。

BD1　开口于第1层下。位于东门南侧城垣，柱洞直径0.46、柱础直径0.35米。

（3）排水沟

1条。

BG1　开口于第3层下。位于东城门南侧城垣东部，距城垣基槽开口0.33米，南北向，长1.16、宽0.27米，沟内排水管用筒瓦相扣而成（图44；图版二，1）。

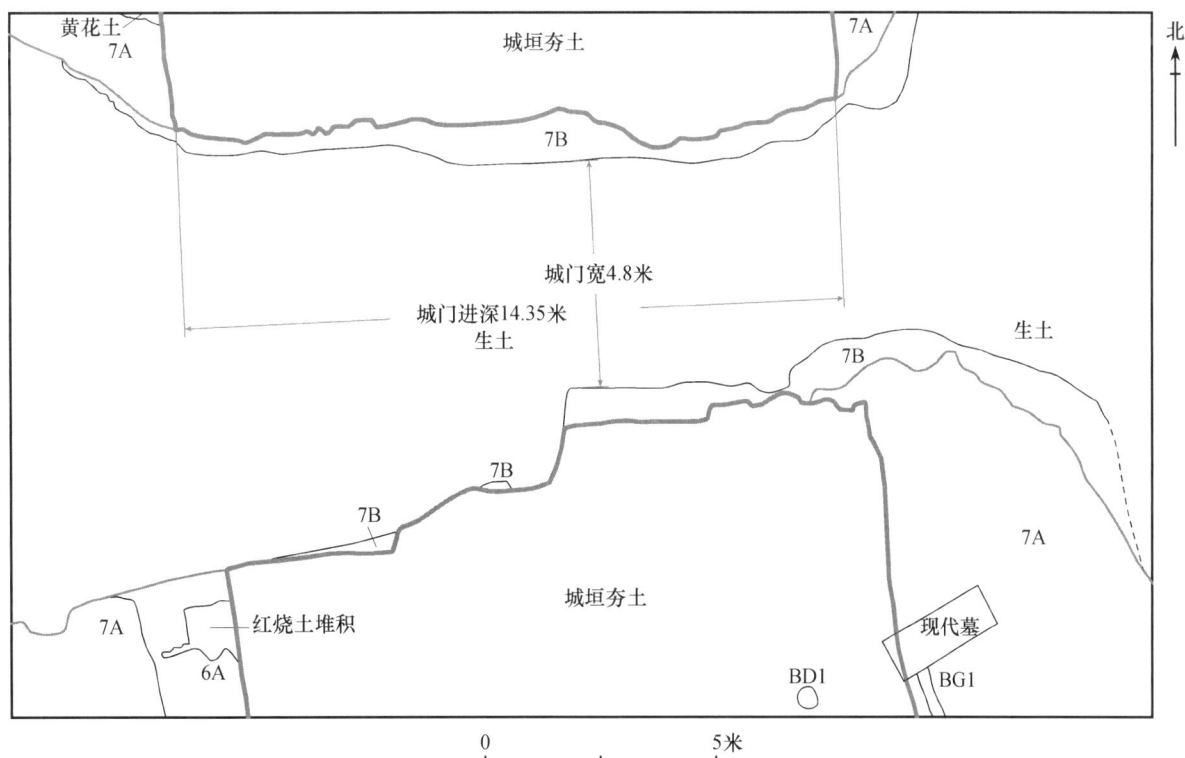

图42　东城门遗迹平面图

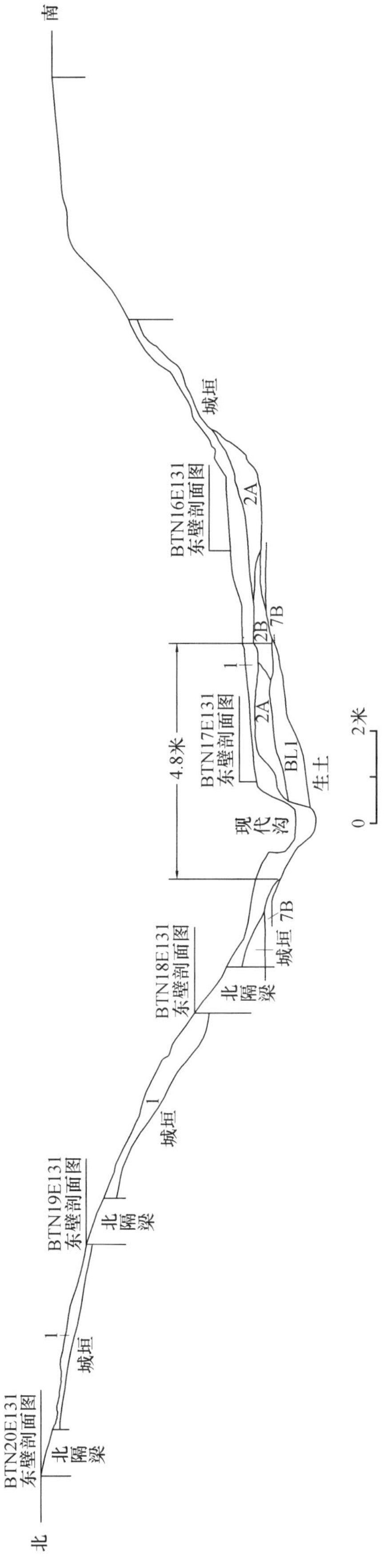

图43　东城门发掘剖面示意图

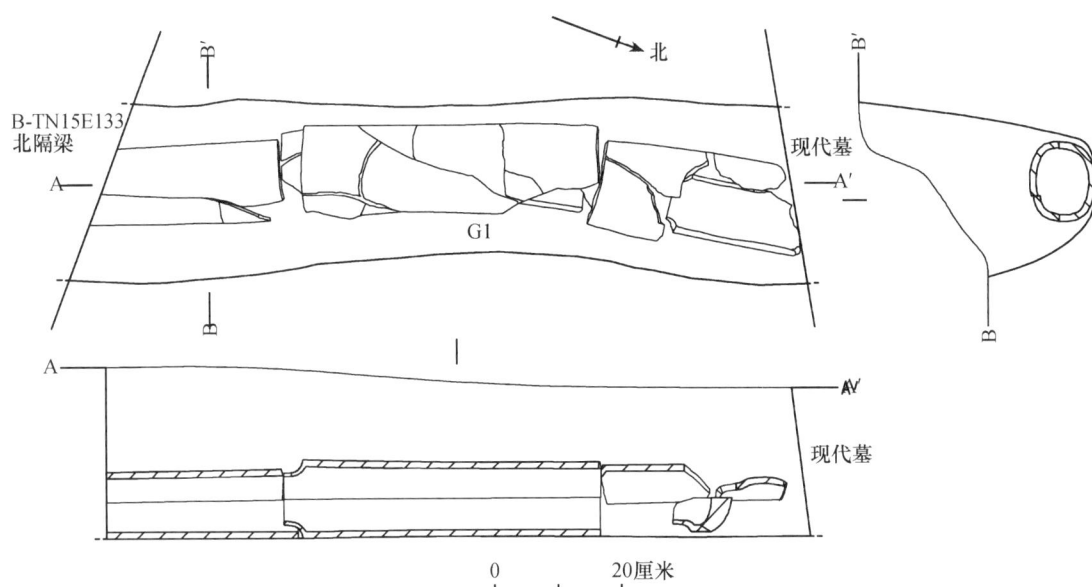

图44　BG1平、剖面图

（4）城垣

开口于第3层下。距地表深10～190厘米。从剖面看略呈梯形，土色以褐、黄为主，土质结构坚实紧密，有夯层及夯窝痕迹。经解剖，该处城垣外坡有二次修复的迹象（图45）。

（5）建筑垮塌遗迹

第3、4层分布于城垣两侧为垮塌堆积层，其中第3A层包含大量绳纹板、筒瓦残片（图46；图版二，2）。

（6）道路

东门共发现进出道路4条（图47）。

BL1　清代道路。开口于第2层下。深0～25、厚0～35厘米。土色灰褐夹黄斑，土质较紧密。包含大量圆角碎瓦砾、青花瓷片、青砖块。

BL2　明代道路。开口于第2层下。深20～75、厚0～45厘米。土色黄褐夹灰斑，土质较紧密。包含圆角碎瓦砾、青花瓷片。

BL3　宋代道路。开口于BL2层下。深15～105、厚0～50厘米。土色褐夹黄斑，土质较紧密。包含圆角碎瓦砾、瓷片、青砖块。

BL4　唐代道路。开口于第4层下。深145～155、厚0～45厘米。土色黄褐，土质紧密。包含圆角碎瓦砾、瓷片、瓮罐残片。

（7）宋代墓葬

3座。均为长方形竖穴土坑墓。

BM1　方向23°。开口于第1层下，打破第3层，坑口距地表深20厘米。坑口至坑底深45厘米。坑口长160～170、宽80～96厘米，坑底长152～166、宽76～88厘米。东北部有壁龛，残高15、宽28、深22厘米。随葬器物置于壁龛内（图48）。

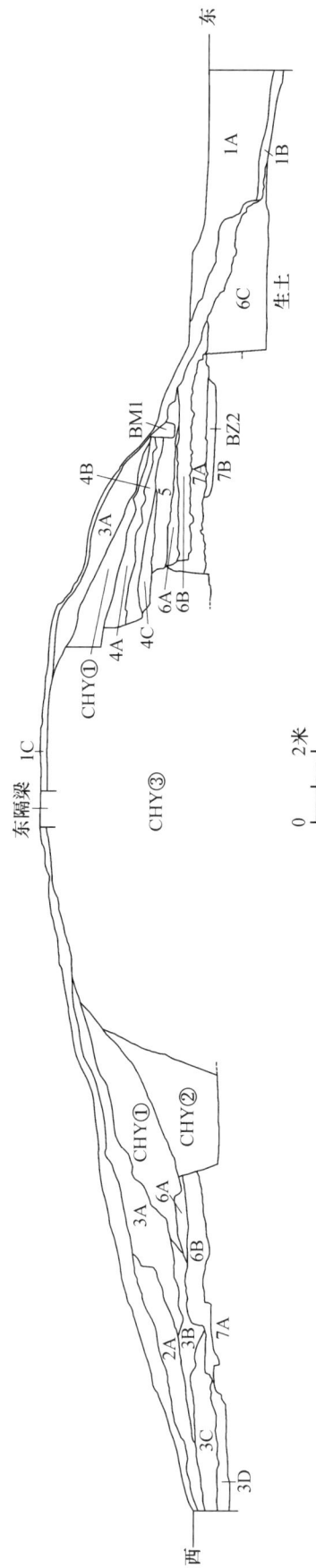

图45 东城垣剖面图

图46 东城垣垮塌瓦砾堆积平面图

BM2 方向68°。开口于第1层下，打破第3层，坑口距地表深30厘米。坑口至坑底深35厘米。坑口长117、宽40～46厘米，坑底长94、宽36～43厘米。随葬器物置于墓底东端（图49）。

BM3 方向80°。开口于第1层下，打破第3层，坑口距地表深30厘米。坑口至坑底深39厘米。坑口长100、宽39～52厘米。坑底长97、宽35～48厘米。随葬器物置于墓底东端（图50）。

（8）新石器时代瓮棺

2座。

BWG1 开口于第3层下，打破第7层，坑口距地表深50厘米。坑口呈圆形，弧壁，圜底。坑壁能自然分离，较光滑。口径56～63、深44厘米（图51）。

BWG2 开口于第6层下，打破第7层，坑口距地表深60厘米。坑口呈圆形，弧壁，圜底。口径54、深49厘米。其东半部被现代墓打破（图52）。

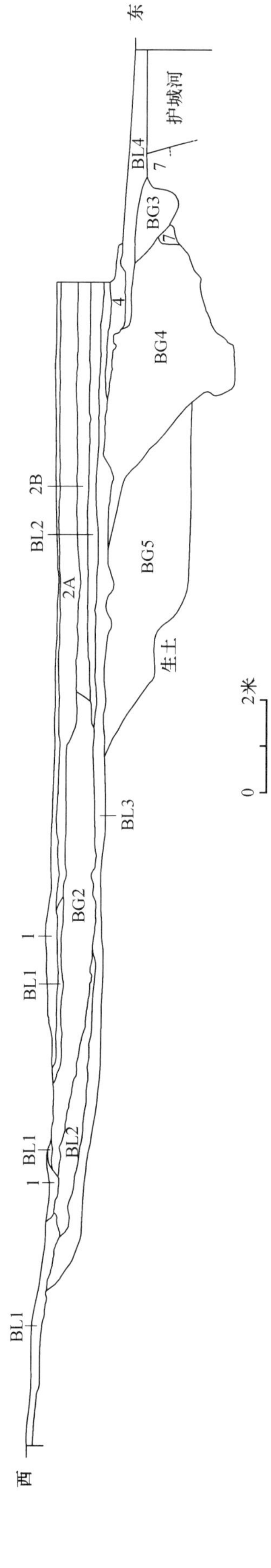

图47　东城垣道路遗迹剖面图

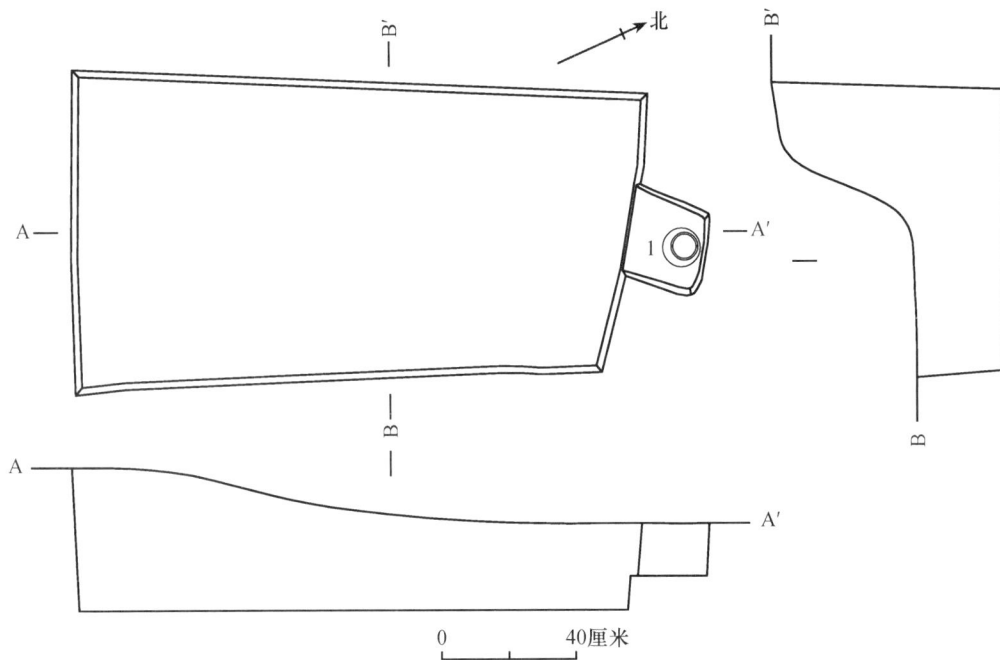

图48　BM1平、剖面图
1. 陶罐

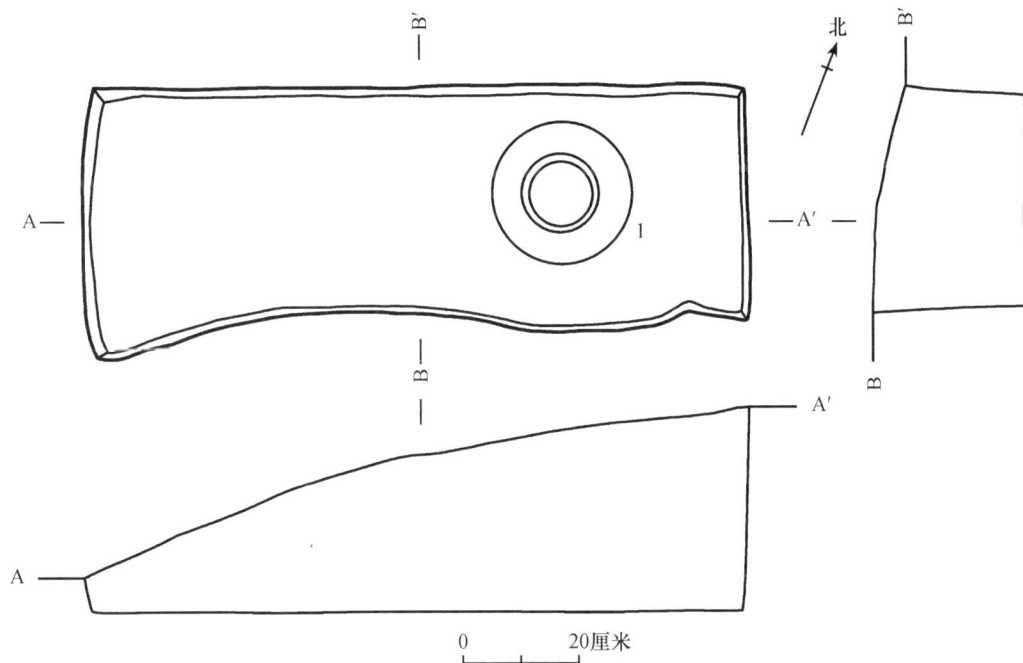

图49　BM2平、剖面图
1. 陶罐

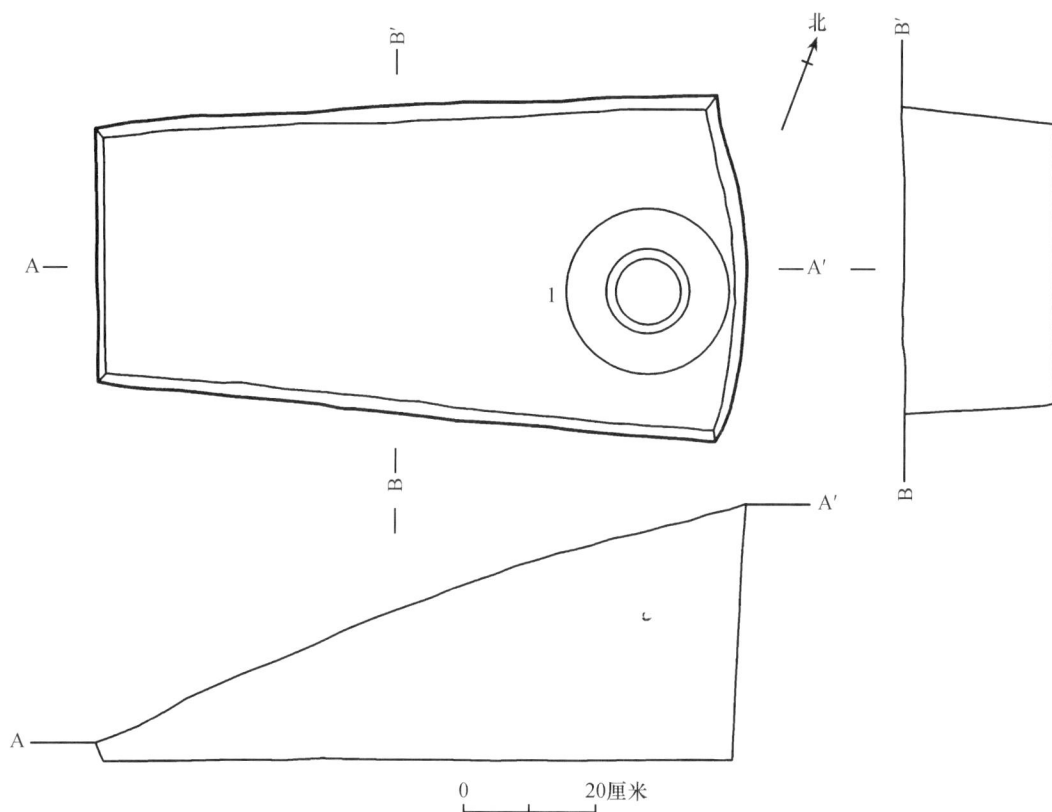

0　　　　　　20厘米

图50　BM3平、剖面图

1. 陶罐

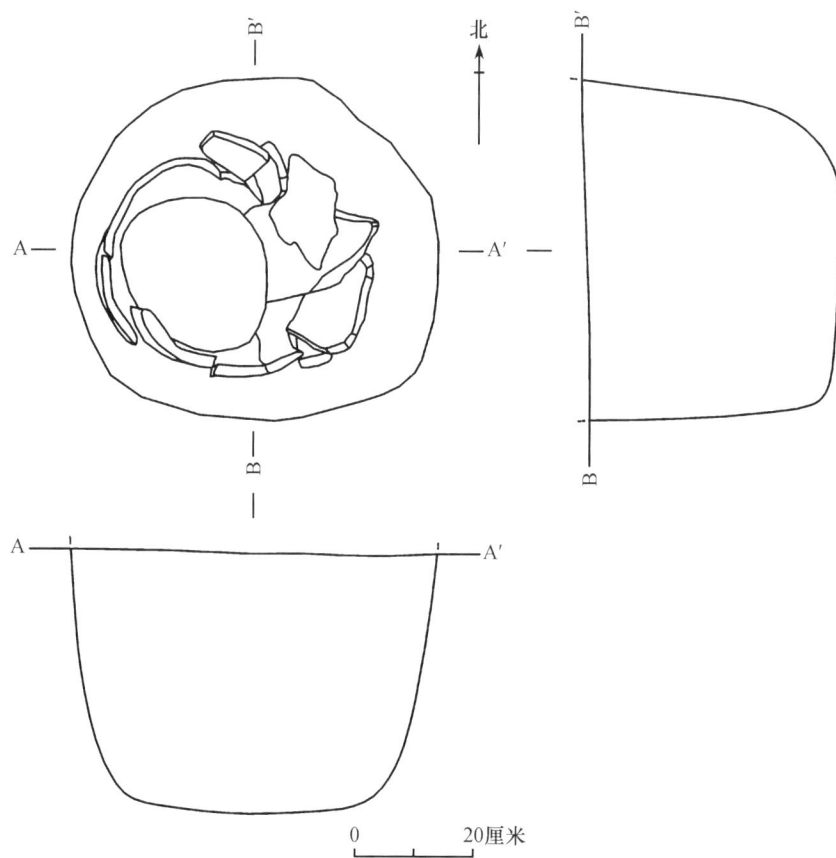

0　　　　　　20厘米

图51　BWG1平、剖面图

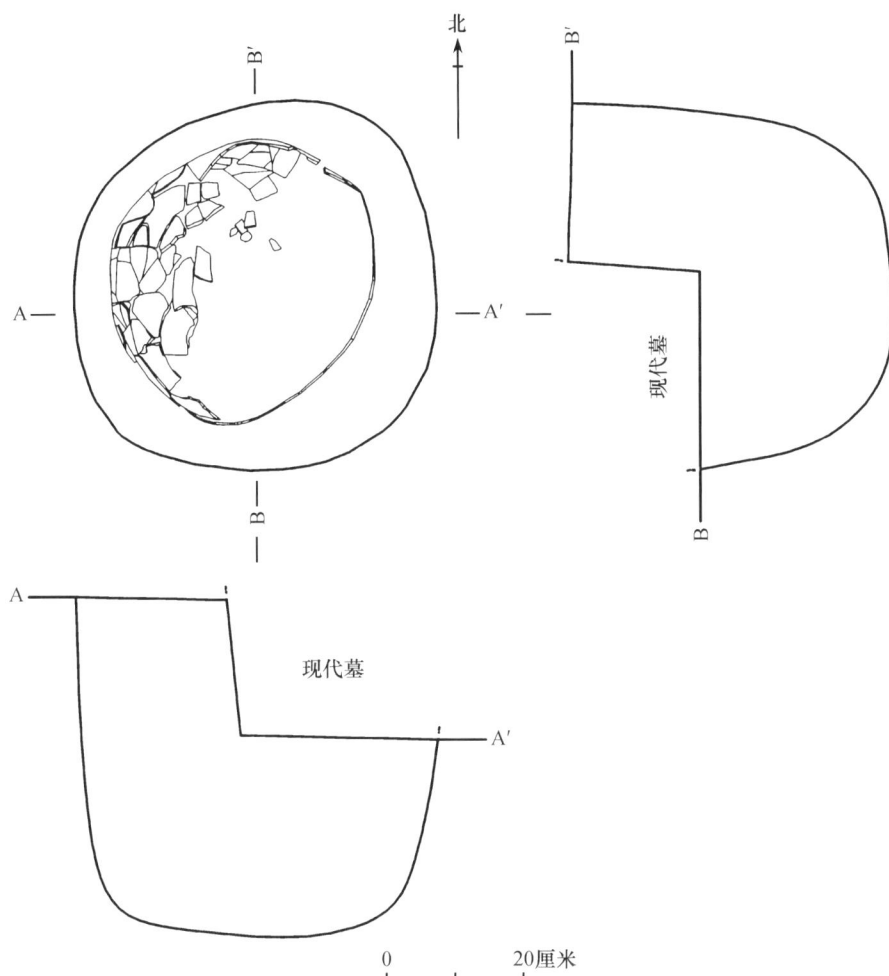

图52 BWG2平、剖面图

第二节 东城门外护城河发掘情况

一、东城门外护城河地层堆积情况

东城门外护城河地层共分为7层（图53）。

第1层：现代层。根据土色、土质可分为4亚层，分述如下。

第1A层：厚100~235厘米。土色交杂为褐、黄、灰，土质较紧密。包含少量泥质绳纹板瓦残片、青花瓷片、红砖块。

第1B层：深100~230、厚0~65厘米。土色青灰，土质稀软，黏性极大。包含青花瓷片、红砖块。

第1E层：深165~170、厚0~70厘米。土色为黄褐，土质较紧密。包含青花瓷片、青砖块。

第1F层：深155~235、厚0~40厘米。土色为褐灰泛红，土质较紧密。包含绳纹灰陶、青

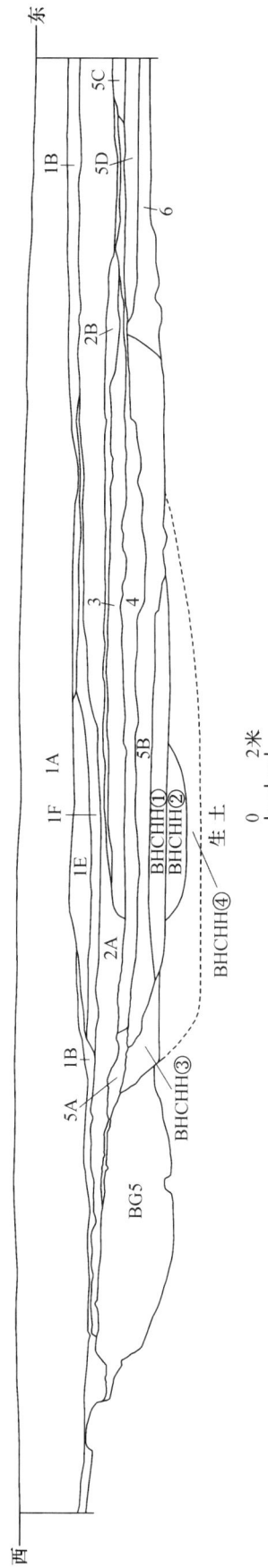

图53　东城门护城河剖面图

花瓷片、红砖块。

第2层：明清堆积层。根据土色、土质可分为2亚层，分述如下。

第2A层：深140～255、厚0～125厘米。土色灰黄泛白，土质较紧密。包含青花瓷片，青砖块，绳纹板、筒瓦残片。

第2B层：深245～300、厚0～45厘米。土色黄褐夹灰斑，土质较紧密。包含青瓷片、青砖块、泥质灰陶片。

第3层：为宋代文化层。深290～310、厚0～55厘米。土色褐色，土质较紧密。包含泥质灰陶片、青砖块。

第4层：唐代淤泥层。深265～345、厚0～70厘米。土色青灰泛黑，土质稀软。包含大量绳纹灰陶板、筒瓦残片，青瓷盘口壶残片，砾石。

第5层：唐代文化层。根据土色、土质可分为4亚层，分述如下。

第5A层：深280～325、厚0～50厘米。土色褐黄，土质较疏松。包含大量绳纹板、筒瓦残片。

第5B层：深320～375、厚0～110厘米。土色灰黄，土质较紧密。包含青砖块，砾石，绳纹板、筒瓦残片。

第5C层：深245～285、厚0～40厘米。土色灰褐泛黄，土质较紧密。包含青瓷片，青砖块，绳纹板、筒瓦残片。

第5D层：深285～305、厚0～45厘米。土色黄褐泛灰，土质较紧密。包含绳纹板、筒瓦残片，青砖块。

第6层：秦汉时期文化层。深315～337、厚0～105厘米。土色褐黄泛灰，土质较紧密。包含绳纹灰、红陶板、筒瓦残片，菱形纹砖块。

第7层：东周时期文化层。深375厘米。土色灰褐夹黄斑，土质较紧密。包含泥质灰陶绳纹板、筒瓦残片（仅解剖性发掘未至底）。

二、东城门外护城河相关遗迹

（1）东护城河

BHCHH　东距城门30米，开口于BL4层下（以上地层均被现代鱼塘破坏），宽5.94～18.6米，距现地表深3.35～3.78米，根据土质土色可分为4层，分述如下。

第1层：深420～460、厚0～55厘米。土色黄褐泛灰，土质较疏松。包含泥质绳纹板、筒瓦残片。

第2层：深465～475、厚0～70厘米。土色青灰，土质较稀软。包含泥质绳纹板、筒瓦残片，动物骨骼。

第3层：深335～455、厚0～105厘米。为以褐、黄、灰为主的花土，土质较紧密。包含泥质绳纹板、筒瓦残片。

第4层：深435～475、厚0～95厘米。土色青灰泛白，土质较稀软。包含泥质绳纹板、筒瓦残片，动物骨骼，桥梁木构件。其下为生土。

（2）木构桥梁

Q1　位于东门外护城河最窄5.94米处，距现地表深3.92米，地层被现代鱼塘破坏。东西跨度2.9、南北宽9.1米。由木桩、挡板、垫木组成。桥桩74根，其中东部25根、西部49根，直径0.13～0.35米。桥桩排列有序，桥桩外侧横向镶嵌直径0.04～0.135米的原木做挡板，挡板与河岸间用五花土夯实（图54，图版四、图版五）。

挡板（DB）共计63根，桥东36根、桥西27根，长1.93～4.66、直径0.04～0.135米，分三组横向叠砌于木桩外侧（图55，表1）。

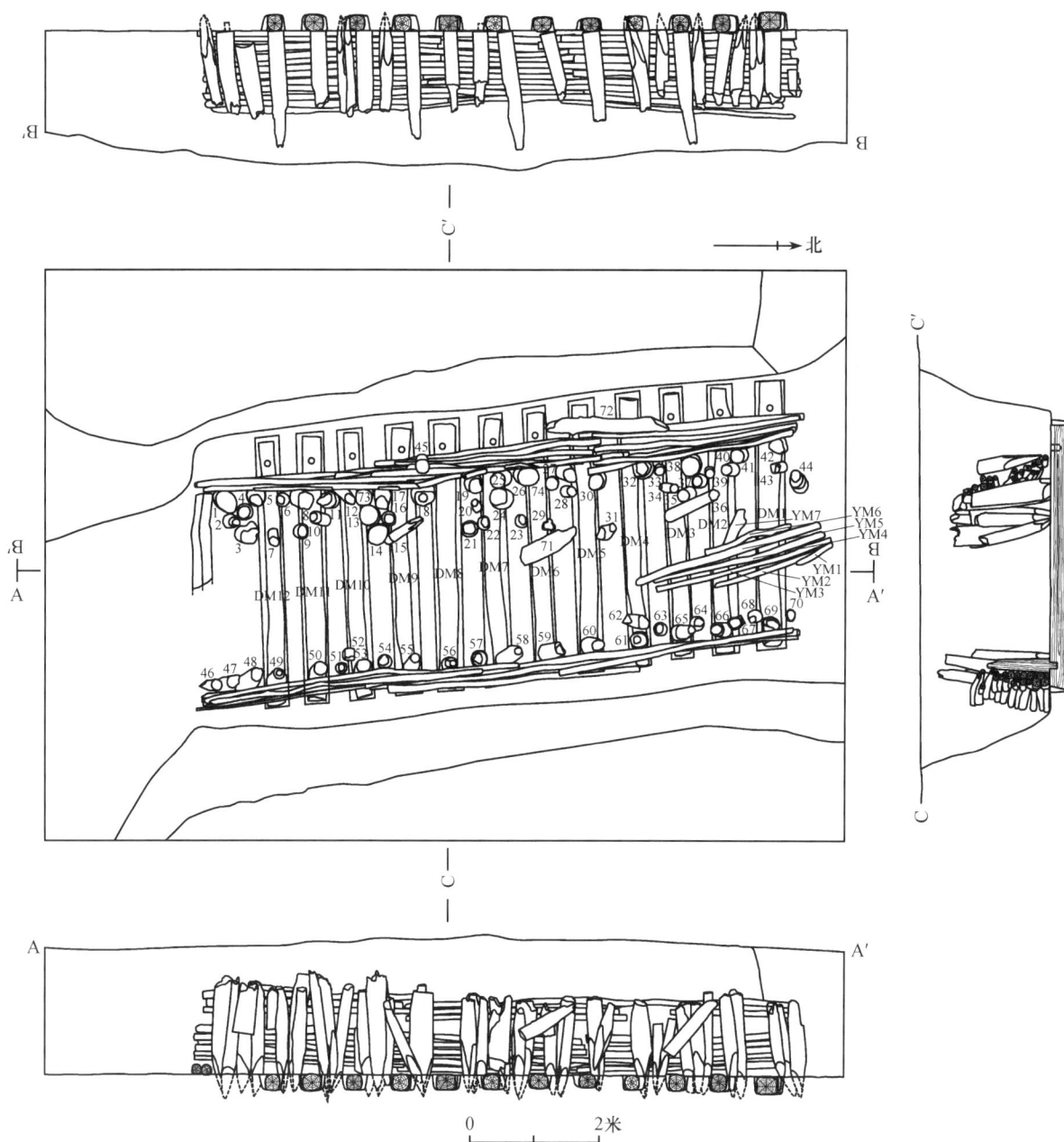

图54　木构桥梁（Q1）平、剖面图

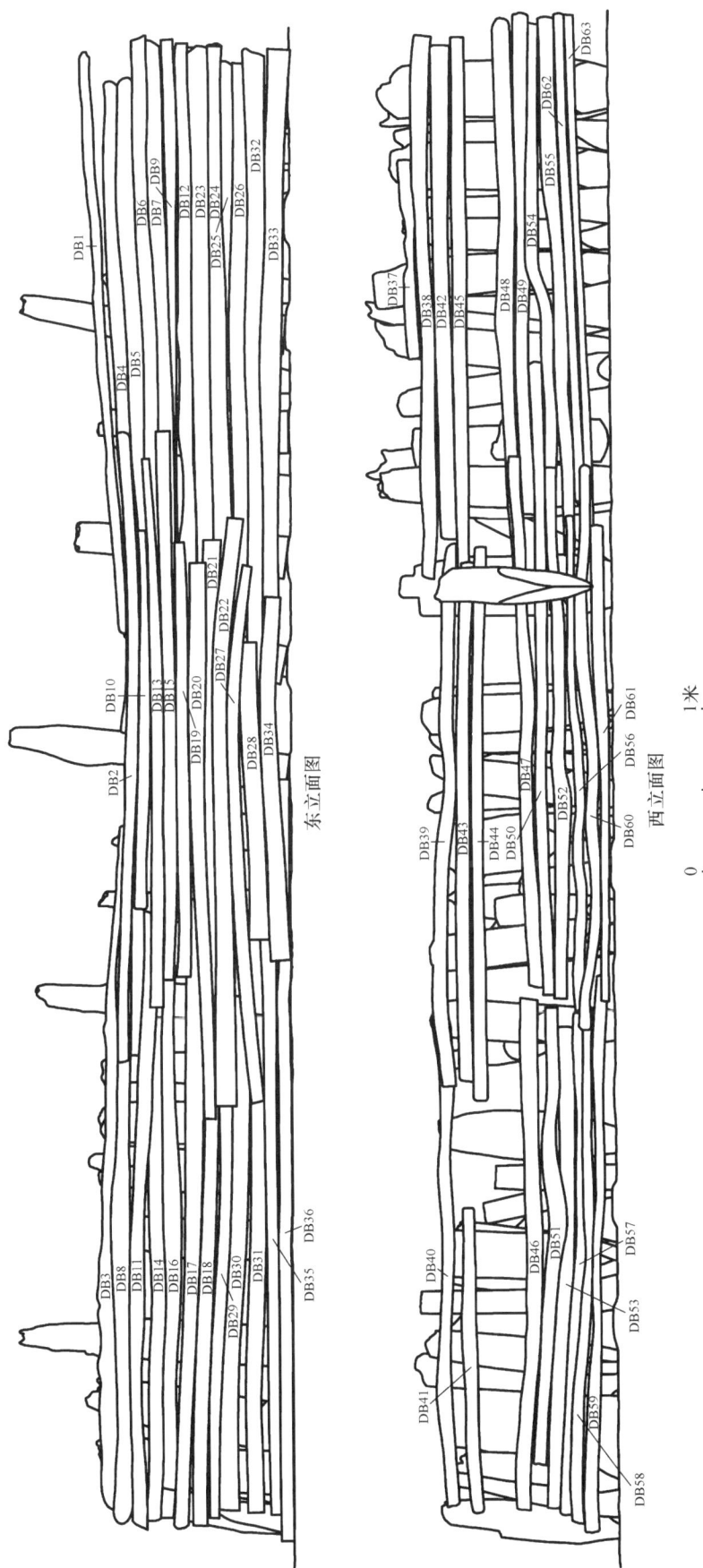

东立面图

西立面图

图55 木构桥梁（Q1）侧视图

表1　木构桥梁（Q1）挡板统计表　　　　　　（单位：米）

序号	编号	长	直径	序号	编号	长	直径
1	Q1DB1	3.65	0.075～0.08	36	Q1DB36	4.5	0.08～0.95
2	Q1DB2	3.89	0.075～0.1	37	Q1DB37	1.22	0.08～0.09
3	Q1DB3	4.25	0.05～0.075	38	Q1DB38	3.36	0.07～0.09
4	Q1DB4	4.2	0.06～0.09	39	Q1DB39	3.39	0.075～0.085
5	Q1DB5	3.3	0.06～0.11	40	Q1DB40	3.1	0.06～0.07
6	Q1DB6	3.03	0.06～0.09	41	Q1DB41	1.93	0.075～0.085
7	Q1DB7	3.6	0.07～0.09	42	Q1DB42	3.05	0.1～0.12
8	Q1DB8	3.76	0.09～0.1	43	Q1DB43	3.21	0.085
9	Q1DB9	3.36	0.05～0.075	44	Q1DB44	3.42	0.075～0.085
10	Q1DB10	2.34	0.05～0.07	45	Q1DB45	3.46	0.05～0.08
11	Q1DB11	3.7	0.08～0.1	46	Q1DB46	3.17	0.09～0.11
12	Q1DB12	3.45	0.075～0.8	47	Q1DB47	3.28	0.075～0.09
13	Q1DB13	3.39	0.045～0.085	48	Q1DB48	3.7	0.085～0.11
14	Q1DB14	3.8	0.09～0.095	49	Q1DB49	3.1	0.085～0.095
15	Q1DB15	3.39	0.065～0.09	50	Q1DB50	3.91	0.07～0.085
16	Q1DB16	3.41	0.08～0.09	51	Q1DB51	2.83	0.075～0.085
17	Q1DB17	3.9	0.09～0.105	52	Q1DB52	3.28	0.07～0.08
18	Q1DB18	4.66	0.06～0.09	53	Q1DB53	2.98	0.08～0.11
19	Q1DB19	2.68	0.06～0.09	54	Q1DB54	3.63	0.04～0.075
20	Q1DB20	3.44	0.07～0.1	55	Q1DB55	3.33	0.065～0.1
21	Q1DB21	2.88	0.09～0.11	56	Q1DB56	3.06	0.05～0.075
22	Q1DB22	3.63	0.1～0.135	57	Q1DB57	3.07	0.07～0.095
23	Q1DB23	4.43	0.09～0.12	58	Q1DB58	3.19	0.055～.0075
24	Q1DB24	3.42	0.08～0.09	59	Q1DB59	3.45	0.07～0.095
25	Q1DB25	3.34	0.06～0.095	60	Q1DB60	3.49	0.07～0.08
26	Q1DB26	3.39	0.06～0.08	61	Q1DB61	2.94	0.05～0.08
27	Q1DB27	3.32	0.06～0.08	62	Q1DB62	3.02	0.05～0.065
28	Q1DB28	1.84	0.11～0.13	63	Q1DB63	3.25	0.04～0.06
29	Q1DB29	3.62	0.06～0.11	64	Q1YM1	0.62	0.8
30	Q1DB30	3.18	0.1～0.125	65	Q1YM2	1.91	0.1
31	Q1DB31	3.08	0.08～0.1	66	Q1YM3	2.76	0.105
32	Q1DB32	3.93	0.85～0.1	67	Q1YM4	2.7	0.1～0.13
33	Q1DB33	3.6	0.105～0.14	68	Q1YM5	2.95	0.12～0.13
34	Q1DB34	2.25	0.095～0.125	69	Q1YM6	1.37	0.1
35	Q1DB35	3.6	0.065～0.1	70	Q1YM7	0.93	0.125～0.145

垫木（DM）共12根，排列有序，间距0.35～0.5米。长3.92～4.02、直径0.2～0.36米，两端有直径0.08～0.095、深0.1～0.14米的榫眼与木桩结合，榫眼间距3.14～3.18米。垫木下开挖略大于垫木的凹槽，用于固定垫木（图56，表2）。

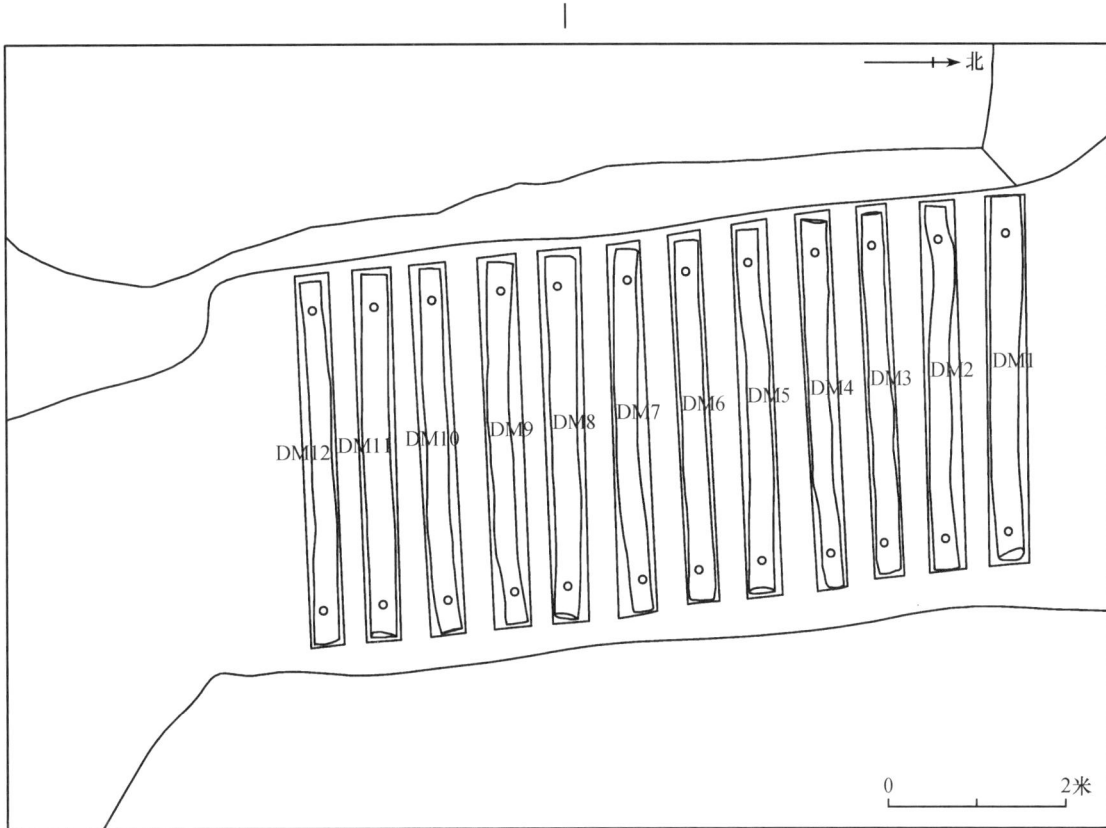

图56　木构桥梁（Q1）垫木分布图

表2　木构桥梁（Q1）垫木统计表　　　　　　　　（单位：米）

序号	编号	长	直径	榫孔径	榫孔深	榫孔间距
1	Q1DM1	3.95	0.26～0.36	0.085	0.11	3.15
2	Q1DM2	3.95	0.26～0.28	0.08	0.1	3.16
3	Q1DM3	3.93	0.25～0.28	0.075	0.11	3.14
4	Q1DM4	4.02	0.22～0.28	0.08	0.1	3.18
5	Q1DM5	3.96	0.2～0.28	0.09	0.14	3.15
6	Q1DM6	3.92	0.22～0.3	0.09	0.1	3.16
7	Q1DM7	3.95	0.22～0.27	0.09	0.11	3.17
8	Q1DM8	3.95	0.23～0.34	0.09	0.11	3.17
9	Q1DM9	3.92	0.24～0.29	0.09	0.11	3.18
10	Q1DM10	3.97	0.23～0.25	0.09	0.11	3.17
11	Q1DM11	3.94	0.27～0.28	0.095	0.11	3.15
12	Q1DM12	3.93	0.24～0.27	0.095	0.11	3.17

　　木桩（MZ）共74根，东部25根、西部49根，直径0.13～0.35米。其中9根两端均未见砍削面，可能为桥损毁后遗落至此，剩余65根据其横截面及下端砍削方式可分为六型（表3）。

表3　木构桥梁（Q1）木桩统计表　　　　　　　（单位：米）

序号	编号	长	直径	砍削方式	砍削面长度	榫长	榫径
1	Q1MZ1	1.55	0.35	三面	0.54～0.57		
2	Q1MZ2	1.82	0.19	三面	0.42～0.47		
3	Q1MZ3	0.76	0.33	无尖，可能为遗落残桩			
4	Q1MZ4	1.47	0.24	三面	0.52～0.58		
5	Q1MZ5	1.7	0.29	三面	0.61～0.77		
6	Q1MZ6	1.47	0.2	三面	0.47～0.5		
7	Q1MZ7	0.61	0.16	无尖，可能为遗落残桩			
8	Q1MZ8	1.76	0.3	三面	0.56～0.65		
9	Q1MZ9	1.21	0.2	六面	0.56～0.6		
10	Q1MZ10	1.98	0.17	三面	0.56～0.62		
11	Q1MZ11	1.8	0.25	三面	0.75～0.92		
12	Q1MZ12	1.64	0.18	三面	0.33～0.45		
13	Q1MZ13	1.58	0.3	三面	0.38～0.42		
14	Q1MZ14	1.4	0.32	三面	0.45～0.53		
15	Q1MZ15	1.33	0.16	三面	0.34～0.43		
16	Q1MZ16	1.32	0.21	四面	0.62～0.64		
17	Q1MZ17	1.78	0.25	三面	0.56～0.59		
18	Q1MZ18	1.63	0.36	三面	0.4～0.5		
19	Q1MZ19	1.4	0.34	三面	0.32～0.52		
20	Q1MZ20	1.48	0.17	三面	0.13～0.3		
21	Q1MZ21	1.27	0.23	三面	0.6～0.77		
22	Q1MZ22	1.36	0.17	三面	0.47～0.51		
23	Q1MZ23	1.23	0.19	三面	0.56～0.68		
24	Q1MZ24	1.29	0.35	无尖，可能为遗落残桩			
25	Q1MZ25	1.43	0.22	三面	0.6～0.66		
26	Q1MZ26	1.35	0.35	三面	0.5～0.62		
27	Q1MZ27	1.51	0.28	三面	0.25～0.4		
28	Q1MZ28	1.46	0.18	三面	0.2～0.3		
29	Q1MZ29	0.5	0.23	无尖，可能为遗落残桩			
30	Q1MZ30	1.38	0.25	三面	0.74～0.78		
31	Q1MZ31	1.02	0.22	三面	0.58～0.66		
32	Q1MZ32	1.52	0.28	三面	0.5～0.64		
33	Q1MZ33	1.25	0.19	三面	0.38～0.46		

序号	编号	长	直径	砍削方式	砍削面长度	榫长	榫径
34	Q1MZ34	1.14	0.16	三面	0.46 ~ 0.53		
35	Q1MZ35	1.31	0.29	四面	0.34 ~ 0.37		
36	Q1MZ36	1.06	0.18	无尖，可能为遗落残桩			
37	Q1MZ37	0.88	0.17	四面	0.61 ~ 0.77		
38	Q1MZ38	1.34	0.28	三面	0.38 ~ 0.42		
39	Q1MZ39	1.65	0.17	三面	0.36 ~ 0.54		
40	Q1MZ40	1.54	0.24	三面	0.58 ~ 0.62		
41	Q1MZ41	1.6	0.2	三面	0.22 ~ 0.34		
42	Q1MZ42	1.45	0.25	三面	0.46 ~ 0.55		
43	Q1MZ43	1.17	0.17	三面	0.56 ~ 0.62		
44	Q1MZ44	1.45	0.23	三面	0.45 ~ 0.51		
45	Q1MZ45	0.98	0.19	三面	0.45 ~ 0.62		
46	Q1MZ46	1.12	0.2	三面	0.64 ~ 0.76		
47	Q1MZ47	1.38	0.27			0.135	0.07
48	Q1MZ48	1.13	0.3	无尖，可能为遗落残桩			
49	Q1MZ49	1.83	0.24			0.105	0.075
50	Q1MZ50	1.25	0.24			0.105	0.08
51	Q1MZ51	1.41	0.18	五面	0.55 ~ 0.88		
52	Q1MZ52	0.8	0.18 × 0.13	四面	0.42		
53	Q1MZ53	1.33	0.26			0.11	0.075
54	Q1MZ54	1.37	0.21	三面	0.8 ~ 0.85		
55	Q1MZ55	1.72	0.22			0.105	0.08
56	Q1MZ56	1.32	0.21			0.11	0.08
57	Q1MZ57	1.23	0.22			0.12	0.08
58	Q1MZ58	1.86	0.23			0.09	0.075
59	Q1MZ59	1.13	0.23			0.1	0.08
60	Q1MZ60	1.48	0.26			0.14	0.08
61	Q1MZ61	1.22	0.26			0.1	0.08
62	Q1MZ62	1.33	0.22	三面	0.75 ~ 0.78		
63	Q1MZ63	1.23	0.19	三面	0.55 ~ 0.6		
64	Q1MZ64	1.32	0.19	三面	0.71 ~ 0.74		
65	Q1MZ65	1.78	0.24			0.105	0.08
66	Q1MZ66	1.17	0.22			0.095	0.07
67	Q1MZ67	1.36	0.2	三面	0.3		
68	Q1MZ68	1.42	0.2	三面	0.52 ~ 0.76		

续表

序号	编号	长	直径	砍削方式	砍削面长度	榫长	榫径
69	Q1MZ69	1.05	0.26			0.11	0.08
70	Q1MZ70	0.4	0.14	无尖，可能为遗落残桩			
71	Q1MZ71	0.96	0.28	无尖，可能为遗落残桩			
72	Q1MZ72	1.8	0.22	无尖，可能为遗落残桩			
73	Q1MZ73	1.04	0.25			0.11	0.075
74	Q1MZ74	1.09	0.17	三面	0.46～0.48		

A型 15根。柱体横截面呈圆形，下端有圆柱体榫头。标本Q1MZ49，残长1.83、直径0.24米，榫长0.105、直径0.075米（图57，1）。标本Q1MZ57，残长1.23、直径0.22米，榫长0.12、直径0.08米（图57，2）。标本Q1MZ73，残长1.04、直径0.25米，榫长0.11、直径0.075米（图57，3）。

B型 44根。柱体横截面呈圆形，下端三面砍削，至末端斜收成锐利的尖峰，利于楔入河床，截面呈三角形。标本Q1MZ1，残长1.55、直径0.35米，砍削面长0.54～0.57米（图57，4）。标本Q1MZ5，残长1.7、直径0.29米，砍削面长0.61～0.77米（图57，5）。标本Q1MZ6，残长1.47、直径0.2米，砍削面长0.47～0.5米（图57，6）。标本Q1MZ10，残长1.98、直径0.17米，砍削面长0.56～0.62米（图57，7）。标本Q1MZ11，残长1.8、直径0.25米，砍削面长0.75～0.92米（图57，8）。标本Q1MZ14，有火烧痕迹，表面已炭化。残长1.4、直径0.32米，砍削面长0.45～0.53米（图57，9）。标本Q1MZ17，残长1.78、直径0.25米，砍削面长0.56～0.59米（图57，10）。标本Q1MZ46，残长1.12、直径0.2米，砍削面长0.64～0.76米（图57，11）。标本Q1MZ54，残长1.37、直径0.21米，砍削面长0.8～0.85米（图57，12）。标本Q1MZ62，残长1.33、直径0.22米，砍削面长0.75～0.78米（图57，13）。标本Q1MZ64，残长1.32、直径0.19米，砍削面长0.71～0.74米（图57，14）。

C型 3根。柱体横截面呈圆形，下端四面砍削，至末端斜收成锐利的尖峰，利于楔入河床，截面呈长方形。标本Q1MZ16，残长1.32、直径0.21米，砍削面长0.62～0.64米（图57，15）。标本Q1MZ35，残长1.31、直径0.29米，砍削面残长0.34～0.37米（图57，16）。标本Q1MZ37，残长0.88、直径0.17米，砍削面长0.61～0.77米（图57，17）。

D型 1根。柱体横截面呈圆形，下端五面砍削，至末端斜收成锐利的尖峰，利于楔入河床，截面呈五边形。标本Q1MZ51，残长1.41、直径0.18米，砍削面长0.55～0.88米（图57，18）。

E型 1根。柱体横截面呈圆形，下端六面砍削，至末端斜收成锐利的尖峰，利于楔入河床，截面呈六边形。标本Q1MZ9，残长1.21、直径0.2米，砍削面长0.56～0.6米（图57，19）。

F型 1根。柱体横截面呈长方形，下端四面砍削，至末端斜收成锐利的尖峰，利于楔入河床。标本Q1MZ52，残长0.8、截面长0.18、宽0.13米，砍削面长0.42米（图57，20）。

位于桥北端的原木（YM），共7根，长0.62～2.95、直径0.08～0.145米，根据其形态分析，可能是木桥毁坏后挡板漂移至此（表1）。

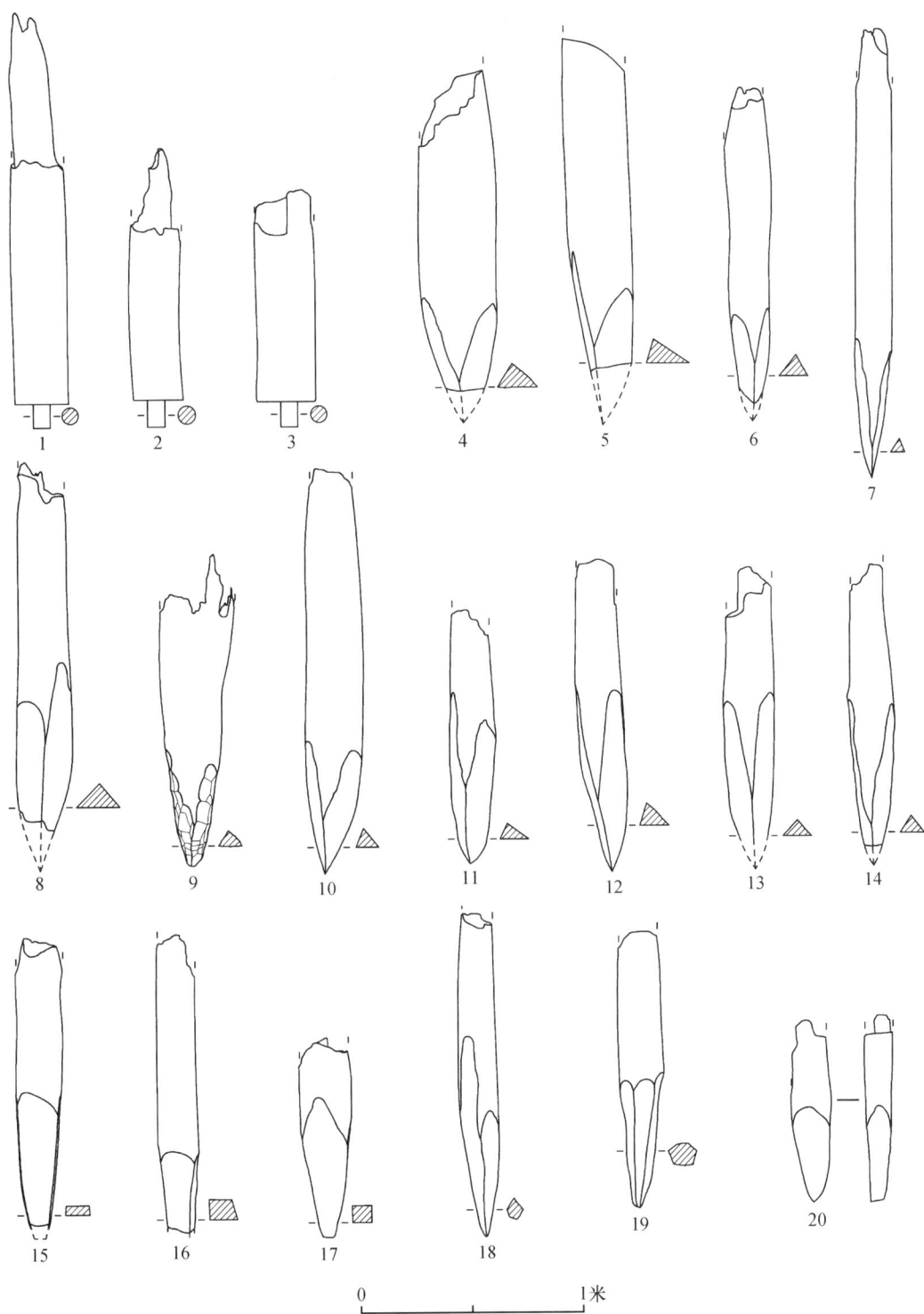

图57 木构桥梁（Q1）出土木桩

1~3. A型（Q1MZ49、Q1MZ57、Q1MZ73） 4~14. B型（Q1MZ1、Q1MZ5、Q1MZ6、Q1MZ10、Q1MZ11、Q1MZ14、

Q1MZ17、Q1MZ46、Q1MZ54、Q1MZ62、Q1MZ64） 15~17. C型（Q1MZ16、Q1MZ35、Q1MZ37） 18. D型

（Q1MZ51） 19. E型（Q1MZ9） 20. F型（Q1MZ52）

（3）灰坑

BH1　开口于第5层下，打破生土，坑口距地表深435厘米。灰坑平面呈不规则椭圆形。长径229、短径153厘米。包含铜钱、陶罐口沿、陶罐底、陶板瓦、陶筒瓦、陶盆口沿、琉璃珠、陶甑残片等（图58）。

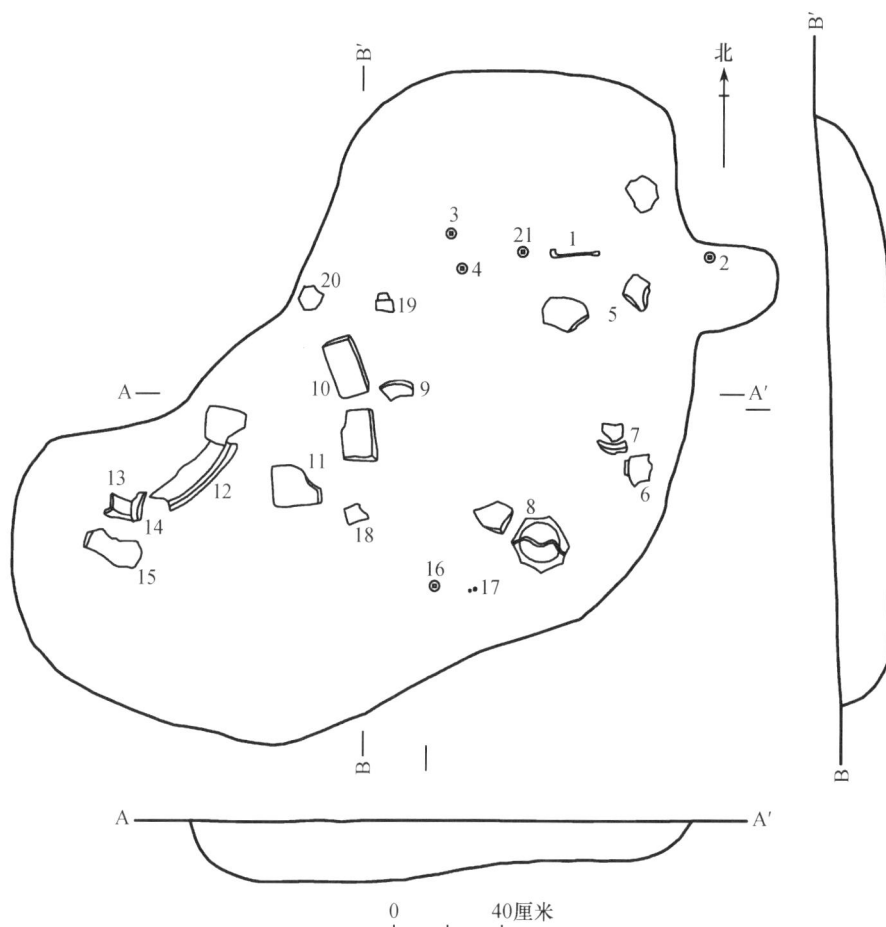

图58　BH1平、剖面图

1.铜刷　2～4、16、21.铜钱　5、9.陶罐口沿　6、10、19.陶筒瓦　7、8、18.陶罐底　11.陶板瓦　12～15.陶盆口沿
17.琉璃珠　20.陶甑

第三节　遗　物

　　此次发掘东城门及护城河，器物主要出土于城垣垮塌堆积、护城河堆积、晚期墓葬中。除桥梁木材（原址保护，未提取），基本为陶器。其中绝大多数为泥质灰陶，少量为泥质红陶。出土陶器主要为建筑材料，极少生活用器。器形主要有板瓦、筒瓦、砖、陶瓮、石斧、陶饼、陶盆、陶盂、陶壶、陶豆、陶拍、陶罐、陶碗、陶釜、瓷壶等。因陶片出土数量众多，本报告仅列举部分标本。

1. 新石器时代遗物

陶缸 1件。标本BWG1：1，瓮棺葬葬具。夹粗砂灰陶，红褐衣。手制。残缺。弧壁。饰方格纹。残高40厘米（图59，1）。

石斧 2件。标本BTN18E135②：1，通体磨光，平面呈梯形，弧顶，中刃。高7.8、宽5.2、厚1.6厘米（图59，2）。标本BTG1⑤：1，通体磨光，残缺。两侧边较直，刃部呈弧形，中刃。高8.7、宽5.6厘米（图59，3）。

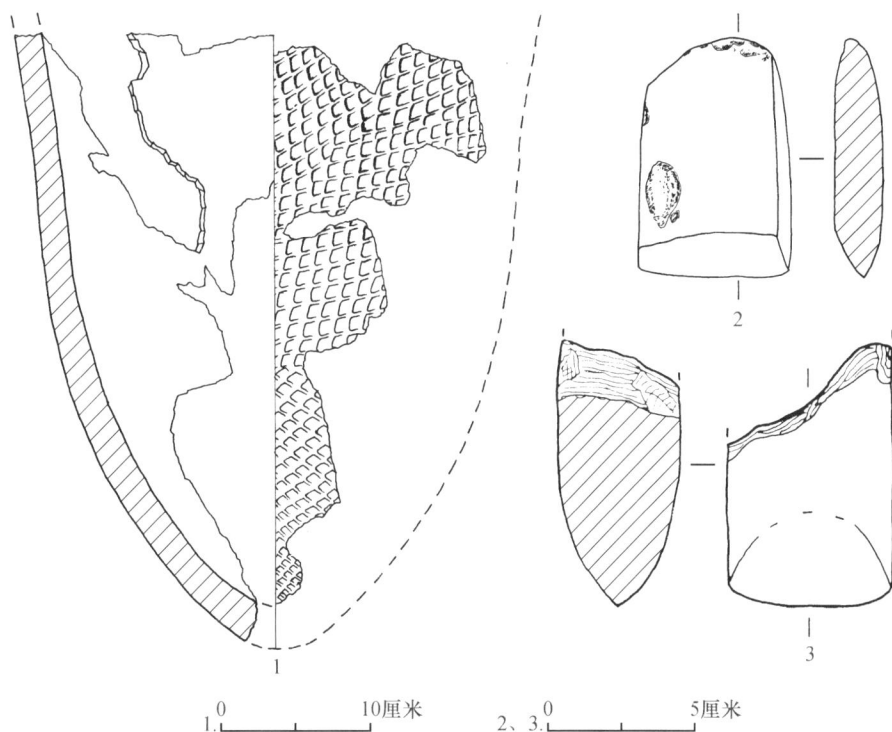

图59 东城门及护城河出土遗物
1. 陶缸（BWG1：1）   2、3. 石斧（BTN18E135②：1、BTG1⑤：1）

2. 秦汉时期遗物

主要为筒瓦、板瓦、瓦当、砖等建筑材料，也有少量陶罐、陶壶、陶豆等生活用器。

筒瓦 采集标本30件。泥质灰陶25件、泥质红陶5件。其中，泥质灰陶火候较高，泥质红陶火候差。瓦唇呈弧形上翘，圆唇，肩斜直，截面呈半圆形。正面饰绳纹，背面素面或饰麻点纹、布纹、绳纹、网格纹等纹饰。标本BTN16E129①：1，残长33、宽16、高8、厚1.2厘米（图60，1）。标本BTN16E129①：2，残长16.2、宽10.6、高8、厚1.2厘米（图60，2）。标本BTN16E129①：3，背面饰凸棱。残长12.2、宽8.6、高6.3、厚1厘米（图60，3）。标本BTN16E129①：4，残长14、宽7、高7、厚1厘米（图60，4）。标本BTN16E129①：5，残长17.4、宽8.6、高7、厚1.1厘米（图60，5）。标本BTN19E128②：2，残长12、宽8、高7.8、厚1.2厘米（图60，6）。标本BTN20E127②：2，残长12.4、宽13、高8.2、厚2.4厘米（图60，

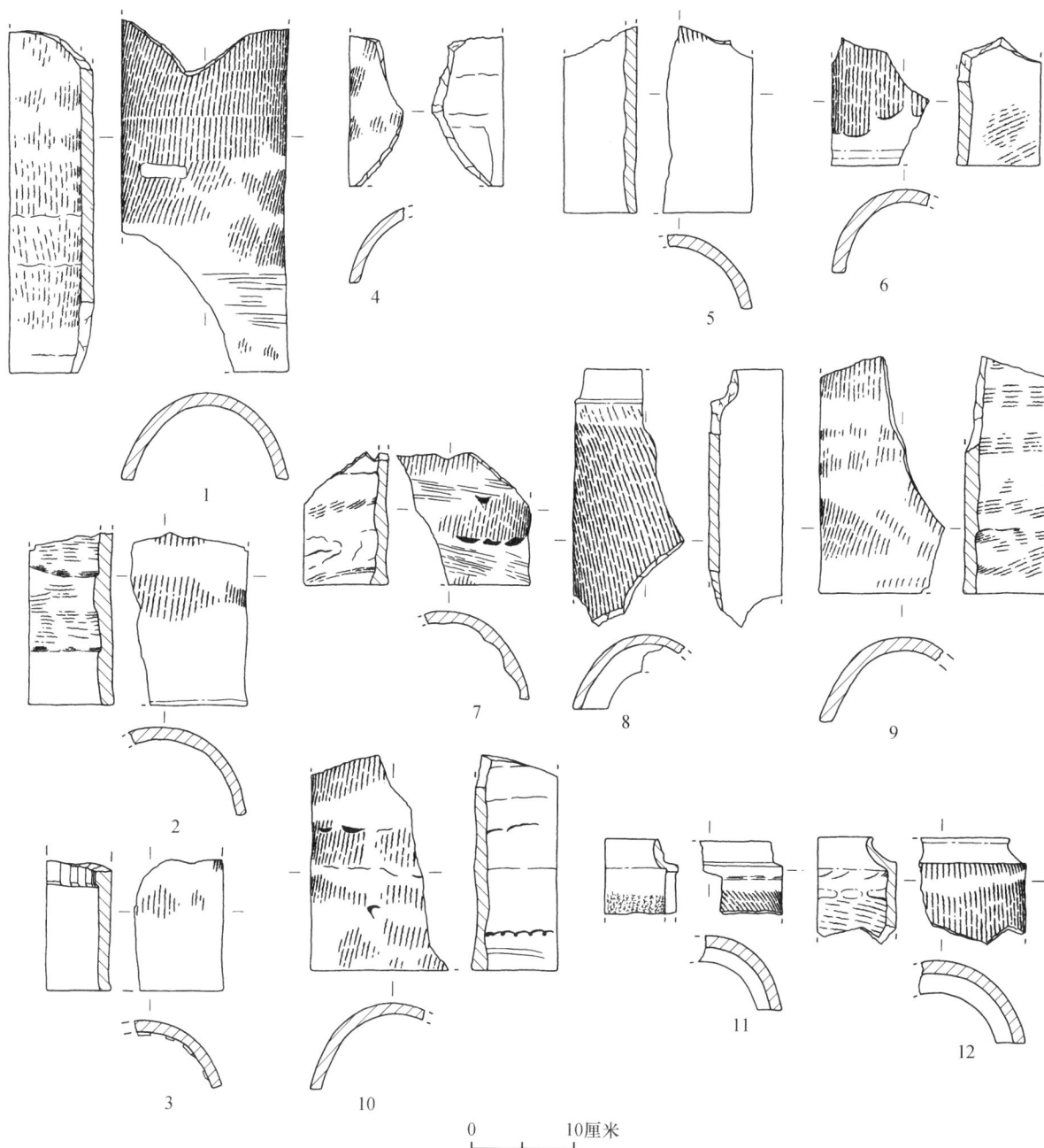

图60　东城门及护城河出土筒瓦

1. BTN16E129①：1　2. BTN16E129①：2　3. BTN16E129①：3　4. BTN16E129①：4　5. BTN16E129①：5　6. BTN19E128②：2　7. BTN20E127②：2　8. BTN20E127②：3　9. BTN20E127②：4　10. BTN20E127②：5　11. BTN20E127②：6　12. BTN20E127②：7

7）。标本BTN20E127②：3，残长24、宽10.6、高9、厚1、瓦唇长2.8厘米（图60，8）。标本BTN20E127②：4，残长22、宽12、高8、厚1.3厘米（图60，9）。标本BTN20E127②：5，残长20、宽13.4、高8、厚1.2厘米（图60，10）。标本BTN20E127②：6，残长6.8、宽8、高7、厚1.2、瓦唇长2厘米（图60，11）。标本BTN20E127②：7，残长10、宽10.3、高7.6、厚1.2、瓦唇长2.4厘米（图60，12）。标本BTN21E132⑤：1，残长29.8、宽13.8、厚1、瓦唇长2.8厘米（图61，1）。标本BTN21E132⑤：2，残长21.8、宽11.2、高6.6、厚0.7厘米（图61，2）。标本

BTN21E132⑤：3，残长27.4、宽9.2、高7.6、厚1厘米（图61，3）。标本BTN21E132⑤：5，残长20.6、宽9.6、高7.5、厚0.8厘米（图61，4）。标本BTN22E132④：1，残长19.4、宽14.4、高8、厚1.4、瓦唇长3.2厘米（图61，5）。标本BTN22E132④：2，残长17.5、宽13.2、高6.6、厚1.2、榫头1.8厘米（图61，6）。标本BTN22E132④：3，残长16.6、宽8.4、高6、厚1、瓦唇长2.2厘米（图61，7）。标本BTN22E132④：4，残长20.6、宽14.5、高8.2、厚1.2厘米（图61，8）。标本BTN22E132④：5，残长25.2、宽10.3、高12.9、厚0.8厘米（图61，9）。标本BTG1④：4，残长12、宽13.2、高7.8、厚1厘米（图62，1）。标本BTG2③A：1，残长19.4、宽5.8、高6、厚1、榫头1.6厘米（图62，2）。标本BTG2③A：3，残长21.6、宽10.2、高9、厚1.2厘米（图62，4）。标本BTG2③A：4，残长17.4、宽8.5、高7.1、厚1厘米（图62，3）。标本BTG2③A：5，残长17.8、宽8.3、高7、厚1、瓦唇长2厘米（图62，5）。标本BG4：3，残长15.2、宽9.6、高6.4、厚0.8厘米（图62，6）。标本BG4：5，残长21.6、宽8、高7.8、厚1厘米（图62，7）。标本BG4：6，残长21、宽11.8、高8、厚1厘米（图62，8）。标本BG4：7，通长34、宽12、高5.6、厚1厘米（图62，9）。

板瓦　采集标本16件。泥质灰陶9件、泥质红陶7件。其中，泥质灰陶火候较高，泥质红陶火候差。截面呈弧形。凸面饰绳纹、凹面素面或饰有绳纹、麻点纹、方格纹等。标本BTN16E129①：6，残长15.6、宽21.8、厚1.1厘米（图63，1）。标本BTN16E129①：7，残长15.5、宽15.6、厚1.4厘米（图63，2）。标本BTN16E129①：9，残长15.2、宽14.6、厚1厘米（图63，3）。标本BTN16E129①：10，残长13.4、宽15、厚1厘米（图63，4）。标本BTN19E128②：1，残长21.2、宽18.2、厚1厘米（图63，5）。标本BTN20E127②：8，残长19.8、宽18、厚1.4厘米（图63，6）。标本BTN20E127②：9，残长21.2、宽16、厚0.9厘米（图63，7）。标本BTN20E127②：10，残长17.4、宽15.2、厚0.7厘米（图63，8）。标本BTN21E132⑤：4，残长17.5、宽21.6、厚0.8厘米（图63，9）。标本BTN21E132⑥B：1，残长21、宽18.6、厚1厘米（图64，1）。标本BTG2③A：2，残长14.4、宽19.4、厚1厘米（图64，2）。标本BG4：1，残长25.2、宽32.8、厚1.3厘米（图64，3）。标本BG4：2，残长22、宽11.7、厚1厘米（图64，4）。标本BHCHH④：19，残长15、宽22.6、厚1.4厘米（图64，5）。标本BHCHH④：20，残长17.4、宽24、厚1.2厘米（图64，6）。标本BHCHH④：21，残长11.5、宽14.6、厚1.2厘米（图64，7）。

瓦当　12件。泥质、模制、残缺，呈圆形。标本BTN16E129①：8，饰波折间三角纹，背面抹平。残高5.8、长15厘米（图65，1）。标本BTN18E131②：1，灰陶。饰四组卷云纹，中部一乳钉，背面抹平。径13.2厘米（图65，2）。标本BTN20E128②：1，灰陶。饰四组卷云间乳钉纹，中心部饰一颗大乳钉，背面抹平。残长14.6、宽10厘米（图65，3）。标本BTN20E129②：1，灰陶。饰四组卷云纹，中部网格纹，背面抹平。径15.8厘米（图65，4）。标本BTN20E129②：2，红陶。饰卷云纹，背面抹平。残长9.4、宽8厘米（图65，5）。标本BTN20E129③：1，红陶。饰四组卷云纹，中部一乳钉，背面抹平。径15.4厘米（图65，6）。标本BTN20E129③：2，灰陶。饰卷云纹，背面抹平。残长14.8、宽6厘米（图65，7）。标本BTN20E129③：3，红陶。饰卷云纹，中部饰网格纹，背面抹平。残长14、宽7.2厘米（图

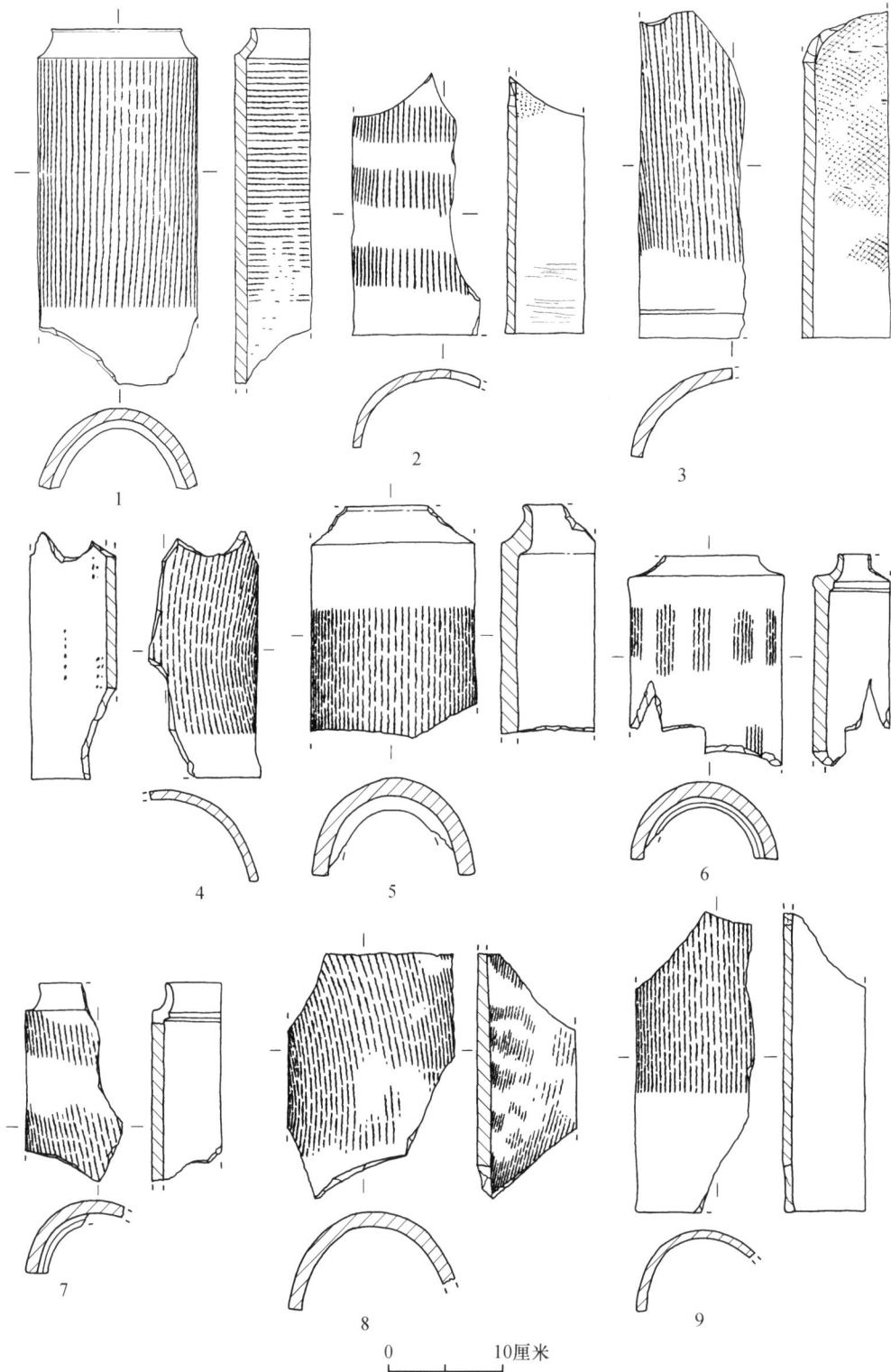

图61　东城门及护城河出土筒瓦

1. BTN21E132⑤：1　2. BTN21E132⑤：2　3. BTN21E132⑤：3　4. BTN21E132⑤：5　5. BTN22E132④：1　6. BTN22E132④：2
7. BTN22E132④：3　8. BTN22E132④：4　9. BTN22E132④：5

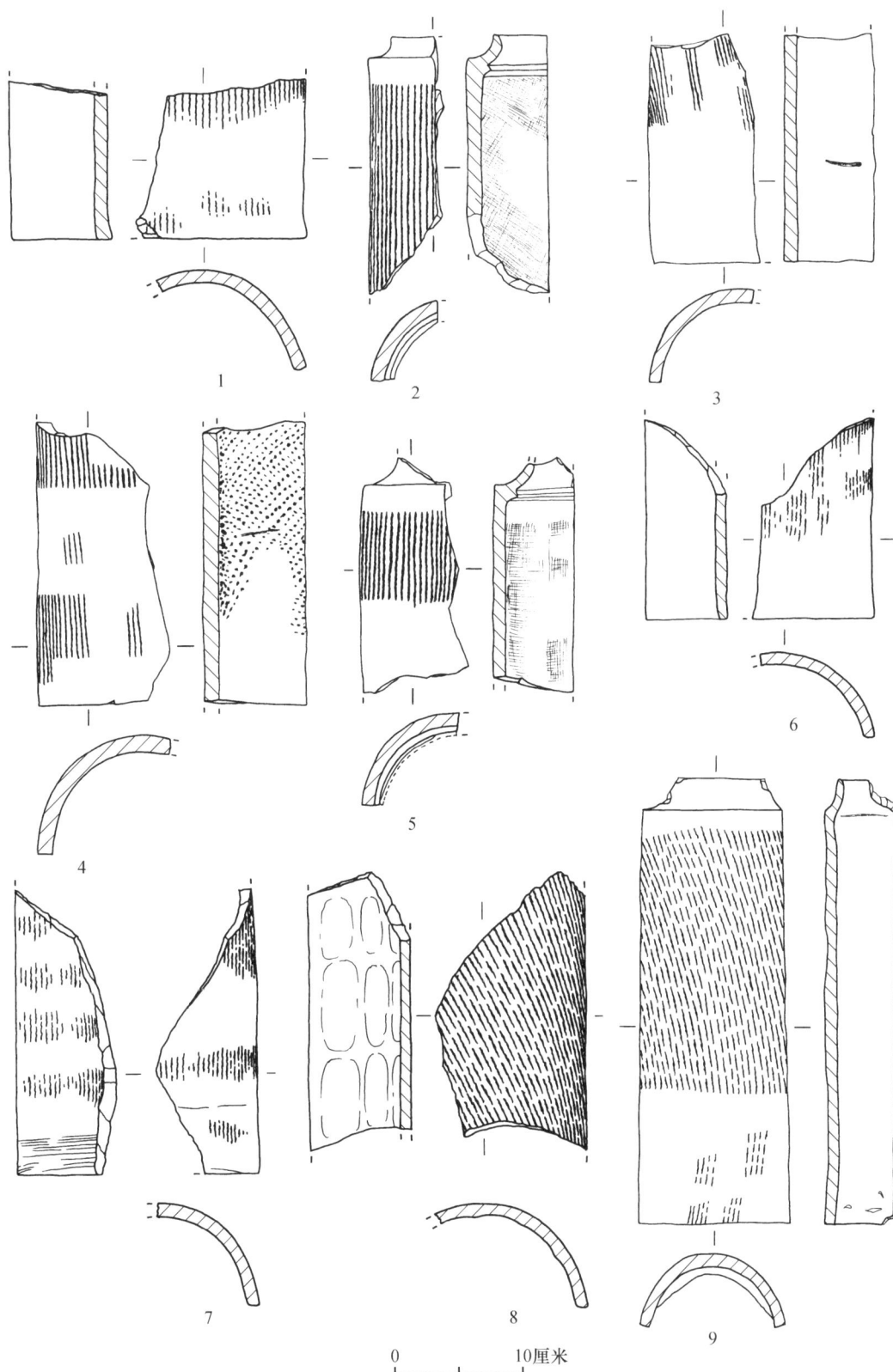

图62　东城门及护城河出土筒瓦

1. BTG1④：4　2. BTG2③A：1　3. BTG2③A：4　4. BTG2③A：3　5. BTG2③A：5　6. BG4：3　7. BG4：5　8. BG4：6

9. BG4：7

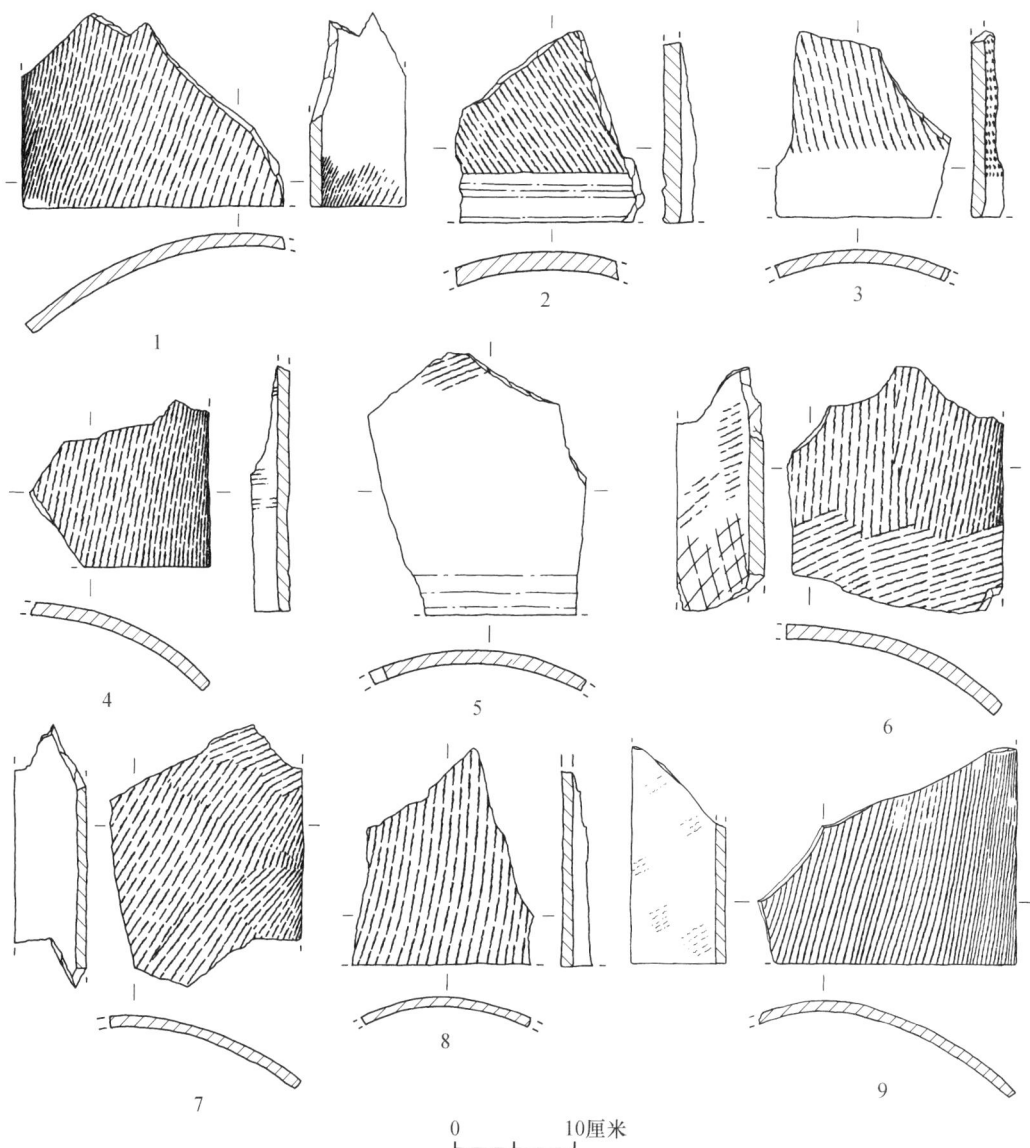

图63　东城门及护城河出土板瓦

1. BTN16E129①：6　2. BTN16E129①：7　3. BTN16E129①：9　4. BTN16E129①：10　5. BTN19E128②：1　6. BTN20E127②：8
7. BTN20E127②：9　8. BTN20E127②：10　9. BTN21E132⑤：4

65，8）。标本BTG2③A：1，红陶。饰四组卷云纹，中心部饰葵纹，背面抹平。径14.8厘米（图65，9）。标本BTG2③A：2，灰陶。饰云纹间乳钉纹，背面抹平。残长13.4、宽6厘米（图65，10）。标本BTG2③C：1，灰陶。饰四组勾连云纹，中心部一颗大乳钉，背面中部抹平，边缘有线割痕迹。直径14.8厘米（图65，11）。标本BTN20E138⑤：2，灰陶。饰四组勾连云纹，中心部饰一颗大乳钉，背面中部抹平，边缘有线割痕迹。径14.4厘米（图65，12）。

　　砖　6件。泥质灰陶。模制，残缺。均出土于护城河堆积中。根据用途可分为墙砖和铺地砖。

　　墙砖　标本BTG1④：1，纵侧面饰菱形纹。残长14.4、宽9.2、厚6.4厘米（图66，1）。标本BTG1⑥：1，平面的一面饰绳纹，另一面素面，纵侧面的一面饰菱形纹，余为素面。残长

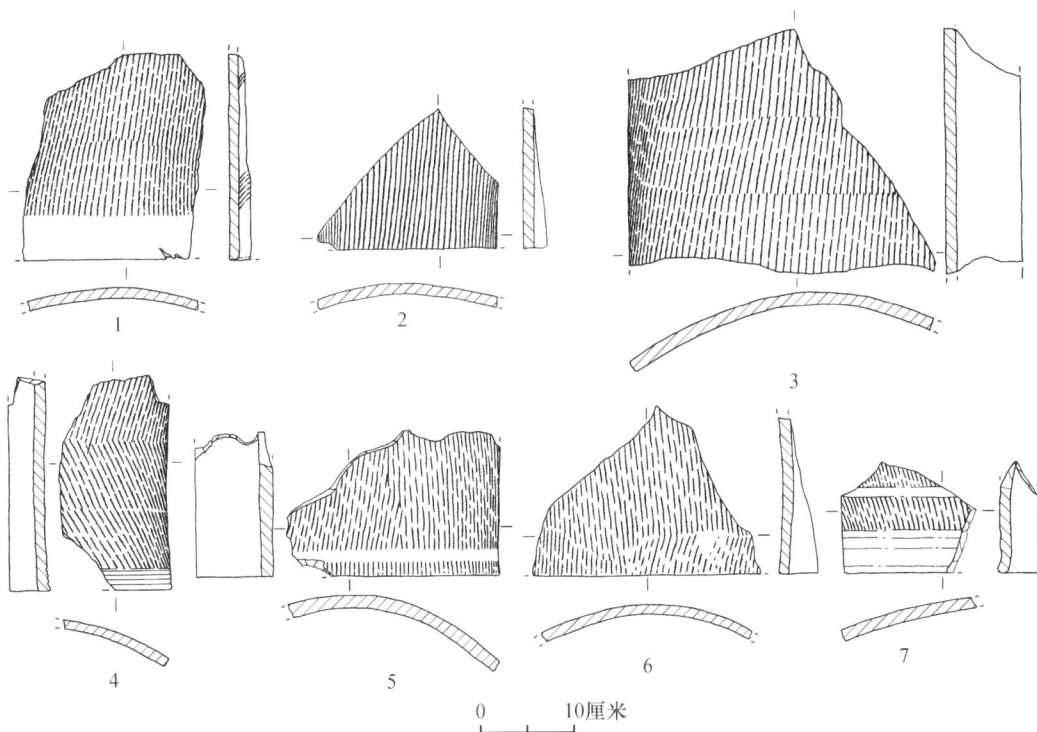

图64 东城门及护城河出土板瓦

1. BTN21E132⑥B：1　2. BTG2③A：2　3. BG4：1　4. BG4：2　5. BHCHH④：19　6. BHCHH④：20　7. BHCHH④：21

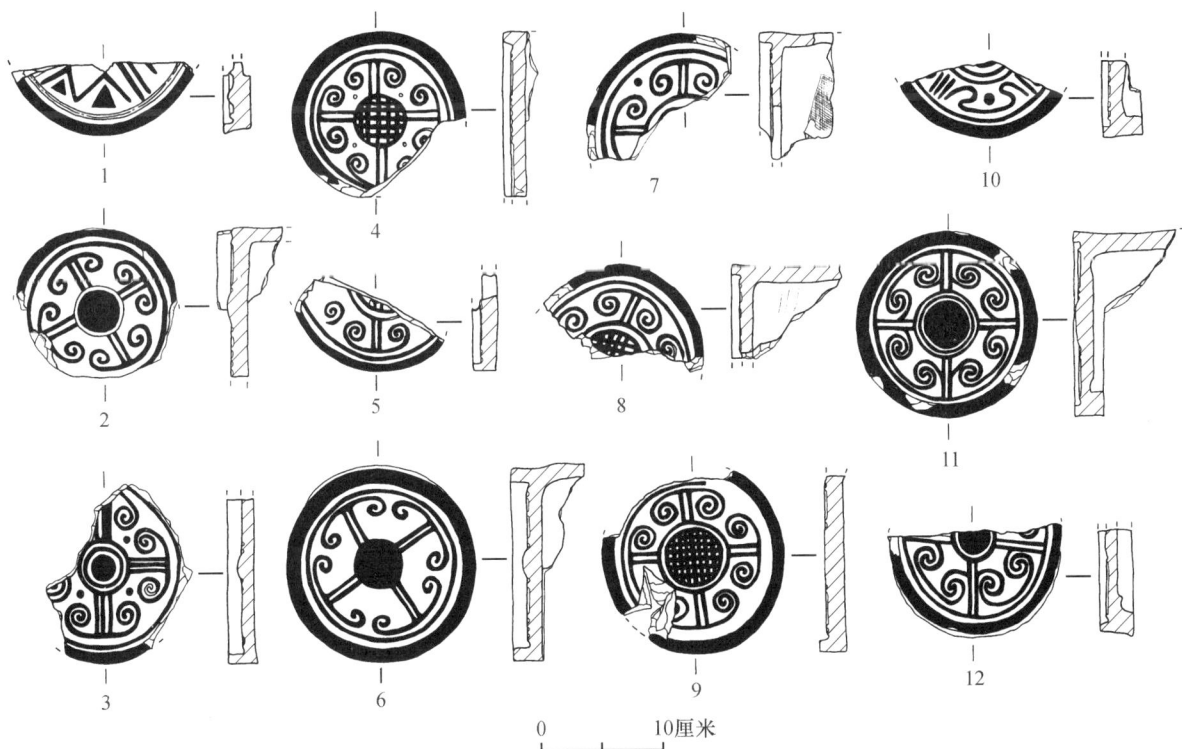

图65 东城门及护城河出土瓦当

1. BTN16E129①：8　2. BTN18E131②：1　3. BTN20E128②：1　4. BTN20E129②：1　5. BTN20E129②：2　6. BTN20E129③：1

7. BTN20E129③：2　8. BTN20E129③：3　9. BTG2③A：1　10. BTG2③A：2　11. BTG2③C：1　12. BTN20E138⑤：2

图66　东城门及护城河出土砖

1~4.墙砖（BTG1④：1、BTG1⑥：1、BTG1⑥：9、BTG1⑥：11）　5、6.铺地砖（BHCHH③：1、BHCHH③：2）

15.4、宽14.4、厚6厘米（图66，2）。标本BTG1⑥：9，异形，两侧面有厚薄之分，截面呈梯形。薄侧面上饰几何纹。残长13.9、宽7.7、厚6.2厘米（图66，3）。标本BTG1⑥：11，两平面均饰绳纹，一纵侧面饰菱形纹，余为素面。残长14.4、宽14.4、厚6厘米（图66，4）。

铺地砖　标本BHCHH③：1，平面近长方形，平面的一面饰菱形纹，余为素面。残长31.7、宽26.7、厚3厘米（图66，5）。标本BHCHH③：2，平面近方形，一纵侧面饰菱形纹，余为素面。残长33.6、宽26.4、厚4.6~6.2厘米（图66，6）。

陶瓮　2件。灰陶，轮制。BTG1④：5，夹砂。敛口，方唇，领微斜，广肩。领外壁饰弦纹。口径18、残高6厘米（图67，1）。BTG1④：7，泥质。直口，矮领，圆唇，折肩。素面。复原口径61.4、残高6厘米（图67，2）。

陶盆　12件。泥质灰陶。轮制。敞口，平折沿。标本BTG1④：6，尖唇。素面。口径36、残高4厘米（图67，3）。标本BTG1④：8，圆唇，弧壁。腹部饰绳纹。口径50、残高11.6厘米（图67，4）。标本BTG1④：9，灰胎施黑色陶衣。尖唇。素面。口径46、残高6.2

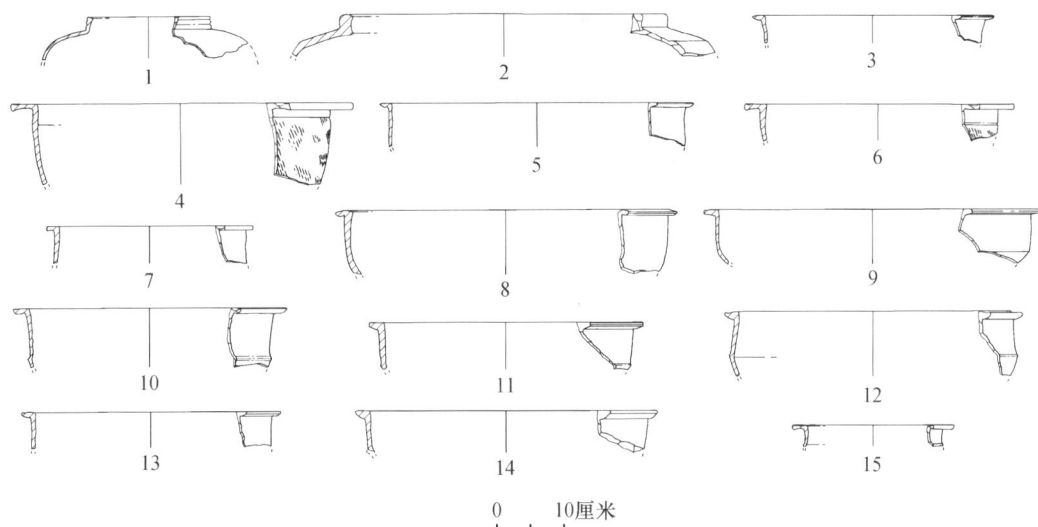

图67　东城门及护城河出土陶器

1、2.瓮（BTG1④：5、BTG1④：7）　3~14.盆（BTG1④：6、BTG1④：8、BTG1④：9、BTG1④：10、BTG1④：11、

BTG1⑥：2、BTG1⑥：3、BHCHH④：10、BHCHH④：11、BHCHH④：16、BHCHH④：17、BHCHH④：18）

15.盂（BTG1④：12）

厘米（图67，5）。标本BTG1④：10，圆唇，弧壁。腹部饰一周凹弦纹。口径40、残高5.2厘米（图67，6）。标本BTG1④：11，方唇。素面。口径30、残高5.2厘米（图67，7）。标本BTG1⑥：2，红褐胎施黑色陶衣。尖圆唇，弧壁。素面。口径50、残高9厘米（图67，8）。标本BTG1⑥：3，泥质灰胎，施黑色陶衣，轮制。敞口，平折沿，双圆唇，折腹。素面。复原口径50、残高7.6厘米（图67，9）。标本BHCHH④：10，灰陶施黑色陶衣。尖圆唇，折腹。腹的折拐处饰一周凸棱。口径40、残高8.4厘米（图67，10）。标本BHCHH④：11，双圆唇，折腹。素面。口径40、残高6.6厘米（图67，11）。标本BHCHH④：16，灰胎施黑色陶衣。尖圆唇，折腹。素面。口径44、残高9.1厘米（图67，12）。标本BHCHH④：17，灰陶施黑色陶衣。尖圆唇，素面。口径38、残高5厘米（图67，13）。标本BHCHH④：18，灰陶施黑色陶衣。尖圆唇，素面。口径44、残高6.1厘米（图67，14）。

陶盂　1件。泥质灰陶。轮制。敞口，沿面微上翘。素面。标本BTG1④：12，口径24、残高3厘米（图67，15）。

陶壶　7件。泥质灰陶。轮制。侈口，平折沿，圆唇，缩颈，溜肩。颈内壁有拉坯痕迹。标本BTG1④：13，素面。口径12、残高8厘米（图68，1）。标本BTG1④：14，折沿微下凹，双圆唇。口径11、残高6厘米（图68，2）。标本BTG1⑥：6，沿面内侧做一周凸棱，双圆唇。素面。复原口径12、残高7.7厘米（图68，3）。标本BTG1⑥：7，灰胎施黑色陶衣。素面。口径10.6、残高7.2厘米（图68，4）。标本BHCHH④：1，灰胎施黑色陶衣。双圆唇。口径12.8、残高6.6厘米（图68，5）。标本BHCHH④：2，灰胎施黑色陶衣。双圆唇。口径14、残高8.5厘米（图68，6）。标本BHCHH④：5，沿面下凹，双圆唇。口径10、残高4.4厘米（图68，7）。

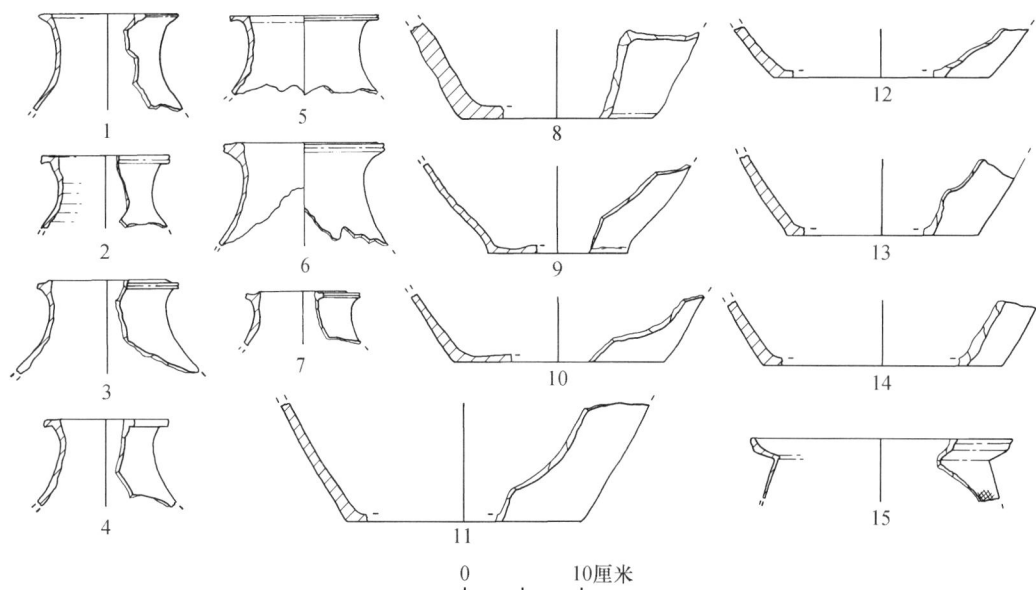

图68　东城门及护城河出土陶器

1～7.壶（BTG1④：13、BTG1④：14、BTG1⑥：6、BTG1⑥：7、BHCHH④：1、BHCHH④：2、BHCHH④：5）

8～14.罐（BTG1④：18、BTG1⑥：4、BTG1⑥：5、BHCHH④：12、BHCHH④：13、BHCHH④：14、BHCHH④：15）

15.釜（BTG1⑥：8）

陶罐　7件。泥质灰陶，施黑色陶衣。残存底部，下腹微弧下收，平底。素面。标本BTG1④：18，残长8、底径16厘米（图68，8）。标本BTG1⑥：4，腹内壁有拉坯痕迹。残长23.2、宽7.2、底径12厘米（图68，9）。标本BTG1⑥：5，残高5.6、底径18厘米（图68，10）。标本BHCHH④：12，残高10、底径20厘米（图68，11）。标本BHCHH④：13，残长4.2、底径18厘米（图68，12）。标本BHCHH④：14，残高6.6、底径16厘米（图68，13）。BHCHH④：15，残长5.4、底径20厘米（图68，14）。

陶釜　1件。夹砂灰陶。轮制。敛口，仰折沿，方唇，溜肩。腹部饰方格纹。标本BTG1⑥：8，复原口径22、残高5.2厘米（图68，15）。

陶豆　4件。泥质灰陶。残缺，柱状柄，中空，盘敞口圆唇，弧壁下收。素面。标本BTG1④：15，豆柄。残高5.8、径3厘米（图69，1）。标本BTG1④：16，豆柄。残高10.6、柄径2厘米（图69，2）。标本BHCHH④：3，豆盘。口径12.4、残高3厘米（图69，3）。标本BHCHH④：4，豆盘。口径14、残高4.8厘米（图69，4）。

陶拍　1件。泥质灰陶，施黑色陶衣。平面呈椭圆形，截面呈弧形。素面。标本BTG1④：17，直径10～14.2、残高10、柄径3.6厘米（图69，5）。

陶饼　6件。泥质灰陶。呈圆形，边缘局部磨光。一面饰粗绳纹，另一面为素面。标本BTG1④：2，饰粗绳纹。径4.6～4.7、厚0.5厘米（图70，1）。标本BTG1④：3，径7.8～8、厚0.5厘米（图70，2）。BHCHH④：6，径10.1～10.2、厚0.6厘米（图70，3）。标本BHCHH④：7，径8～8.5、厚0.9厘米（图70，4）。标本BHCHH④：8，径7～7.1、厚0.6厘米（图70，5）。标本BHCHH④：9，径5.8～9.9、厚0.7厘米（图70，6）。

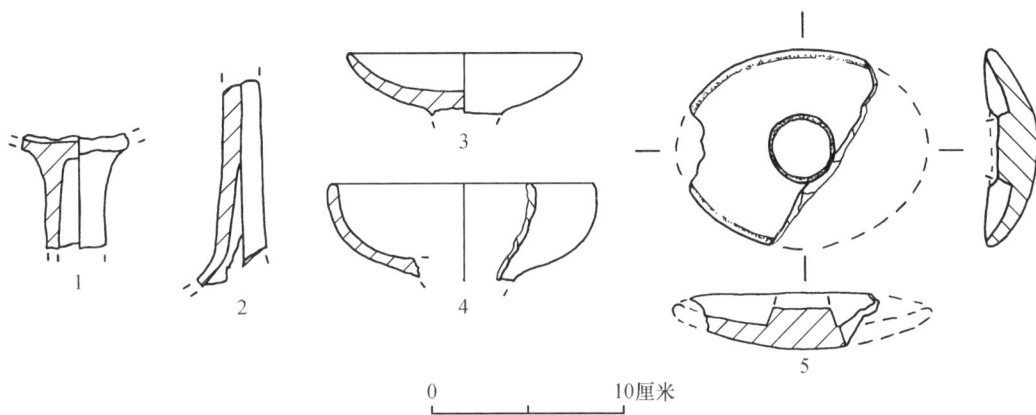

图69　东城门及护城河出土陶器

1~4.豆（BTG1④：15、BTG1④：16、BHCHH④：3、BHCHH④：4）　5.拍（BTG1④：17）

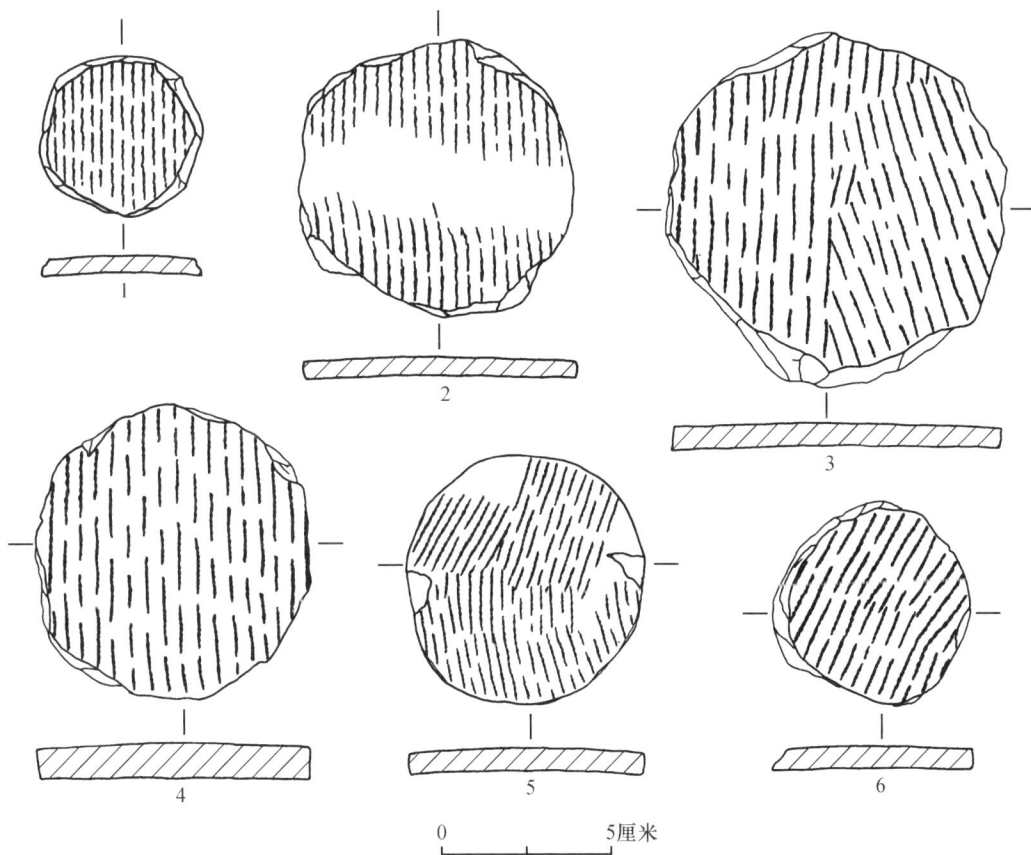

图70　东城门及护城河出土陶饼

1.BTG1④：2　2.BTG1④：3　3.BHCHH④：6　4.BHCHH④：7　5.BHCHH④：8　6.BHCHH④：9

铁器　2件。其中铁锸1件、铁铤1件。

铁锸　1件。标本BG4：8，铸制。平面呈U形，刃部呈弧形，边刃。残高11、宽13.6厘米（图71，1）。

铁铤　1件。标本BTG1⑥：10，圆柱形，残断。残长12.8、径0.5厘米（图71，2）。

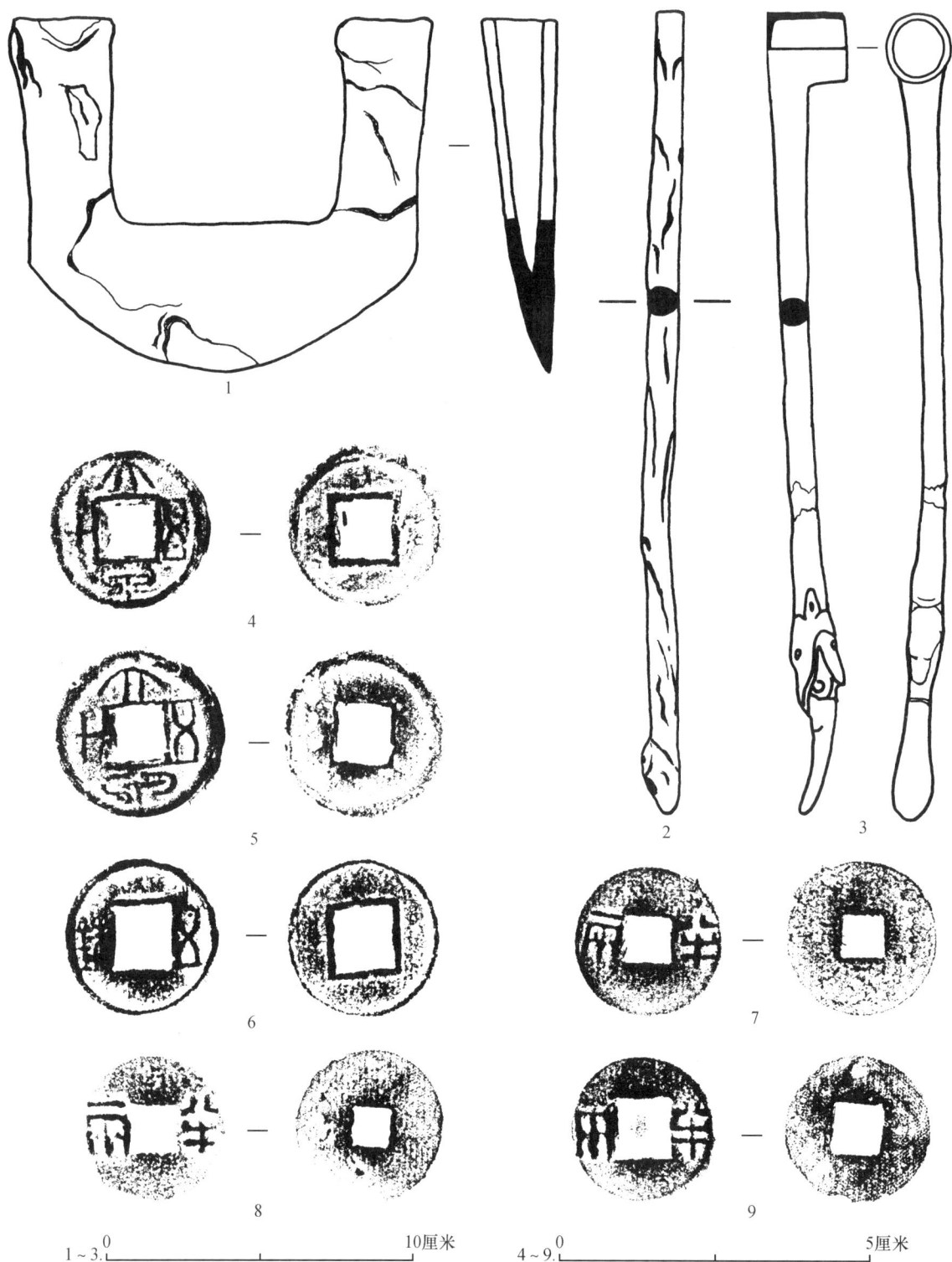

图71　东城门及护城河出土遗物

1. 铁锸（BG4：8）　2. 铁铤（BTG1⑥：10）　3. 铜刷（BH1：1）　4～9. 铜钱（BH1：2、BH1：3、BH1：16、
BHCHH④：21-1、BHCHH④：21-2、BHCHH④：21-3）

铜器及铜钱　铜器为铜刷，铜钱为半两钱、五铢钱、大泉五十等。

铜刷　1件。标本BH1：1，铸制。刷毛脱落。前端呈圆斗状，柄中段略细，末端铸龙头，张口吐长舌，一穿孔。通长12.9、径0.6厘米（图71，3）。

铜钱　6枚。其中大泉五十2枚，五铢钱1枚，半两钱3枚。标本BH1：2，大泉五十。直径2.6、孔径0.9厘米（图71，4）。标本BH1：3，大泉五十。直径2.6、孔径0.9厘米（图71，5）。标本BH1：16，五铢钱。直径2.5、孔径1厘米（图71，6）。标本BHCHH④：21-1，半两钱。直径2.3、孔径0.7厘米（图71，7）。标本BHCHH④：21-2，半两钱。直径2.2、孔径0.7厘米（图71，8）。标本BHCHH④：21-3，半两钱。直径2.2、孔径0.9厘米（图71，9）。

3. 唐代遗物

仅发现瓷器1件，为瓷壶。

瓷壶　1件。标本BTG1④：21，灰白胎，青釉。仅存颈部，缩颈。残高12.8厘米（图72，1）。

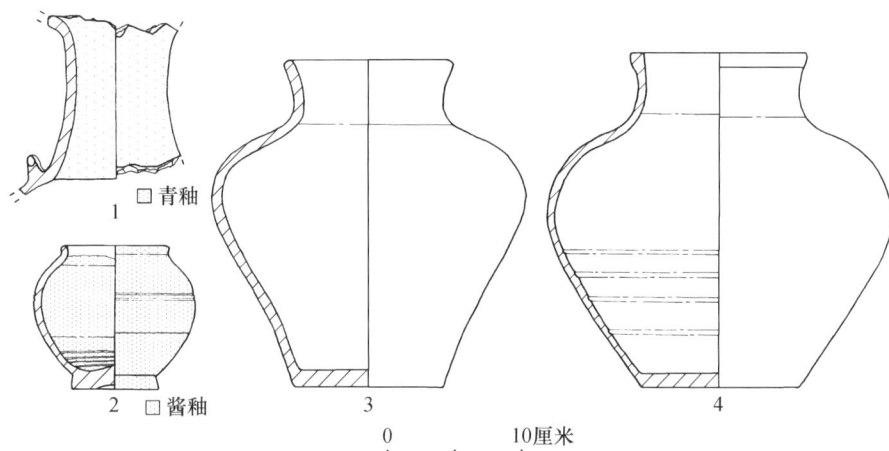

图72　东城门及护城河出土遗物

1. 瓷壶（BTG1④：21）　2～4. 陶罐（BM1：1、BM2：1、BM3：1）

4. 宋代遗物

出土于宋代墓葬之中，均为陪葬陶罐。

陶罐　3件。标本BM1：1，灰胎硬陶。施酱釉。轮制。敛口，矮领，圆唇，圆鼓腹，矮圈足。腹上部饰两道凹弦纹。口径8、高10.4、腹12、底径6.4厘米（图72，2）。标本BM2：1，泥质灰陶。轮制。侈口，圆唇，缩颈，广肩，下腹部内凹，平底。素面。口径12.4、高23.6、腹23.3、底径11厘米（图72，3）。标本BM3：1，泥质灰陶。轮制。口微侈，窄平沿，方唇，缩颈，广肩，下腹部斜直下收，平底。素面。口径13.4、高24.2、腹26、底径12厘米（图72，4）。

第四章　郢城遗址保护修缮一期工程发掘

第一节　发掘概况

　　根据《国家文物局关于郢城遗址本体保护修缮工程一期设计方案的批复》（文物保函〔2019〕645号）、湖北省文化和旅游厅《关于开展郢城遗址保护修缮工程（一期）设计方案的核准意见》（鄂文旅字〔2020〕15号）、荆州纪南生态文化旅游区文物局《关于开展郢城遗址保护修缮（一期）工程文物考古工作函》（2020年3月25日），尽快组织开展相关的考古发掘工作。为了落实该项工作，郢城遗址考古工作队开展前期准备工作，依据《荆州郢城遗址考古调查、勘探报告》，向国家文物局申请对工程涉及的9处遗存进行考古发掘工作（图73），并得予准许（考执字〔2020〕第786号）。

　　为配合荆州郢城遗址本体保护修缮工程一期建设，荆州博物馆于2020年7月开始对前期工程建设项目前期涉及的5处文物点进行考古发掘，包括：①郢城东城门至郢城中鱼塘疏浚工程（"郢街"项目）发掘点2处；②"L"形水系发掘点1处；③城内南北水系与内壕交汇发掘点1处；④南北水系中暴露木桩遗迹1处。另外4处发掘点因工程项目调整，未进行发掘。

第二节　本次发掘的必要

　　我国历史上的城（墙）与河（护城河）是一种伴生的产物，挖地成河，出土筑城，河与城在土方工程上可以做到就地平衡，郢城遗址护城河不能与城垣割裂开来，作为遗址本体，除去堆积层次、是否分期等学术问题，护城河的历史宽度、深度是保护修复工程必需的基本数据。国家文物局在《国家文物局关于郢城遗址本体保护修缮工程一期设计方案的批复》中提出"所拟方案尚需作以下必要的修改和完善：（一）进一步深化现状勘察……明确城垣夯筑工艺、使用材料、历史水系变迁……为科学编制保护方案提供依据"。根据这一要求，郢城遗址保护修缮一期工程须对护城河进行必要的考古发掘工作。

　　中国古代城市，周边围以厚厚的高墙，形成相对封闭的空间。居于墙内的人需要以墙体作为屏障，对城墙之外表现出一种戒备，城门对外开放，实现着城市与乡村、城市与城市的交通

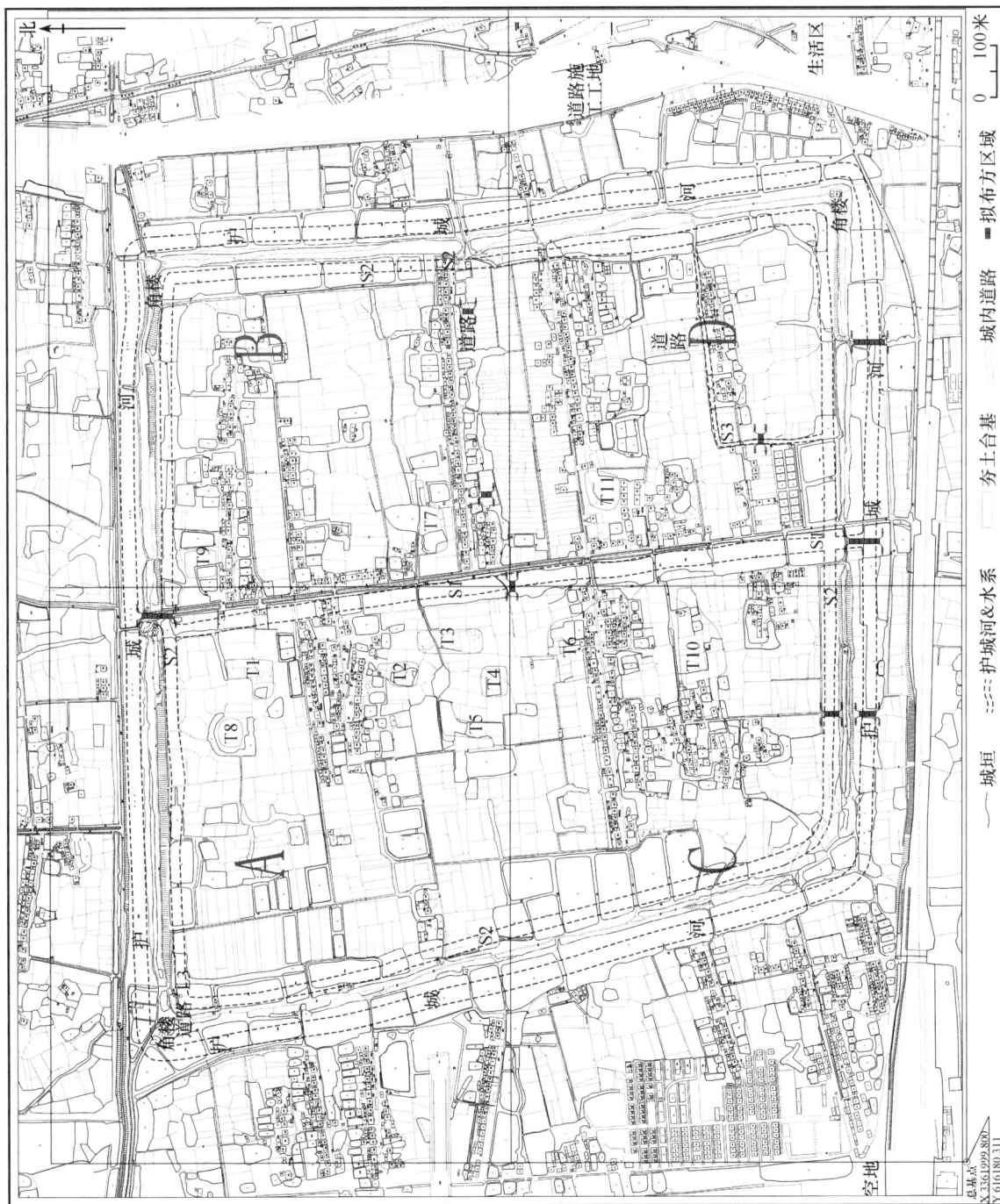

图73 郓城遗址保护修缮一期工程申报的9处发掘点位置图

往来。城墙加城门，它们分割与通联空间的意义之中，包含着丰富的社会历史内容。郢城作为秦汉时期南郡郡治所在地，城门的发掘是研究郢城布局与沿革最为有效的手段，前期勘探认为郢城南门、北门为水门，学界观点并不统一，无论从为郢城遗址保护修缮一期工程提供科学数据，还是纯粹的考古学研究，郢城遗址南门、北门均需要做必要的考古发掘工作。

国家文物局在《郢城遗址本体保护修缮工程一期设计方案的批复》中提出"所拟方案尚需作以下必要的修改和完善：（一）进一步深化现状勘察，开展必要的考古调查和发掘，明确城垣夯筑工艺、使用材料、历史水系变迁等……厘清L形水系区域与郢城遗址的历史叠压关系，为科学编制保护方案提供依据"。无论从研究郢城城址水系分布的学术意义上，还是国家文物局的硬性要求上，郢城遗址保护修缮一期工程须对"L"形水系进行必要的考古发掘工作，解决这一问题。

根据考古发掘结果，郢城东门已经确认，在正对东门的护城河上发现桥梁遗迹，根据勘探结果，东门内存在道路遗迹现象，且东门与城内官署区处于同一条直线，故郢城内平面极有可能为"丁"字街结构，本处发掘是为验证前期考古勘探结果，确认是否存在东门通向城内官署区的道路，这对研究郢城的空间布局意义重大。另一处台地文化层堆积深厚，对其发掘对进一步了解郢城遗址的文化内涵，判断郢城的年代有重要的作用。

郢城南、北门水系暴露木桩发掘点，清理发掘该处暴露遗迹，确认是否为木桥遗迹，弄清规模结构体量等信息。现将发掘情况报告如下。

第三节　"郢街"发掘情况

郢城遗址发掘区域以西南角X：3361999.800，Y：616180.311（国家2000坐标系）为坐标原点划分为A、B、C、D四个区域，郢城东城门至郢城中鱼塘疏浚工程（"郢街"项目）发掘点位于东门与南、北中心水系之间，呈"东→西"向。两个发掘点分别位于"郢街"项目南侧东、西部，西区发掘点位于B区西南部，东区发掘点位于B区南部，共计475平方米（图74）。

一、西区发掘点

（一）探方发掘情况

西区发掘点布10米×10米发掘方2个，地理坐标为东经112°13′39.68″，北纬30°22′41.27″。发掘面积200平方米。现将探方发掘情况简述如下。

砖

砖

砖

塘

。包含大量植物根系和少量陶片。
㽵疏松，土色灰黄。包含青花瓷片，

。包含大量植物根系和少量陶片。
疏松，土色灰黄。包含绳纹筒、板瓦

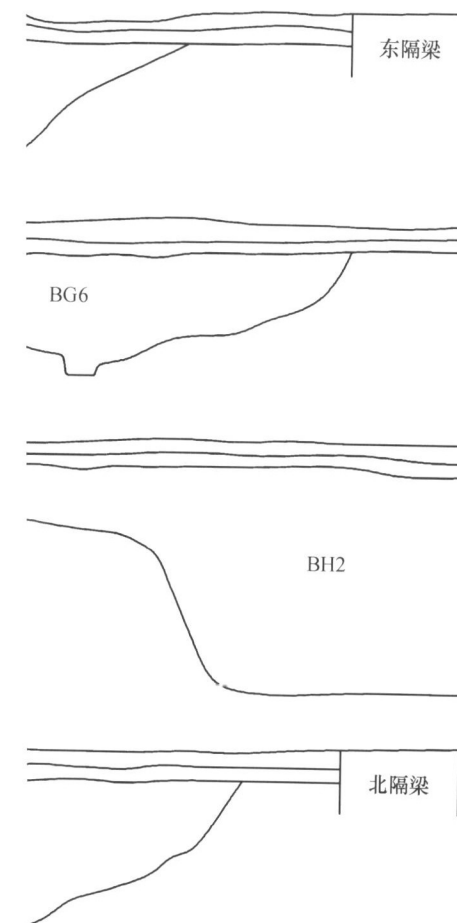

东隔梁

BG6

BH2

北隔梁

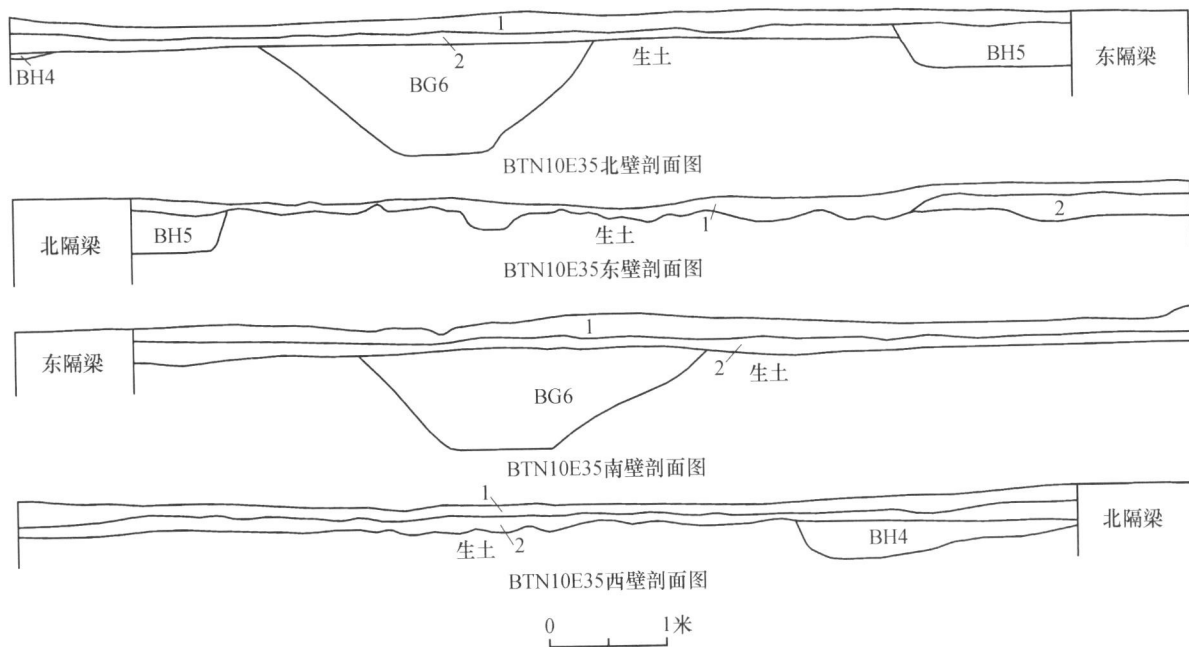

图76　BTN10E35四壁剖面图

（二）地层堆积情况

"郢街"西部发掘点根据土色、土质及包含物可分为2层。

第1层：表土层。厚15～20厘米。土色灰褐，土质疏松。包含青花瓷片、绳纹陶片等。属现代堆积层。

第2层：明清堆积层。深10～25、厚0～25厘米。土色灰黄，土质较疏松，包含瓷片，绳纹板、筒瓦残片等。其下为褐色生土。

（三）遗　迹

西区发掘点发现遗迹主要为灰坑与灰沟，其中灰坑5座、灰沟1条。除BH2为唐代（BH1位于郢城东门及护城河发掘点）、BH5为明代外，其余均为汉代（图77）。

（1）灰坑

BH2　位于探方BTN8E35西南部，开口于第2层下，打破G6及生土。面积较大，本次仅发掘约四分之一，平面呈不规则圆弧形，剖面呈锅底状。长815、宽565、深186厘米。坑内填土分4层（图78）。

第1层：土色灰黑。厚0～70厘米。包含青瓷饼足碗，几何纹、菱形纹灰陶砖，泥质灰陶瓮口沿，绳纹筒、板瓦残片。

第2层：土色灰褐。厚46～70厘米。包含灰陶菱形纹砖，器皿残片，绳纹筒、板瓦残片。

第3层：土色黄褐夹水锈斑。厚40～80厘米。包含青瓷片，泥质灰陶盆口沿，绳纹筒、板

图74　"郢街"发掘探方分布示意图

图74　"郢街"发掘探方分布示意图

1）BTN8E35地层堆积可分为2层（图75）。

第1层：表土层。厚15~20厘米。土质疏松，土色灰褐。包含大量植物根系和少量陶片。

第2层：明清堆积层。深10~25、厚15~25厘米。土质疏松，土色灰黄。包含青花瓷片，绳纹筒、板瓦片。其下为生土。

2）BTN10E35地层堆积可分为2层（图76）。

第1层：表土层。厚15~20厘米。土质疏松，土色灰褐。包含大量植物根系和少量陶片。

第2层：明清堆积层。深10~25、厚0~25厘米。土质疏松，土色灰黄。包含绳纹筒、板瓦片。其下为生土。

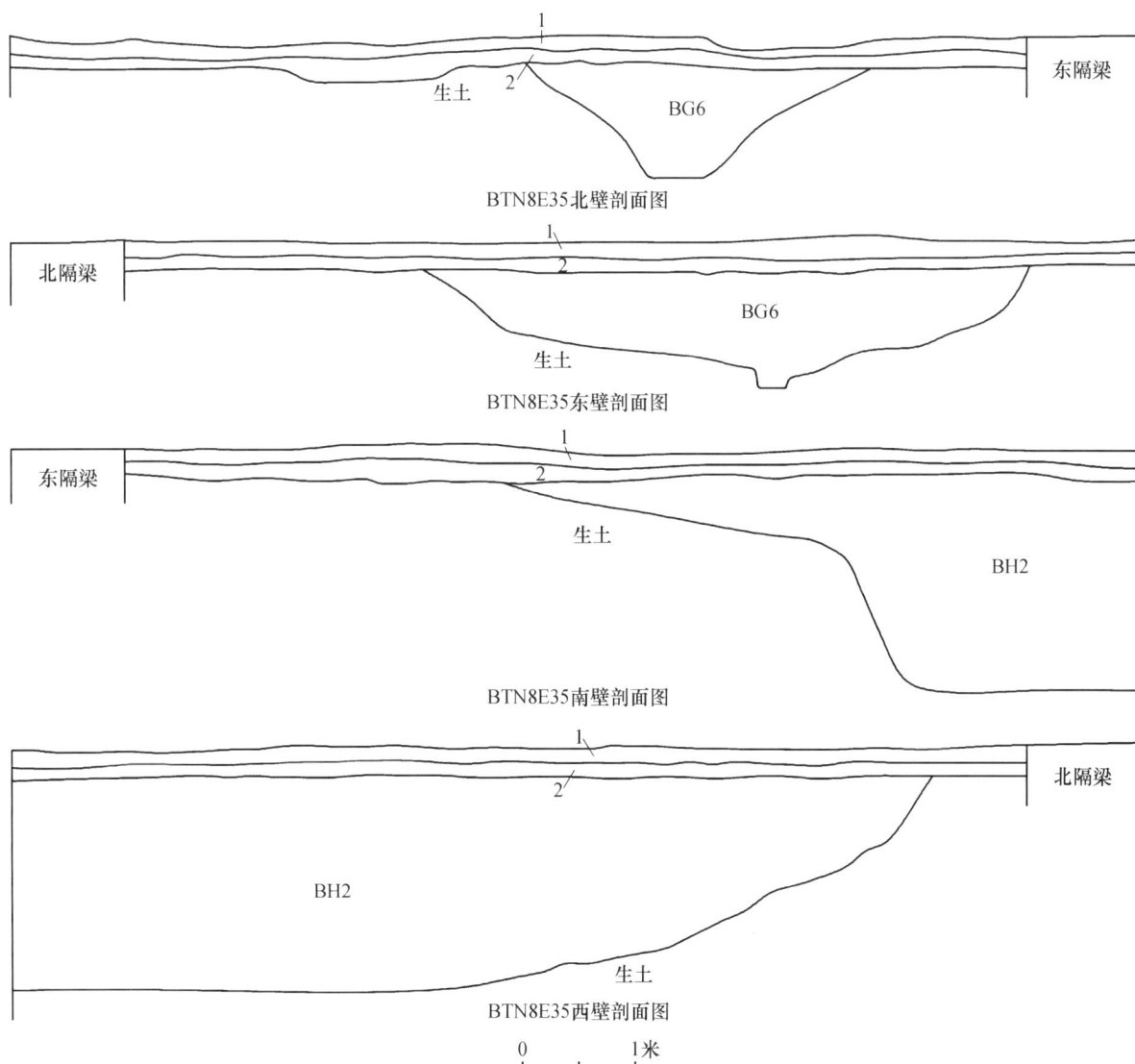

图75　BTN8E35四壁剖面图

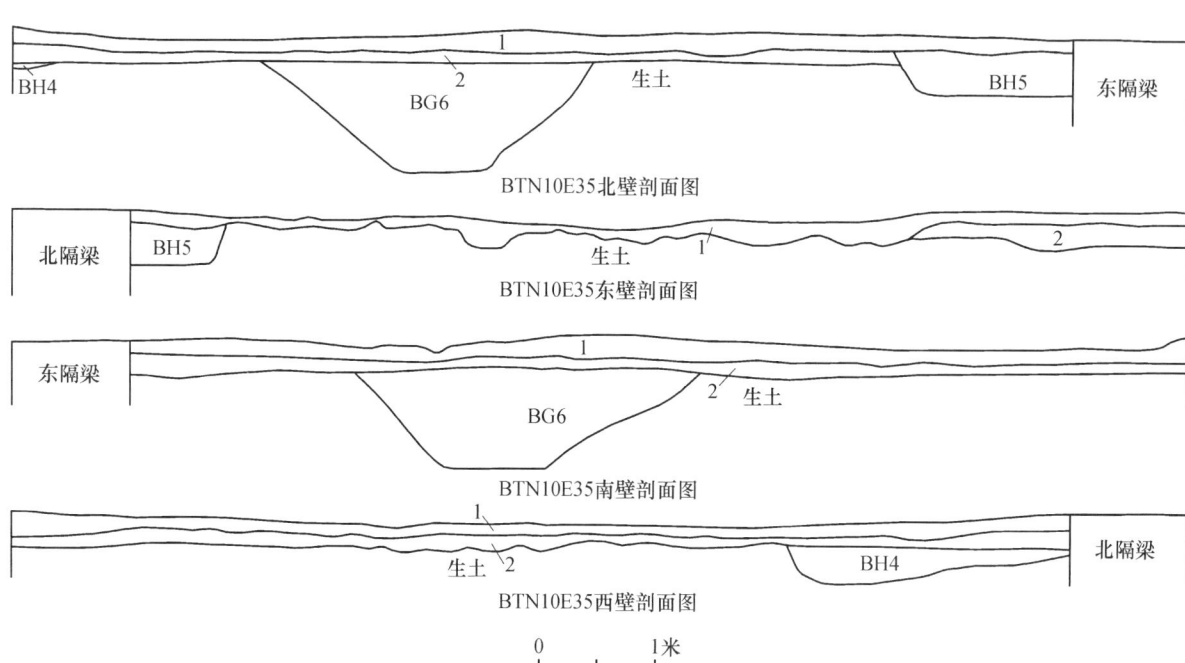

图76　BTN10E35四壁剖面图

（二）地层堆积情况

"郢街"西部发掘点根据土色、土质及包含物可分为2层。

第1层：表土层。厚15～20厘米。土色灰褐，土质疏松。包含青花瓷片、绳纹陶片等。属现代堆积层。

第2层：明清堆积层。深10～25、厚0～25厘米。土色灰黄，土质较疏松，包含瓷片，绳纹板、筒瓦残片等。其下为褐色生土。

（三）遗迹

西区发掘点发现遗迹主要为灰坑与灰沟，其中灰坑5座、灰沟1条。除BH2为唐代（BH1位于郢城东门及护城河发掘点）、BH5为明代外，其余均为汉代（图77）。

（1）灰坑

BH2　位于探方BTN8E35西南部，开口于第2层下，打破G6及生土。面积较大，本次仅发掘约四分之一，平面呈不规则圆弧形，剖面呈锅底状。长815、宽565、深186厘米。坑内填土分4层（图78）。

第1层：土色灰黑。厚0～70厘米。包含青瓷饼足碗，几何纹、菱形纹灰陶砖，泥质灰陶瓷口沿，绳纹筒、板瓦残片。

第2层：土色灰褐。厚46～70厘米。包含灰陶菱形纹砖，器皿残片，绳纹筒、板瓦残片。

第3层：土色黄褐夹水锈斑。厚40～80厘米。包含青瓷片，泥质灰陶盆口沿，绳纹筒、板瓦残片。

第4层：土色黄夹灰斑。厚0～42厘米。包含青瓷片，灰陶碎砖块，陶盆、陶罐口沿、绳纹筒、板瓦残片等。

BH3　位于探方BTN10E35西部，开口于第2层下，打破生土。平面略呈长方形，剖面呈锅底状。长188、宽100、深18厘米。坑内填土土色灰黑，包含泥质灰陶片及少量炭屑。器形主要是陶瓮、陶盂、陶罐及板、筒瓦，纹饰主要为绳纹，少量素面（图79）。

BH4　位于探方BTN10E35西北部，开口于第2层下，打破生土。本次仅发掘灰坑东部，平面呈不规则弧形，剖面呈锅底状。长240、宽64、深32厘米。坑内填土土色灰黑。包含泥质灰陶片及少量炭屑，器形主要是陶盆、陶壶、陶甑及板、筒瓦，纹饰多为绳纹，少量素面（图80）。

BH5　位于探方BTN10E35东北部，开口于第1层下，打破生土。本次仅发掘灰坑西南部，平面呈不规则长方形，坑底较平。长152、宽102、深36厘米。坑内填土土色灰黑。包含瓷片，绳纹板、筒瓦残片（图81）。

BH6　位于探方BTN10E35西南部，开口于第2层下，打破生土。平面略呈正方形，坑底较平。长64、宽58、深12厘米。坑内填土土色灰黑。包含绳纹板、筒瓦残片（图82）。

（2）灰沟

BG6　南北向贯穿BTN8E35、BTN10E35，开口于第2层下，打破生土。平面呈不规则长条形，斜壁微弧，平底。长1815、宽210～350、深70～90厘米。坑内填土土色浅灰。包含泥质灰陶片，器形主要是陶盆、陶瓮、陶饼及板、筒瓦，多饰绳纹，少量素面（图83）。

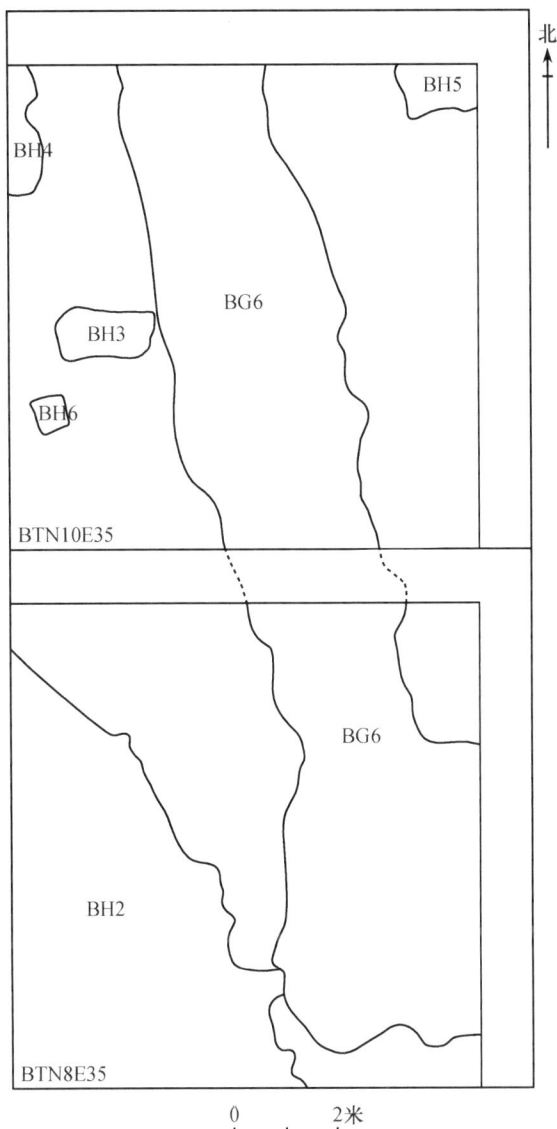

图77　"郓街"西区发掘探方及遗迹分布示意图

（四）遗物

此次发掘"郓街"西区，出土遗物基本为陶器，主要出土于灰坑、灰沟中。其中绝大多数为泥质灰陶，少量为泥质红陶，极少釉陶。出土陶器主要为生活用器及建筑材料。器形主要有

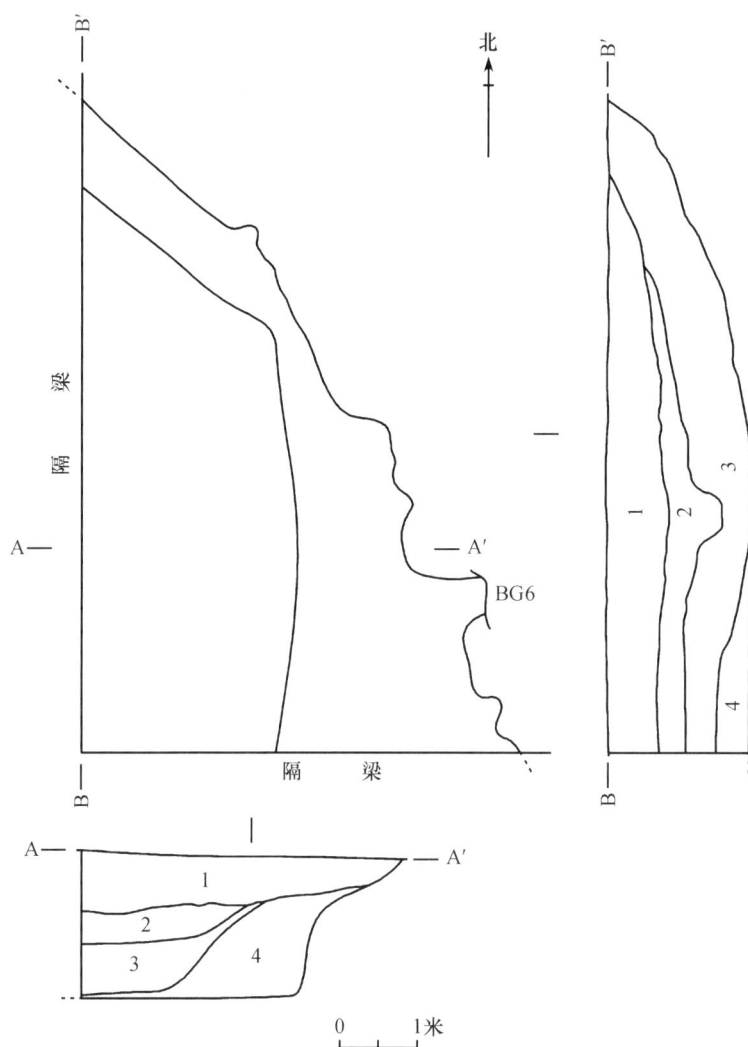

图78　BH2平、剖面图

盆、瓮、罐、壶、盂、甑、砖、瓦当、碗等。从时代上分为汉代遗物与唐代遗物。因陶片出土数量众多，本报告仅列举部分标本。

1. 汉代遗物

　　"郢街"西区汉代遗物主要为生活用器及建筑材料。器形主要有陶盆、陶瓮、陶罐、陶壶、陶甑、陶盂、砖、瓦当等。

　　陶盆　36件。为口沿和盆底。均为泥质灰陶。轮制。部分器表施黑色陶衣。

　　盆口沿　32件。根据是否有领、弧壁程度分为三型。

　　A型　12件。均为敞口，平折沿，沿下有矮领，弧腹。标本BTN8E35②：14，双圆唇，弧壁。上腹部饰宽带弦纹。口径32、残高4.6厘米（图84，1）。标本BTN8E35②：17，尖方唇，弧腹。饰一周凹弦纹。口径30、残高4.4厘米（图84，2）。标本BH2①：40，双圆唇，弧壁。沿面、腹上部饰凹弦纹。口径44、残高3.6厘米（图84，3）。标本BH2①：41，敞口，平

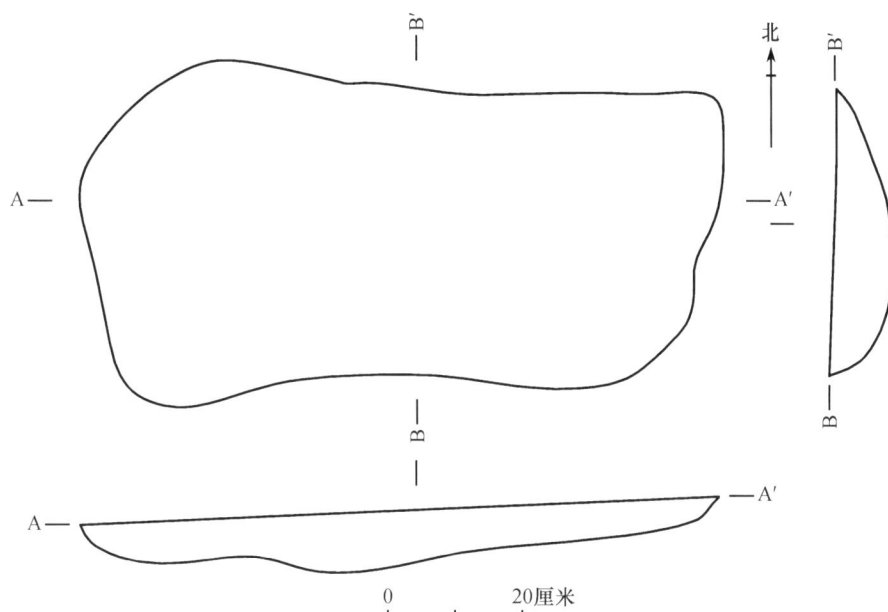

图79　BH3平、剖面图

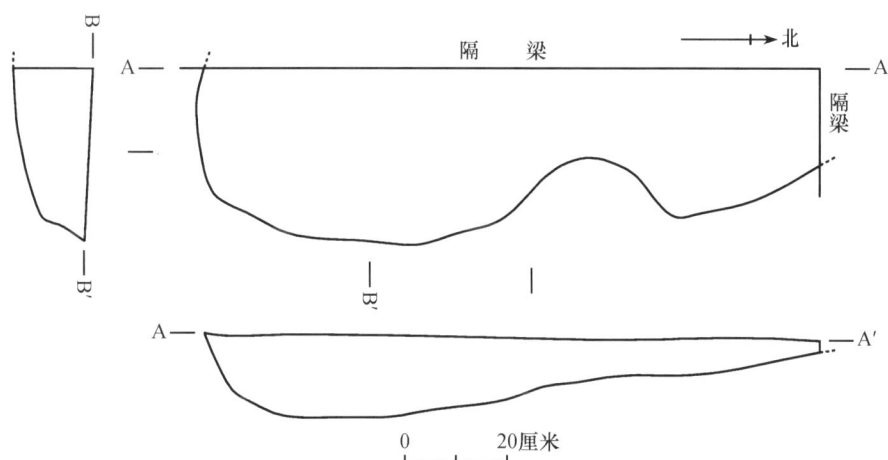

图80　BH4平、剖面图

折沿微倾，圆唇，弧壁。沿面、腹上部饰凹弦纹。口径40、残高7.4厘米（图84，4）。标本BH2①：42，方唇，弧壁。沿面、腹上部饰凹弦纹，腹中部饰中绳纹。口径44、残高6.4厘米（图84，5）。标本BH2①：43，方唇，弧壁。沿面、腹上部饰凹弦纹。口径38、残高5.5厘米（图84，6）。标本BH2③：5，圆唇，弧壁。沿面与上腹部饰一周凹弦纹。口径34、残高5厘米（图84，7）。标本BH2④：3，双圆唇，弧壁。沿面饰一周凹弦纹，上腹部饰一周宽带弦纹。口径46、残高5.8厘米（图84，8）。标本BH3：4，口微敛，平折沿，圆唇，弧壁。沿面饰一周凹弦纹，上腹饰两周宽带弦纹，腹部饰绳纹。口径44、残高9.6厘米（图84，9）。标本BH4：1，双圆唇，弧壁。沿面饰一周凹弦纹，上腹饰一周宽带弦纹，腹部饰绳纹。口径40、残高11厘米（图84，10）。标本BH4：5，折沿下倾，沿面微凹，方唇。上腹饰数周凸弦纹。口径44、残高4.6厘米（图84，11）。标本BG6：13，双圆唇，弧壁。沿面饰一周凹弦纹，上腹

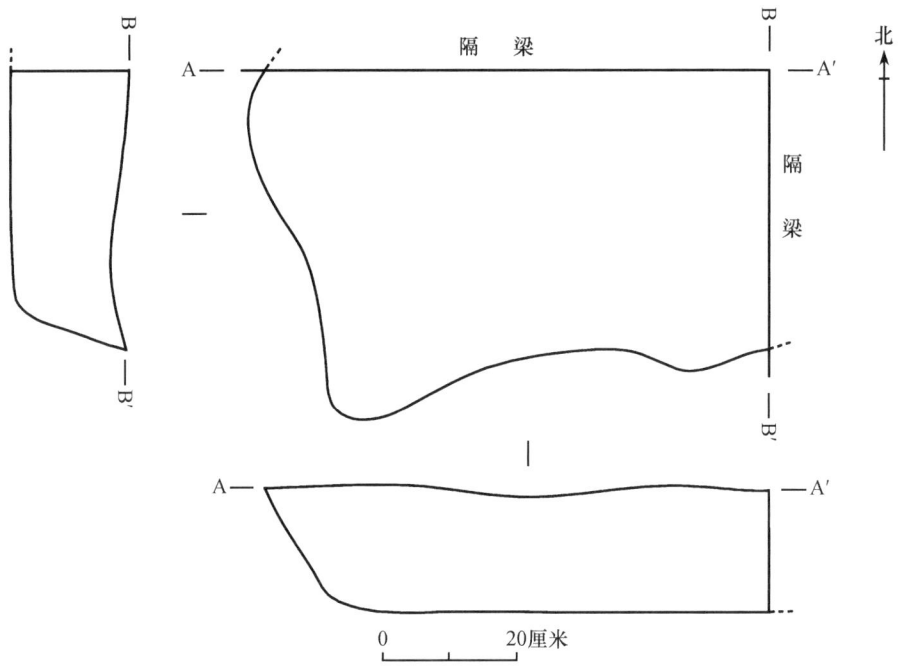

图81　BH5平、剖面图

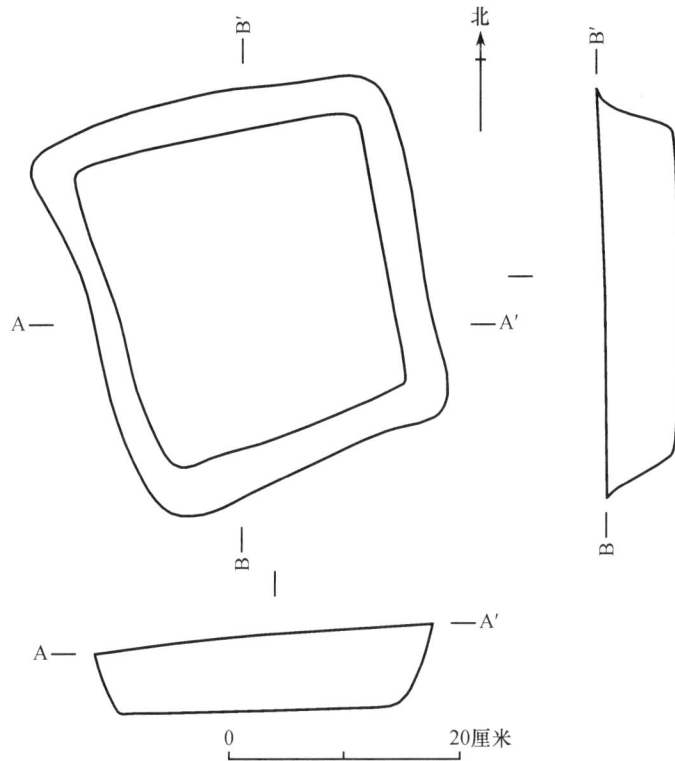

图82　BH6平、剖面图

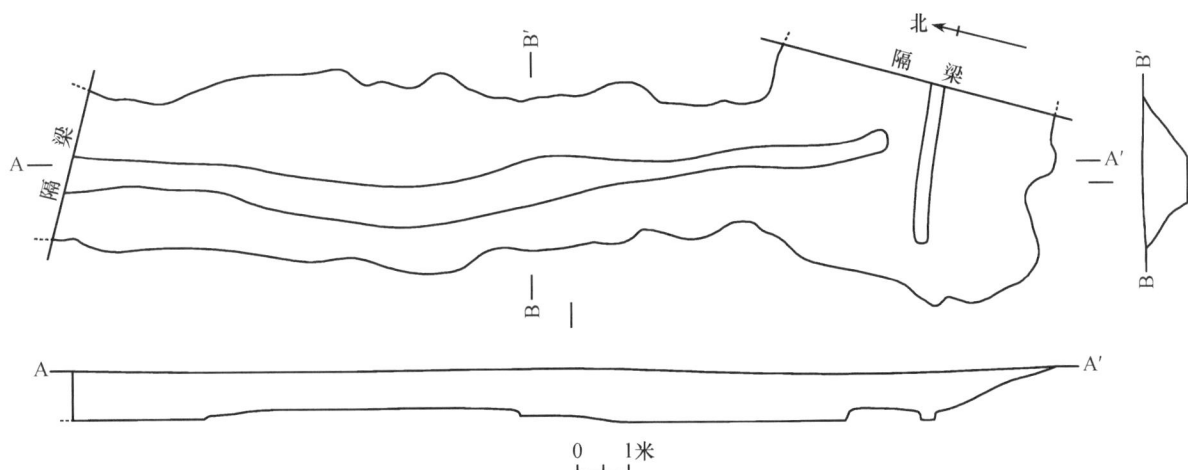

图83　BG6平、剖面图

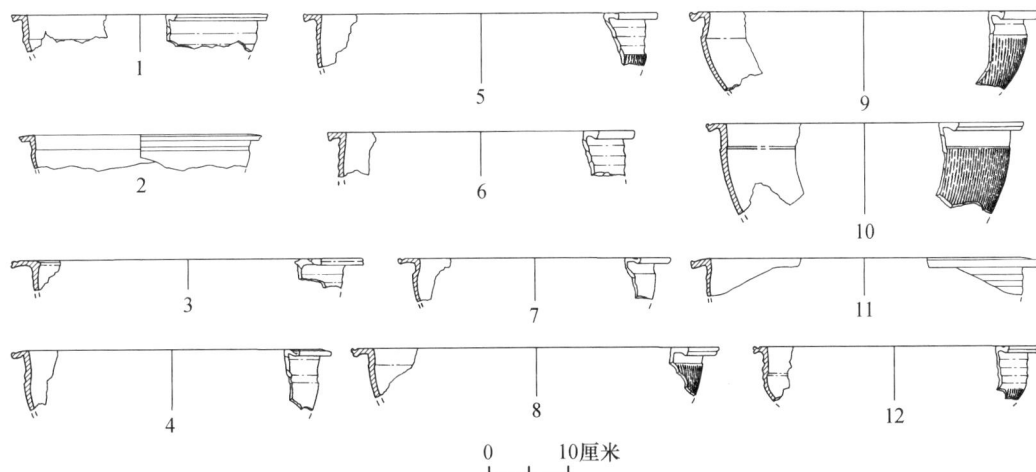

图84　"郫街"西区出土A型陶盆

1. BTN8E35②：14　2. BTN8E35②：17　3. BH2①：40　4. BH2①：41　5. BH2①：42　6. BH2①：43　7. BH2③：5
8. BH2④：3　9. BH3：4　10. BH4：1　11. BH4：5　12. BG6：13

饰弦纹，下腹饰绳纹。口径36、残高6.6厘米（图84，12）。

　　B型　19件。均为敞口，平折沿，沿下无领、弧腹近直。标本BTN8E35②：3，沿面下倾，尖方唇。沿面边缘处饰一周凹弦纹。口径38、残高2.6厘米（图85，1）。标本BTN8E35②：12，沿面微倾，尖方唇。口径40.2、残高4.5厘米（图85，2）。标本BTN8E35②：13，沿面下倾，尖方唇。饰一周凸弦纹。口径40、残高3.2厘米（图85，3）。标本BTN8E35②：19，沿面下倾，方唇，弧壁。腹部饰绳纹。口径36、残高6.9厘米（图85，4）。标本BTN10E35②：1，双圆唇，弧壁。沿面与上腹部饰一周凹弦纹，腹部饰绳纹。口径61.6、残高4厘米（图85，5）。标本BH2②：1，双圆唇，弧壁。腹上部饰间断绳纹。口径54、残高12厘米（图85，6）。标本BH2③：1，敞口，沿面下凹，双圆唇，弧壁。上腹部内外饰弦纹。口径30、残高8厘米（图85，7）。标本BH2③：6，平折沿，方唇。上腹饰数周凹弦纹。口径48、残高6.2厘米（图85，8）。标本BH2③：12，敞口微敛，平折沿，圆唇。沿面边缘饰

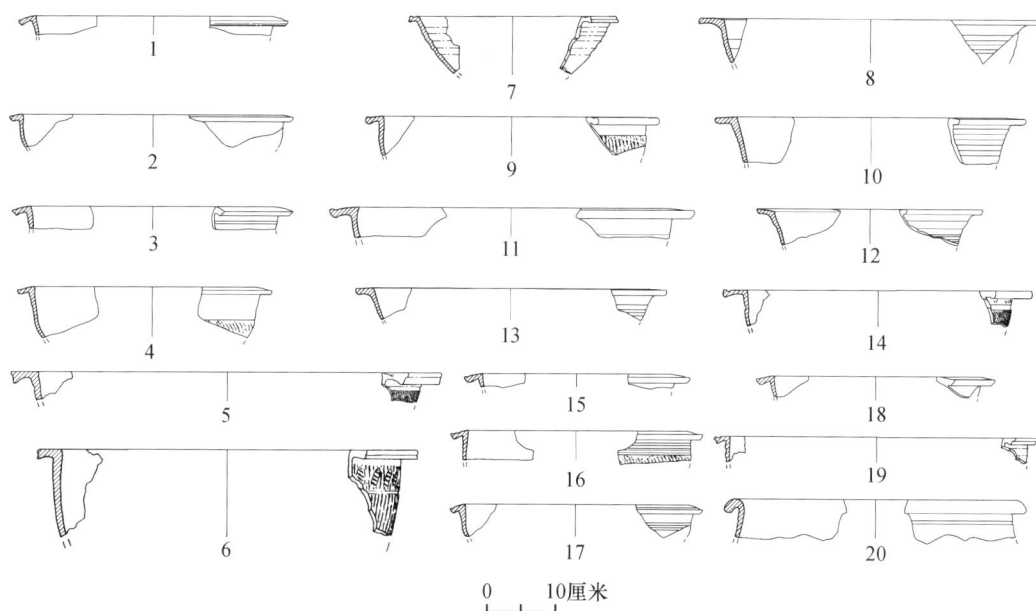

图85　"郢街"西区出土B、C型陶盆

1～19. B型（BTN8E35②：3、BTN8E35②：12、BTN8E35②：13、BTN8E35②：19、BTN10E35②：1、BH2②：1、BH2③：1、BH2③：6、BH2③：12、BH2③：14、BH2③：15、BH2③：16、BH2③：17、BH2④：2、BH3：1、BH3：2、BH3：6、BH5：4、BG6：8）　20. C型（BTN8E35②：11）

凹弦纹一周，腹饰绳纹。口径42、残高5.4厘米（图85，9）。标本BH2③：14，折沿微倾，圆唇。上腹外壁有拉坯痕迹。口径44、残高6.4厘米（图85，10）。标本BH2③：15，口微敛，平折沿，尖圆唇。口径52、残高4.1厘米（图85，11）。标本BH2③：16，沿面上扬，尖方唇。腹部有拉坯痕迹。口径32、残高4.8厘米（图85，12）。标本BH2③：17，平折沿，圆唇。腹部饰绳纹。口径44、残高4.3厘米（图85，13）。标本BH2④：2，器表施黑色陶衣。双圆唇弧壁。上腹饰一周宽带弦纹，腹部饰绳纹。口径46、残高5.8厘米（图85，14）。标本BH3：1，沿面微倾，尖方唇。沿面边缘饰一周凹弦纹。口径36、残高1.8厘米（图85，15）。标本BH3：2，口微敛，沿面下凹微倾，尖方唇。上腹部饰弦纹，腹部饰绳纹。口径36、残高1.8厘米（图85，16）。标本BH3：6，沿面下倾，尖方唇。沿面边缘饰一周，腹部饰数周弦纹。口径36、残高4.4厘米（图85，17）。标本BH5：4，沿面微倾，尖方唇。口径34、残高3.2厘米（图85，18）。标本BG6：8，弧壁。沿面饰一周凹弦纹，上腹饰弦纹。口径48、残高3.4厘米（图85，19）。

C型　1件。标本BTN8E35②：11，口微敛，卷沿，弧壁。上腹饰一周凹弦纹。口径42.5、残高6.2厘米（图85，20；图版三一，1）。

盆底　4件。斜弧壁近直，平底。标本BG6：12，底径20、残高2.4厘米（图86，1）。标本BH2①：35，底径36、残高8.4厘米（图86，2）。标本BH2①：45，腹下部外壁有拉坯痕迹。底径20、残高10.2厘米（图86，3）。标本BTN8E35②：27，平底微内凹。底径30、残高6.6厘米（图86，4）。

陶瓮　33件。分为口沿和瓮底。泥质灰陶、夹砂硬红陶。轮制。部分器表施黑色陶衣。

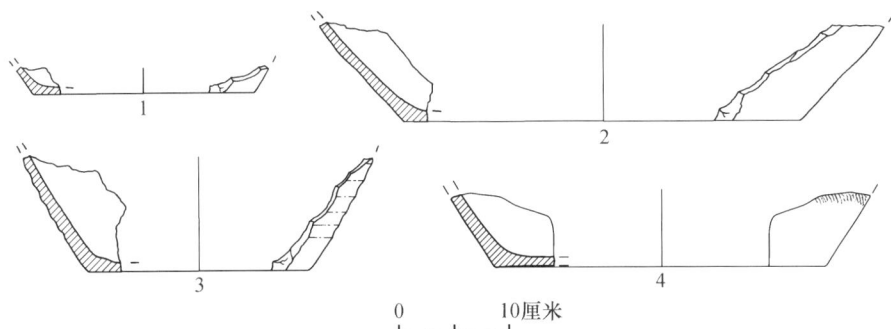

图86　"郢街"西区出土陶盆底
1. BG6：12　2. BH2①：35　3. BH2①：45　4. BTN8E35②：27

瓮口沿　30件。根据口、颈分为三型。

A型　14件。均矮领，缩颈，广肩。标本BTN8E35②：15，直口。口径26.4、残高5厘米（图87，1）。标本BH2①：21，直口。口径27.4、残高3.8厘米（图87，2）。标本BH2①：22，口微敞。口径49.6、残高8.6厘米（图87，3）。标本BH2①：26，口微敞。口径32、残高6.2厘米（图87，4）。标本BH2①：27，敞口。口径51.2、残高4厘米（图87，5）。标本BH2①：30，口微敞。口径64、残高5.2厘米（图87，6）。标本BH2②：6，口微敞，窄沿下倾，圆唇。腹部饰绳纹。口径52、残高12厘米（图87，7）。标本BH2②：9，敛口，窄沿，圆唇。口径22、残高6厘米（图87，8）。标本BH2③：9，敞口。领与肩的结合处饰一周凸弦纹。口径57.2、残高6厘米（图87，9）。标本BH2③：11，口微敞。口径54.8、残高5厘米（图87，10）。标本BH2④：4，口微敛，窄沿圆唇。口径32.8、残高8厘米（图87，11）。标本BH3：10，口微敞。口径54、残高4.6厘米（图87，12）。标本BG6：5，敞口，矮领，广肩。口径59.2、残高8厘米（图87，13）。标本BG6：6，敛口，矮领微敞，方圆唇，广肩。口径42、残高4.4厘米（图87，14）。

B型　15件。均矮领，广肩。标本BTN8E35②：1，直口。腹部饰绳纹。口径48、残高4.8厘米（图88，1）。标本BTN8E35②：6，敛口。口径42、残高3.7厘米（图88，2）。标本BTN8E35②：16，直口。口径48、残高4厘米（图88，3）。标本BH2①：23，敞口。口径48.4、残高6.2厘米（图88，4）。标本BH2①：24，直口。口径54.4、残高4.4厘米（图88，5）。标本BH2①：25，敞口。口径36.4、残高4.7厘米（图88，6）。标本BH2①：28，敞口。口径31、残高3.4厘米（图88，7）。BH2①：29。直口。口径54、残高4厘米（图88，8）。标本BH2①：48，口微敞。口径54.4、残高3.8厘米（图88，9）。标本BH2②：3，直口。口径22、残高4.4厘米（图88，10）。标本BH2②：5，敛口，矮领微敞，方唇。口径54、残高7.2厘米（图88，11）。标本BH2③：2，敛口。口径52、残高4厘米（图88，12）。标本BG6：4，敛口。口径42、残高4厘米（图88，13）。标本BG6：7，敛口。口径42、残高5厘米（图88，14）。标本BG6：9，敛口。口径44、残高3.2厘米（图88，15）。

C型　1件。矮领直口微敛。标本BH2①：37，口径47、残高4.2厘米（图88，16）。

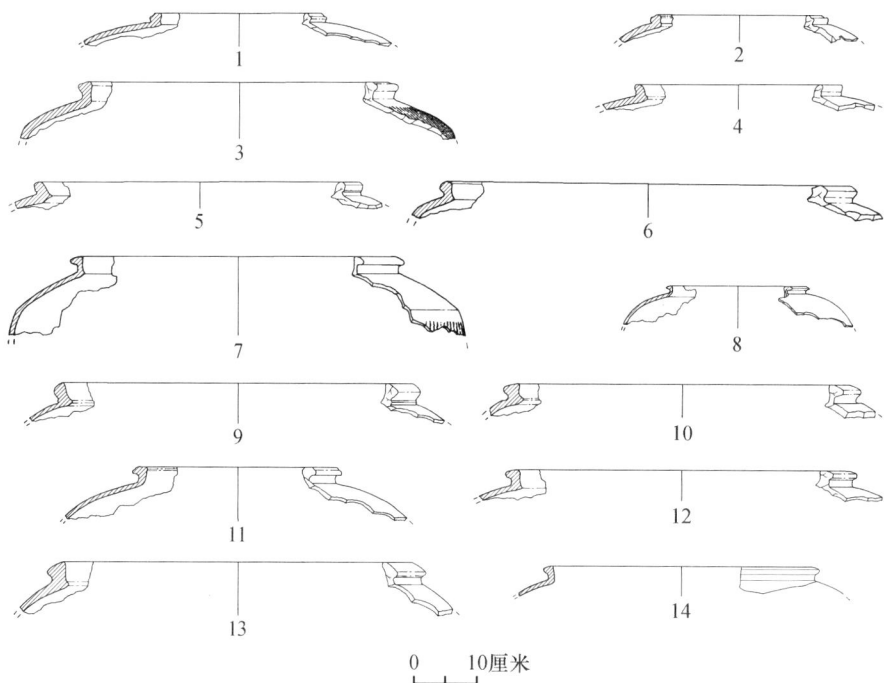

图87　"郢街"西区出土A型陶瓮口沿

1. BTN8E35②：15　2. BH2①：21　3. BH2①：22　4. BH2①：26　5. BH2①：27　6. BH2①：30　7. BH2②：6

8. BH2②：9　9. BH2③：9　10. BH2③：11　11. BH2④：4　12. BH3：10　13. BG6：5　14. BG6：6

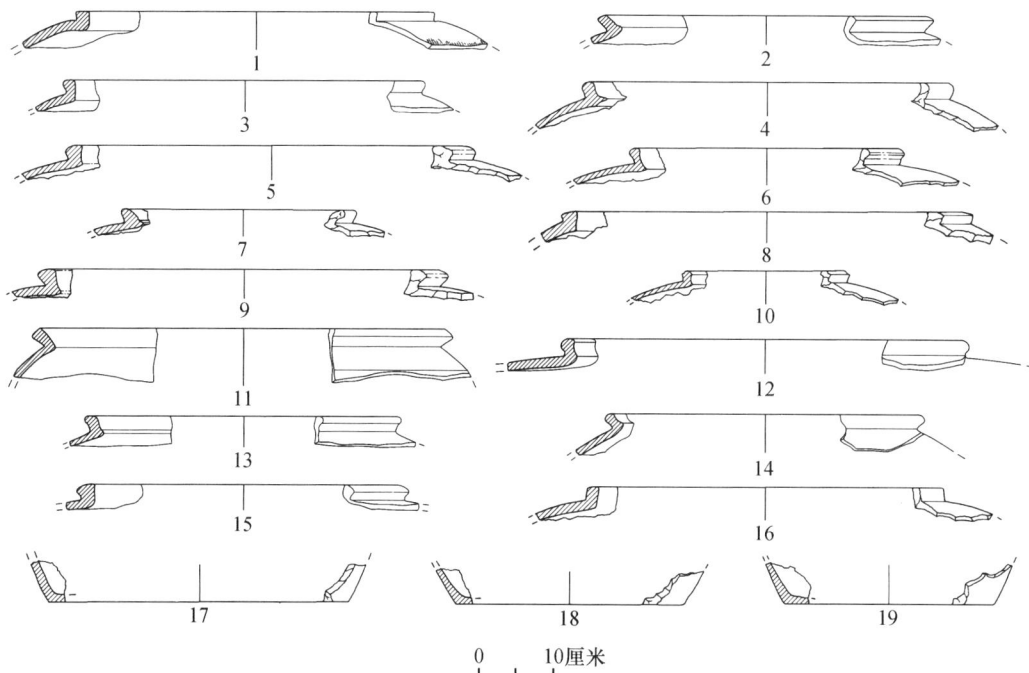

图88　"郢街"西区出土陶瓮

1～15. B型口沿（BTN8E35②：1、BTN8E35②：6、BTN8E35②：16、BH2①：23、BH2①：24、BH2①：25、BH2①：28、

BH2①：29、BH2①：48、BH2②：3、BH2②：5、BH2③：2、BG6：4、BG6：7、BG6：9）　16. C型口沿（BH2①：37）

17～19. 瓮底（BH2①：51、BH2②：8、BH2③：3）

瓮底　3件。斜壁近直平底。标本BH2①：51，底径40、残高4.8厘米（图88，17）。标本BH2②：8，底径30、残高4.4厘米（图88，18）。标本BH2③：3，底径27.6、残高5.2厘米（图88，19）。

陶罐　28件。可分为口沿和罐底。均为泥质灰陶。轮制。

罐口沿　14件。根据颈部区别，分为四型。

A型　8件。敛口，卷沿，矮领，溜肩。标本BTN8E35②：2，口径24、残高8厘米（图89，1）。标本BTN8E35②：7，颈与肩结合处饰一周凸弦纹。口径32、残高12.4厘米（图89，2）。标本BTN8E35②：9，口径33.2、残高5.2厘米（图89，3）。标本BTN8E35②：10，口径33、残高5.2厘米（图89，4）。标本BTN8E35②：21，口径28、残高6.4厘米（图89，5）。标本BTN8E35②：23，口径28、残高5.1厘米（图89，6）。标本BH2①：31，口径24、残高6厘米（图89，7）。标本BH2①：32，口径28、残高9厘米（图89，8）。

B型　2件。敛口，折沿，缩颈，广肩。标本BTN8E35②：18，口径24、残高2.6厘米（图89，9）。标本BH2①：39，口径28、残高4厘米（图89，10）。

C型　3件。侈口，束颈，子口承盖。标本BTN8E35②：8，颈部饰数周弦纹。口径14、残高5.6厘米（图89，11）。标本BH4：2，口径18、残高4.5厘米（图89，12）。标本BH4：6，腹部饰绳纹。口径14、残高6厘米（图89，13）。

D型　1件。口微敛、双沿，圆唇、溜肩。标本BTN8E35②：24，口径12、残高5.6厘米（图89，14）。

罐底　14件。根据底部区别分二型。

A型　13件。斜弧壁，近直平底。标本BTN8E35②：4，底径20、残高9.6厘米（图89，15）。标本BTN8E35②：20，近底处饰一周凹弦纹。底径18、残高6.4厘米（图89，16）。标本BH2①：33，底径20、残高8.2厘米（图89，17）。标本BH2①：34，底径16、残高3.4厘米（图89，18）。标本BH2①：38，底径20、残高6.8厘米（图89，19）。标本BH2①：46，底径20、残高5.2厘米（图89，20）。标本BH2①：47，底径16、残高4.8厘米（图89，21）。标本BH2①：50，底径22、残高6厘米（图89，22）。标本BH2②：7，底径14、残高8.2厘米（图89，23）。标本BH3：5，底径17.8、残高4.4厘米（图89，24）。标本BH4：3，底径20、残高6.2厘米（图89，25）。标本BH4：8，内壁近底处饰两周凹弦纹。底径24、残高5.7厘米（图89，26）。标本BH4：10，底径24、残高6.8厘米（图89，27）。

B型　1件。弧壁，圜底内凹。标本BG6：11，底径10、残高1.2厘米（图89，28）。

陶壶　2件。泥质灰陶。轮制。标本BH2①：44，口微敛，沿面微下倾，方唇，缩颈。口径16、残高6.2厘米（图90，1）。BH2①：49，口微侈，沿面下凹双圆唇，缩颈。口径15.6、残高4厘米（图90，2）。

陶甑　1件。泥质灰陶。轮制。标本BH4：9，弧壁近直平底，底上残留圆形穿孔。底径22、残高12.2厘米（图90，3）。

陶盂　10件。泥质灰陶。轮制。部分器表施黑色陶衣。

盂口沿　6件。根据弧腹程度、腹部深度分为二型。

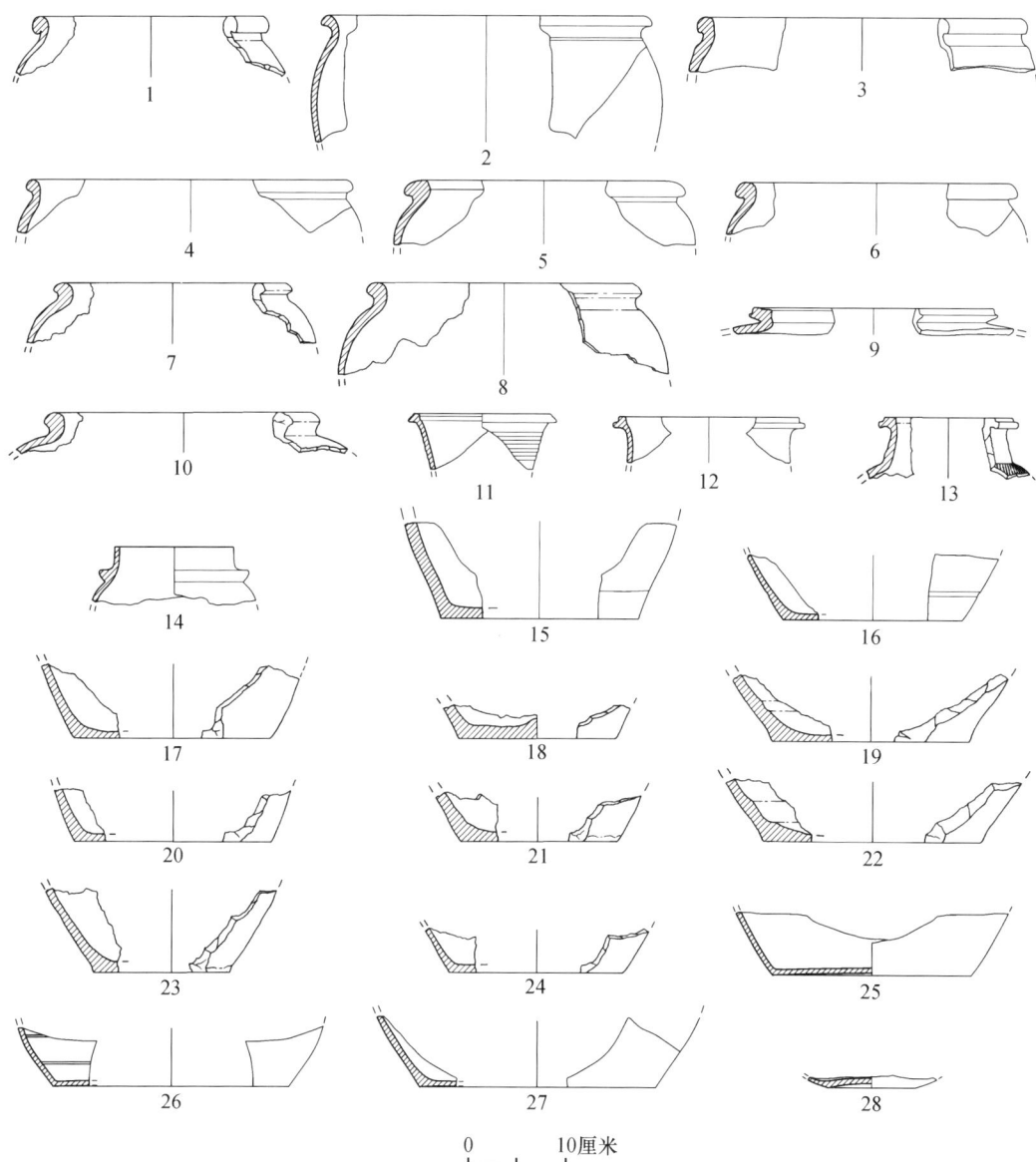

图89　"郢街"西区出土陶罐

1～8.A型口沿（BTN8E35②：2、BTN8E35②：7、BTN8E35②：9、BTN8E35②：10、BTN8E35②：21、BTN8E35②：23、
BH2①：31、BH2①：32）　9、10.B型口沿（BTN8E35②：18、BH2①：39）　11～13.C型口沿（BTN8E35②：8、BH4：2、
BH4：6）　14.D型口沿（BTN8E35②：24）　15～27.A型罐底（BTN8E35②：4、BTN8E35②：20、BH2①：33、BH2①：34、
BH2①：38、BH2①：46、BH2①：47、BH2①：50、BH2②：7、BH3：5、BH4：3、BH4：8、BH4：10）
28.B型罐底（BG6：11）

　　A型　3件。弧壁幅度大，浅腹。敞口，平折沿，方唇，弧壁。标本BH3：3，沿面饰一周凹弦纹，上腹饰宽带弦纹。口径20、残高2.8厘米（图90，4）。标本BH4：4，沿面边缘微凹，双圆唇。腹饰凹弦纹。口径36、残高4.4厘米（图90，5）。标本BH4：11，口径26、残高6.4厘米（图90，6）。

　　B型　3件。弧壁较为陡直，下收，腹部较深。敞口，平折沿，方唇，弧壁。标本BH5：1，腹部有拉坯痕迹。口径24、残高10厘米（图90，7）。标本BH5：2，口径26、残高9.2厘米

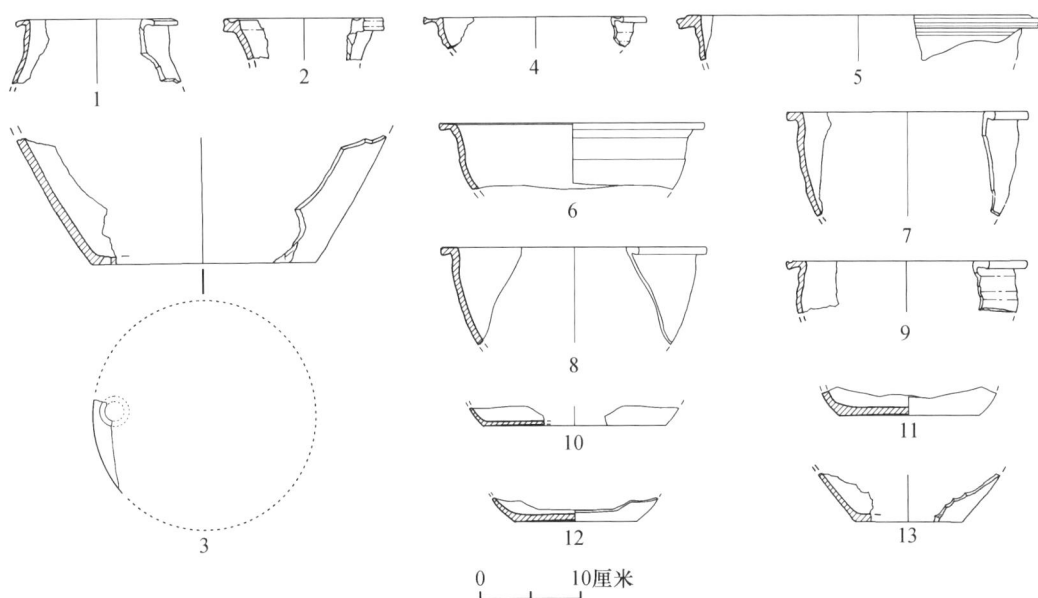

图90　"郢街"西区出土陶器

1、2. 壶（BH2①：44、BH2①：49）　3. 甑（BH4：9）　4～6. A型盂口沿（BH3：3、BH4：4、BH4：11）

7～9. B型盂口沿（BH5：1、BH5：2、BH5：3）　10～13. 盂底（BTN8E35②：22、BH3：7、BH3：8、BH3：9）

（图90，8）。标本BH5：3，沿面饰一周凹弦纹，上腹饰弦纹。口径24、残高5厘米（图90，9）。

　　盂底　4件。弧壁，平底微内凹。标本BTN8E35②：22，底径18、残高1.9厘米（图90，10）。标本BH3：7，底径14、残高2.8厘米（图90，11）。标本BH3：8，底径12、残高2厘米（图90，12）。标本BH3：9，底径12、残高4.6厘米（图90，13）。

　　砖　27件。长方体，均残缺。泥质灰陶。模制。根据用途可分为墙砖、铺地砖。

　　墙砖　25件。根据横截面形状可分为二型。

　　A型　23件。平面、横截面均呈长方形。标本BH2①：1，平面饰绳纹，纵侧面的一面饰菱形纹。长35.4、宽14.8、厚5.6厘米（图91，1）。标本BH2①：2，平面饰绳纹，纵侧面的一面饰云纹。烧制时变形。长35.4、宽13.8、厚5.2厘米（图91，2；图版三七，1）。标本BH2①：3，平面饰绳纹，纵侧面的一面及横侧面端面饰菱形纹。残长14、宽13.2、厚4.8厘米（图91，3）。标本BH2①：4，平面饰绳纹，纵侧面的一面饰菱形纹。残长16.3、宽13.6、厚5厘米（图91，4）。标本BH2①：5，平面饰绳纹，纵侧面的一面饰菱形纹。残长16.8、宽14.6、厚5.2厘米（图91，5）。标本BH2①：6，平面饰绳纹，纵侧面的一面及横侧面端面饰菱形纹。残长19.8、宽14.6、厚6.4厘米（图91，6）。标本BH2①：7，平面饰绳纹，纵侧面的一面饰菱形纹。残长21.8、宽14.6、厚5.2厘米（图91，7）。标本BH2①：8，平面饰绳纹，纵侧面的一面饰菱形纹。残长28.6、宽13.4、厚5.4厘米（图91，8）。标本BH2①：9，平面饰绳纹。烧制时变形。长35.8、宽12.8、厚5.2厘米（图91，9；图版三七，2）。标本BH2①：10，平面饰绳纹，纵侧面的一面饰菱形纹。长33、宽14.3、厚5.6厘米（图91，10；图版三七，3）。标本BH2①：11，平面饰绳纹，纵侧面的一面饰菱形纹。烧制时有变形。长36.8、宽15.2、厚6.6厘米（图91，11）。标本BH2①：12，平面饰绳纹，纵侧面的一面饰几何纹。

图91　"郢街"西区出土A型墙砖

1. BH2①∶1　2. BH2①∶2　3. BH2①∶3　4. BH2①∶4　5. BH2①∶5　6. BH2①∶6　7. BH2①∶7　8. BH2①∶8

9. BH2①∶9　10. BH2①∶10　11. BH2①∶11　12. BH2①∶12　13. BH2①∶13　14. BH2①∶14　15. BH2①∶15

16. BH2①∶16

残长22.5、宽14、厚4.6厘米（图91，12；图版三七，4）。标本BH2①：13，平面饰绳纹，纵侧面的一面饰几何纹。残长18.2、宽15.2、厚5.6厘米（图91，13；图版三七，5）。标本BH2①：14，平面饰绳纹，纵侧面的一面饰菱形纹。残长24、宽15、厚5.8厘米（图91，14）。标本BH2①：15，平面饰绳纹，纵侧面的一面饰菱形纹。残长20.6、宽13.6、厚5厘米（图91，15；图版三七，6）。标本BH2①：16，平面饰绳纹，纵侧面的一面饰菱形纹和几何纹。残长19、宽14.5、厚5.4厘米（图91，16；图版三八，1）。标本BH2②：10，平面的一面饰绳纹，纵侧面的一面饰菱形纹。残长21.6、宽13.6、厚5厘米（图92，1）。标本BH2②：11，平面的一面饰粗绳纹，纵侧面与端面的一面饰菱形纹。长35、宽17.6、厚6厘米（图92，2）。标本BH2②：12，平面的一面饰绳纹，纵侧面的一面饰菱形纹。残长19.2、宽14、厚6厘米（图92，3）。标本BH2③：7，平面饰绳纹，纵侧面的一面饰菱形纹。残长21.6、宽13.6、厚5.5厘米（图92，4）。标本BH2③：8，平面的一面饰绳纹，纵侧面的一面饰菱形纹。残长21.2、宽14、厚5厘米（图92，5）。标本BH2③：13，平面的一面饰绳纹，纵侧面的一面饰菱形纹。残长21.2、残宽11.2、厚6.6厘米（图92，6）。标本BH2④：1，平面的一面饰绳纹，纵侧面的一面饰菱形纹。残长18.2、残宽8.4、厚5.2厘米（图92，7）。

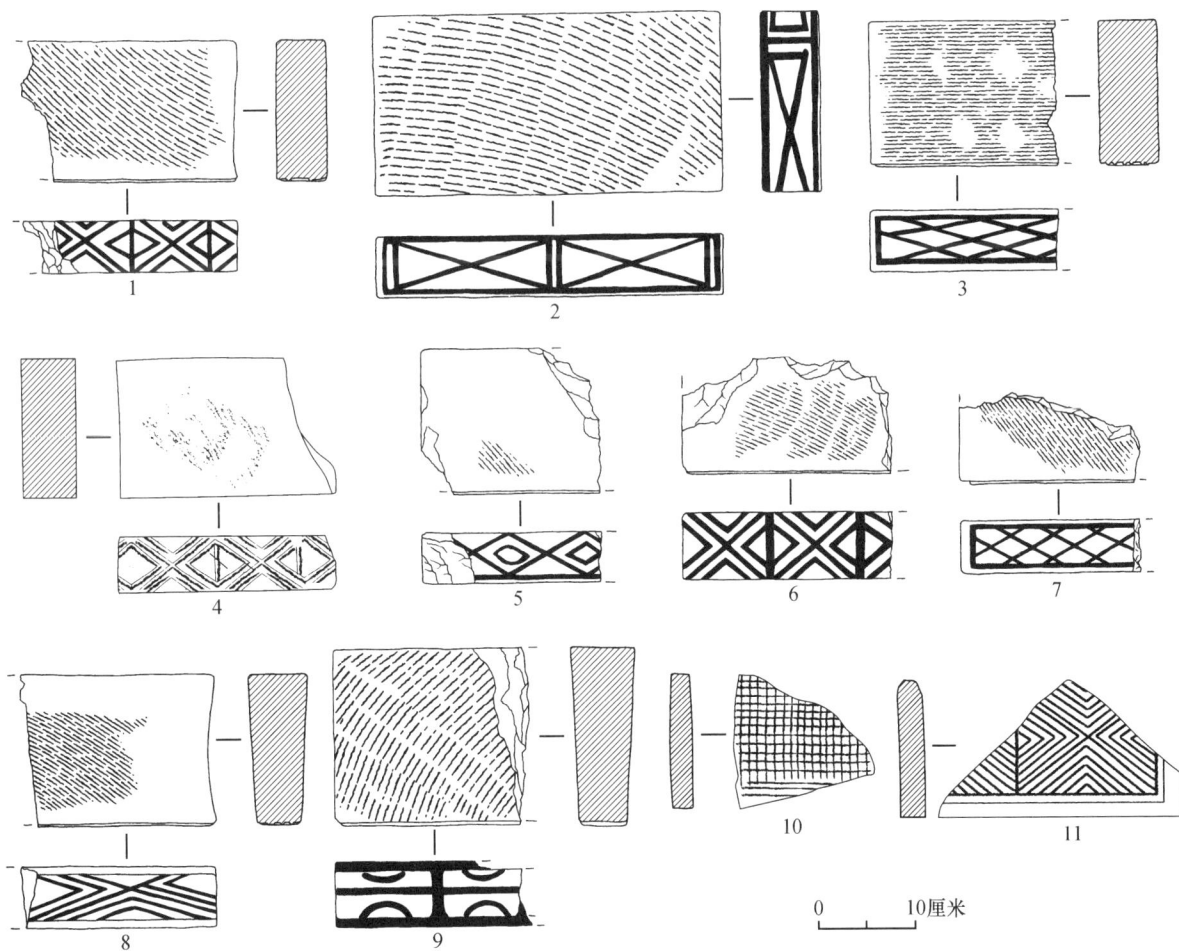

图92 "郢街"西区出土砖

1～7. A型墙砖（BH2②：10、BH2②：11、BH2②：12、BH2③：7、BH2③：8、BH2③：13、BH2④：1）

8、9. B型墙砖（BH2②：4、BH2④：5） 10、11. 铺地砖（BTN8E35②：28、BTN8E35②：29）

　　B型　2件。平面呈长方形，横截面呈梯形。标本BH2②：4，平面的一面饰绳纹，纵侧面的窄面上饰菱形纹。残长19.6、宽14.6、厚4.4～6厘米（图92，8）。标本BH2④：5，平面的一面饰粗绳纹，纵侧面的窄面饰几何纹。残长19.4、宽17、厚4.6～6.4厘米（图92，9）。

　　铺地砖　2件。标本BTN8E35②：28，铺地砖。泥质灰陶。模制。残缺。饰方格纹。残长14、宽13、厚2.3厘米（图92，10）。标本BTN8E35②：29，铺地砖。泥质灰陶。模制。残缺。饰菱形纹。残长24.6、宽13.2、厚2.6厘米（图92，11）。

　　板瓦　1件。泥质灰陶。模制。残缺。截面呈弧形。饰粗绳纹。标本BG6：2，残长19、残宽19.8、厚1厘米（图93，1）。

　　瓦当　2件。残缺。泥质灰陶。模制。圆形。饰云纹。标本BH2③：4，复原直径14.6、厚2.6厘米（图93，2）。标本BG6：1，直径14.8、厚2厘米（图93，3）。标本BG6：14，中间乳钉饰方格纹，乳钉周边饰云纹间乳钉纹。厚1厘米（图93，4）。

　　陶饼　1件。泥质灰陶。用板瓦片磨成。平面呈圆形，截面微弧形。饰粗绳纹。标本BG6：15，直径6.2、厚1.2厘米（图93，5）。

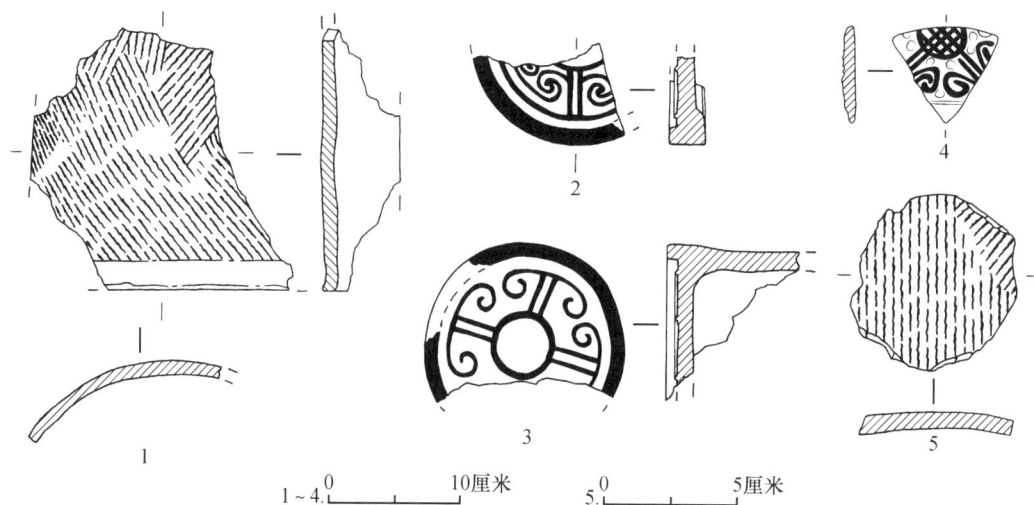

图93　"郢街"西区出土陶器
1.板瓦（BG6：2）　2～4.瓦当（BH2③：4、BG6：1、BG6：14）　5.饼（BG6：15）

2. 唐代遗物

　　"郢街"西区发掘唐代遗物较少，主要为瓷瓮、瓷罐、瓷碗。

　　瓷瓮　1件。均为口沿。灰白胎黄釉。标本BH2①：36，敞口，方唇，广肩。肩部附桥形耳。饰方格纹。口径29.5、残高5.4厘米（图94，1）。

　　瓷罐　2件。均为口沿。灰白胎青釉。标本BTN8E35②：25，口微敛，圆唇，沿面下凹，溜肩。肩部附桥形耳。口径20、残高4厘米（图94，2）。标本BH2①：53，口微敛，圆唇，沿面下凹，溜肩。口径16、残高4厘米（图94，3）。

　　瓷碗　6件。灰白胎青釉。敞口，圆唇，弧壁下收，饼足。标本BTN8E35②：5，内壁邻底处有支点痕迹。口径15.4、高6.6厘米（图95，1）。标本BH2①：17，饼足底面微内凹，内壁邻底处有支点痕迹。口径15.4，高5.8厘米（图95，2）。标本BH2①：18，口径13.6、高5.6厘米（图95，3）。标本BH2①：19，内壁邻底处有支点痕迹，外壁近底处有拉坯痕迹。口径14.4、高7.2厘米（图95，4）。标本BH2①：20，口径15.6、残高5.8厘米（图95，5）。标本BH2①：52，口径15.2、残高5.4厘米（图95，6）。

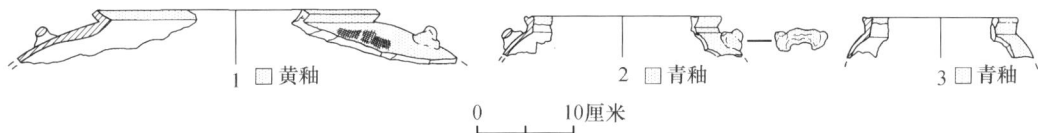

图94　"郢街"西区出土瓷器
1. 瓮（BH2①：36）　2、3. 罐（BTN8E35②：25、BH2①：53）

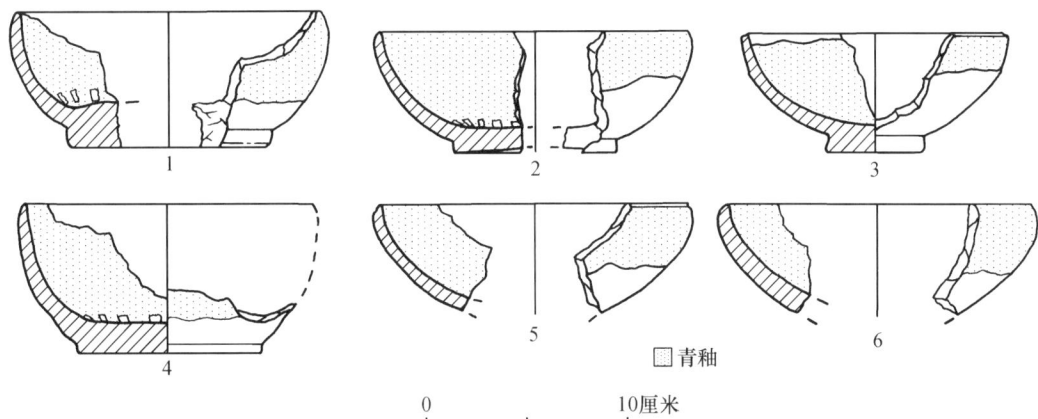

图95　"郢街"西区出土瓷碗
1. BTN8E35②：5　2. BH2①：17　3. BH2①：18　4. BH2①：19　5. BH2①：20　6. BH2①：52

二、东区发掘点

（一）探方发掘情况

东区发掘点布5米×5米发掘方11个，地理坐标为东经112°13′52.14″，北纬30°22′42.55″。发掘面积275平方米。现将探方发掘情况简述如下。

1）BTN15E99地层堆积可分为2层（图96）。

第1层：表土层。厚20～25厘米。土质疏松，土色呈灰黄。包含植物根系，少量瓷片、筒瓦、板瓦、器物残片等。

第2层：汉代文化层。深25～35、厚5～10厘米。土质较松散，土色黄褐。包含少量绳纹陶片。其下为生土。

2）BTN16E100地层堆积可分为2层（图97）。

第1层：表土层。厚5～25厘米。土质疏松，土色呈灰黄。包含植物根系，少量瓷片、筒瓦、板瓦、器物残片等。

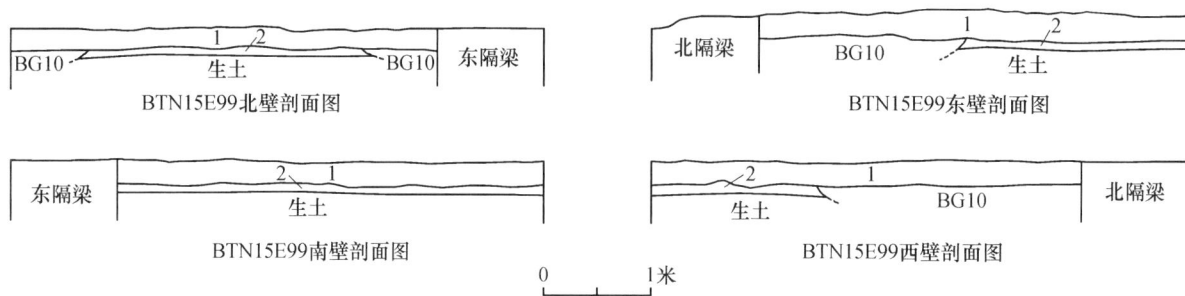

图96　BTN15E99四壁剖面图

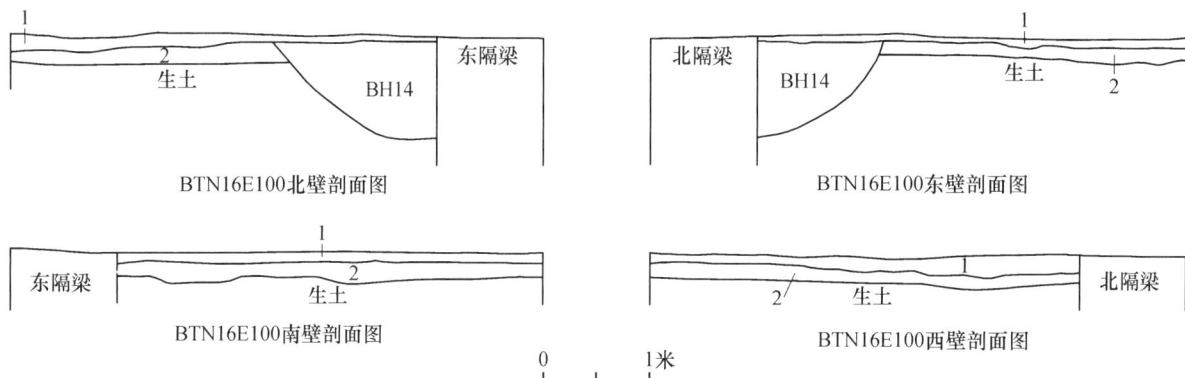

图97　BTN16E100四壁剖面图

第2层：汉代文化层。深30～35、厚5～15厘米。土质较松散，土色黄褐。包含少量绳纹板瓦、筒瓦陶片。其下为生土。

3）BTN16E101地层堆积可分为2层（图98）。

第1层：表土层。厚5～25厘米。土质疏松，土色呈灰黄。包含植物根系，少量瓷片、筒瓦、板瓦、器物残片等。

第2层：汉代文化层。深30～40、厚20～25厘米。土质较松散，土色黄褐。包含少量绳纹板瓦、筒瓦陶片。其下为生土。

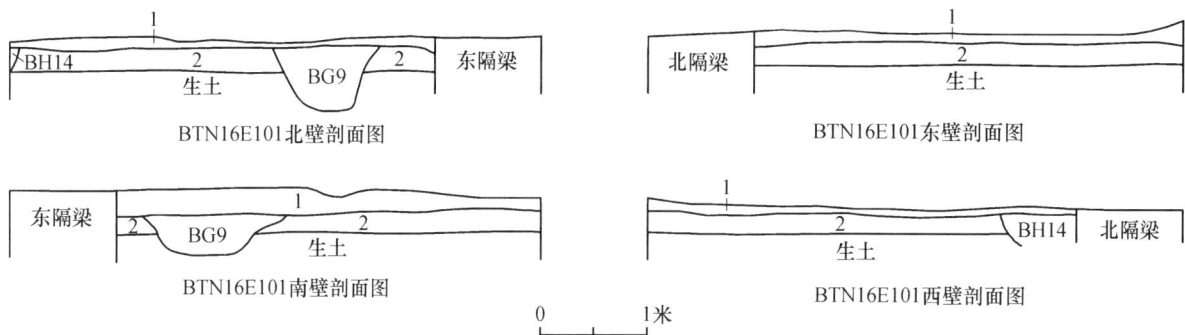

图98　BTN16E101四壁剖面图

4）BTN16E102地层堆积可分为2层（图99）。

第1层：表土层。厚5~20厘米。土质疏松，土色呈灰黄。包含植物根系，少量瓷片、陶器残片等。

第2层：汉代文化层。深20~30、厚15~20厘米。土质松散，土色黄褐。包含少量绳纹板、筒瓦陶片。其下为生土。

5）BTN16E103地层堆积可分为2层（图100）。

第1层：表土层。厚5~10厘米。土质疏松，土色呈灰黄。包含植物根系，少量瓷片、陶器残片等。

第2层：汉代文化层。深15~33、厚12~20厘米。土质松散，土色黄褐。包含少量绳纹板、筒瓦陶片。其下为生土。

6）BTN16E105地层堆积可分为2层（图101）。

第1层：表土层。厚5~15厘米。土质疏松，土色呈灰黄。包含植物根系，少量瓷片、陶器残片等。

第2层：汉代文化层。深15~20、厚18~20厘米。土质松散，土色黄褐。包含少量绳纹板、筒瓦陶片。其下为生土。

7）BTN16E106地层堆积可分为2层（图102）。

第1层：表土层。厚18~22厘米。土质疏松，土色呈灰黄。包含植物根系，少量瓷片、陶

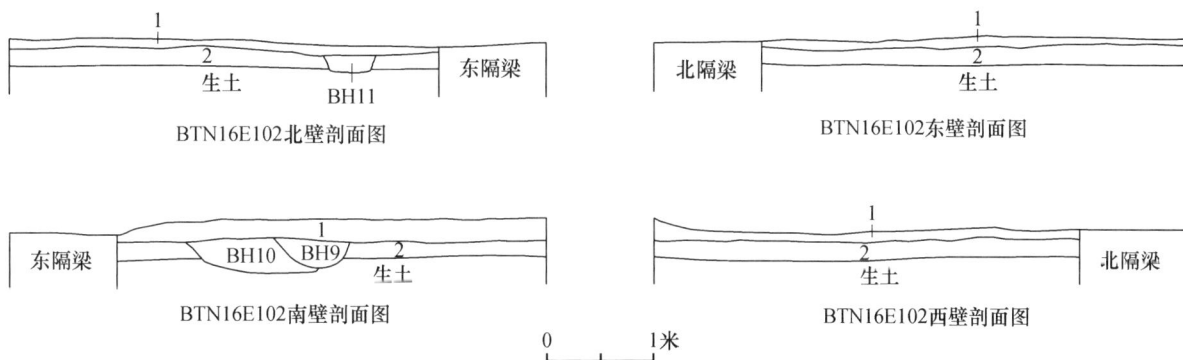

图99　BTN16E102四壁剖面图

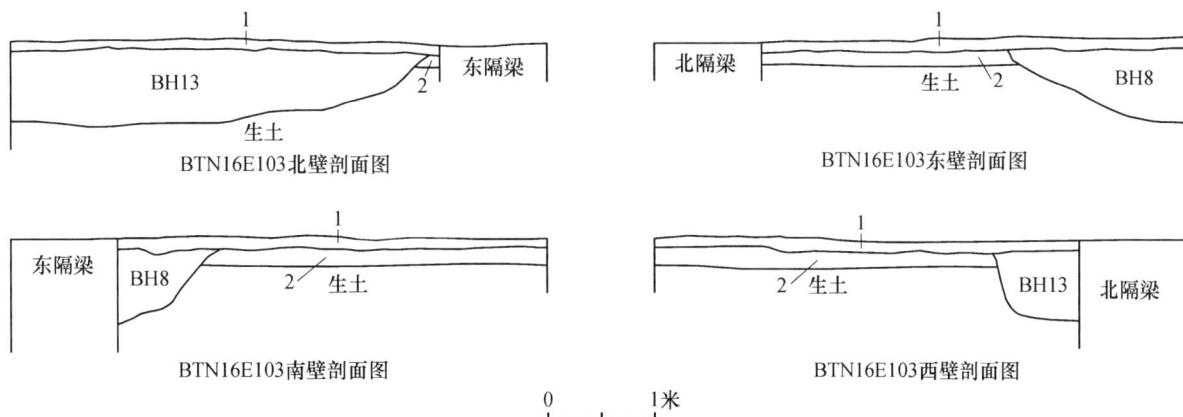

图100　BTN16E103四壁剖面图

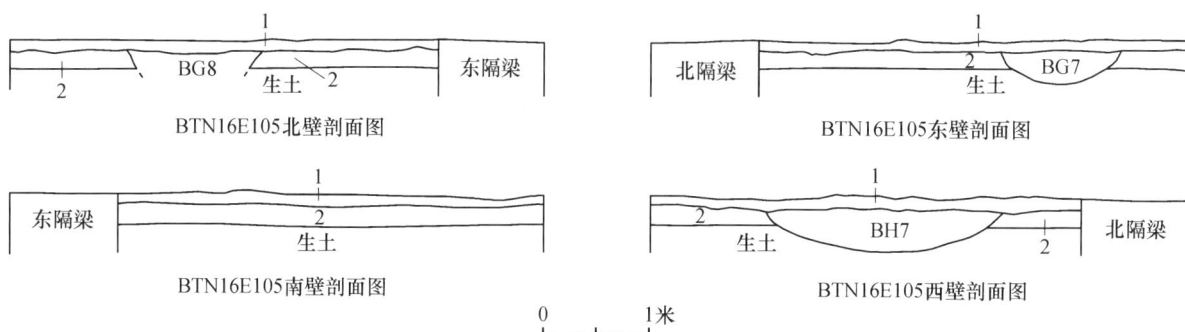

图101　BTN16E105四壁剖面图

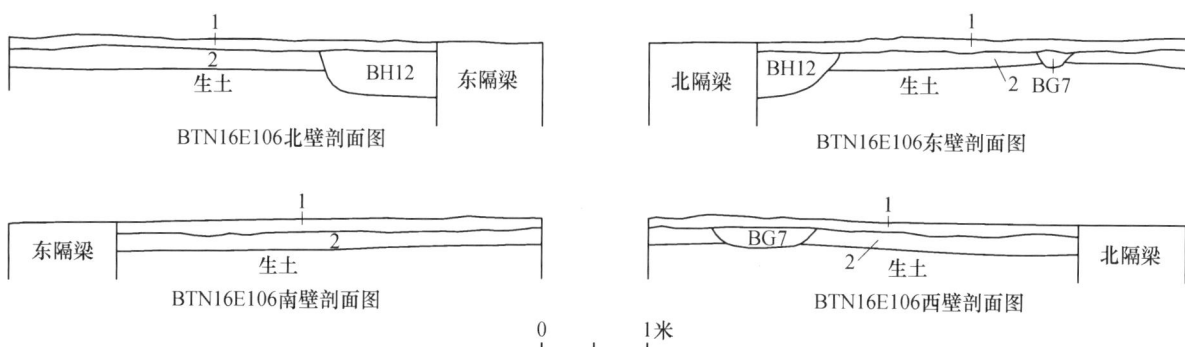

图102　BTN16E106四壁剖面图

器残片等。

　　第2层：汉代文化层。深18～22、厚8～20厘米。土质松散，土色黄褐。包含少量绳纹板、筒瓦陶片。其下为生土。

（二）地层堆积情况

　　"郢街"东区发掘点根据土质、土色及包含物可分为2层。

　　第1层：表土层。厚10～30厘米。土色灰褐，土质疏松。包含青花瓷片、绳纹陶片、废弃电池等。属现代堆积层。

　　第2层：灰黄土层。深10～30、厚20～30厘米。土色灰黄，土质较紧密。包含绳纹板、筒瓦残片。属汉代堆积层，其下为黑褐色生土。

（三）遗迹

　　东区发掘点共发现灰坑10座、灰沟4条。其中BH9为明代，其余均为汉代（图103）。

　　（1）灰坑

　　BH7　位于探方BTN16E105西部，开口于第1层下，打破第2层及生土。平面呈椭圆形，剖

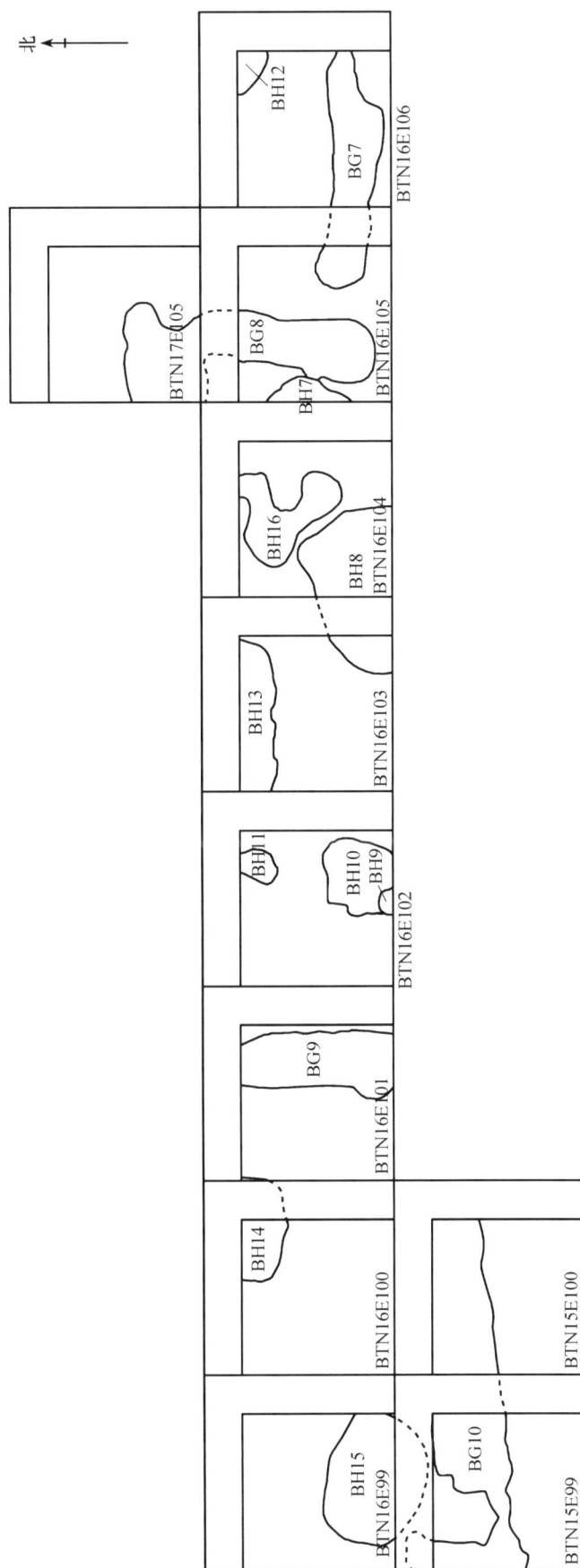

图103　"郓街"东区发掘探方及遗迹分布示意图

面呈锅底状。直径550、深95厘米。填土土色褐灰，包含绳纹板、筒瓦残片（图104）。

　　BH8　位于探方BTN16E103东南部、BTN16E104西南部，开口于第1层下，打破第2层及生土。平面呈不规则半圆形，剖面呈锅底状。东西长430、南北宽248、深78厘米。坑内填土分为2层（图105）。

　　第1层：黄褐土，厚0～40厘米。

　　第2层：灰褐土，厚0～38厘米。填土内包含绳纹板、筒瓦残片及器物口沿，主要器形为陶盆、陶瓮等。

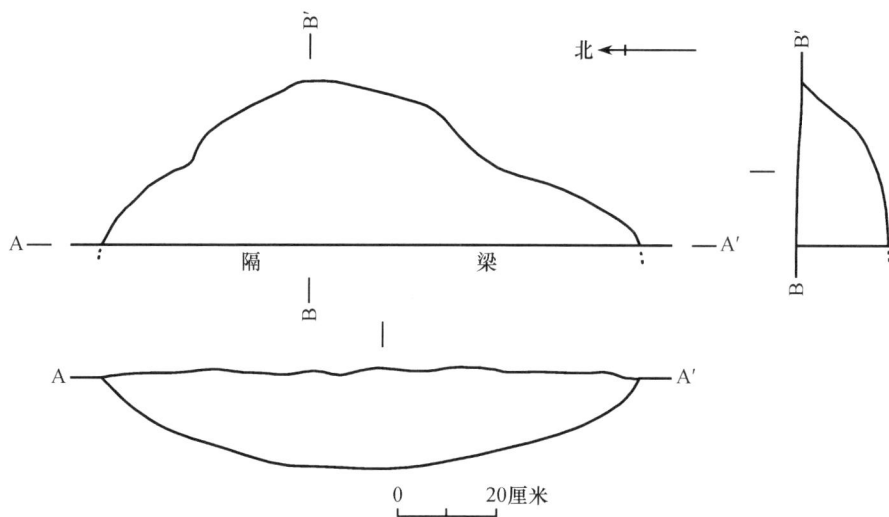

图104　BH7平、剖面图

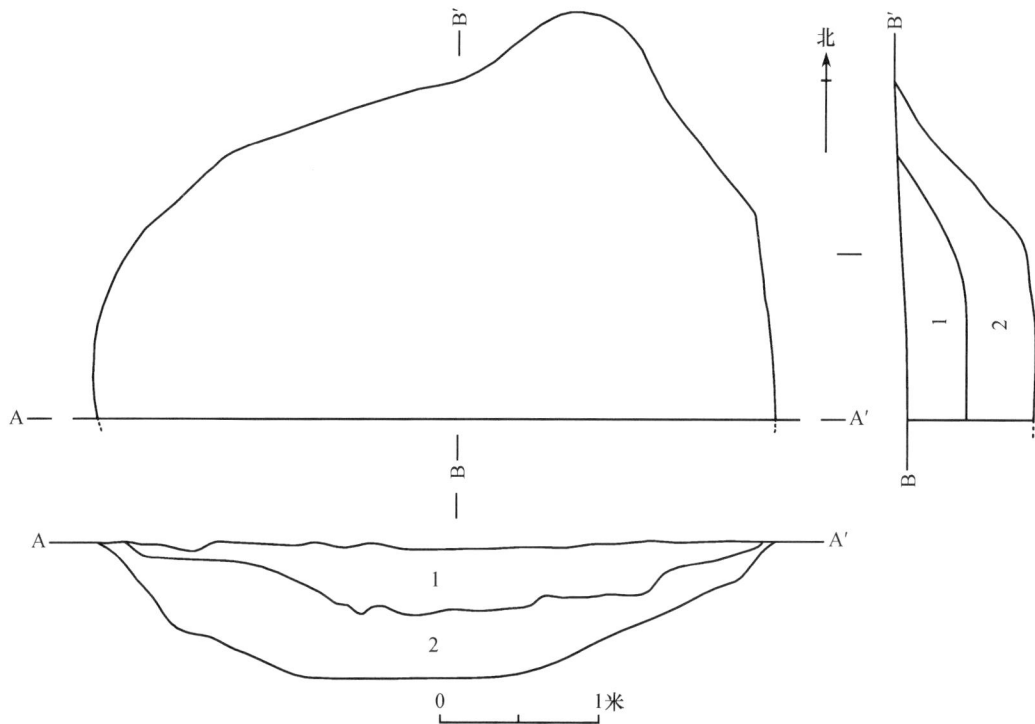

图105　BH8平、剖面图

　　BH9　位于探方BTN16E102南部，开口于第1层下，打破H10、第2层及生土。平面呈不规则半圆形，剖面呈锅底状。直径70、深26厘米。坑内填土土色灰褐夹黄斑。包含青花瓷片及绳纹陶片，主要器形是板筒瓦、陶盆口沿、陶饼等（图106）。

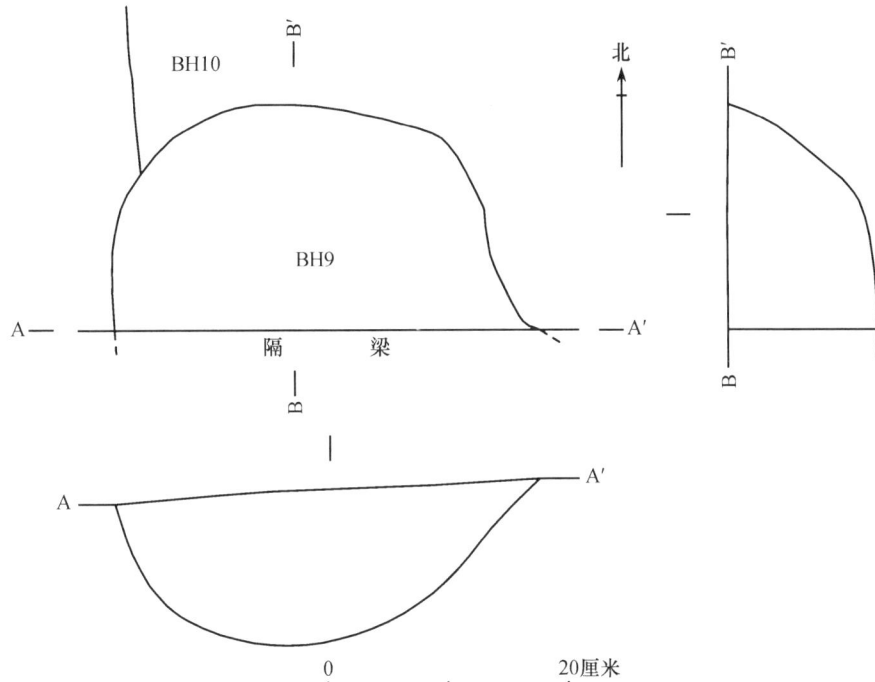

图106　BH9平、剖面图

　　BH10　位于探方BTN16E102南部，开口于第1层下，打破第2层及生土。平面形状不规则，弧壁，底面较平。直径198、深50厘米。坑内填土褐灰夹黄褐。包含绳纹陶片，主要器形是板、筒瓦等（图107）。

　　BH11　位于探方BTN16E102北部，开口于第1层下，打破第2层及生土。平面呈不规则椭圆形，剖面呈锅底状。直径80、深34厘米。坑内填土土色深灰褐。包含绳纹板、筒瓦残片（图108）。

　　BH12　位于探方BTN16E106东北部，开口于第1层下，打破第2层及生土。平面呈半圆弧形，剖面呈锅底状。南北宽80、深42厘米。坑内填土土色灰褐夹黄斑。包含泥质灰陶片、绳纹陶片，主要器形是陶盆、板筒瓦等（图109）。

　　BH13　位于探方BTN16E103北部，开口于第1层下，打破第2层及生土。平面形状不规则，略呈长方形，剖面呈锅底状。东西长390、南北宽98、深72厘米。坑内填土分2层（图110）。

　　第1层：土色灰褐夹黄褐斑，填土内包含泥质灰陶片及绳纹陶片，主要器形是陶盆、陶瓮、陶釜及板筒瓦等。

　　第2层：土色黄褐夹灰。填土包含物较少，主要为泥质灰陶绳纹板、筒瓦残片。

　　BH14　位于探方BTN16E100东北部、BTN16E101西北部，开口于第1层下，打破第2层及生土。平面呈不规则半圆形，剖面呈锅底状。直径264、深90厘米。坑内填土土色深灰褐，包

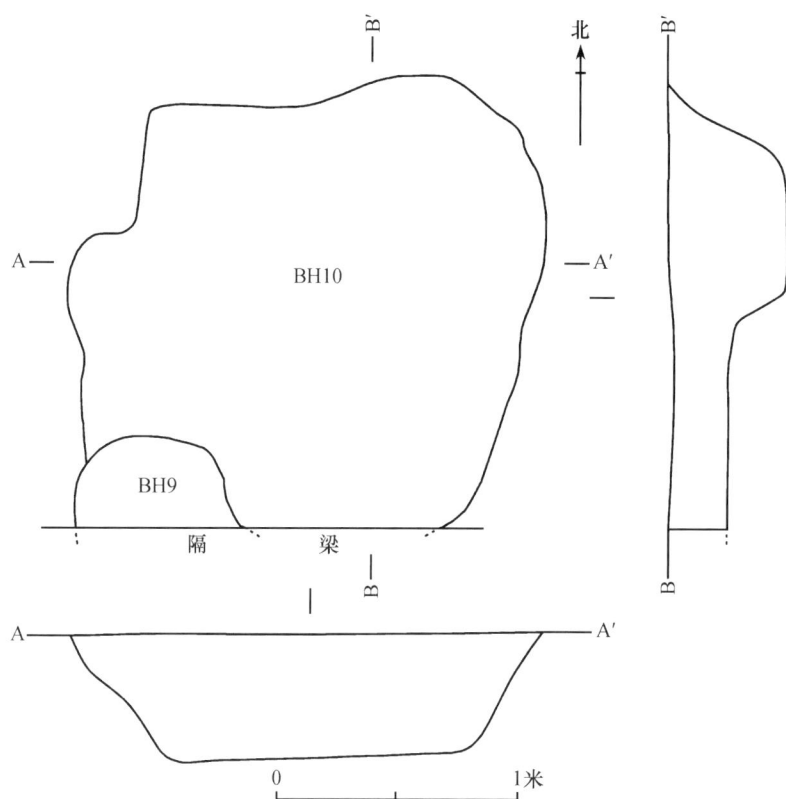

图107 BH10平、剖面图

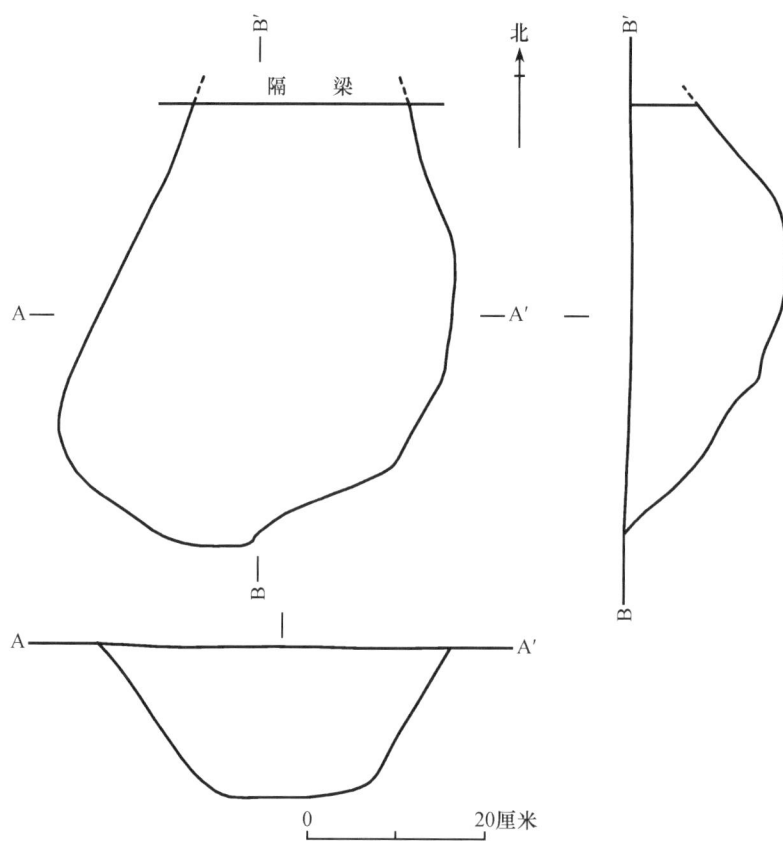

图108 BH11平、剖面图

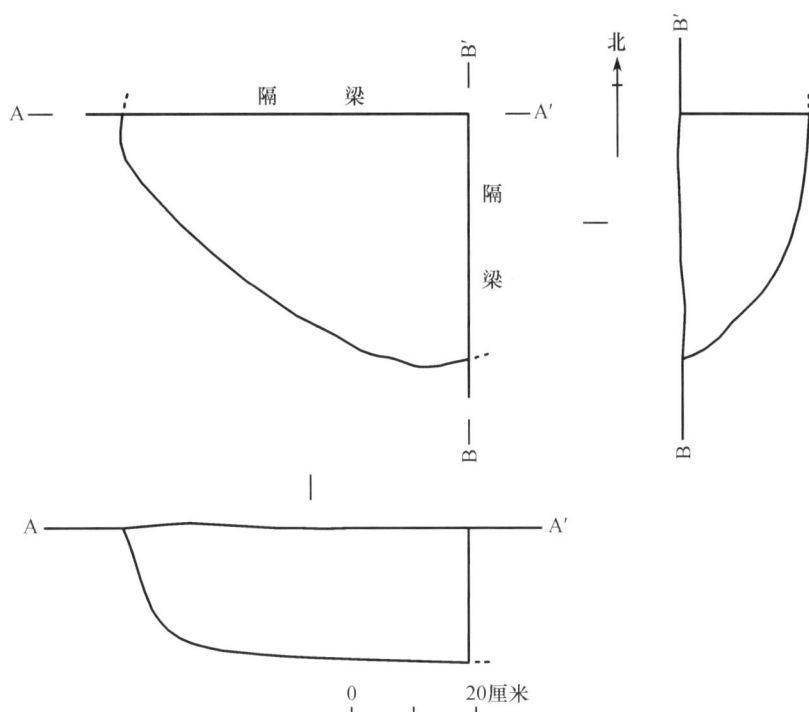

图109　BH12平、剖面图

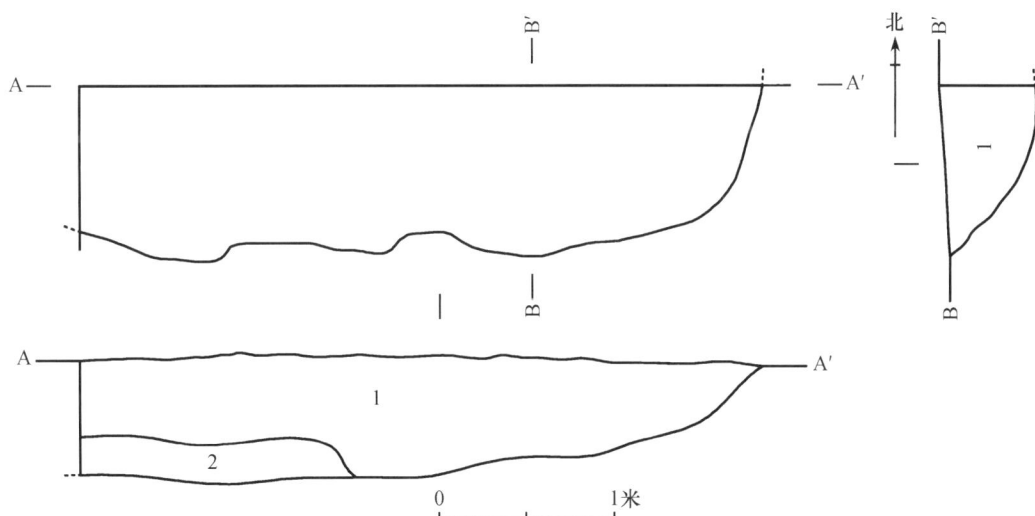

图110　BH13平、剖面图

含大量绳纹板、筒瓦残片（图111）。

　　BH15　位于探方BTN15E99北隔梁、BTN16E99南部，开口于第2层下，打破生土。平面不规则圆形，剖面呈锅底状。陶直径340、深126厘米。坑内填土土色灰黄夹黄褐，包含泥质灰陶片及绳纹陶片。主要器形是陶盆、陶瓮、砖及板筒瓦等（图112）。

　　BH16　位于探方BTN16E104北部，开口于第1层下，打破第2层及生土。平面形状不规则，剖面呈锅底状。南北长268、东西宽226、深28厘米。坑内填土土色深灰褐。包含泥质灰陶片及绳纹陶片，主要器形是陶盆、陶甑及板筒瓦等（图113）。

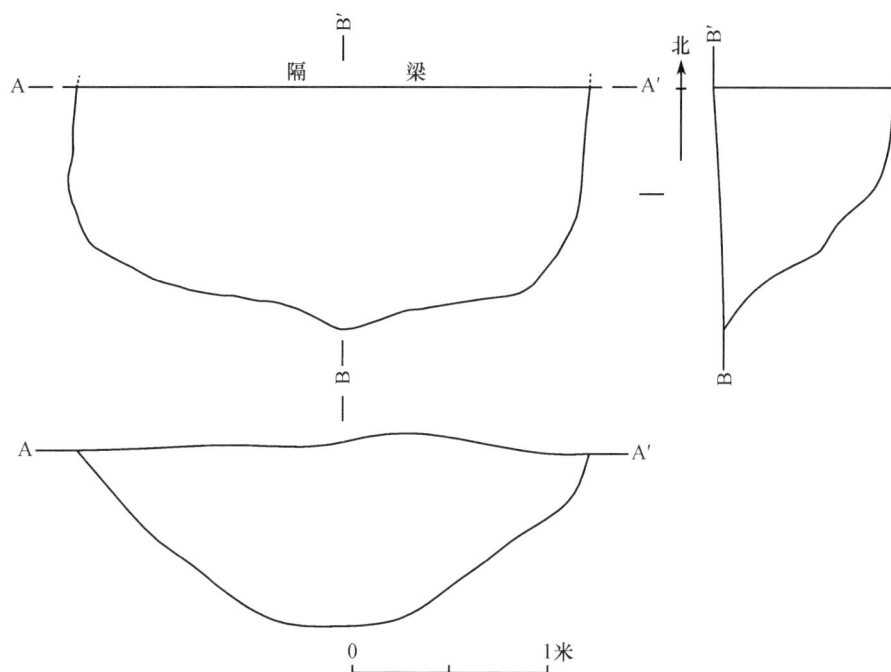

图111　BH14平、剖面图

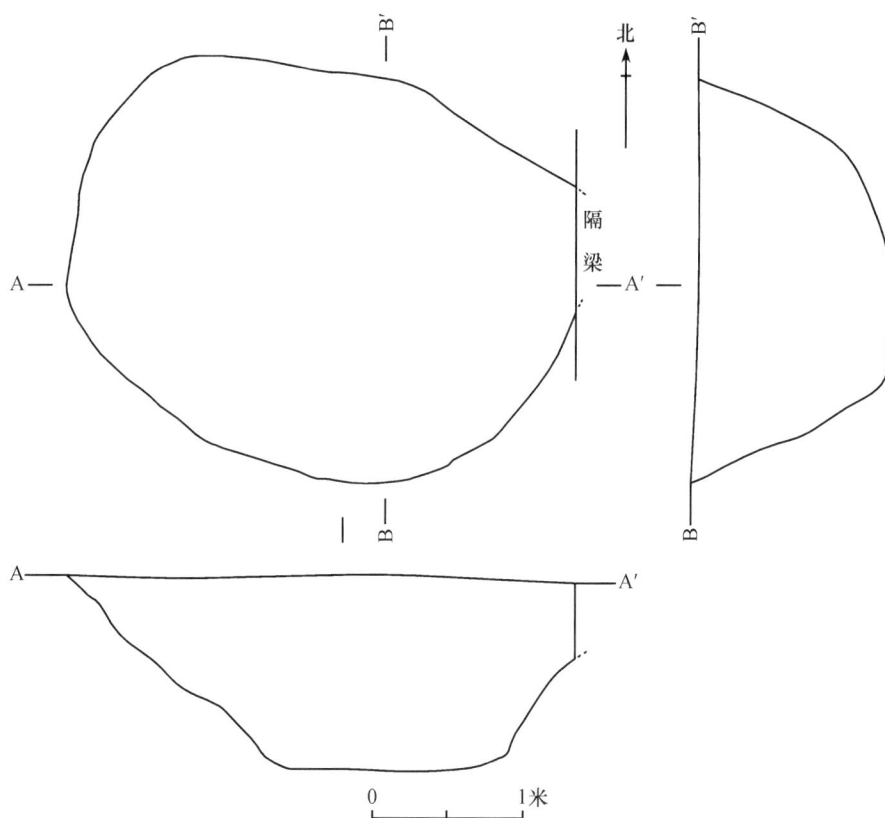

图112　BH15平、剖面图

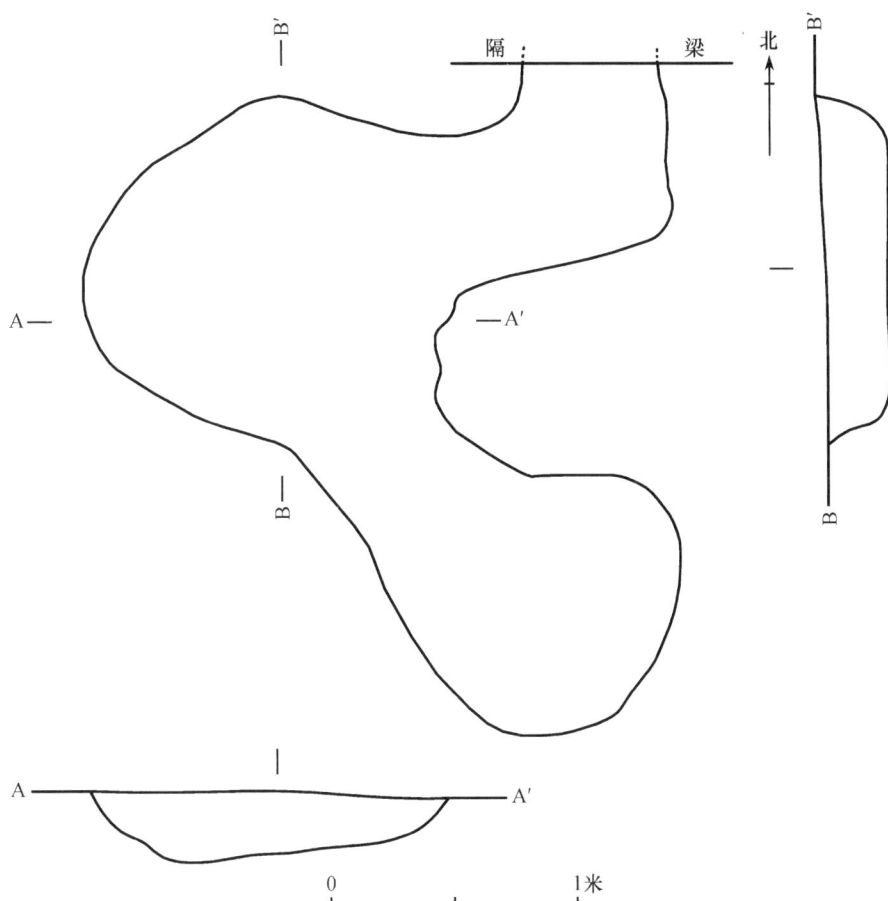

图113　BH16平、剖面图

（2）灰沟

BG7　位于探方BTN16E106南部、BTN16E105东部，开口于第1层下，打破第2层及生土。平面呈不规则长条形，剖面呈沟状。东西长610、南北最宽137、深32厘米。沟内填土土色褐黄。包含泥质灰陶片，主要器形是板、筒瓦。纹饰多为绳纹（图114）。

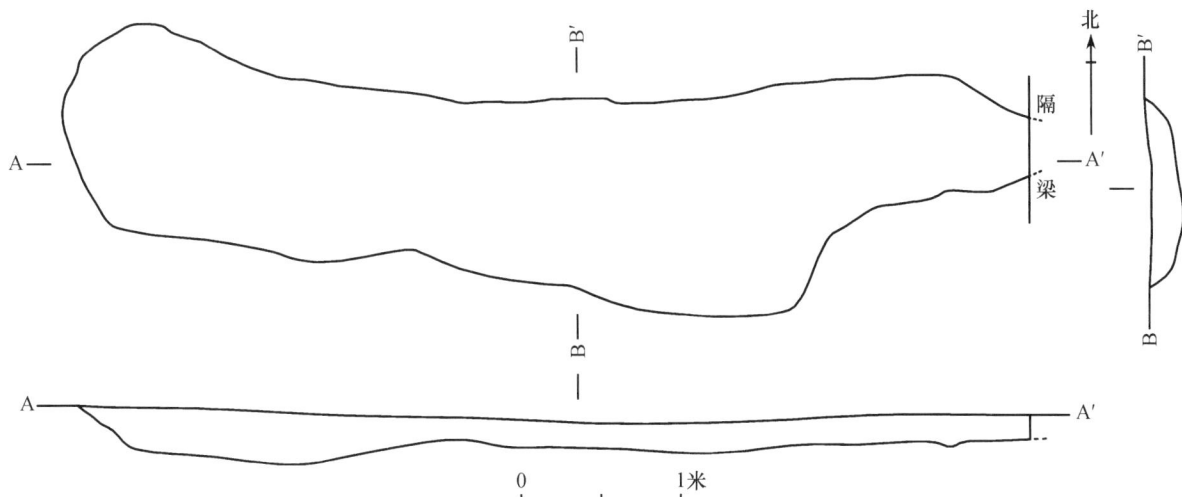

图114　BG7平、剖面图

　　BG8　位于探方BTN16E105北部、BTN17E105南部，开口于第1层下，打破第2层及生土。平面形状不规则，横剖面呈沟状。南北长660、东西宽256、深58厘米。填土土色深灰褐夹黄褐。包含泥质灰陶片，主要器形是陶盆、陶罐、陶壶、陶甑、陶饼及板筒瓦等。纹饰多为绳纹，少量素面（图115）。

　　BG9　位于探方BTN16E101东部、贯穿全方，开口于第1层下，打破第2层及生土。平面呈长条状，横剖面呈沟状。长400、宽138、深54厘米。坑内填土为黄褐，填土内包含绳纹板、筒瓦残片（图116）。

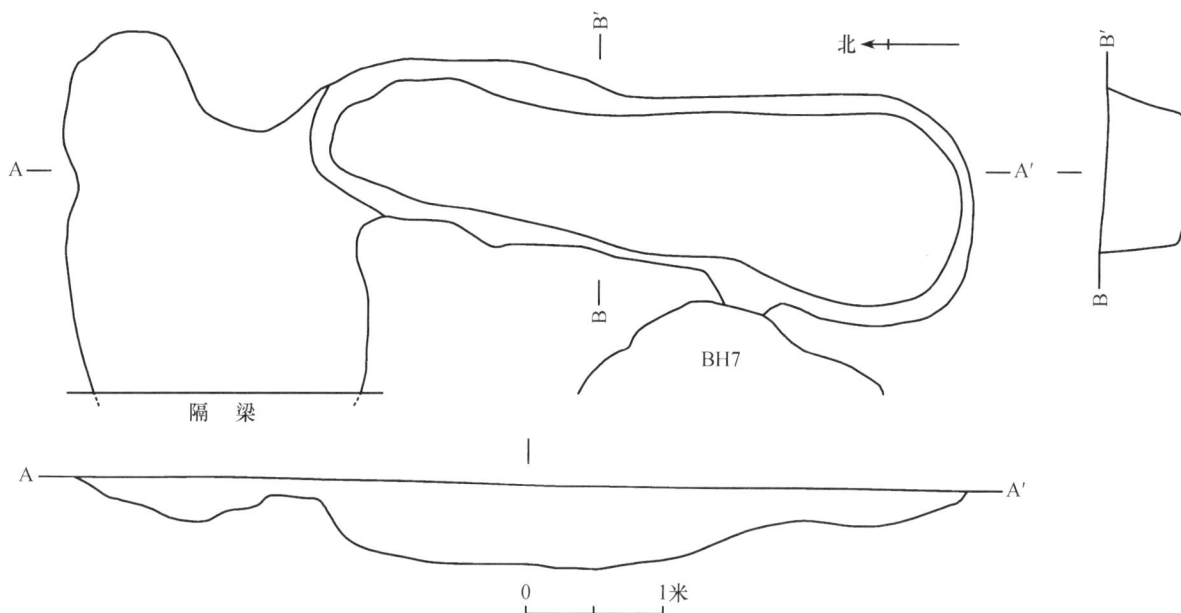

图115　BG8平、剖面图

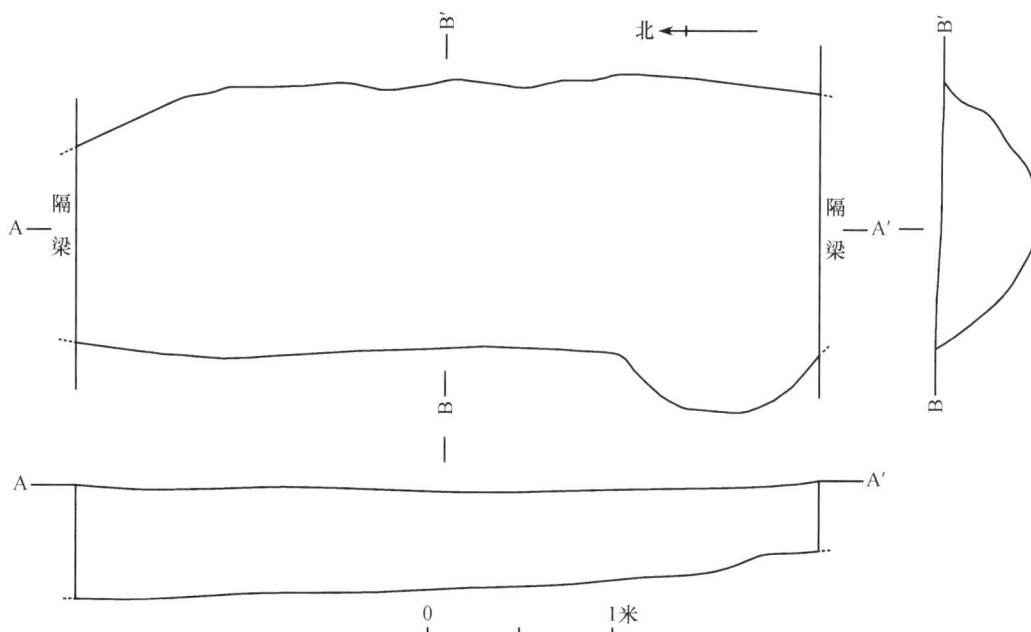

图116　BG9平、剖面图

　　BG10　位于探方BTN15E99北部、BTN15E100北部，开口于第1层下，打破第2层及生土。平面形状不规则，横剖面呈弧形。长900、底宽约130、深30厘米。坑内填土土色黄褐夹灰，包含绳纹板、筒瓦残片（图117）。

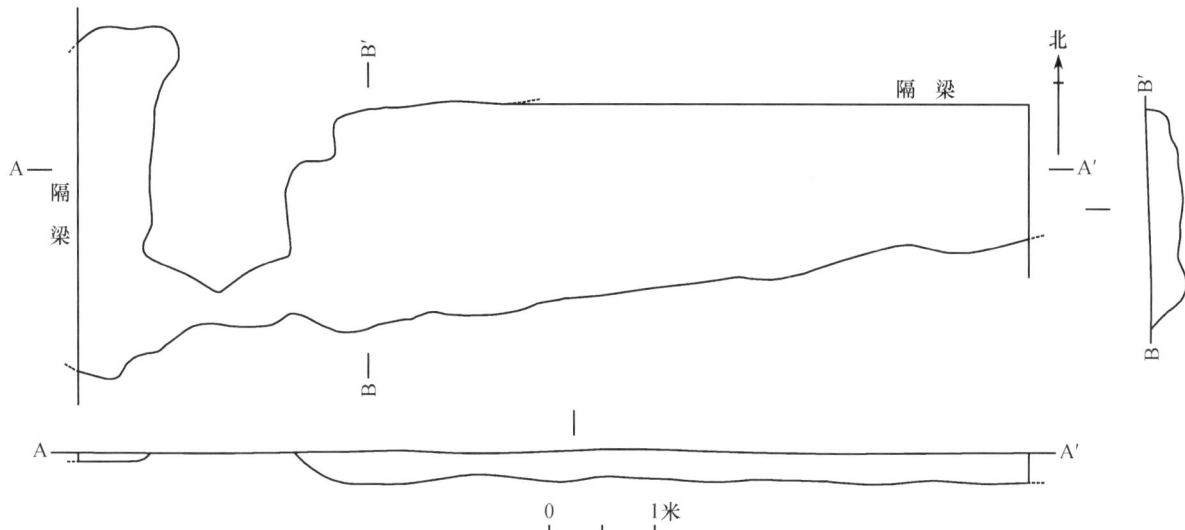

图117　BG10平、剖面图

（四）遗物

　　此次发掘"郓街"东区，器物主要出土于地层、灰坑、灰沟中，基本为陶器。其中绝大多数为泥质灰陶，少量为泥质红陶。出土陶器主要为生活用器及建筑材料。器形主要有陶盆、陶瓮、陶罐、陶壶、陶盂、陶甑、陶尊、陶釜、陶板瓦、陶筒瓦、陶砖、陶瓦当、陶饼、陶砺石等。因陶片出土数量众多，本报告仅列举部分标本。

1. 新石器时代遗物

　　"郓街"东区发掘点采集到2件新石器时代遗物，分别为陶尊、陶釜。

　　陶尊　1件。口沿。泥质灰陶。轮制。侈口卷沿，双圆唇，缩颈。标本BH8②：1，口径48、残高6.4厘米（图118，1）。

　　陶釜　1件。口沿。夹粗砂灰白陶。轮制。敞口，仰折沿，圆唇溜肩。饰方格纹。标本BH13①：5，口径24、残高5.8厘米（图118，2）。

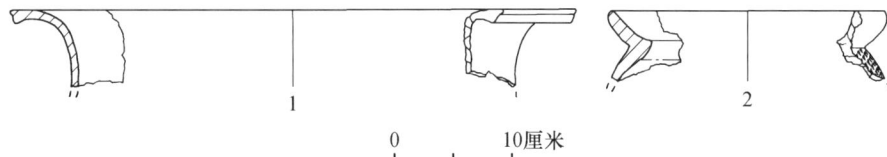

图118　"郓街"东区出土陶器
1. 尊（BH8②：1）　2. 釜（BH13①：5）

2. 汉代遗物

陶盆　28件。可分为口沿和盆底。多为泥质灰陶，少量泥质红陶。轮制。

盆口沿　24件。根据沿、腹壁的区别，分为三型。

A型　15件。折沿，折腹。标本BTN15E99①：4，平折沿，圆唇，弧壁。上腹饰一周凸弦纹。口径40、残高4.8厘米（图119，1）。标本BG8：4，平折沿，双圆唇，弧壁。口径36、残高2.1厘米（图119，2）。标本BG8：8，沿面微倾，尖方唇，弧壁。沿面边缘与上腹内壁各饰一周凹弦纹，腹部饰绳纹。口径36、残高7.4厘米（图119，3）。标本BG8：9，沿面下倾，尖唇，折腹。腹部饰绳纹。口径32、残高10.3厘米（图119，4）。标本BG8：14，沿面微倾，方唇，折腹。口径38、残高4.8厘米（图119，5）。标本BG8：15，沿面微倾，尖方唇，折腹。上腹部饰弦纹。口径38.2、残高4.9厘米（图119，6）。标本BH8②：6，平折沿，方唇，弧壁。口径46、残高5.4厘米（图119，7）。标本BH8②：7，沿面微弧。沿面饰一周凹弦纹，上腹饰宽带弦纹。口径48、残高6厘米（图119，8）。标本BH8②：11，平折沿，尖唇，弧壁近直。口径34、残高3.4厘米（图119，9）。标本BH9：3，沿面饰一周凹弦纹，上腹饰宽带弦纹，腹部饰绳纹。口径43、残高9.6厘米（图119，10）。标本BH12：1，圆唇折腹，平底微内凹。沿面饰一周凹弦纹。口径32、高9.6、底径16厘米（图119，11）。标本BH13①：1，口径36、残高5.2厘米（图119，12）。标本BH15：1，沿面饰一周凹弦纹，上腹饰一周宽带弦纹，腹部饰绳纹。口径48、残高7.6厘米（图119，13）。标本BH16：2，腹壁饰凸弦纹一周。口径42、残高7.4厘米（图119，14）。标本BH16：3，平折沿，尖方唇，弧壁。腹部饰数周凹弦纹。口径32、残高4厘米（图119，15）。

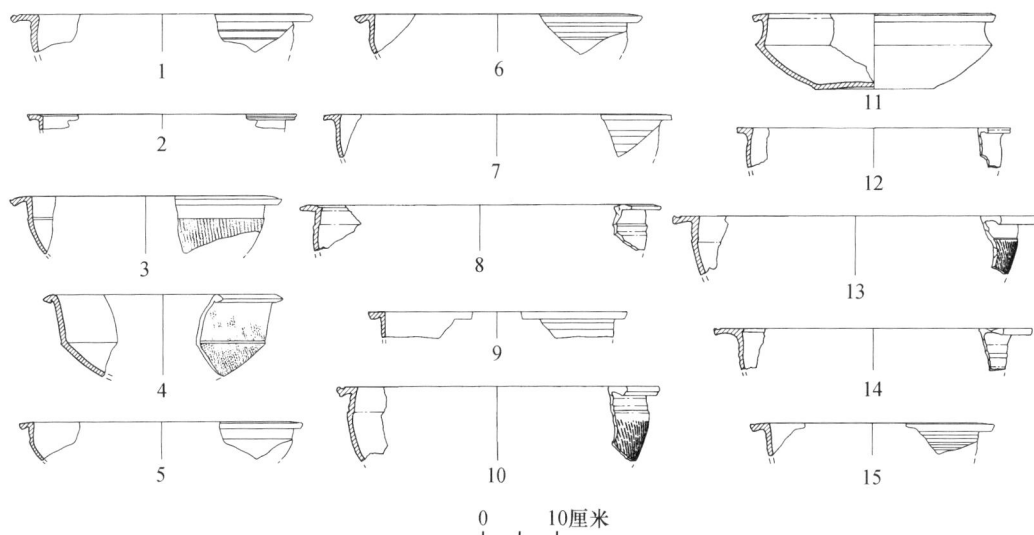

图119　"郢街"东区出土A型陶盆口沿

1. BTN15E99①：4　2. BG8：4　3. BG8：8　4. BG8：9　5. BG8：14　6. BG8：15　7. BH8②：6　8. BH8②：7　9. BH8②：11　10. BH9：3　11. BH12：1　12. BH13①：1　13. BH15：1　14. BH16：2　15. BH16：3

　　B型　8件。折沿，弧壁内收。标本BG8：7，平折沿，尖圆唇。腹上部饰一周凹弦纹。口径25、残高6.4厘米（图120，1）。标本BG8：16，口微敛，沿面微倾，方圆唇，弧壁。口径36、残高3.8厘米（图120，2）。标本BH8②：5，敞口，平折沿，方唇，弧壁。口径42、残高4厘米（图120，3）。标本BH8②：9，平折沿，尖圆唇。口径32、残高5.6厘米（图120，4）。标本BH8②：10，侈口，沿面下倾，尖方唇。口径29、残高3.4厘米（图120，5）。标本BH8②：12，敞口，沿面微倾，尖圆唇，弧壁。口径28.2、残高6厘米（图120，6）。标本BH8②：13，敞口，沿面微倾，尖圆唇，弧壁。腹部饰三周凸弦纹。口径32、残高4.8厘米（图120，7）。标本BH15：5，敞口，沿面微倾，尖方唇，弧壁。腹部饰凹弦纹。口径42、残高5.2厘米（图120，8）。

　　C型　1件。标本BH8②：3，敞口，窄沿，方唇，弧壁。上腹饰三周凸弦纹。口径46、残高7.2厘米（图120，9）。

　　盆底　4件。标本BG8：6，弧壁，平底微内凹。底径32、残高7.2厘米（图120，10）。标本BH8②：8，弧壁，平底。底径20、残高1.8厘米（图120，11）。标本BH13①：3，弧壁，平底。底径26、残高3.4厘米（图120，12）。标本BH14：1，弧壁，平底。下腹饰绳纹，但多已脱落。底径32、残高10.5厘米（图120，13）。

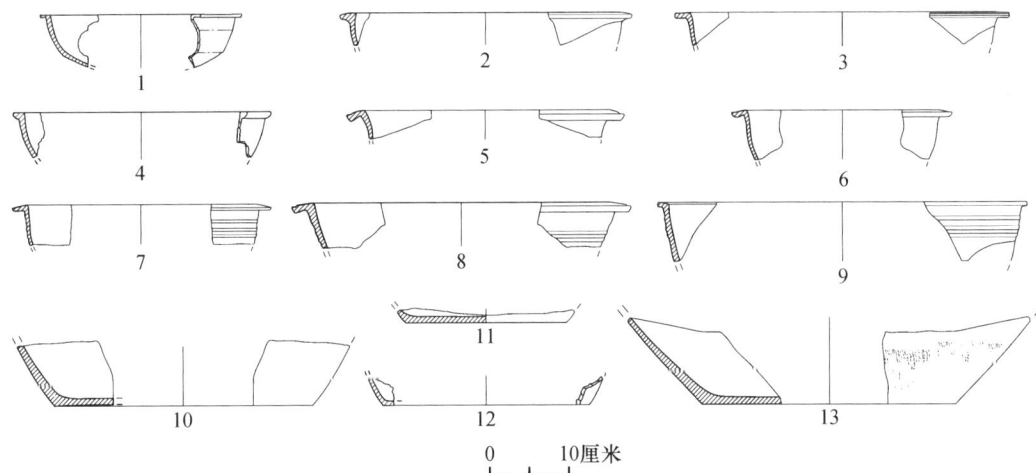

图120　"郢街"东区出土陶盆

1~8. B型口沿（BG8：7、BG8：16、BH8②：5、BH8②：9、BH8②：10、BH8②：12、BH8②：13、BH15：5）
9. C型口沿（BH8②：3）　10~13. 盆底（BG8：6、BH8②：8、BH13①：3、BH14：1）

　　陶瓮　11件。可分为口沿和瓮底。多为泥质灰陶，少量夹砂褐陶。轮制。

　　瓮口沿　9件。根据口、领、肩的区别，可分为三型。

　　A型　7件。敛口，矮领，广肩。标本BTN16E99①：3，口径20、残高3.6厘米（图121，1）。标本BG8：13，矮领外撇。口径26、残高4厘米（图121，2）。标本BH8②：2，口径24、残高4厘米（图121，3）。标本BH14：2，夹砂褐陶。口径42、残高3.8厘米（图121，4）。标本BH14：5，口径42、残高4.2厘米（图121，5）。标本BH15：2，口径42.8、残高4厘米（图121，6）。标本BH15：3，窄沿，尖圆唇。口径44、残高5.4厘米（图121，7）。

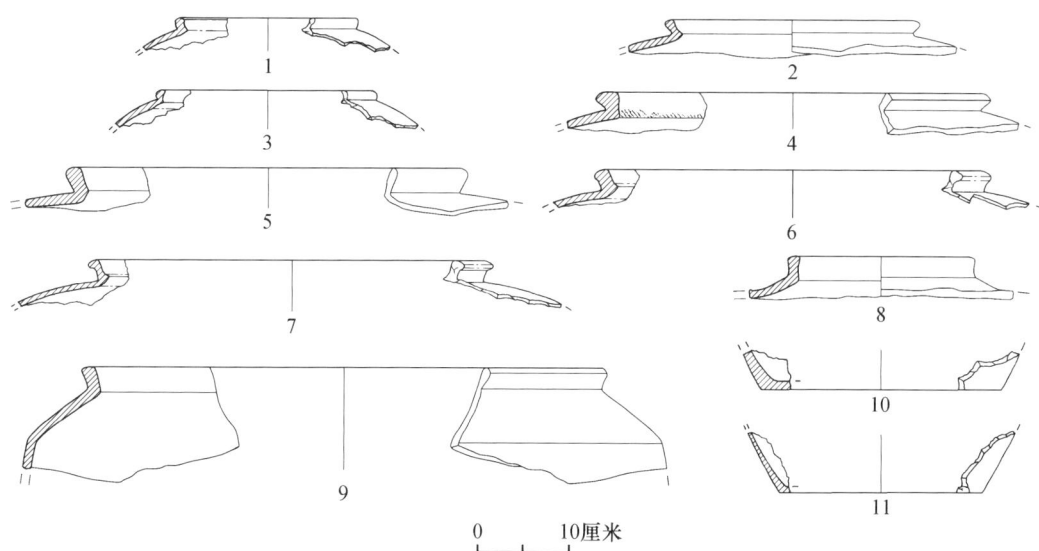

图121 "郢街"东区出土陶瓮

1～7.A型口沿（BTN16E99①：3、BG8：13、BH8②：2、BH14：2、BH14：5、BH15：2、BH15：3） 8.B型口沿（BH15：8）

9.C型口沿（BH15：4） 10、11.瓮底（BH9：4、BH13①：2）

B型　1件。直口，矮领，斜肩。标本BH15：8，口径20、残高4.2厘米（图121，8）。

C型　1件。敛口，矮领，折肩。标本BH15：4，口径56、残高10.8厘米（图121，9）。

瓮底　2件。弧壁近直平底。标本BH9：4，底径26、残高8厘米（图121，10）。标本BH13①：2，底径22、残高6.4厘米（图121，11）。

陶罐　6件。可分为口沿和罐底。泥质灰陶。轮制。

罐口沿　4件。可分为二型。

A型　3件。口微侈，沿面微倾，缩颈。标本BH8②：16，尖方唇。口径18、残高7厘米（图122，1）。标本BH13①：6，双圆唇。口径17.2、残高4.6厘米（图122，2）。标本BH15：6，双圆唇。腹部饰绳纹。口径14、残高7.8厘米（图122，3）。

B型　1件。敛口，矮领，溜肩。标本BG8：12，口径26、残高5厘米（图122，4）。

罐底　2件。标本BG8：5，施黑色陶衣。弧壁近直，平底。底径16、残高2.8厘米（图122，5）。标本BTN16E99①：2，弧壁，平底。底径14、残高6.6厘米（图122，6）。标本BTN17E105①：6，弧壁，平底。底径13.2、残高4.2厘米（图122，7）。

陶壶　3件。泥质灰陶，轮制。口微侈，窄沿下倾，圆唇，缩颈。标本BG8：3，口径18、残高7.2厘米（图122，8）。标本BH13：4，口径16.6、残高5.4厘米（图122，9）。标本BH13：7，口径16.4、残高4.8厘米（图122，10）。

陶甑　1件。甑底。泥质红褐陶，施黑色陶衣。轮制。弧壁，平底。上腹部饰绳纹，底上残留圆形穿孔。标本BG8：2，底径16、残高8厘米（图122，11）。

陶盂　2件。盂底。泥质灰陶。轮制。弧壁，平底。标本BH8②：4，底径14、残高5厘米（图122，12）。标本BTN16E104①：1，底径18、残高4厘米（图122，13）。

陶豆　2件。可分为豆盘和豆柄。轮制。

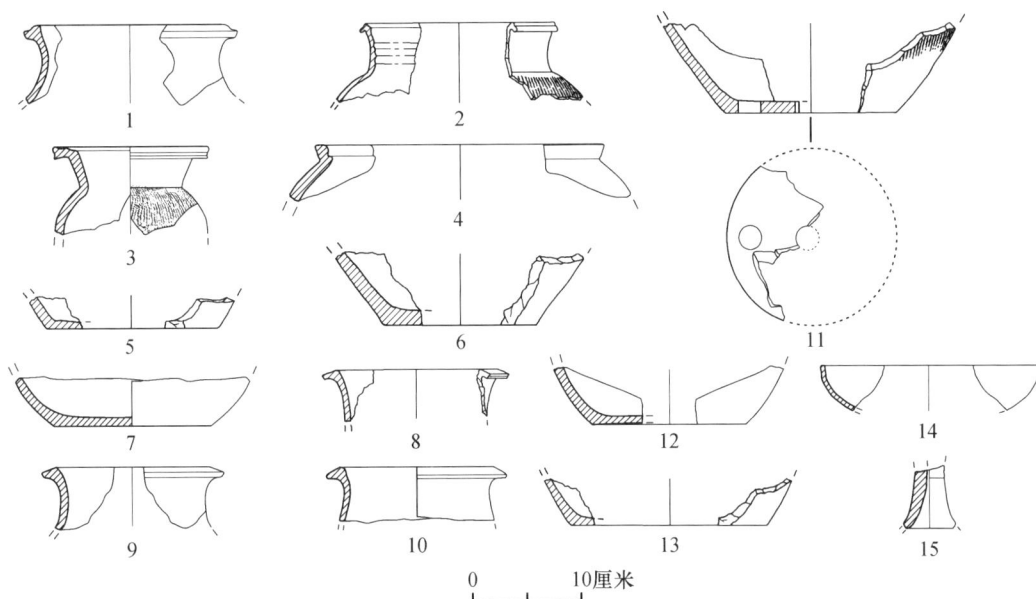

图122 "郓街"东区出土陶器

1～3.A型罐口沿（BH8②：16、BH13①：6、BH15：6） 4.B型罐口沿（BG8：12） 5～7.罐底（BG8：5、BTN16E99①：2、BTN17E105①：6） 8～10.壶（BG8：3、BH13：4、BH13：7） 11.甑（BG8：2） 12、13.盂（BH8②：4、BTN16E104①：1） 14.豆盘（BG8：17） 15.豆柄（BTN16E99①：4）

豆盘 1件。泥质灰陶。敞口，圆唇，弧壁。标本BG8：17，口径20、残高4厘米（图122，14）。

豆柄 1件。泥质褐陶。喇叭状。标本BTN16E99①：4，残高5.4厘米（图122，15）。

筒瓦 16件。泥质灰陶。模制，均为残缺，截面呈半圆形。标本BTN15E99①：1，榫呈弧形微翘，圆唇，溜肩。凸面饰绳纹。残长13.4、宽10、厚1厘米（图123，1）。标本BTN15E99①：2，榫呈弧形微翘，圆唇，溜肩。凸面饰绳纹，凹面饰布纹。残长11、宽9.2、厚1.2厘米（图123，2）。标本BTN15E99①：3，榫呈弧形微翘，圆唇，溜肩。凸面饰绳纹。残长15.6、宽11.6、厚1厘米（图123，3）。标本BTN17E105①：1，榫呈弧形上翘，圆唇，直肩。凸面饰绳纹，凹面内饰布纹，凹面榫与瓦身结合处作一道凸棱。残长21.6、宽11.2、厚1.1厘米（图123，4）。标本BTN17E105①：2，凸面饰绳纹，凹面内饰布纹。残长22.3、宽12.8、厚1.1厘米（图123，5）。标本BTN17E105①：4，榫呈弧形上翘，圆唇，直肩。面饰绳纹，内饰布纹。残长19.2、宽14.8、厚1、榫长2.8厘米（图123，6）。标本BTN17E105①：5，榫呈弧形，圆唇，斜肩。凸面饰绳纹，凹面榫与瓦身结合处作一道凸棱。残长18.2、宽12.6、厚1厘米（图123，7）。标本BH14：3，榫呈弧形，圆唇，斜肩。凸面饰绳纹。残长15.4、宽11.8、厚1厘米（图123，8）。标本BH15：7，榫呈弧形上翘，圆唇，斜肩。凸面饰绳纹，凹面饰布纹。残长11.5、宽13.2、厚1厘米（图123，9）。标本BG7：1，榫较长，直而微折，圆唇，斜肩。凸面饰绳纹。残长8.4、宽7、厚0.8厘米（图123，10）。标本BG7：3，榫平直，圆唇，斜肩。凸面饰绳纹。残长16.8、宽10.4、厚1厘米（图123，11）。标本BG7：4，凸面饰绳纹。残长23.2、宽7.4、厚0.8厘米（图123，12）。标本BG7：5，面饰绳纹。残长23、宽12.6、

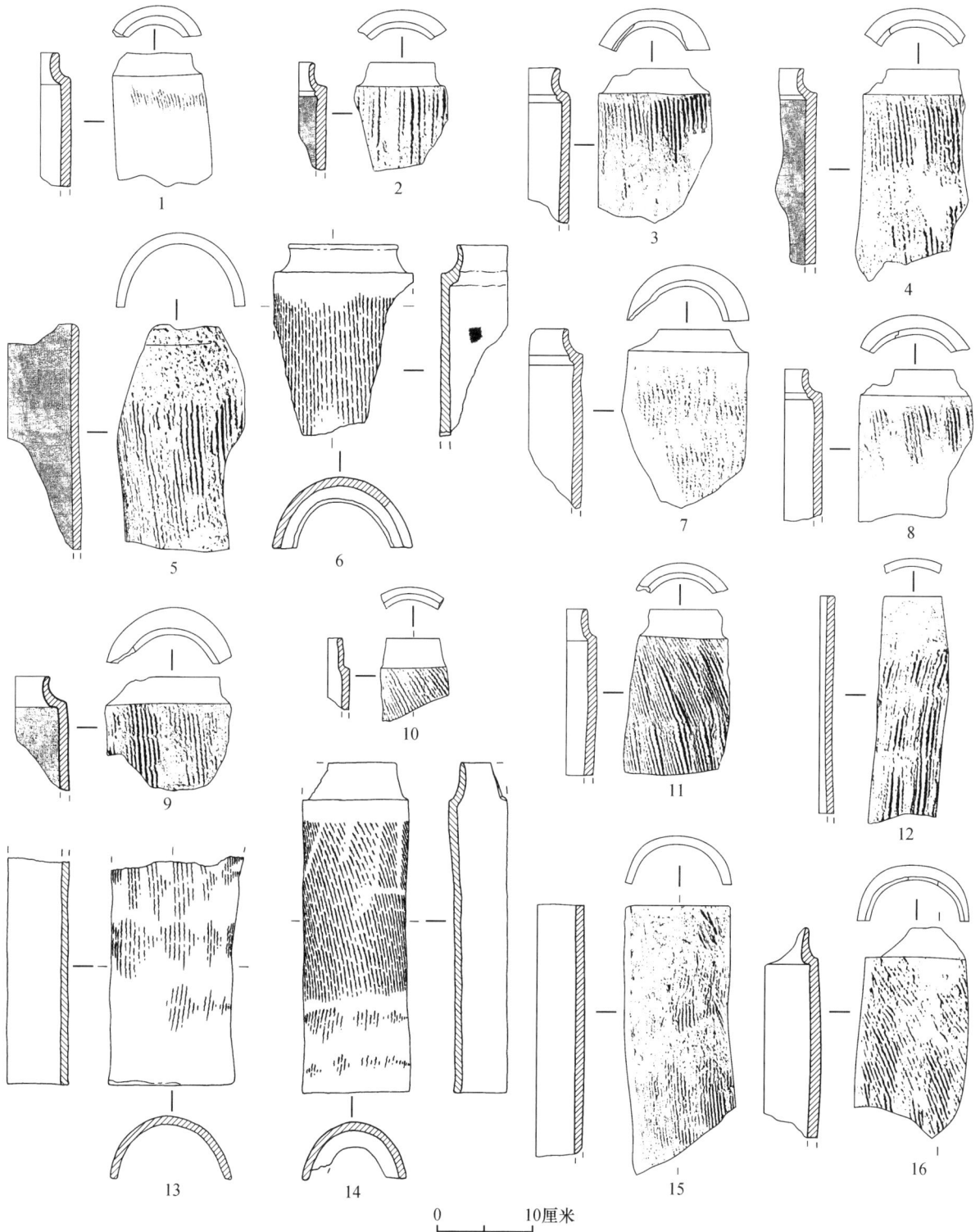

图123　"郢街"东区出土筒瓦

1. BTN15E99①：1　2. BTN15E99①：2　3. BTN15E99①：3　4. BTN17E105①：1　5. BTN17E105①：2　6. BTN17E105①：4
7. BTN17E105①：5　8. BH14：3　9. BH15：7　10. BG7：1　11. BG7：3　12. BG7：4　13. BG7：5　14. BG10：1
15. BG10：2　16. BG10：4

厚0.8厘米（图123，13）。标本BG10∶1，榫斜直，尖唇，溜肩。面饰绳纹，内素面。残长33.4、宽11.4、厚0.8、榫长3.8厘米（图123，14）。标本BG10∶2，凸面饰绳纹。残长27.6、宽11.2、厚1厘米（图123，15）。标本BG10∶4，凸面饰绳纹。残长21.4、宽12、厚1.1厘米（图123，16）。

板瓦　2件。残缺。泥质灰陶，模制，截面呈弧形。标本BTN16E105①∶1，面饰绳纹，内素面。残长15、宽17.4、厚0.8厘米（图124，1）。标本BG10∶3，面饰绳纹，内饰涡纹。残长17.8、宽24、厚1.4厘米（图124，2）。

陶井圈　2件。泥质灰陶。模制。残缺。管状。外壁饰绳纹。标本BTN16E99①∶1，口径56、残高15.4厘米（图124，3）。标本BTN16E99①∶6，口径52、残高12厘米（图124，4）。

瓦当　1件。残缺。泥质灰陶。模制。圆形。饰云纹。标本BTN16E104①∶4，复原直径14、厚3.4厘米（图124，5）。

砖　共8件。可分为墙砖、铺地砖两种。

墙砖　5件。残缺，泥质灰陶。模制。长方体状。标本BTN16E99①∶7，纵侧面饰菱形

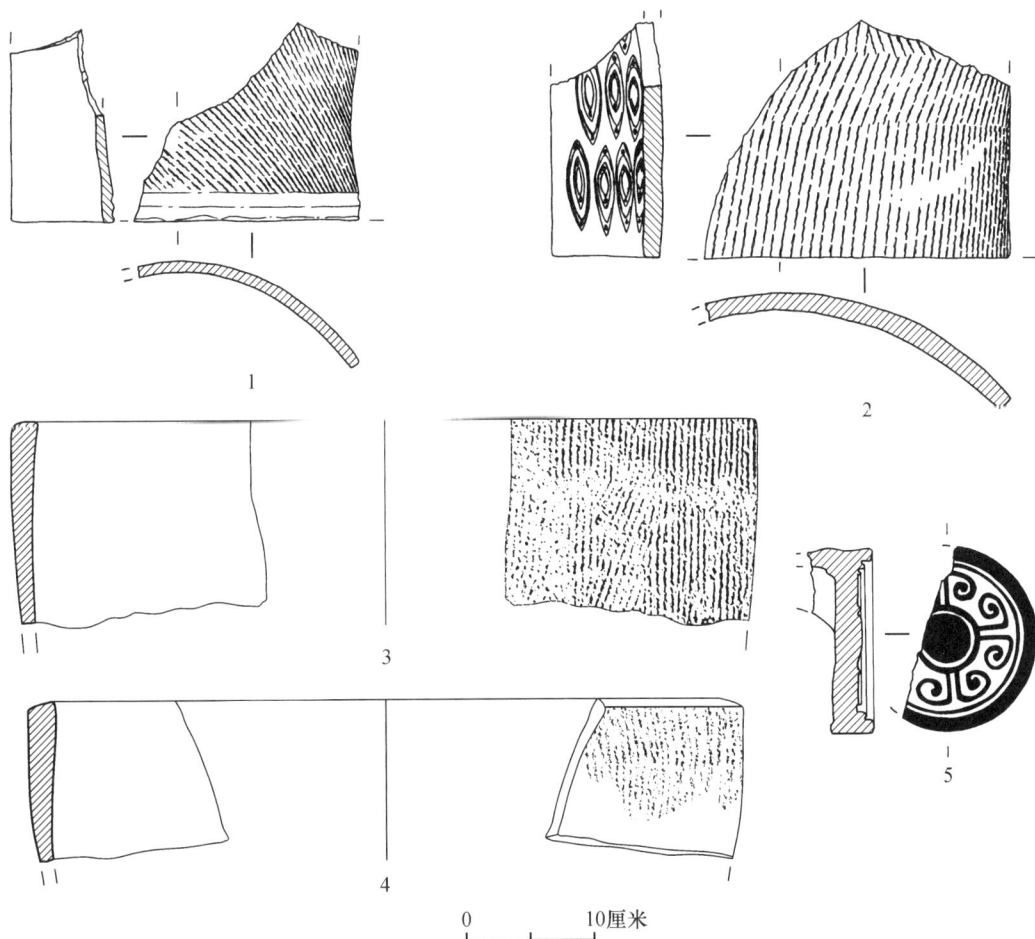

0　　　　　　10厘米

图124　“鄣街”东区出土陶器

1、2.板瓦（BTN16E105①∶1、BG10∶3）　3、4.井圈（BTN16E99①∶1、BTN16E99①∶6）　5.瓦当（BTN16E104①∶4）

纹。残长21.3、宽13、厚5.2厘米（图125，1）。标本BTN16E99①：8，烧造后变形。平面饰绳纹，纵侧面饰菱形纹。残长18、宽14.3、厚4.5厘米（图125，2）。标本BH14：4，纵侧面饰菱形纹。残长14、宽14、厚6.4厘米（图125，3）。标本BH14：6，平面饰绳纹，纵侧面饰菱形纹。残长17.5、宽14、厚4.8厘米（图125，4）。标本BH15：10，平面的一面饰粗绳纹，端面的一面饰菱形纹。残长30.6、残宽14.4、厚6.2厘米（图125，5）。

铺地砖　3件。泥质灰陶。模制。方形，均残缺。正面饰菱形纹。标本BTN16E99①：5，残长14、宽9.4、厚2.4厘米（图125，6）。标本BTN16E104①：2，残长10、宽7.3、厚2.5厘米（图125，7）。标本BTN16E104①：3，背面饰绳纹。残长13.6、宽13.4、厚2.4厘米（图125，8）。

陶饼　5件。用板瓦磨制而成。平面呈不规则圆形，截面微弧，饰绳纹。标本BH8②：14，泥质灰陶。直径6.8、厚0.9厘米（图126，1）。标本BH8②：15，泥质灰陶。直径4.4、厚1厘米

0　　　　　10厘米

图125　"郢街"东区出土砖

1～5.墙砖（BTN16E99①：7、BTN16E99①：8、BH14：4、BH14：6、BH15：10）　6～8.铺地砖（BTN16E99①：5、
BTN16E104①：2、BTN16E104①：3）

（图126，2）。标本BH9：1，泥质红褐陶。直径5.4、厚1厘米（图126，3）。标本BG8：10，泥质灰陶。直径6.6、厚1厘米（图126，4）。标本BG8：11，泥质灰陶。直径6.8、厚1.2厘米（图126，5）。

砺石　1件。砂岩，长条形两端残缺。标本BG8：1，残长11.2、残宽5.4～6、厚4厘米（图126，6）。

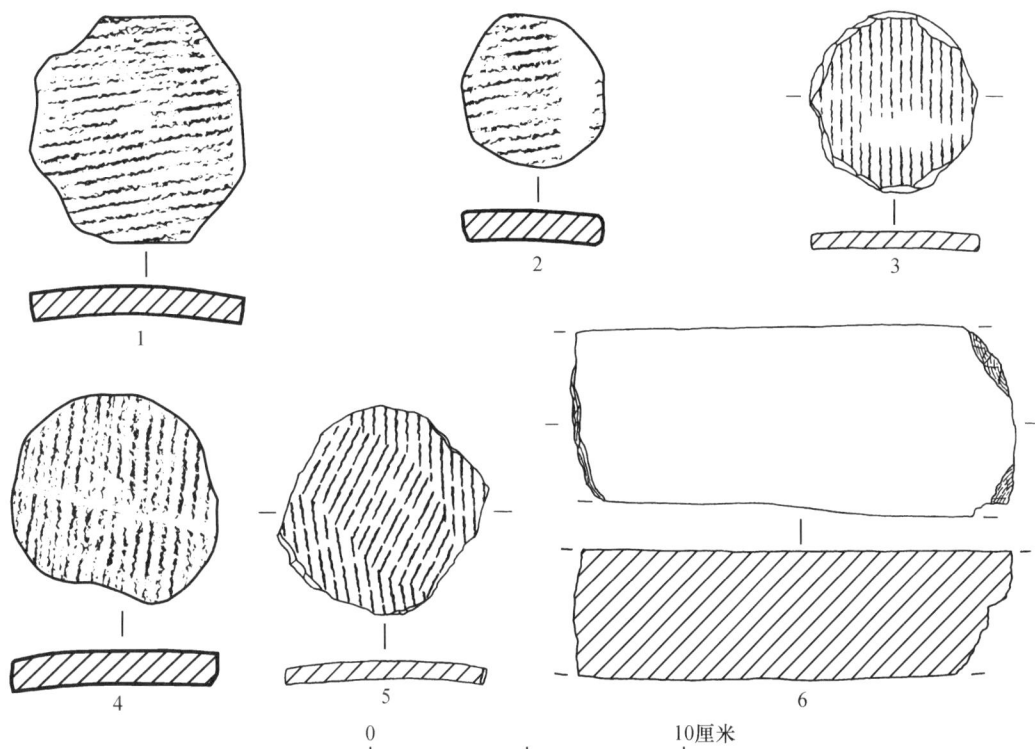

图126　"郢街"东区出土遗物

1～5.陶饼（BH8②：14、BH8②：15、BH9：1、BG8：10、BG8：11）　6.砺石（BG8：1）

第四节　　"L"形水系发掘情况

根据《国家文物局关于郢城遗址本体保护修缮工程一期设计方案的批复》中提出"所拟方案尚需作以下必要的修改和完善：（一）进一步深化现状勘察，开展必要的考古调查和发掘，明确城垣夯筑工艺、使用材料、历史水系变迁等……厘清L形水系区域与郢城遗址的历史叠压关系，为科学编制保护方案提供依据"。无论从研究郢城城址水系分布的学术意义上，还是国家文物局的硬性要求上，郢城遗址保护修缮一期工程须对"L"形水系进行必要的考古发掘工作。

"L"形水系位于郢城遗址内东南区域，地理坐标为东经112°13′43.24″，北纬30°22′21.39″，布10米×10米发掘方2个，计200平方米（图127）。

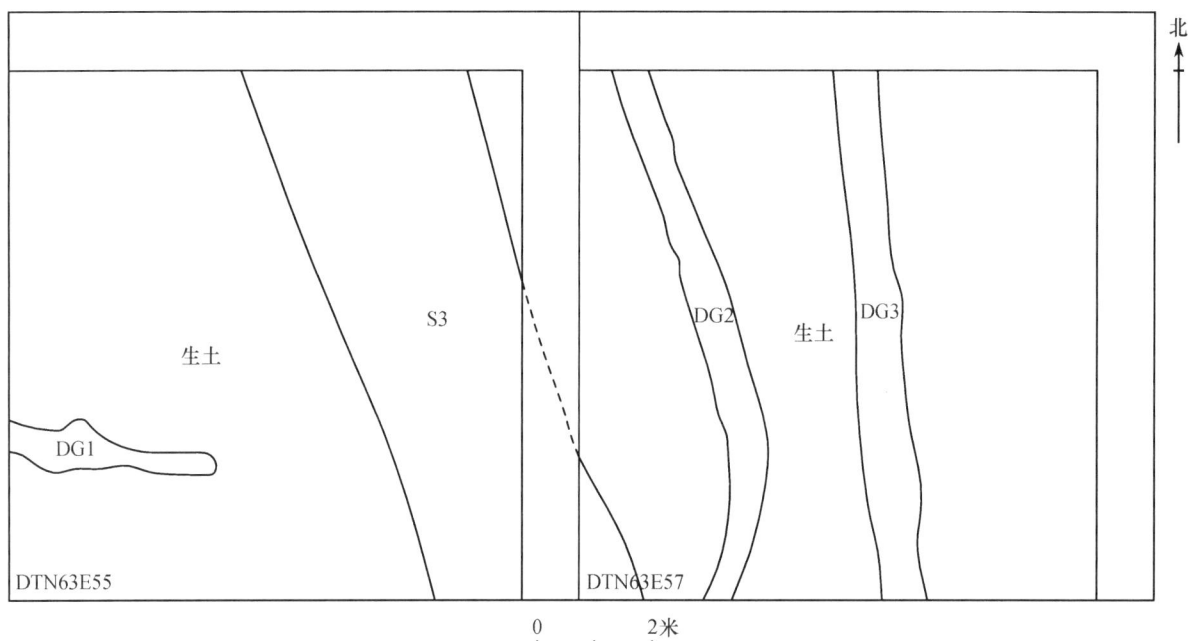

图127　"L"形水系发掘探方及遗迹分布示意图

一、探方发掘情况

1）DTN63E55地层堆积分为3层（图128）。

第1层：现代堆积层。可分为4亚层。

第1A层：地表土（现代）。厚5～35厘米。表面长有杂草。土色呈灰黄，土质较松。包含少量现代植物根茎，少量绳纹灰陶残片等。此层堆积依地势覆盖整个探方。

第1B层：鱼塘埂（现代）。深20～140、厚10～110厘米。土色呈灰黄，土质较松。包含少量绳纹灰陶残片等。此层堆积依地势覆盖探方西部。

第1C层：鱼塘埂（现代）。深55～175、厚15～45厘米。土色呈浅灰色，土质较松。包含少量现代植物根茎，少量绳纹灰陶残片等。此层堆积依地势覆盖整个探方。

第1D层：鱼塘埂（现代）。表面长有杂草。距地表深40～190、厚5～20厘米。土色呈灰黄，土质较松。包含少量现代植物根茎，少量绳纹灰陶残片等。此层堆积依地势覆盖整个探方。

第2层：明清时代地层。深45～205、厚5～25厘米。土色呈灰黄色夹褐色颗粒斑点，土质较松散，覆盖探方西南部，邻方亦有分布。主要包含少量绳纹陶片及少量青花瓷片等。

第3层：汉代地层。深30～115、厚5～35厘米。土色呈灰褐色夹黄色斑点，土质较松散，覆盖探方西北部，邻方亦有分布。主要包含少量绳纹陶片等。

2）DTN63E57地层堆积分为3层（图129）。

第1层：表土层。厚10～35厘米。土色灰黄，土质较为紧实。包含植物根系及少量陶片。

DTN63E55北壁剖面图

DTN63E55东壁剖面图

DTN63E55南壁剖面图

DTN63E55西壁剖面图

0　　　　1米

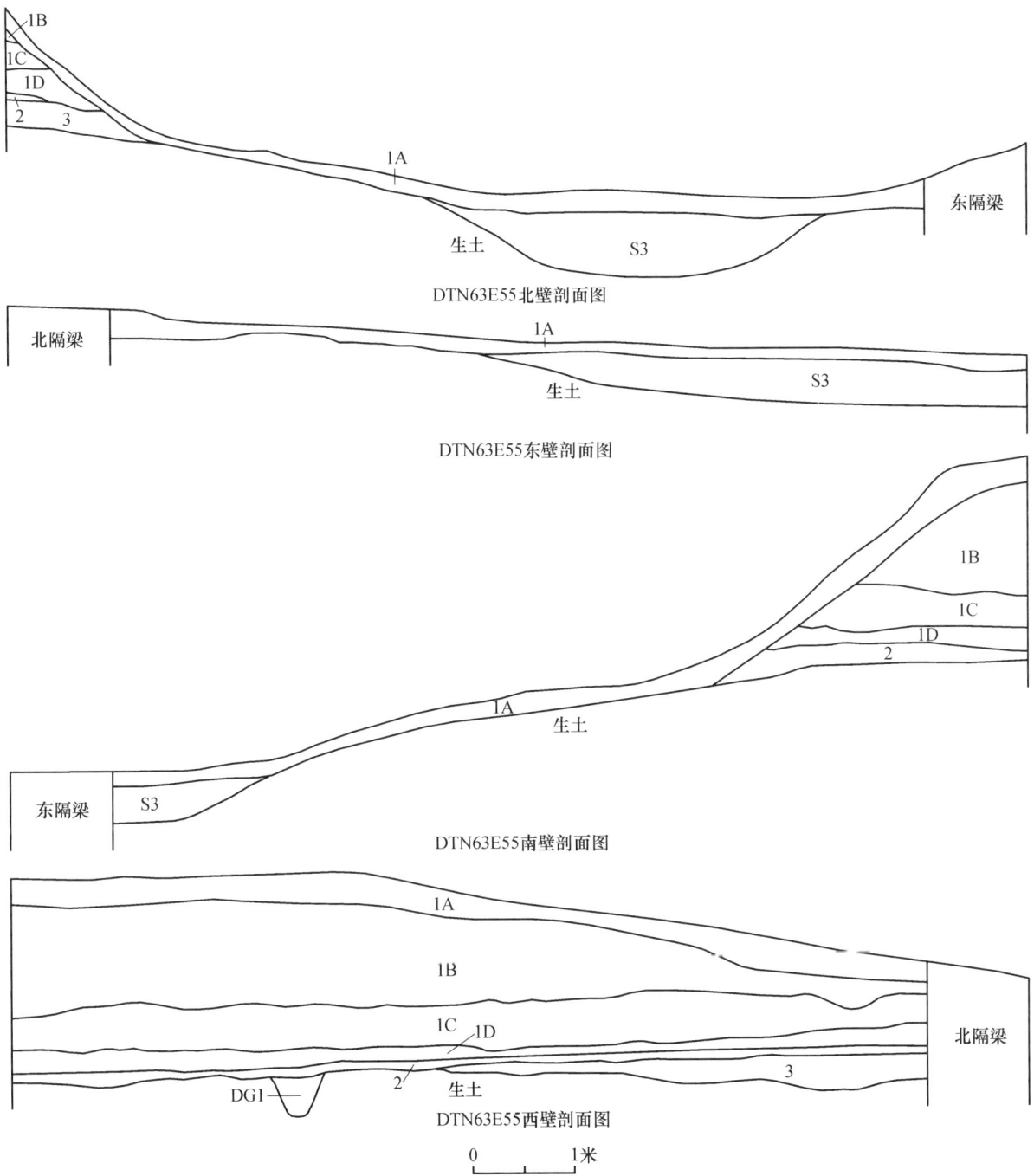

图128　DTN63E55四壁剖面图

　　第2层：明清地层。深10～35、厚0～30厘米。灰黄土，土质较紧密，夹黄色铁砂颗粒。包含零星绳纹板、筒瓦残片。

　　第3层：汉代地层。深10～65、厚0～80厘米。灰褐夹黄斑土，土质较紧密。包含少量绳纹板、筒瓦残片及器物口沿。其下为生土。

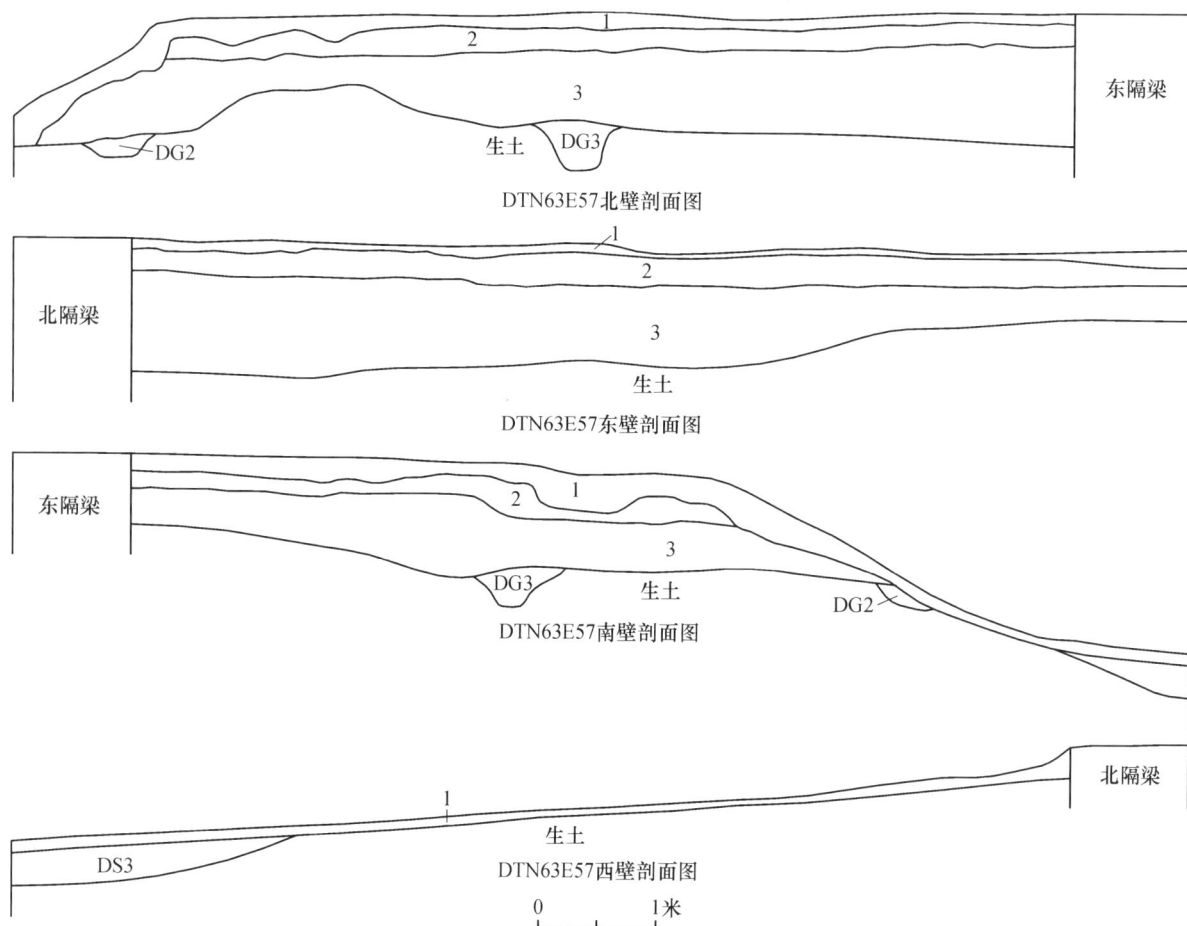

图129　DTN63E57四壁剖面图

二、遗　　迹

"L"形水系共发现历史时期沟渠3条，分述如下。

DG1　平面呈东西向长条形，西部向西延伸至方外，未扩方发掘。东长3.7、南北最宽处0.86、深0～0.37米，沟壁内收，壁面较为粗糙，沟底呈弧状。沟内填土灰黑色，土质较紧密，包含绳纹陶片。依据出土遗物推断DG1为汉代时期形成（图130）。

DG2　平面呈南北向长条形，南部向西南弯曲至探方外，北部向北延伸至DTN63E57北壁内。南北长9.4、东西最宽处0.74、深0.14～0.19米，沟壁内收，壁面较为规整、平滑，沟底较为平坦。沟内填土灰色夹锈斑，土质较紧密。包含零星绳纹陶片。依据出土遗物推断DG2为战国时期形成（图131）。

DG3　平面呈南北向长条形，南北延伸至方外。南北长9.04、东西最宽处0.96、深0.32～0.42米，沟壁内收，壁面平滑，沟底较为平坦。沟内填土灰色夹黄斑，土质较紧密。包含零星绳纹陶片。依据出土遗物推断DG3为战国时期形成（图132）。

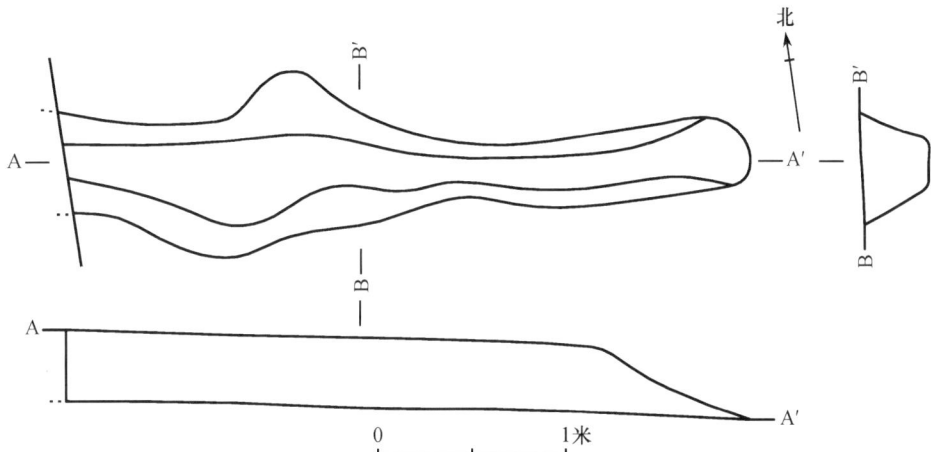

图130 DG1平、剖面图

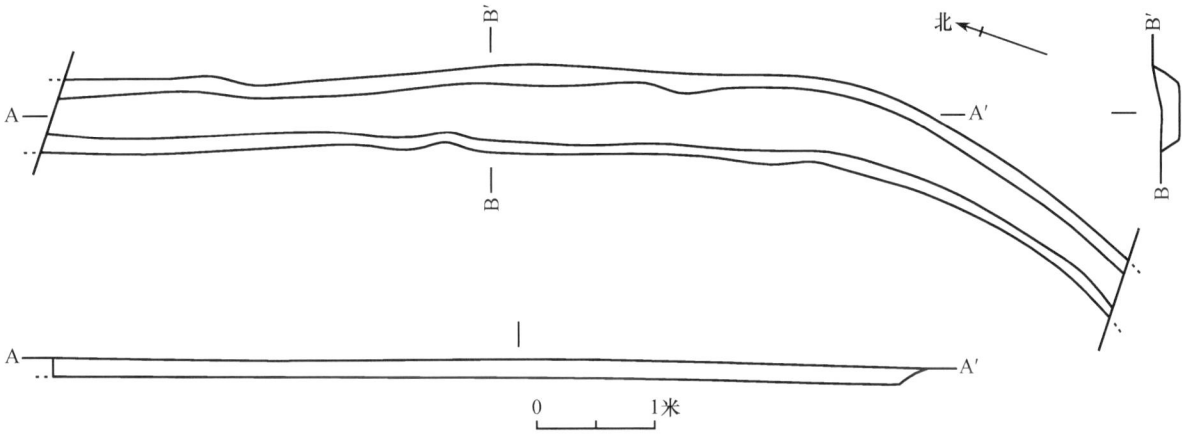

图131 DG2平、剖面图

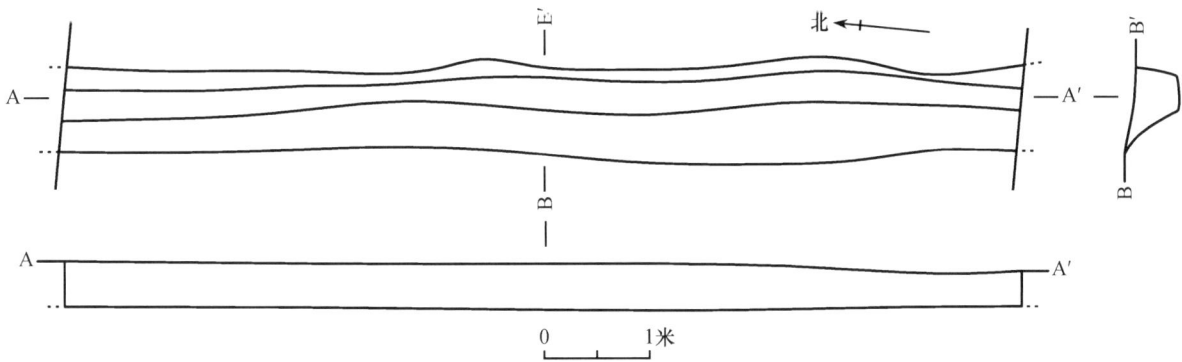

图132 DG3平、剖面图

三、遗　物

此次发掘"L"形水系，出土遗物基本为陶器，主要出土于地层堆积。其中绝大多数为泥质灰陶，少量为泥质褐陶。出土陶器主要为生活用器及建筑材料。器形主要有陶盆、陶瓮、陶盂、陶罐、陶饼、瓦当、铺地砖、陶豆等。从时代上分为战国遗物和汉代遗物。因陶片出土数量众多，本报告仅列举部分标本。

1. 战国时期遗物

"L"形水系出土的战国时期遗物较少，器形为陶盆、陶罐、陶豆柄。

陶盆　2件。泥质灰陶。轮制。敞口。标本DG3：2，沿面略倾，圆唇，弧壁。口径36、残高1.8厘米（图133，1）。标本DG3：3，沿面下倾，方唇，折腹。口径36、残高5.2厘米（图133，2）。

陶罐　1件。泥质灰陶。轮制。标本DG3：1，口微侈，平折沿，方唇，缩颈，广肩。肩部饰波折纹及方格纹。口径16、残高5厘米（图133，3）。

陶豆柄　1件。泥质灰陶。轮制。标本DTN63E55③：3，残缺，柄中空。残高5.6厘米（图133，4）。

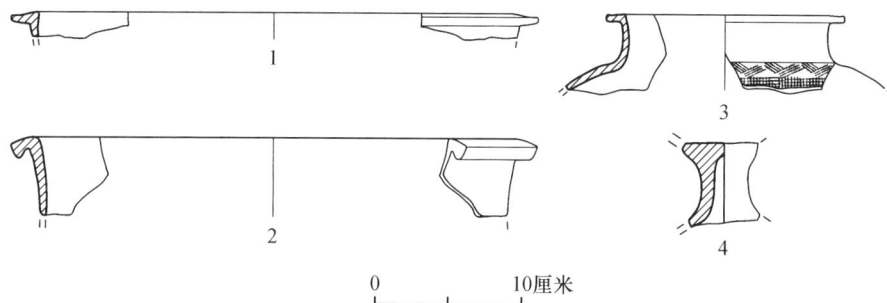

图133　"L"形水系出土陶器
1、2. 盆（DG3：2、DG3：3）　3. 罐（DG3：1）　4. 豆柄（DTN63E55③：3）

2. 汉代遗物

陶盆　10件。泥质灰陶、褐陶。轮制。敞口。可分二型。

A型　3件。平折沿，折腹。标本DTN63E55③：5，尖圆唇。腹下部饰绳纹。口径46、残高7厘米（图134，1）。标本DG1：2，口微敛，方唇。上腹饰两周凹弦纹，其间饰绳纹。口径60.2、残高12.2厘米（图134，2）。标本DG1：5，尖唇。口径36、残高7.8厘米（图134，3）。

B型　7件。折沿，腹壁内收。标本DTN63E55③：6，平折沿，尖唇，弧壁。口径38、残高5.4厘米（图134，4）。标本DTN63E57③：2，沿面下倾，尖唇，弧壁。口径44、残高3.1厘米（图134，5）。标本DTN63E57③：3，沿面下倾，双圆唇，弧壁。口径36、残高2.4厘米（图134，6）。标本DTN63E57③：7，平沿略倾，尖方唇，弧壁。口径36、残高2.8厘米（图

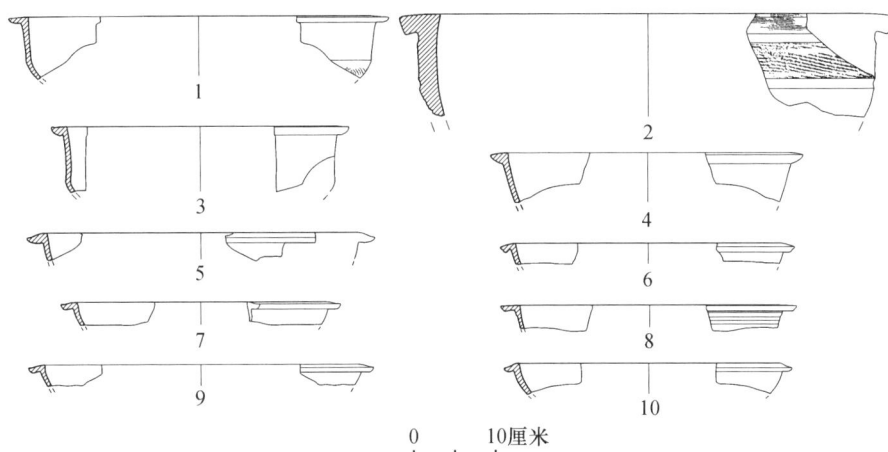

图134　"L"形水系出土陶盆

1~3. A型（DTN63E55③：5、DG1：2、DG1：5）　4~10. B型（DTN63E55③：6、DTN63E57③：2、DTN63E57③：3、DTN63E57③：7、DTN63E57③：11、DTN63E57③：18、DTN63E57③：19）

134，7）。标本DTN63E57③：11，平折沿，尖方唇，弧壁。上腹饰弦纹。口径36、残高2.6厘米（图134，8）。标本DTN63E57③：18，平沿下倾，尖方唇，弧壁。口径42、残高2.5厘米（图134，9）。标本DTN63E57③：19，平沿下倾，尖圆唇，弧壁。口径35.2、残高3.6厘米（图134，10）。

陶瓮　7件。多为泥质灰陶，少量褐陶。轮制。可分三型。

A型　1件。口微敞，直领，溜肩。标本DTN63E55③：4，领下部饰一周凸弦纹，肩部饰绳纹。口径28、残高6.4厘米（图135，1）。

B型　4件。敛口，溜肩。标本DTN63E55③：8，沿面下倾，尖方唇。腹部饰绳纹。口径30、残高6厘米（图135，2）。标本DTN63E57③：5，窄平沿。肩部饰方格纹及一周凹弦纹。口径18、残高3.8厘米（图135，3）。标本DTN63E57③：15，沿面下倾，方唇。口径33、残高5.4厘米（图135，4）。标本DTN63E57③：16，沿面下倾，方唇。口径31、残高5.3厘米（图135，5）。

C型　2件。敛口，窄平沿，缩颈，广肩。标本DTN63E57③：1，尖唇。口径28、残高6.6

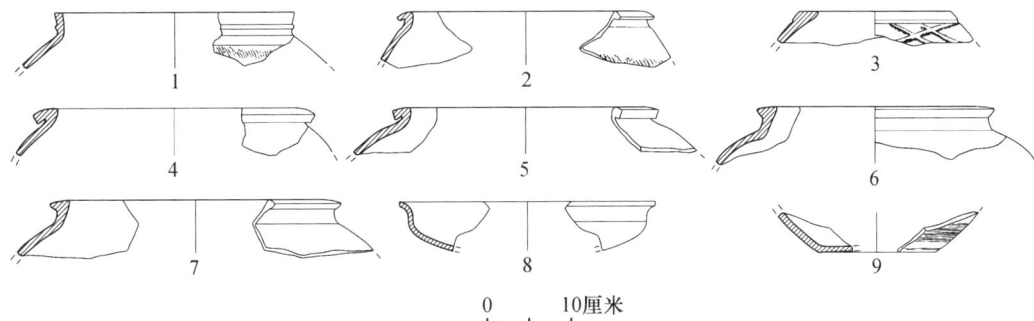

图135　"L"形水系出土陶器

1. A型瓮（DTN63E55③：4）　2~5. B型瓮（DTN63E55③：8、DTN63E57③：5、DTN63E57③：15、DTN63E57③：16）
6、7. C型瓮（DTN63E57③：1、DTN63E57③：4）　8、9. 盂（DTN63E55③：2、DTN63E57③：10）

厘米（图135，6）。标本DTN63E57③：4，尖圆唇。口径30、残高6厘米（图135，7）。

陶盂　2件。泥质灰陶、褐陶。轮制。标本DTN63E55③：2，口沿。侈口，方唇，弧壁。口径30、残高5.6厘米（图135，8）。标本DTN63E57③：10，盂底。弧壁，平底微内凹。下腹部有划痕。底径14、残高4.6厘米（图135，9）。

陶罐　5件。均为泥质灰陶。轮制。可分为口沿和罐底。

罐口沿　3件。标本DTN63E57③：6，口微侈，方唇，缩颈。口径17、残高5.6厘米（图136，1）。标本DG1：1，侈口，平折沿，方圆唇，缩颈。口径16、残高4.4厘米（图136，2）。标本DG1：4，侈口，平折沿，方唇，缩颈。口径16、残高5.6厘米（图136，3）。

罐底　2件。标本DTN63E55③：1，弧壁，平底。底径18、残高5厘米（图136，4）。标本DTN63E57③：12，轮制，弧壁，平底微内凹。底径16、残高7厘米（图136，5）。

陶壶　3件。泥质灰陶，轮制。仅见口部。口微侈，方唇，缩颈。标本DTN63E57③：13，口径12、残高4.8厘米（图136，6）。标本DTN63E57③：14，口径12、残高4.8厘米（图136，7）。标本DTN63E57③：17，口径12、残高4.8厘米（图136，8）。

陶饼　3件。泥质灰陶、褐陶。均为板瓦磨制而成，圆形，饰绳纹。标本DTN63E55③：7，直径4、厚1厘米（图137，1）。标本DTN63E57③：8，直径5、厚0.8厘米（图137，2）。标本DTN63E57③：9，直径6.4、厚2厘米（图137，3）。

瓦当　1件。泥质灰陶，模制。标本DG1：3，残缺。饰勾连卷云纹。复原直径15、厚1.2厘米（图137，4）。

铺地砖　1件。泥质灰陶，模制。标本DG1：6，残缺。正面饰菱形纹，背面饰绳纹。残长18.2、厚3厘米（图137，5）。

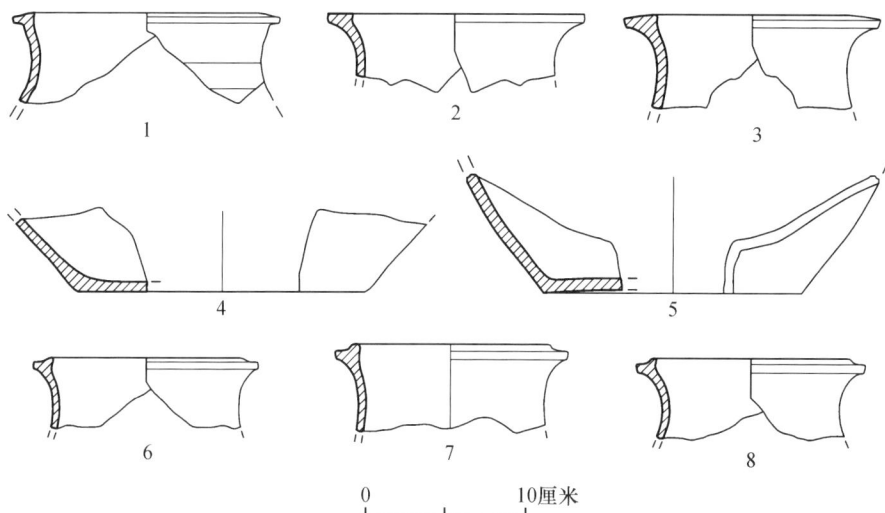

图136　"L"形水系出土陶器

1～3.罐口沿（DTN63E57③：6、DG1：1、DG1：4）　4、5.罐底（DTN63E55③：1、DTN63E57③：12）

6～8.壶（DTN63E57③：13、DTN63E57③：14、DTN63E57③：17）

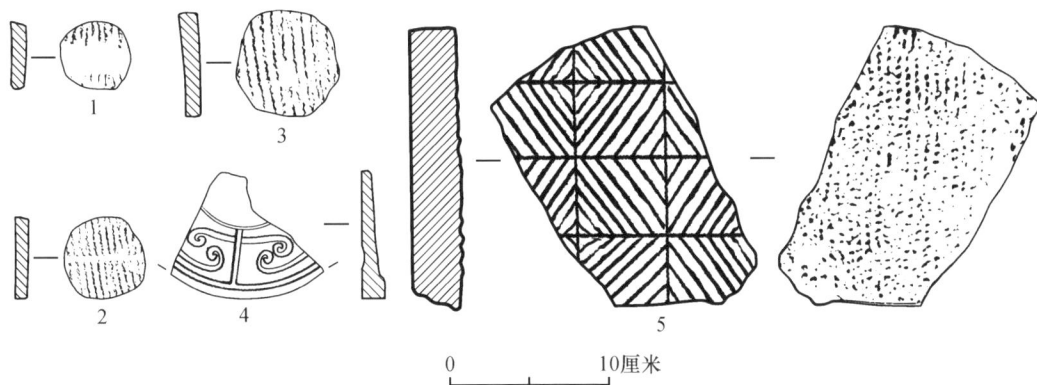

0　　　　　　10厘米

图137　"L"形水系出土陶器

1~3.饼（DTN63E55③：7、DTN63E57③：8、DTN63E57③：9）　4.瓦当（DG1：3）　5.铺地砖（DG1：6）

第五节　"南北水系"木桥发掘情况

本发掘点位于郢城中心，郢城"南北水系"中段。地理位置坐标为东经112°13′33.27″，北纬30°22′40.16″。发掘点布10米×10米发掘方4个，后期发掘过程中发现木桥暴露不完全，增布10米×10米发掘方2个、5米×5米发掘方3个、5米×10米发掘方1个及扩方，发掘面积738.5平方米（图138）。

发掘区域原地表为鱼塘，根据已出版的《荆州郢城遗址——考古调查、勘探与试掘》，该鱼塘处为郢城"南北水系"的一部分，郢城遗址保护修缮一期工程在对该段水系进行清淤时暴露出木桩痕迹。荆州博物馆依据考古发掘证照，对其进行抢救性考古发掘。

一、地层堆积

整个发掘区域仅有1层，为清理淤积时散落的现代堆积。除河道以外的区域均已至黄生土。

二、遗　迹

发掘区域原地表为鱼塘，处于郢城遗址中心，"南北水系"中段。郢城遗址本体保护修缮一期工程在对该段水系进行清淤时暴露出木桩痕迹。后对其进行抢救性考古发掘工作。整个发掘区域地层堆积除河道以外的区域均已因开挖鱼塘与工程清淤至黄生土。共发现历史时期木构桥2座，其中南北向木桥1座（Q2）、东西向木桥1座（Q3）及护岸木桩一段（木桥清理中为了桥桩不倒塌，未清理至底，以下木桩的长度均为已暴露长度）（图139；图版六~图版九）。

北

ATN1E219

CTN179E219

CTN177E219

DTN178E4　DTN178E5

DTN176E1　　　DTN176E3　　　DTN176E5

CTN175E219　DTN175E1

0　　　　　　　　10米

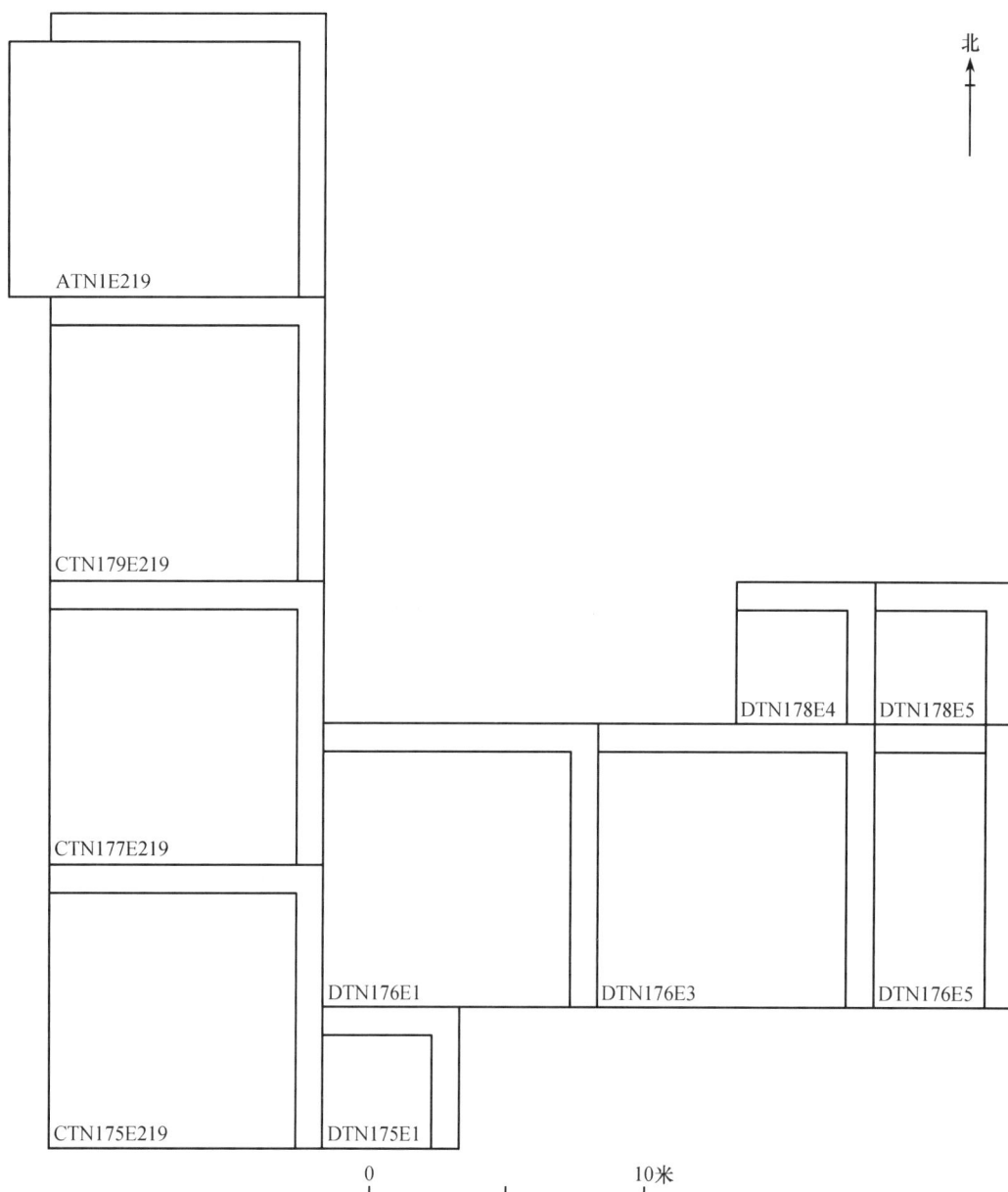

图138　"南北水系"发掘探方分布示意图

（一）南北向木构桥梁（Q2）

1. 地层堆积

Q2架桥处河道内淤泥堆积可分为2层（图140）。

第1层：厚0～0.36米。土色浅灰，土质黏软。包含有瓦当、菱形纹砖、陶瓷、陶盆、陶罐等器物残片及大量的泥质灰陶绳纹板、筒瓦残片。

第2层：深0～0.36、厚0～0.82米（未至底）。土色深灰，土质黏软。包含瓦当、菱形纹砖、陶瓷、陶盆、陶罐等器物残片及大量的泥质灰陶绳纹板、筒瓦残片。

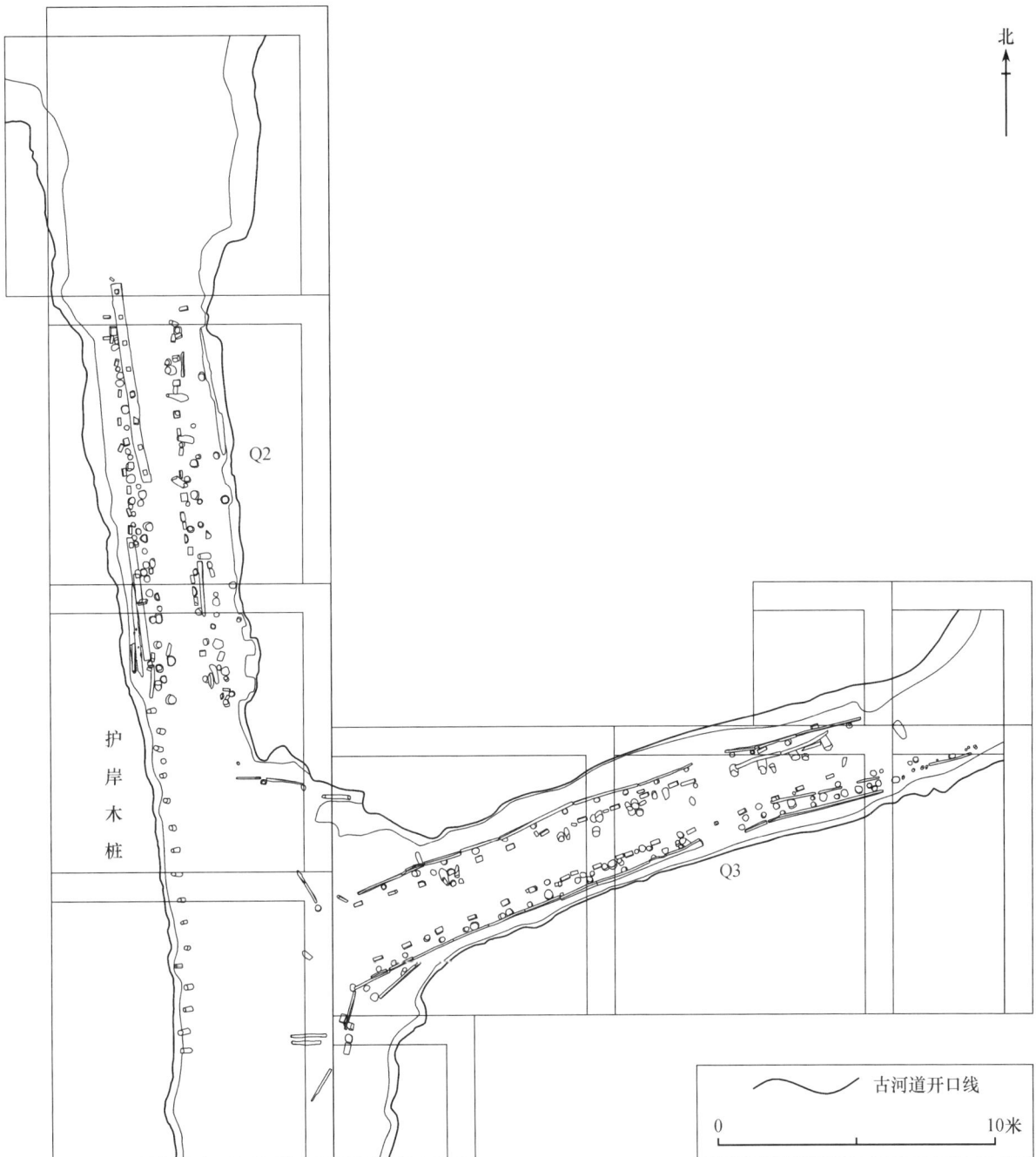

图139　"南北水系"木桥分布示意图

2. 桥梁结构

该桥南北向，宽13.88、跨度约2.05米。架桥处河道开口现宽4.47～5.27米，河道两边有明显加工痕迹。西岸立圆形木桩37根，暴露长度0.198～0.796、直径0.123～0.368米。方形木桩18根，暴露长度0.25～1.09米，截面长0.163～0.272、宽0.07～0.2米。东岸立有圆形木桩38根，暴露长度0.06～0.807、直径0.1～0.378米。方形木桩19根，暴露长度0.09～1.258米，截面长0.212～0.303、宽0.116～0.23米。另残存3块挡板和5块木构件，可见榫卯结构的榫孔。挡板外侧与河道边缘用花土夯实（图141；图版六、图版七）。

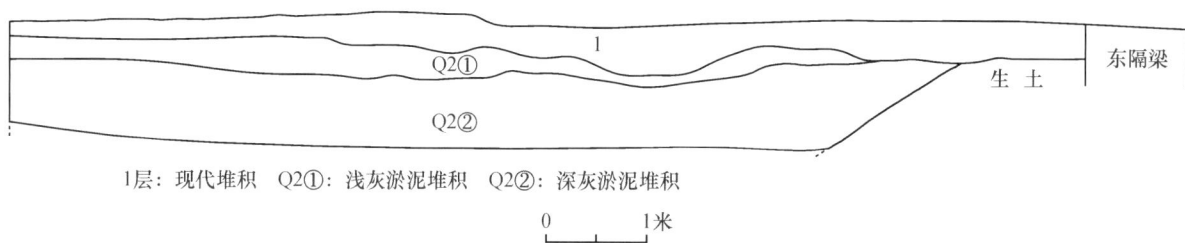

1层：现代堆积　　Q2①：浅灰淤泥堆积　　Q2②：深灰淤泥堆积

0　　　　1米

图140　Q2地层及填土剖面图

3. 遗物

此次发掘木构桥梁Q2，器物主要出土于河道淤泥堆积中。除桥梁木材（原址保护，未提取），基本为陶器，仅有少量石器、铜钱和铁器。

（1）陶器

绝大多数为泥质灰陶，少量为泥质红陶。出土陶器主要为建筑材料，极少生活用器。器形主要有陶盆、陶盂、陶罐、陶壶、陶瓮、陶拍、铸范、井圈、筒瓦、板瓦、瓦当、砖等。因陶片出土数量众多，本报告仅列举部分标本。

陶盆　62件。泥质灰陶。轮制。根据是否有领、弧壁程度、折腹分为三型。

A型　38件。沿下有矮领，弧腹。标本Q2①：4，敞口，平折沿，方唇。腹部饰绳纹。口径44、残高7厘米（图142，1）。标本Q2①：9，敞口，平折沿，方唇。腹部饰绳纹。口径42、残高10厘米（图142，2）。标本Q2①：23，敞口，平折沿，方圆唇。领、腹部饰绳纹。口径48、残高18厘米（图142，3）。标本Q2①：24，敞口，平折沿，方唇。腹部饰绳纹。口径42、残高10.4厘米（图142，4）。标本Q2①：25，敞口，平折沿，方圆唇。腹部饰绳纹。口径48、残高7.8厘米（图142，5；图版三一，4）。标本Q2①：26，敞口，平折沿，方圆唇。沿面边缘处饰一周凹弦纹，腹部饰绳纹。口径48、残高7.6厘米（图142，6）。标本Q2①：27，敞口，平折沿，圆唇。领饰两周凹弦纹，腹部饰绳纹。口径44、残高8.8厘米（图142，7；图版三一，5）。标本Q2①：28，敞口，平折沿，方唇。领饰两周凹弦纹，腹部饰绳纹。口径42、残高8.8厘米（图142，8）。标本Q2①：29，敞口，平折沿，方唇。腹部饰绳纹。口径42、残高4.8厘米（图142，9）。标本Q2①：30，敞口，平折沿，方唇。上腹近沿处饰四周凹弦纹，腹部素面。口径42、残高8.6厘米（图142，10）。标本Q2①：31，敞口，平折沿，方圆唇。上腹近沿处饰一周凹弦纹，腹部饰绳纹。口径48、残高10.2厘米（图142，11；图版三一，6）。标本Q2②：1，敞口，平折沿，圆唇。上腹近沿处饰一周凹弦纹，腹部饰绳纹。口径42、残高19厘米（图142，12；图版三二，3）。标本Q2②：2，口微敛，平折沿，圆唇。上腹内外各饰一周凹弦纹，腹部饰绳纹。口径48、残高6厘米（图142，13）。标本Q2②：4，敞口，沿面微翘，方圆唇。上腹饰两周凹弦纹，腹部饰绳纹。口径38、残高10厘米（图142，14；图版三二，5）。标本Q2②：5，敞口，平折沿，方圆唇。上腹饰两周凹弦纹，腹部饰绳纹。口径44、残高13.6厘米（图142，15；图版三二，6）。标本Q2②：6，器表施黑色陶衣。敞口，平折沿，尖方唇。上腹饰一周宽带凹弦纹，内壁饰一周凹弦纹，腹部饰绳纹。口径44、残高8厘

北

0　　　　2米

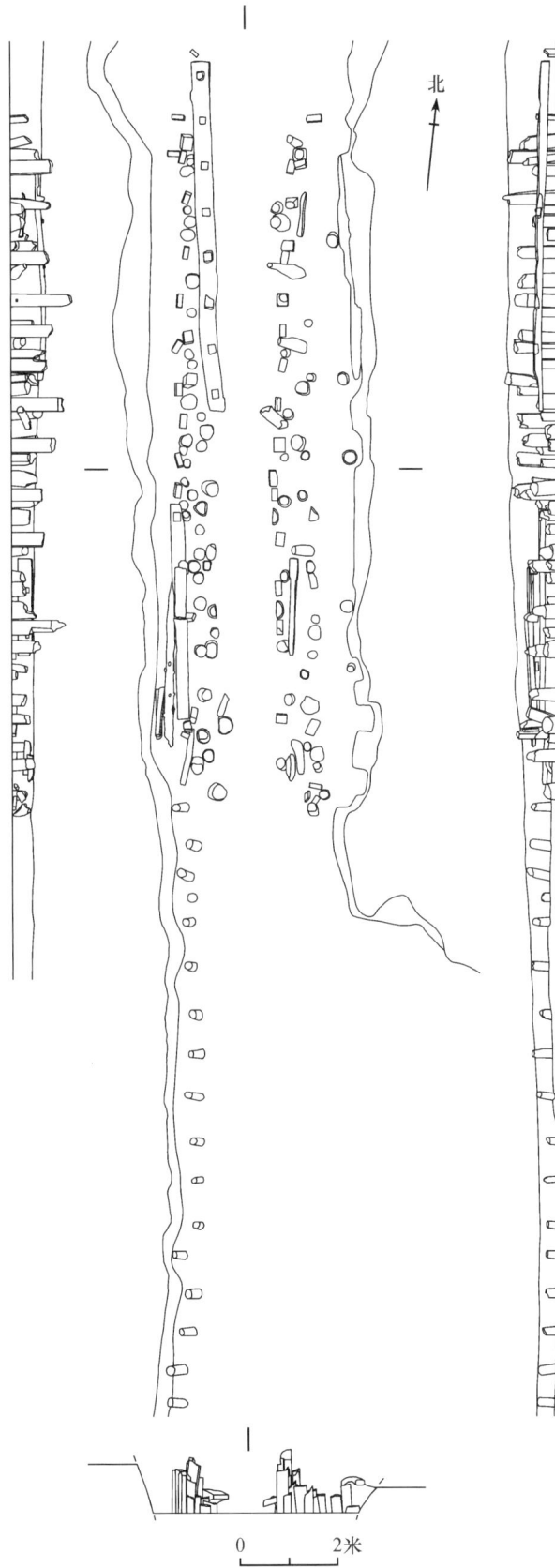

图141　Q2平、剖面图

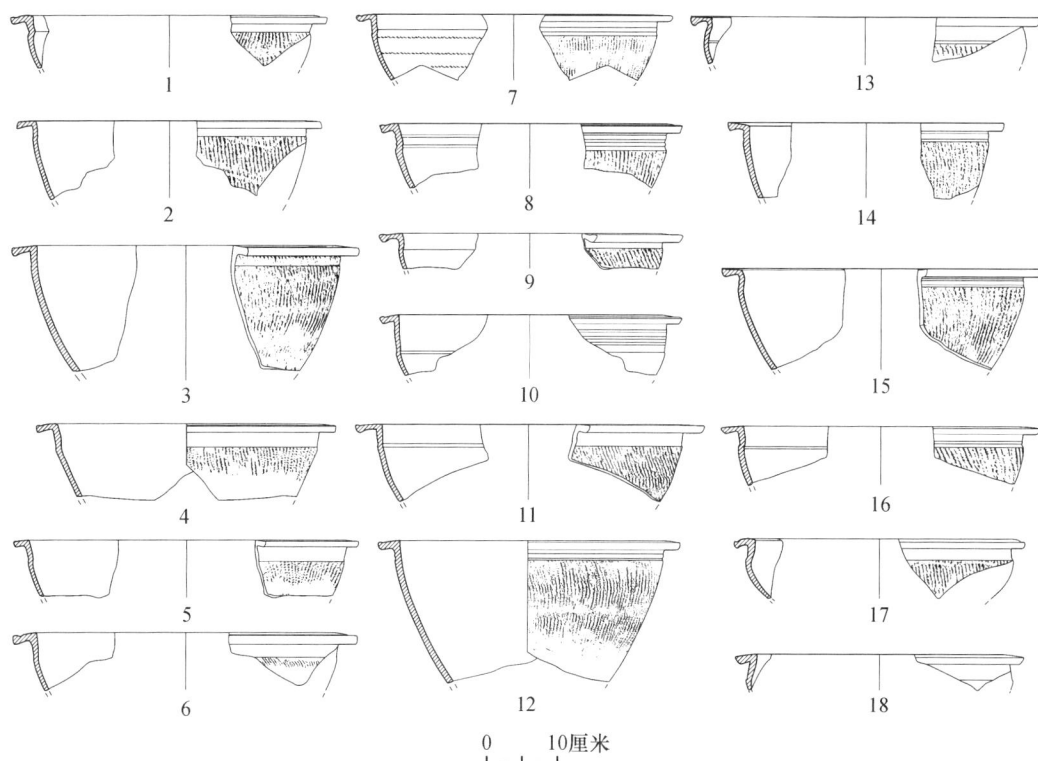

图142　Q2出土A型陶盆

1. Q2①：4　2. Q2①：9　3. Q2①：23　4. Q2①：24　5. Q2①：25　6. Q2①：26　7. Q2①：27　8. Q2①：28　9. Q2①：29　10. Q2①：30　11. Q2①：31　12. Q2②：1　13. Q2②：2　14. Q2②：4　15. Q2②：5　16. Q2②：6　17. Q2②：10　18. Q2②：11

米（图142，16；图版三三，1）。标本Q2②：10，器表施黑色陶衣。口微敛，沿面呈弧状，圆唇。沿面边缘处饰一周凹弦纹，上腹饰一周宽带凹弦纹，腹部饰绳纹。口径40、残高8厘米（图142，17；图版三三，2）。标本Q2②：11，器表施黑色陶衣。口微敛，折沿微倾，尖方唇。上腹饰一周凹弦纹。口径40、残高4.8厘米（图142，18）。标本Q2②：12，器表施黑色陶衣。口微敛，平折沿，方唇微凹。上腹饰三周宽带凹弦纹。口径38、残高8.8厘米（图143，1）。标本Q2②：13，器表施黑色陶衣。口近直，平折沿略倾，方唇。上腹近沿处饰一周凹弦纹，腹部饰绳纹。口径44、残高10厘米（图143，2；图版三三，3）。标本Q2②：17，敞口，平折沿，方唇。沿面边缘处饰一周凹弦纹，上腹饰两周凸弦纹，腹部饰绳纹。口径40、残高7.6厘米（图143，3）。标本Q2②：18，器表施黑色陶衣。口微敛，平折沿，双圆唇。沿面边缘处饰一周凹弦纹，腹部饰绳纹。口径44、残高7.6厘米（图143，4；图版三三，5）。标本Q2②：20，敞口，平折沿略倾，圆唇。沿面边沿处饰一周凸弦纹，腹部饰绳纹。口径42、残高6.2厘米（图143，5）。标本Q2②：22，器表施黑色陶衣。敞口，平折沿略倾，方唇。沿面边缘处饰一周凹弦纹，上腹饰一周宽带凹弦纹，腹部饰绳纹。口径48、残高8厘米（图143，6）。标本Q2②：26，器表施黑色陶衣。敞口，沿面微凹，方圆唇。上腹饰一周宽带凹弦纹，腹部饰绳纹。口径44、残高10.8厘米（图143，7；图版三三，6）。标本Q2②：28，器表施黑色陶衣。口微敛，平折沿，方唇。沿面边缘饰一周凹弦纹，上腹饰一周宽带凹弦纹。口径34、残高7.2厘米（图143，8）。标本Q2②：29，器表施黑色陶衣。敞口，沿面略倾，双圆唇。上腹饰一周凸弦纹，腹部饰绳纹。口径33、残高4.6厘米（图143，9）。标本Q2②：30，器表施黑色陶衣。敞口，沿面下倾，方圆唇。腹部饰绳纹。口径42、残高8.7厘米（图143，10）。标本Q2②：32，器表施黑色陶衣。敞口，平折沿，方唇。沿面边沿饰一周凹弦纹，腹部饰绳纹。口径43.6、残高8.3厘米（图143，11）。标本Q2②：37，器表施黑色陶衣。敞口，平折沿，双圆唇。沿面边缘与上腹内壁饰一周凹弦纹，腹部饰绳纹。口径40、残高5.6厘米（图143，12）。标本Q2②：38，器表施黑色陶衣。敞口，沿面微倾，双圆唇。腹部饰绳纹。口径30、残高6.8厘米（图143，13）。标本Q2②：65，敞口，平折沿，圆唇。腹部饰绳纹。口径36.5、残高9.2厘米（图143，14）。标本Q2②：68，敞口，平折沿，方圆唇。上腹饰两周周凹弦纹。口径50、残高7厘米（图143，15）。标本Q2②：69，敞口，平折沿，尖方唇。上腹饰绳纹。口径38、残高14.5厘米（图143，16；图版三四，2）。标本Q2②：70，敞口，平折沿，方唇。腹部饰间断绳纹。口径56、残高18.6厘米（图143，17；图版三四，3）。标本Q2②：72，器表施黑色陶衣。敞口，沿面微倾，圆唇。腹部饰绳纹。口径44、残高11厘米（图143，18；图版三四，5）。标本Q2②：73，敞口，平折沿，圆唇。腹部饰绳纹。口径44、残高12.4厘米（图143，19）。标本Q2②：75，敞口，平折沿，方唇。沿面边缘饰一周凸棱。口径40、残高4.6厘米（图143，20）。

B型 22件。沿下无领，弧腹近直。标本Q2①：33，敞口，平折沿，方唇。口径34、残高

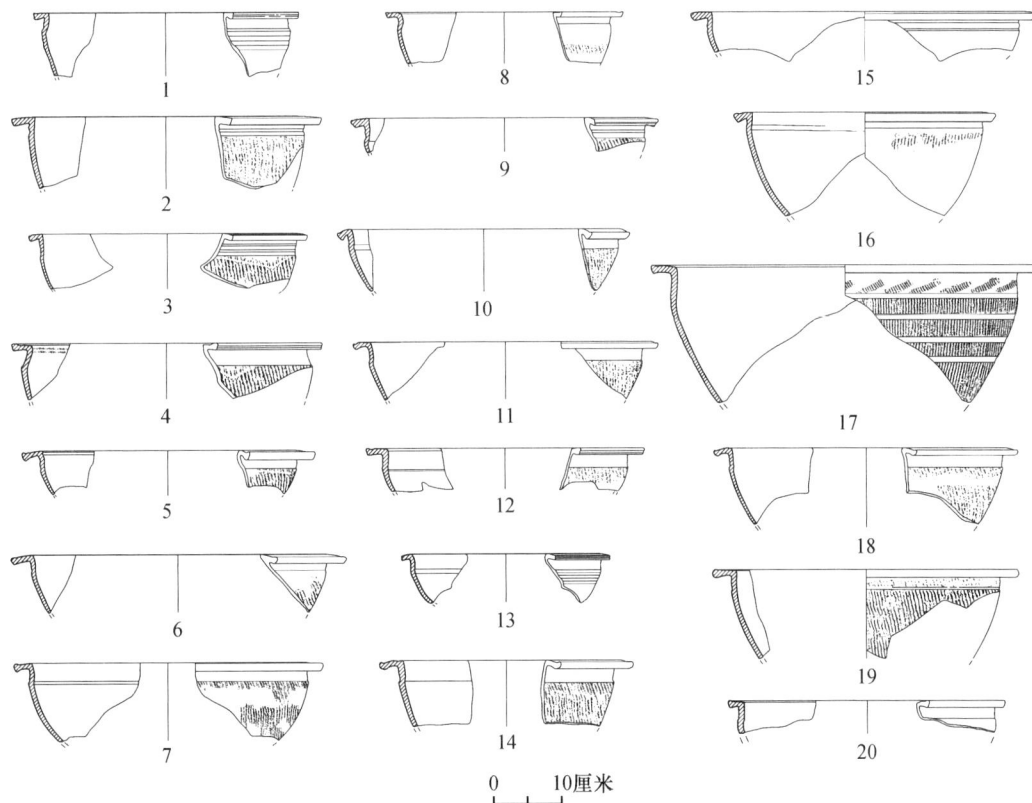

图143 Q2出土A型陶盆

1. Q2②：12 2. Q2②：13 3. Q2②：17 4. Q2②：18 5. Q2②：20 6. Q2②：22 7. Q2②：26 8. Q2②：28 9. Q2②：29
10. Q2②：30 11. Q2②：32 12. Q2②：37 13. Q2②：38 14. Q2②：65 15. Q2②：68 16. Q2②：69 17. Q2②：70
18. Q2②：72 19. Q2②：73 20. Q2②：75

9.4厘米（图144，1；图版三二，1）。标本Q2①：36，敞口，平折沿，方唇。沿下饰绳纹、凹弦纹。口径42、残高3.8厘米（图144，2）。标本Q2①：37，敞口，平折沿，方唇。沿下饰两圈凹弦纹。口径36、残高6.8厘米（图144，3）。标本Q2①：39，敞口，折沿微翘，方唇。素面。口径38、残高2.8厘米（图144，4）。标本Q2②：3，敞口，平折沿，双圆唇。腹部有拉坯痕迹。口径38、残高9厘米（图144，5）。标本Q2②：7，器表施黑色陶衣。敞口，沿面略倾，尖方唇。沿面边缘及上腹内壁各饰一周凹弦纹，器表上腹饰数周凹弦纹，腹部饰绳纹。口径44、残高7.4厘米（图144，6）。标本Q2②：8，器表施黑色陶衣。敞口，沿面下倾，方唇。上腹饰数周凹弦纹，内壁饰一周凹弦纹，腹部饰绳纹。口径46、残高9.2厘米（图144，7）。标本Q2②：9，敞口，平折沿，方唇。沿面边缘处饰一周凹弦纹。口径42、残高4厘米（图144，8）。标本Q2②：14，器表施黑色陶衣。敞口，平折沿，方唇。腹部有拉坯痕迹。口径44、残高8.6厘米（图144，9；图版三三，4）。标本Q2②：16，敞口，平折沿，尖圆唇。素面。口径34、残高6.4厘米（图144，10）。标本Q2②：21，敞口，沿面下倾，尖圆唇。素面。口径50、残高5.6厘米（图144，11）。标本Q2②：23，器表施黑色陶衣。敞口，平折沿，方唇。上腹饰两周凸弦纹，腹部饰绳纹。口径32、残高7.6厘米（图144，12）。标本Q2②：25，器表施黑色陶衣。敞口，平折沿，尖圆唇。腹部饰两周凹弦纹，内壁有划痕。口径42、残高9.6厘米（图144，13）。标本Q2②：27，器表施黑色陶衣。敞口，平折沿，方圆唇。沿面边缘饰一周、上腹饰两周凹弦纹，下腹部饰绳纹。口径44、残高12.4厘米（图144，14）。标本Q2②：33，器表施黑色陶衣。敞口，平折沿，方唇。上腹有拉坯痕迹。口径30、残高8.6厘米（图144，15）。标本Q2②：34，器表施黑色陶衣。敞口，平折沿，方唇。腹部内外壁均有拉坯痕迹。口径32、残高9.2厘米（图144，16；图版三四，1）。标本Q2②：35，器表施黑色陶衣。敞口，沿面下倾，尖方唇。腹上部外壁饰三周，内壁饰两周凹弦纹。口径42、残高4.3厘米（图144，17）。标本Q2②：36，器表施黑色陶衣。敞口，平折沿，圆唇。腹上部饰弦纹。口径32、残高8.2厘米（图144，18）。标本Q2②：40，口微敛，平折沿，尖方唇。口径36、残高3厘米（图144，19）。标本Q2②：67，敞口，平折沿，方唇。腹壁内外饰数周凹弦纹，腹部饰绳纹。口径40、残高16.4厘米（图144，20）。标本Q2②：71，敞口，平折沿，方唇。腹部饰绳纹，并有拉坯痕迹，腹内壁饰四周凹弦纹。口径46、残高10.4厘米（图144，21；图版三四，4）。标本Q2②：74，敞口，沿面微倾，方唇。腹部饰间断绳纹。口径70、残高17厘米（图144，22；图版三四，6）。

C型　2件。平折沿，折腹。标本Q2②：15，器表施黑色陶衣。直口，双圆唇。素面。口径44、残高10.2厘米（图144，23）。标本Q2②：24，夹砂灰陶。口近直，尖圆唇。素面。口径42、残高5.4厘米（图144，24）。

陶盂　20件。可分为口沿和盂底。泥质灰陶。轮制。

盂口沿　11件。根据弧腹程度、腹部深度分为三型。

A型　7件。弧壁较为陡直下收，腹部较深。标本Q2①：2，敞口，折沿下倾，尖唇。腹饰一周宽带凸弦纹。口径16、残高4厘米（图145，1）。标本Q2①：3，敞口，平折沿，方圆唇。上腹饰一周凸弦纹。口径26、残高8.6厘米（图145，2；图版三二，4）。标本Q2①：35，

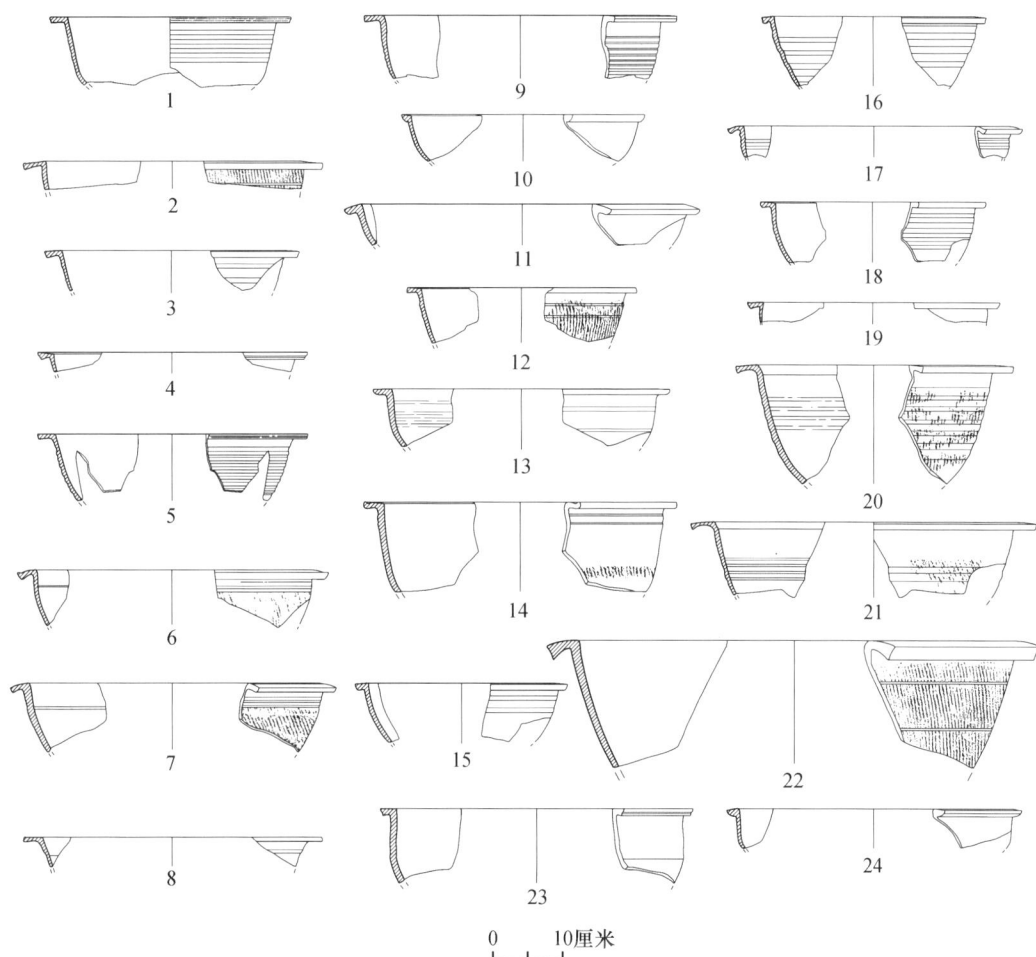

图144　Q2出土B、C型陶盆

1～22. B型（Q2①：33、Q2①：36、Q2①：37、Q2①：39、Q2②：3、Q2②：7、Q2②：8、Q2②：9、Q2②：14、Q2②：16、
Q2②：21、Q2②：23、Q2②：25、Q2②：27、Q2②：33、Q2②：34、Q2②：35、Q2②：36、Q2②：40、Q2②：67、
Q2②：71、Q2②：74）　　23、24. C型（Q2②·15、Q2②：24）

敞口，平折沿，方圆唇。上腹饰两周凸弦纹，下腹饰三周凸弦纹。口径30、残高10.8厘米（图145，3；图版三二，2）。标本Q2②：119，敞口，平折沿，方唇，平底微内凹。下腹壁饰一周凹弦纹，内壁有划痕。口径28、底径15.4、高15厘米（图145，4；图版四七，6）。标本Q2②：120，敞口，平折沿，方唇，平底微凹。腹部内外壁均有拉坯痕迹。口径27.2、底径12、高14厘米（图145，5；图版四八，1）。标本Q2②：121，敞口，尖方唇，斜直壁，平底微内凹。腹饰数周凹弦纹。口径25、底径10.4、高11.6厘米（图145，6；图版四八，2）。标本Q2②：123，敞口，圆唇，平底微内凹。上腹饰一周凸弦纹，近底部饰一周凹弦纹，上腹内壁饰一周凹弦纹。口径28.8、底径11.4、高12.2厘米（图145，7；图版四八，4）。

B型　2件。浅弧腹。标本Q2①：38，敞口，平折沿，圆唇。沿下饰两周凹弦纹。口径31、残高7厘米（图145，8）。标本Q2②：122，敞口，沿面上翘，方圆唇，平底。口径25、底径8.2、高9.4厘米（图145，9；图版四八，3）。

C型　2件。弧壁幅度大，浅腹。标本Q2②：19，敞口，平折沿，方唇。腹部有拉坯痕

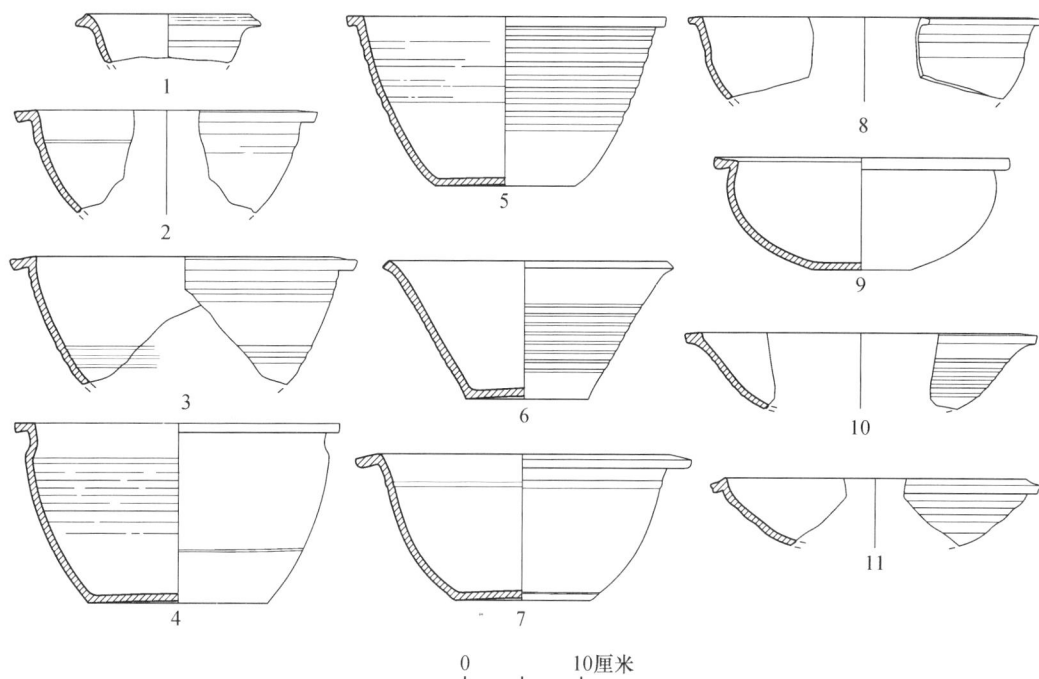

图145　Q2出土陶盂口沿

1～7.A型（Q2①∶2、Q2①∶3、Q2①∶35、Q2②∶119、Q2②∶120、Q2②∶121、Q2②∶123）　8、9.B型（Q2①∶38、
Q2②∶122）　10、11.C型（Q2②∶19、Q2②∶31）

迹。口径30、残高6.2厘米（图145，10）。标本Q2②∶31，器表施黑色陶衣。敞口，沿面下倾，双圆唇。腹部有拉坯痕迹。口径28、残高5.8厘米（图145，11）。

盂底　9件。弧壁。标本Q2①∶16，平底微内凹。底径15、残高3.5厘米（图146，1；图版三○，3）。标本Q2②∶43，器表施黑色陶衣。平底。底径14、残高6厘米（图146，2）。标本Q2②∶44，器表施黑色陶衣。平底微内凹。内壁饰两周凹弦纹，底部有戳印痕迹。底径12、残高6厘米（图146，3）。标本Q2②∶46，器表施黑色陶衣。平底微内凹。底径14、残高3.8厘米（图146，4）。标本Q2②∶51，器表施黑色陶衣。平底微内凹。底径7.2、残高2.6厘米（图146，5）。标本Q2②∶60，器表施黑色陶衣。平底微凹。外壁饰一周、内壁饰两周凹弦纹。底径12、残高5.2厘米（图146，6）。标本Q2②∶61，器表施黑色陶衣。平底。底径22、残高4.2厘米（图146，7）。标本Q2②∶63，平底微凹。饰绳纹。底径15.4、残高6.8厘米（图146，8）。标本Q2②∶66，平底微凹。底径9.8、残高2.3厘米（图146，9）。

陶罐　56件。可分为口沿和罐底。泥质灰陶。轮制。

罐口沿　29件。根据口、颈区别，分为三型。

A型　25件。束颈，溜肩。标本Q2①∶1，侈口，方唇。肩下饰绳纹。口径16、残高6.4厘米（图147，1；图版四○，1）。标本Q2①∶5，侈口，方唇。肩上有双桥形耳。两耳之间绳纹被抹去。口径18、残高12.4厘米（图147，2；图版四○，2）。标本Q2①∶6，侈口，方圆唇。肩饰绳纹。口径16、残高10.4厘米（图147，3；图版三一，2）。标本Q2①∶8，侈口，方圆唇。肩饰绳纹。口径18、残高6厘米（图147，4）。标本Q2①∶10，侈口，方唇。肩上有

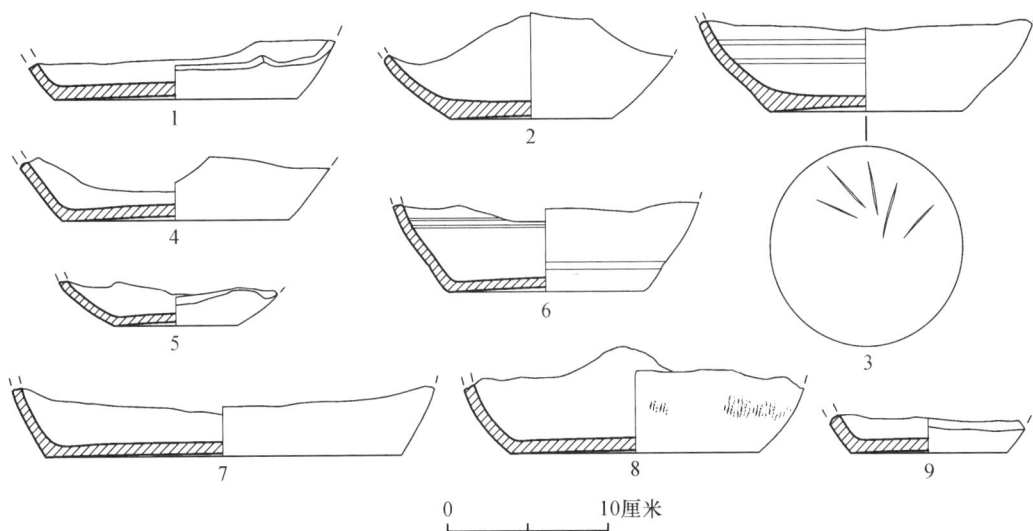

图146　Q2出土陶盂底

1. Q2①：16　2. Q2②：43　3. Q2②：44　4. Q2②：46　5. Q2②：51　6. Q2②：60　7. Q2②：61　8. Q2②：63　9. Q2②：66

双桥形耳。肩下饰绳纹。口径18、残高9厘米（图147，5；图版四〇，3）。标本Q2①：40，侈口，双圆唇。口径16、残高5.2厘米（图147，6）。标本Q2①：42，侈口，双圆唇。颈部及肩饰绳纹。口径18、残高4厘米（图147，7）。标本Q2①：43，侈口，双圆唇。口径18、残高4厘米（图147，8）。标本Q2①：44，侈口，双圆唇。口径18、残高3.2厘米（图147，9）。标本Q2①：45，侈口，方圆唇。口径15.4、残高6.4厘米（图147，10；图版四〇，6）。标本Q2②：39，侈口，方唇。腹部饰绳纹。口径14、残高6厘米（图147，11）。标本Q2②：42，器表施黑色陶衣。侈口，双圆唇。腹部饰间断绳纹。口径18、残高11厘米（图147，12）。标本Q2②：53，口微敞，沿面微凹，方圆唇。口径12、残高3.8厘米（图147，13）。标本Q2②：78，侈口，方唇。颈部饰绳纹被抹平。口径18、残高4.4厘米（图147，14；图版三五，1）。标本Q2②：79，侈口，方唇，缩颈。腹部饰间断绳纹。口径20、残高10.6厘米（图147，15）。标本Q2②：84，侈口，方唇。颈部饰两周凹弦纹，腹部饰绳纹。口径18、残高8.2厘米（图147，16；图版三五，4）。标本Q2②：94，器表施黑色陶衣。侈口，沿面下倾，尖圆唇。口径19.2、残高7.6厘米（图147，17）。标本Q2②：96，侈口，方唇。口径16.8、残高6厘米（图147，18）。标本Q2②：97，侈口，平折沿，双圆唇。肩部饰绳纹。口径28.8、残高8.5厘米（图147，19）。标本Q2②：98，侈口，沿面下倾，方唇。口径16.4、残高4.3厘米（图147，20）。标本Q2②：99，侈口，尖方唇。肩部饰一周凹弦纹，腹部饰绳纹。口径24、残高9厘米（图147，21）。标本Q2②：100，器表施黑色陶衣。侈口，双圆唇。口径18、残高4.6厘米（图147，22）。标本Q2②：102，器表施黑色陶衣。侈口，尖唇。口径18、残高5.4厘米（图147，23）。标本Q2②：103，器表施黑色陶衣。侈口，尖唇。口径16、残高5.6厘米（图147，24）。标本Q2②：104，器表施黑色陶衣。侈口，尖唇。口径14、残高4.6厘米（图147，25）。

B型　3件。矮领。标本Q2②：83，敛口，方圆唇。腹内壁饰绳纹，领部饰绳纹被抹平。

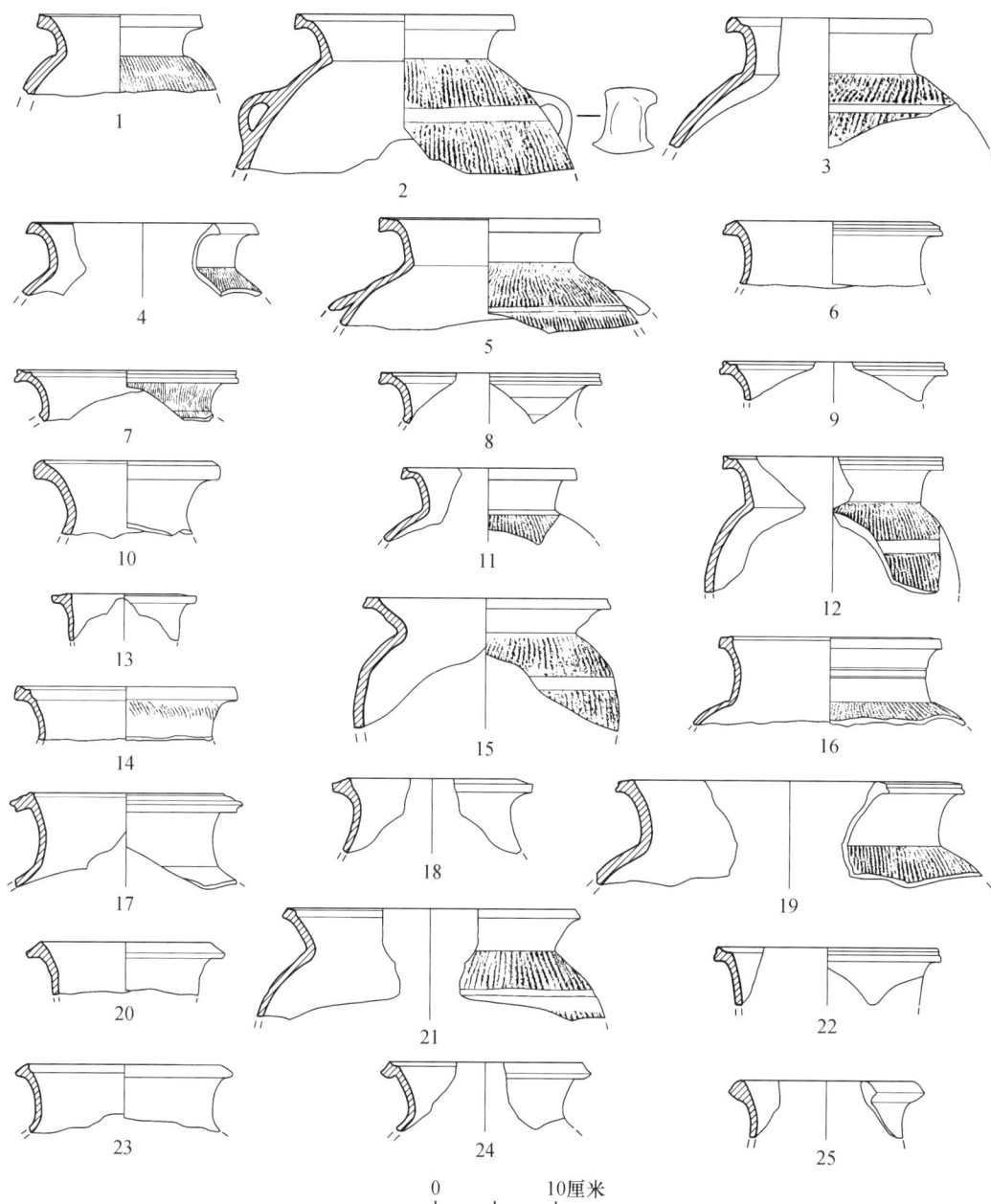

图147　Q2出土A型陶罐口沿

1. Q2①：1　2. Q2①：5　3. Q2①：6　4. Q2①：8　5. Q2①：10　6. Q2①：40　7. Q2①：42　8. Q2①：43　9. Q2①：44
10. Q2①：45　11. Q2②：39　12. Q2②：42　13. Q2②：53　14. Q2②：78　15. Q2②：79　16. Q2②：84　17. Q2②：94
18. Q2②：96　19. Q2②：97　20. Q2②：98　21. Q2②：99　22. Q2②：100　23. Q2②：102　24. Q2②：103　25. Q2②：104

口径22、残高8.2厘米（图148，1）。标本Q2②：86，口微侈，尖圆唇，广肩。素面。口径
20、残高4.8厘米（图148，2；图版三五，5）。标本Q2②：95，方唇矮，直领，广肩。腹部饰
方格纹，领内壁饰三周凹弦纹。口径14、残高4.2厘米（图148，3；图版三六，3）。

　　C型　1件。小罐。标本Q2②：124，侈口，方唇，缩颈，折腹，圜底。口径4.8、高4厘米
（图148，4；图版四八，5）。

　　罐底　20件。泥质灰陶，弧壁。标本Q2①：11，平底微内凹。底径8.4、残高9.6厘米

（图148，5；图版三〇，1）。标本Q2①：12，平底微内凹。底径20、残高3.6厘米（图148，6）。标本Q2①：13，平底微内凹。底径10、残高3.2厘米（图148，7；图版三〇，2）。标本Q2①：18，平底微内凹。底径12、残高2厘米（图148，8）。标本Q2①：32，平底微内凹。底径12、残高7厘米（图148，9）。标本Q2①：34，平底微内凹。底径28、残高8厘米（图148，10）。标本Q2①：41，平底微内凹。下腹饰三周凹弦纹。底径16、残高9厘米（图148，11）。标本Q2②：41，器表施黑色陶衣。平底微内凹。下腹饰一周凹弦纹。底径22、残高6.4厘米（图148，12）。标本Q2②：45，器表施黑色陶衣。平底微内凹。底径16、残高3.8厘米（图148，13）。标本Q2②：47，器表施黑色陶衣。平底微内凹。近底处饰两周凹弦纹。底径9.8、残高7.5厘米（图148，14）。标本Q2②：48，器表施黑色陶衣。平底。有削痕。底径22、残高3.8厘米（图148，15）。标本Q2②：49，器表施黑色陶衣。平底微内凹。底径22、残高7.5厘米（图148，16）。标本Q2②：50，器表施黑色陶衣。平底微内凹。底径22、残高4.6厘米

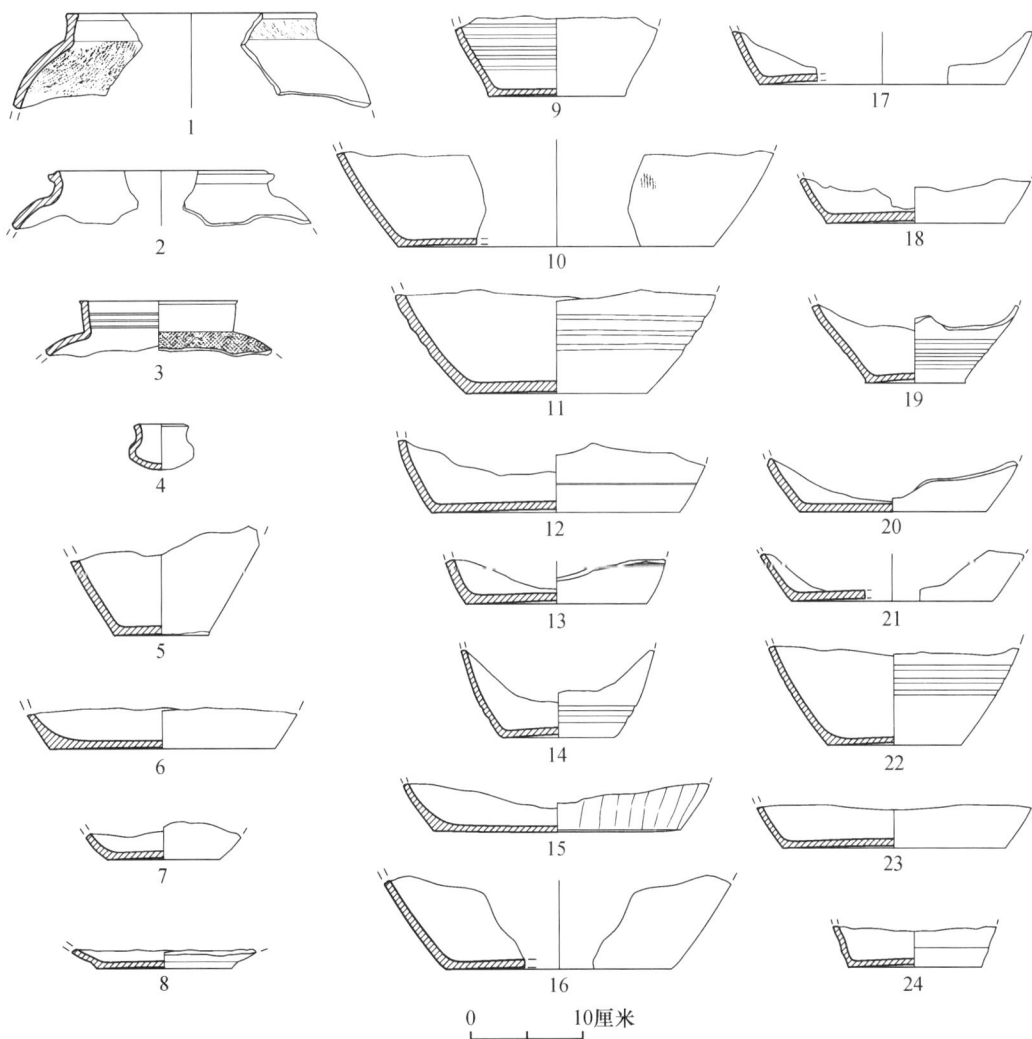

图148　Q2出土B、C型陶罐

1~3.B型口沿（Q2②：83、Q2②：86、Q2②：95）　4.C型口沿（Q2②：124）　5~24.罐底（Q2①：11、Q2①：12、Q2①：13、Q2①：18、Q2①：32、Q2①：34、Q2①：41、Q2②：41、Q2②：45、Q2②：47、Q2②：48、Q2②：49、Q2②：50、Q2②：52、Q2②：54、Q2②：55、Q2②：56、Q2②：57、Q2②：58、Q2②：59）

（图148，17）。标本Q2②：52，器表施黑色陶衣。平底微内凹。底径16、残高3.8厘米（图148，18）。标本Q2②：54，器表施黑色陶衣。平底内凹。下腹有拉坯痕迹。底径9、残高7厘米（图148，19；图版三〇，4）。标本Q2②：55，器表施黑色陶衣。平底。底径16、残高4.4厘米（图148，20）。标本Q2②：56，器表施黑色陶衣。平底微凹。底径18、残高4.3厘米（图148，21）。标本Q2②：57，器表施黑色陶衣。平底微凹。腹部饰三周凹弦纹。底径12、残高8.4厘米（图148，22）。标本Q2②：58，器表施黑色陶衣。平底微内凹。底径20、残高3.7厘米（图148，23）。标本Q2②：59，器表施黑色陶衣。平底微凹。底径12、残高3厘米（图148，24）。

罐耳　7件。泥质灰陶。模制。牛鼻状。标本Q2①：17，残高16.2厘米（图149，1）。标本Q2①：21，残高12.2厘米（图149，2）。标本Q2②：62，残高11.1厘米（图149，3；图版四六，1）。标本Q2②：64，残高13厘米（图149，4；图版四六，2）。标本Q2②：77，残高8.2厘米（图149，5）。标本Q2②：80，残高7厘米（图149，6；图版四六，3）。

陶壶　2件。泥质灰陶。轮制。敞口，尖唇，束颈。标本Q2①：7，口径16、残高4.8厘米（图149，7）。标本Q2②：93，溜肩。口径14.2、残高9.2厘米（图149，8）。

陶瓮　12件。形制相近。泥质灰陶。轮制。敛口，方圆唇，矮领，广肩。素面。标本Q2①：19，矮领外撇。领饰一周凹弦纹。口径42、残高4.4厘米（图150，1；图版四〇，4）。标本Q2①：20，矮领外撇。领饰一周凹弦纹。口径42、残高6厘米（图150，2；图版四〇，5）。标本Q2①：22，口径58、残高6厘米（图150，3；图版三一，3）。标本Q2②：81，矮直领。肩部饰一周带状绳纹。口径30、残高10厘米（图150，4；图版三五，2）。标本Q2②：82，口径30、残高5.8厘米（图150，5；图版三五，3）。标本Q2②：85，

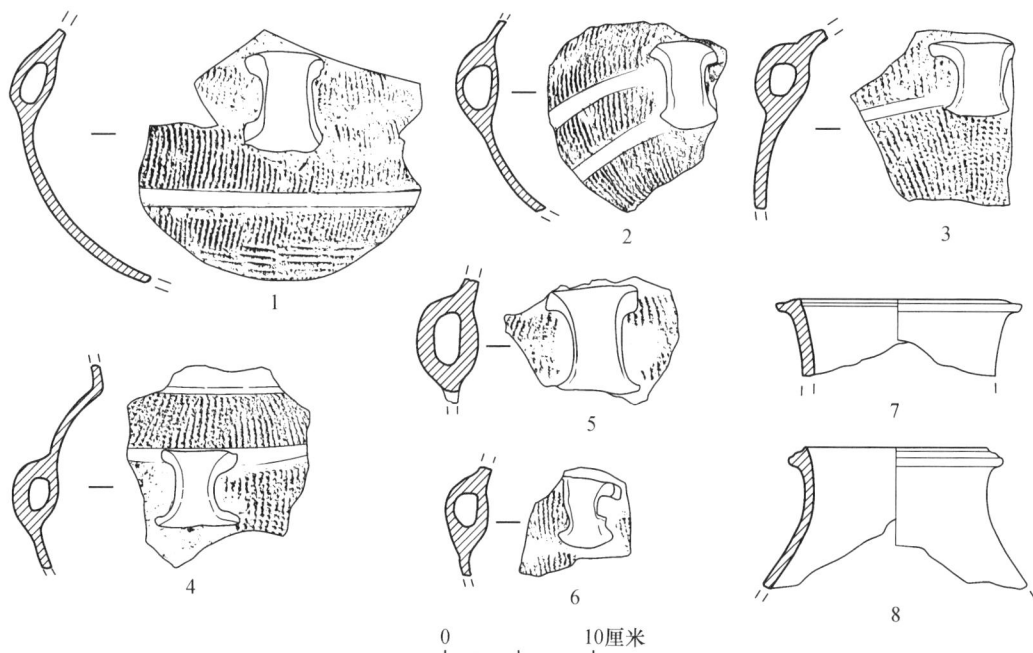

图149　Q2出土陶器

1～6.罐耳（Q2①：17、Q2①：21、Q2②：62、Q2②：64、Q2②：77、Q2②：80）　　7、8.壶（Q2①：7、Q2②：93）

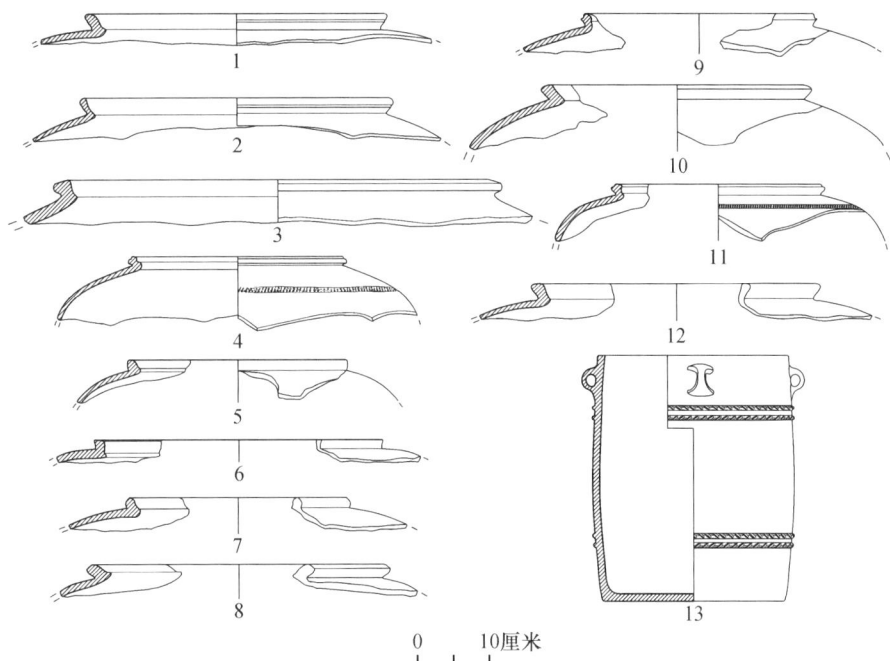

图150　Q2出土陶器

1~12. 瓮（Q2①∶19、Q2①∶20、Q2①∶22、Q2②∶81、Q2②∶82、Q2②∶85、Q2②∶87、Q2②∶88、Q2②∶89、

Q2②∶90、Q2②∶91、Q2②∶92）　　13. 仓（Q2①∶75）

矮直领。口径40、残高3厘米（图150，6）。标本Q2②∶87，器表施黑色陶衣。口径30、残高5厘米（图150，7）。标本Q2②∶88，器表施黑色陶衣。矮领外敞。口径42、残高4.7厘米（图150，8；图版三五，7）。标本Q2②∶89，领外侧饰一周凸棱。口径32、残高5.4厘米（图150，9）。标本Q2②∶90，器表施黑色陶衣。敛口，矮领外敞。口径38、残高9厘米（图150，10；图版三五，6）。标本Q2②∶91，器表施黑色陶衣。肩部饰一周带状绳纹。口径30、残高7.6厘米（图150，11；图版三六，1）。标本Q2②∶92，器表施黑色陶衣。矮领外敞。口径40、残高5厘米（图150，12；图版三六，2）。

陶仓　1件。泥质褐陶。轮制。标本Q2①∶75，筒状，中腹微鼓，方唇，直口微敛，平底。近口处附四对称桥形纽，上、下腹均饰两道附加堆纹。口径26.8、底径25、高33.2厘米（图150，13；图版四二，5）。

陶拍　4件。泥质灰陶。手制。拍面呈椭圆形，截面呈弧形。标本Q2②∶105，横、纵剖面均呈弧形，柄呈柱状，残缺。背面饰绳纹。长径12.6、短径9.8、残高9.2厘米（图151，1；图版四六，4）。标本Q2②∶106，仅存局部，柄呈锥状。残高22.4厘米（图151，2）。标本Q2②∶107，器表施黑色陶衣。拍面缺失，柄无存。残高1.8厘米（图151，3）。标本Q2②∶109，仅余拍柄，呈锥状。残高9.4厘米（图151，4）。

铸范　7件。夹砂红陶。均残缺。标本Q2②∶246，"大泉五十"背面。残长38.4、宽25、厚5.8厘米（图151，5；图版五三，1）。标本Q2②∶247，"小泉直十"背面。残长12.4、宽9.6、厚4.8厘米（图151，6；图版五三，2）。标本Q2②∶248，"大泉五十"正面。残长9、宽9.5、厚4.4厘米（图151，7；图版五三，3）。标本Q2②∶249，"小泉直十"背面。残长

11.4、宽12.6、厚5.2厘米（图151，8；图版五三，4）。标本Q2②：250，"小泉直十"背面。残长9、宽4.6、厚4.6厘米（图151，9；图版五三，5）。标本Q2②：251，"大泉五十"正面。残长8.8、宽6、厚4.4厘米（图151，10；图版五三，6）。标本Q2②：252，"小泉直十"正面。残长6.8、宽5.6、厚4.2厘米（图151，11；图版五四，1）。

筒瓦　48件。泥质灰陶。模制。截面呈半圆形。标本Q2①：108，榫呈弧形微翘，方唇，直肩。凸面饰绳纹，凹面饰布纹。残长15.4、宽10.6、厚1.3厘米（图152，1；图版四三，3）。标本Q2①：109，榫呈弧形微翘，圆唇，溜肩。凸面饰绳纹，凹面饰布纹。残长18.3、宽13、厚1.2厘米（图152，2；图版四三，4）。标本Q2①：110，榫呈弧形，圆唇，直肩。凸面饰绳纹，凹面饰布纹。残长18.8、宽9.6、厚1厘米（图152，3）。标本Q2①：111，榫平直，圆唇，斜直肩。凸面饰绳纹，凹面饰布纹。残长21.4、宽9.6、厚1.1厘米（图152，4）。标本Q2①：112，榫呈弧形，斜肩。凸面饰绳纹，凹面饰布纹。残长29、宽12、厚1.2厘米（图152，5）。标本Q2①：113，榫呈弧形微翘，圆唇，斜肩。凸面饰粗绳纹，凹面饰布纹，凹面榫与瓦身结合处作一凸棱。残长23.6、宽10.4、厚1.2厘米（图152，6）。标本Q2①：114，榫呈弧形，圆唇，斜肩。凸面饰绳纹，凹面饰布纹，凹面榫与瓦身结合处作一凸棱。残长16、宽11.4、厚1.2厘米（图152，7）。标本Q2①：115，榫斜直微弧，圆唇，直肩。凸面饰绳纹，凹面榫与瓦身结合处作一凸棱。残长9、宽14.8、厚0.9厘米（图152，8）。标本Q2①：116，榫残。凸面饰绳纹，凹面饰布纹，凹面近端处饰一道凹弦纹。残长21.4、宽12.8、厚1.2厘米（图152，9）。标本Q2①：117，榫残。凸面饰绳纹，凹面饰布纹，凹面末端饰一道凸弦纹。

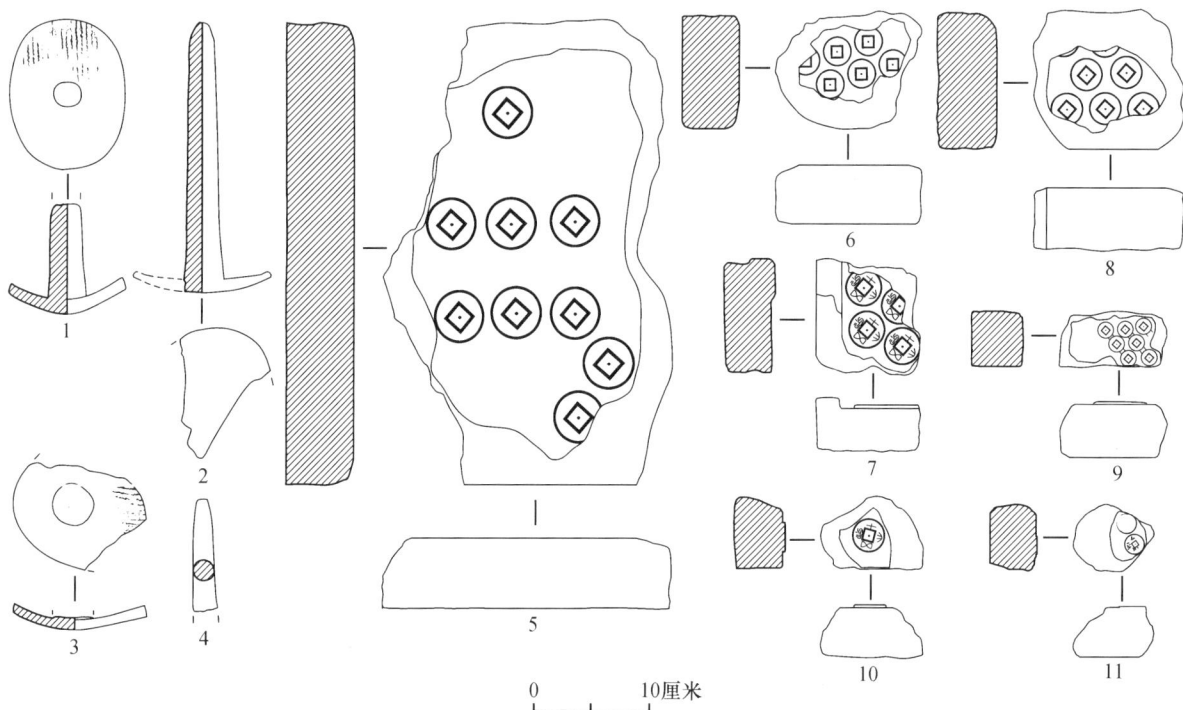

图151　Q2出土陶器

1～4.拍（Q2②：105、Q2②：106、Q2②：107、Q2②：109）　5～11.铸范（Q2②：246、Q2②：247、Q2②：248、Q2②：249、Q2②：250、Q2②：251、Q2②：252）

图152　Q2出土筒瓦

1. Q2①：108　2. Q2①：109　3. Q2①：110　4. Q2①：111　5. Q2①：112　6. Q2①：113　7. Q2①：114　8. Q2①：115
9. Q2①：116　10. Q2①：117　11. Q2①：118　12. Q2①：119　13. Q2①：120　14. Q2①：121　15. Q2①：122　16. Q2①：123

残长16.8、宽12、厚1.1厘米（图152，10）。标本Q2①：118，榫呈弧形微翘，圆唇，直肩。凸面饰绳纹，凹面榫与瓦身结合处作一凸棱。残长14.8、宽11.8、厚1.2厘米（图152，11）。标本Q2①：119，榫残。凸面饰绳纹，凹面饰布纹，凹面近端处饰一道凹弦纹。残长17.8、宽12.4、厚1厘米（图152，12）。标本Q2①：120，榫残。凸面饰绳纹，凹面饰布纹，凹面近端处饰一道凹弦纹。残长17.4、宽12.8、厚1厘米（图152，13）。标本Q2①：121，榫呈弧形微翘，尖圆唇，直肩。凸面饰粗绳纹，凹面榫与瓦身结合处作一凸棱。残长22、宽9、厚1.2厘米（图152，14）。标本Q2①：122，榫残。凹凸两面均饰绳纹。残长26.6、宽14.2、厚1.2厘米（图152，15）。标本Q2①：123，榫平直，尖圆唇，斜直肩。凸面饰绳纹，凹面榫与瓦身结合处作一凸棱。残长34、宽11.6、厚0.9厘米（图152，16）。标本Q2①：124，榫呈弧形微翘，圆唇，直肩。凸面饰绳纹，凹面饰布纹，凹面榫与瓦身结合处作一凸棱。残长26.6、宽8.5、厚1.2厘米（图153，1）。标本Q2①：125，榫呈弧形微翘，圆唇，溜肩。凸面饰绳纹，凹面饰布纹。残长28.8、宽12.6、厚1.3厘米（图153，2；图版四三，5）。标本Q2①：126，榫残。凸面饰绳纹。残长25、宽11.4、厚1厘米（图153，3）。标本Q2①：127，榫残。凸面饰绳纹，凹面饰布纹。残长22.2、宽12、厚1.2厘米（图153，4）。标本Q2①：128，榫呈弧形，尖圆唇，斜直肩。凸面饰绳纹，凹面饰布纹，凹面榫与瓦身结合处作一凸棱。残长13、宽10.4、厚1厘米（图153，5）。标本Q2①：129，榫呈弧形，圆唇，斜直肩。凸面饰绳纹，凹面饰布纹，凹面榫与瓦身结合处作一凸棱。长35.2、宽13.6、厚1.1厘米（图153，6；图版四三，6）。标本Q2①：130，榫呈弧形，圆唇，斜直肩，近肩处饰一道凹弦纹。凸面饰绳纹，凹面饰布纹。残长23.4、宽12、厚1.1厘米（图153，7；图版四四，1）。标本Q2①：131，榫呈弧形，圆唇，直肩。凸面饰绳纹，凹面饰布纹。残长17、宽12.6、厚0.9厘米（图153，8）。标本Q2①：132，榫平直微弧，圆唇，直肩。凸面饰绳纹，凹面饰布纹，凹面榫与瓦身结合处作一凸棱。长34、宽12.8、厚1.2厘米（图153，9；图版四四，2）。标本Q2①：133，榫平直微弧，圆唇，斜直肩。凸面饰绳纹，凹面饰布纹。长34.6、宽12.8、厚1.2厘米（图153，10；图版四四，3）。标本Q2①：134，榫呈弧形微翘，圆唇，斜直肩。凸面饰绳纹，凹面饰布纹，凹面榫与瓦身结合处作一道凸棱。长35.6、宽12.2、厚1.2厘米（图153，11；图版四四，4）。标本Q2②：125，榫呈弧形上翘，圆唇，直肩。凹面饰布纹。残长11.2、宽15、厚1.2厘米（图153，12）。标本Q2②：126，榫呈弧形，圆方唇，直肩。凸面饰绳纹，凹面饰布纹。残长15.6、宽17、厚1.6厘米（图153，13）。标本Q2②：127，榫呈弧形上翘，圆唇，直肩。凸面饰绳纹，凹面饰布纹。残长16.5、宽10、厚0.9厘米（图153，14）。标本Q2②：128，榫呈弧形，圆唇，溜肩。凸面饰绳纹，凹面饰布纹。残长16.4、宽10.8、厚1.2厘米（图153，15）。标本Q2②：129，榫残。凹凸两面均饰绳纹。残长19、宽14.8、厚1.4厘米（图153，16）。标本Q2②：130，榫呈弧形，方圆唇，斜直肩。凸面饰绳纹，凹面饰布纹。残长19.6、宽12.6、厚1.2厘米（图154，1；图版四八，6）。标本Q2②：132，榫呈弧形，方圆唇，斜直肩。凸面饰绳纹，凹面饰布纹。残长22、宽11.7、厚1厘米（图154，2）。标本Q2②：133，榫残。凸面饰绳纹。残长20、宽11.4、厚1.2厘米（图154，3）。标本Q2②：134，榫残。凹凸两面均饰绳纹。残长28.8、宽13.4、厚1.1厘米（图154，4）。标本

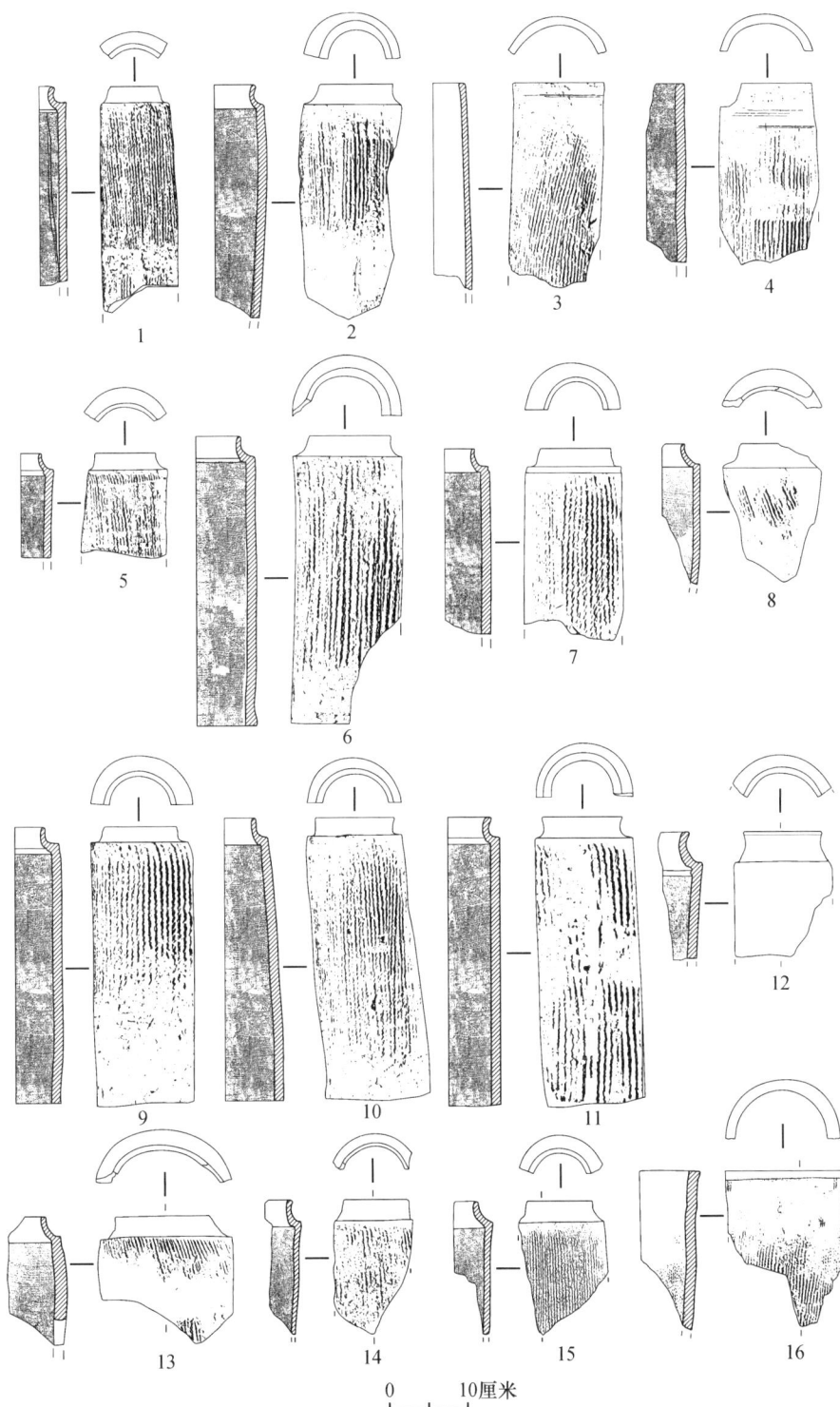

图153 Q2出土筒瓦

1. Q2①: 124　2. Q2①: 125　3. Q2①: 126　4. Q2①: 127　5. Q2①: 128　6. Q2①: 129　7. Q2①: 130　8. Q2①: 131

9. Q2①: 132　10. Q2①: 133　11. Q2①: 134　12. Q2②: 125　13. Q2②: 126　14. Q2②: 127　15. Q2②: 128　16. Q2②: 129

Q2②：135，榫呈弧形，圆唇，斜直肩。凸面饰绳纹，凹面榫与瓦身结合处作一道凸棱。残长15.2、宽13.4、厚0.7厘米（图154，5；图版四九，2）。标本Q2②：136，榫呈弧形，圆唇，斜直肩。凸面饰绳纹，凹面饰布纹。残长35.4、宽13.4、厚1.4厘米（图154，6；图版四九，3）。标本Q2②：137，榫呈弧形，方唇，直肩。凸面饰绳纹，凹面饰布纹。残长16.4、宽14.4、厚1.3厘米（图154，7；图版四九，1）。标本Q2②：138，榫呈弧形，圆唇，直肩。凸面饰绳纹，凹面饰布纹。残长15、宽11.4、厚0.9厘米（图154，8）。标本Q2②：139，榫呈弧形，圆唇，直肩。凹凸面均饰绳纹。残长28、宽14.2、厚1厘米（图154，9；图版四九，4）。标本Q2②：140，榫残。凸面饰绳纹，凹面饰布纹。残长25.4、宽10.6、厚1.2厘米（图154，10）。标本Q2②：142，榫呈弧形上翘，圆唇，直肩。凸面饰绳纹，凹面饰布纹。残长17.4、宽12.4、厚1.1厘米（图154，11；图版四九，5）。标本Q2②：143，榫呈弧形上翘，圆唇，斜肩。凸面饰绳纹，凹面饰布纹。残长31.2、宽13、厚1.1厘米（图154，12；图版四九，6）。标本Q2②：144，榫残。凸面饰绳纹，多已脱落。残长20、宽11.6、厚1.3厘米（图154，13）。标本Q2②：145，榫呈弧形，圆唇，斜肩。凹凸两面均饰绳纹。残长14、宽12、厚1.3厘米（图154，14）。标本Q2②：146，榫呈弧形上翘，圆唇，斜肩。凸面饰绳纹，凹面饰布纹。残长22、宽12.4、厚1.7厘米（图154，15）。标本Q2②：147，榫呈弧形，圆唇，斜肩。凸面饰绳纹，凹面饰布纹。残长34、宽13、厚1.4厘米（图154，16）。

板瓦　49件。形制相近。泥质灰陶，模制，截面呈弧形。标本Q2①：135，凸面饰绳纹，凹面饰布纹。残长22.2、宽16、厚1.2厘米（图155，1）。标本Q2①：137，凸面饰绳纹，凹面饰布纹。残长21、宽16、厚1.2厘米（图155，2）。标本Q2①：138，凸面饰绳纹，凹面饰布纹及重椭纹。残长33.4、宽18.2、厚1厘米（图155，3；图版四四，5）。标本Q2①：139，凸面饰绳纹，凹面饰布纹及重菱纹。残长31.4、宽16.7、厚1.1厘米（图155，4；图版四四，6）。标本Q2①：140，凸面饰绳纹，凹面饰布纹及重椭纹。残长30、宽19、厚1.2厘米（图155，5）。标本Q2①：141，凸面饰绳纹，凹面饰布纹。残长22.6、宽23.8、厚1.2厘米（图155，6）。标本Q2①：142，凸面饰绳纹，凹面饰竖向绳纹及重椭纹。残长34.3、宽12.6、厚1.2厘米（图155，7）。标本Q2①：143，凸面饰绳纹，凹面瓦端饰一凹弦纹。残长15.2、宽20.4、厚1.1厘米（图155，8）。标本Q2①：146，凸面饰绳纹，凹面饰重椭纹。残长22.6、宽21.4、厚1.3厘米（图155，9）。标本Q2①：147，凸面饰绳纹，凹面饰布纹及重椭纹。残长22.6、宽18.6、厚1.4厘米（图155，10；图版四五，1）。标本Q2①：149，凸面饰绳纹，凹面饰重椭纹。残长24.8、宽22.8、厚1.4厘米（图155，11）。标本Q2①：151，凸面饰绳纹，凹面饰布纹。残长23、宽17.4、厚1厘米（图155，12）。标本Q2①：152，凸面饰绳纹，凹面饰布纹。残长19.8、宽13、厚1厘米（图155，13）。标本Q2①：154，凸面饰绳纹，凹面饰重椭纹。残长30、宽23、厚1.2厘米（图156，1；图版四五，2）。标本Q2①：155，凸面饰绳纹，凹面饰布纹及重椭纹。残长23、宽14.2、厚1.4厘米（图156，2）。标本Q2①：156，瓦端微翘，凸面饰绳纹。残长22.8、宽21、厚1.2厘米（图156，3；图版四五，3）。标本Q2①：157，凸面饰绳纹，中间有抹痕，凹面饰布纹及重椭纹。残长27.2、宽20、厚1.4厘米（图156，4）。标本Q2①：159，凸面饰绳纹。残长23、宽17.8、厚1.2厘米（图156，5）。

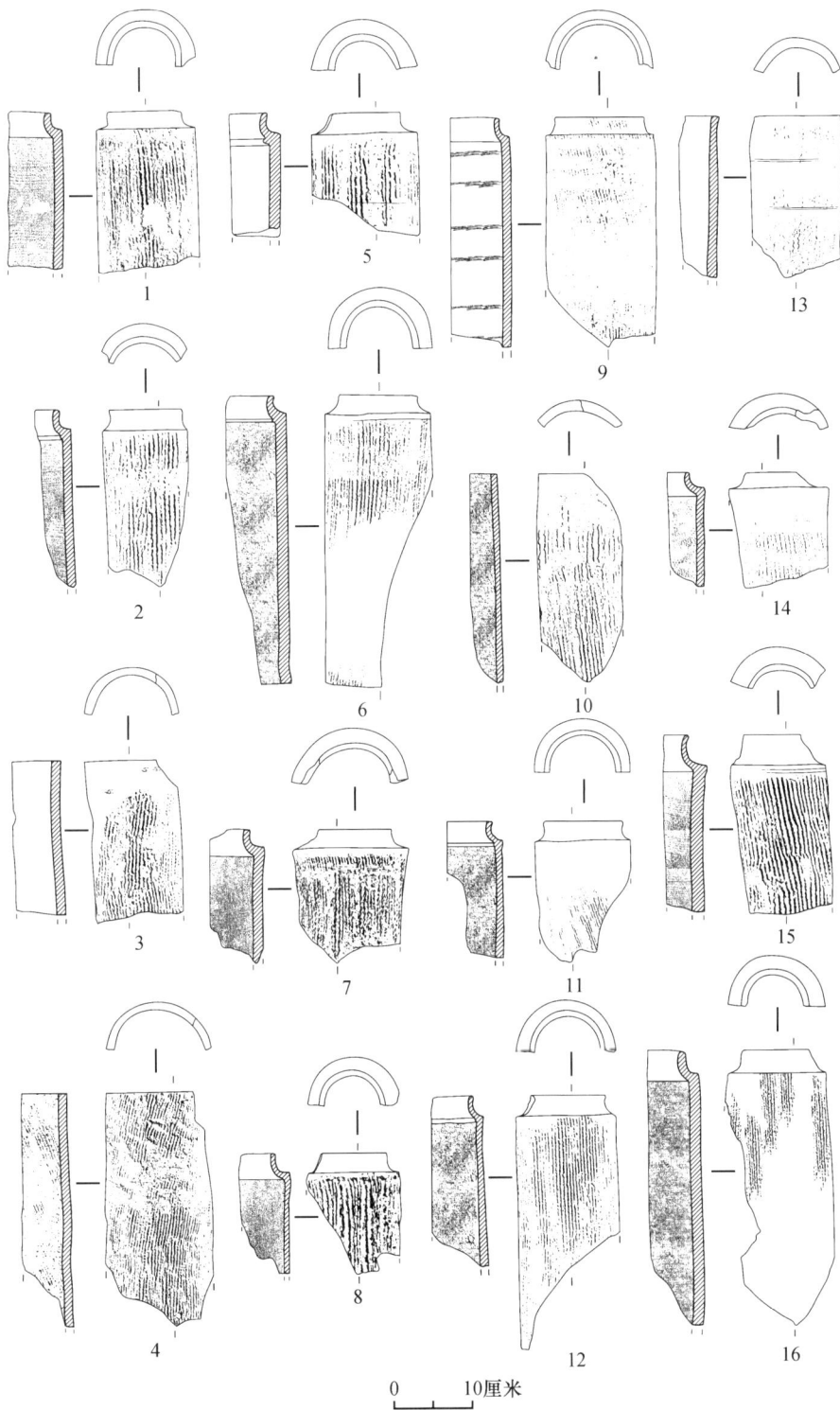

图154　Q2出土筒瓦

1. Q2②：130　2. Q2②：132　3. Q2②：133　4. Q2②：134　5. Q2②：135　6. Q2②：136　7. Q2②：137　8. Q2②：138
9. Q2②：139　10. Q2②：140　11. Q2②：142　12. Q2②：143　13. Q2②：144　14. Q2②：145　15. Q2②：146　16. Q2②：147

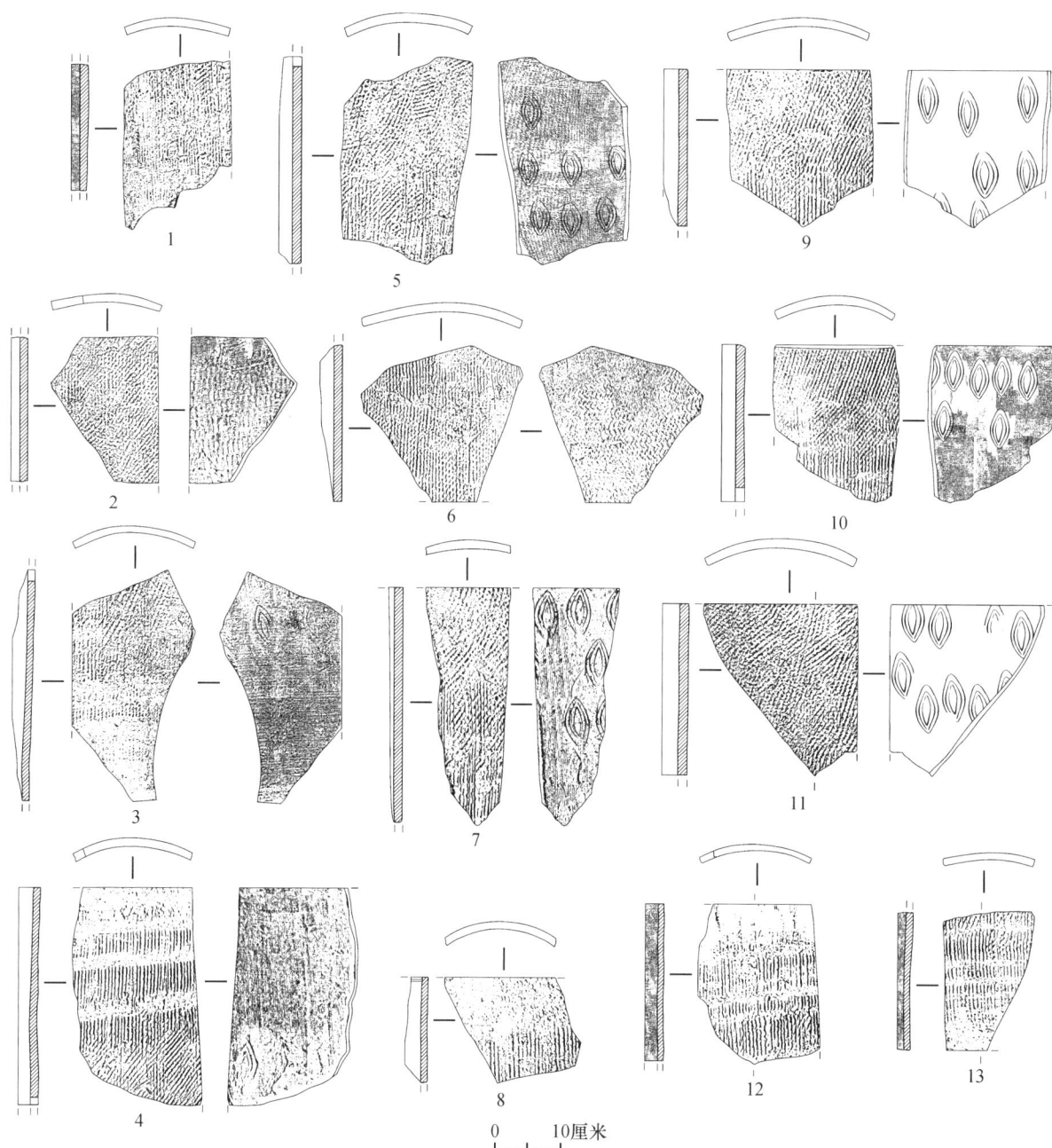

图155　Q2出土板瓦

1. Q2①：135　2. Q2①：137　3. Q2①：138　4. Q2①：139　5. Q2①：140　6. Q2①：141　7. Q2①：142　8. Q2①：143
9. Q2①：146　10. Q2①：147　11. Q2①：149　12. Q2①：151　13. Q2①：152

标本Q2①：160，凸面饰绳纹，凹面饰重椭纹。残长28.8、宽32.4、厚1.4厘米（图156，6；图版四五，4）。标本Q2②：148，凹凸两面均饰绳纹。残长26.4、宽24、厚1.2厘米（图156，7）。标本Q2②：149，凸面均饰绳纹。残长22、宽15.4、厚1.2厘米（图156，8）。标本Q2②：150，凹凸两面均饰绳纹。残长22.8、宽17.2、厚1.6厘米（图156，9）。标本Q2②：151，凸面饰绳纹。残长27、宽22.6、厚1.3厘米（图156，10）。标本Q2②：152，凸面饰绳纹，凹面饰布纹。残长23、宽16.6、厚0.9厘米（图156，11）。标本Q2②：153，凹凸两面均饰绳纹。残长25、宽15.2、厚1.5厘米（图156，12）。标本Q2②：155，凸面饰绳纹，凹面饰乳钉纹、布纹。残长17、宽16、厚1.6厘米（图156，13）。标本Q2②：156，凸面饰绳纹，凹面饰麻点纹。残长17、宽20.8、厚1.1厘米（图156，14）。标本Q2②：157，凸面饰绳纹，凹面饰布纹。残长21、宽29、厚1.4厘米（图156，15）。标本Q2②：158，凸面饰间断绳纹。残长11.6、宽15.2、厚1.1厘米（图156，16）。标本Q2②：159，凸面饰绳纹，凹面饰重菱纹。残长20、宽17、厚1.2厘米（图156，17）。标本Q2②：160，凹凸两面均饰绳纹。残长16.2、宽24、厚1.2厘米（图156，18）。标本Q2②：161，凹凸两面均饰绳纹。残长31、宽21.2、厚1.6厘米（图157，1）。标本Q2②：162，凹凸两面均饰绳纹。残长23.4、宽22、厚1.2厘米（图157，2）。标本Q2②：163，凸面饰绳纹，凹面饰麻点纹。残长16.6、宽15.4、厚0.9厘米（图157，3）。标本Q2②：164，凹凸两面均饰绳纹。残长23、宽17.2、厚0.9厘米（图157，4）。标本Q2②：165，凹凸两面均饰绳纹。残长19.6、宽24.4、厚1.1厘米（图157，5）。标本Q2②：167，凸面饰绳纹，凹面饰布纹。残长18.6、宽18.2、厚1.1厘米（图157，6）。标本Q2②：168，凸面饰绳纹，凹面饰布纹。残长21、宽18.4、厚1.2厘米（图157，7）。标本Q2②：169，凸面饰绳纹，凹面饰方格纹。残长23.6、宽17、厚1.4厘米（图157，8）。标本Q2②：170，凹凸两面均饰绳纹。残长19、宽15.2、厚1.2厘米（图157，9）。标本Q2②：171，凸面饰绳纹，凹面饰布纹。残长19、宽16、厚1.1厘米（图157，10）。标本Q2②：172，凸面饰绳纹。残长18.6、宽13.2、厚1.2厘米（图157，11）。标本Q2②：173，凸面饰绳纹，凹面饰重菱纹。残长11.8、宽12、厚1.2厘米（图157，12）。标本Q2②：174，凸面饰绳纹，凹面饰布纹。残长25.2、宽25、厚1.4厘米（图157，13）。标本Q2②：175，凸面饰绳纹。残长16.4、宽14.4、厚1.2厘米（图157，14）。标本Q2②：176，凹凸两面均饰绳纹。残长23.2、宽22、厚1.2厘米（图157，15）。标本Q2②：177，凸面饰绳纹，凹面饰布纹。残长25、宽15.6、厚1.1厘米（图157，16）。标本Q2②：178，凹凸两面均饰绳纹。残长18.6、宽19.6、厚1.2厘米（图157，17）。标本Q2②：179，凸面饰绳纹。残长23.2、宽14.4、厚1.8厘米（图157，18）。

瓦当　58件。泥质灰陶。模制。根据当面可分二型。

A型　54件。当面呈圆形。标本Q2①：46，当面饰卷云纹。瓦截面呈半圆形，凸面饰绳纹。当面直径15、郭厚1厘米（图158，1）。标本Q2①：47，当面饰卷云纹。瓦截面呈半圆形，凹面饰布纹。当面直径14.6、郭厚1.1厘米（图158，2；图版四一，1）。标本Q2①：48，当面饰卷云间乳钉纹。当面直径15.2、郭厚1厘米（图158，3；图161，1；图版四一，2）。标本Q2①：49，当面饰卷云纹。瓦凹面饰布纹。复原直径15、郭厚1厘米（图158，4）。标本Q2①：50，当面饰四组卷云纹。当面直径14、郭厚1.1厘米（图158，5）。标本Q2①：51，当面饰四组卷云纹。当面直径14.6、郭厚1.2厘米（图158，6；图版四一，3）。标本Q2①：52，当面饰四组卷云纹。当面直径14.4、郭厚1厘米（图158，7；图161，2；图版四一，4）。标本Q2①：53，当面饰四组卷云纹，中间圆形乳钉上饰十字纹。当面直径14.8、郭厚0.8厘米（图158，8；图版四一，5）。标本Q2①：54，当面饰卷云纹。当面直径14.2、郭厚1.2厘米（图158，9）。标本Q2①：55，当面饰卷云间乳钉纹。当面直径15、郭厚1.2厘米（图158，10）。

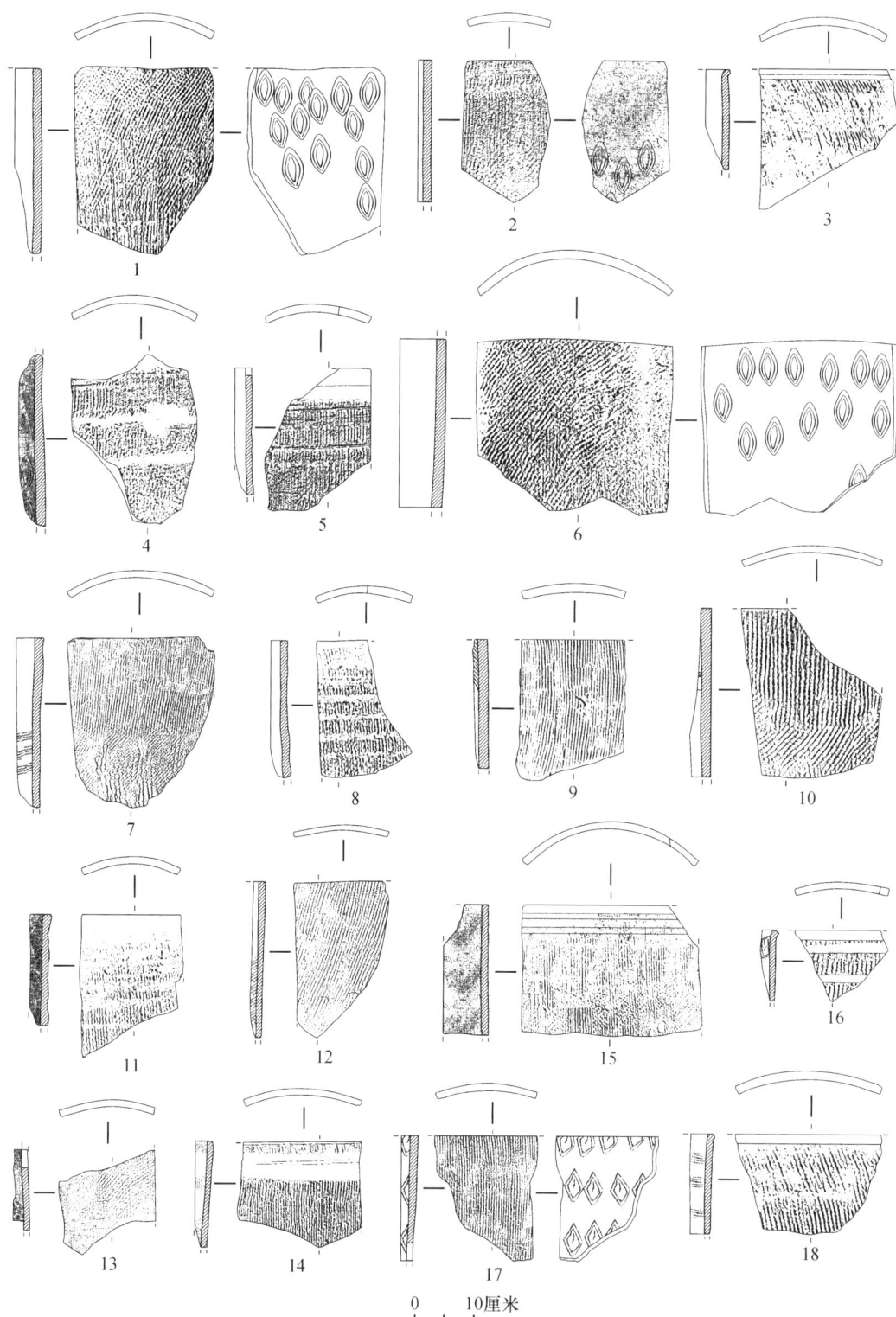

图156　Q2出土板瓦

1. Q2①：154　2. Q2①：155　3. Q2①：156　4. Q2①：157　5. Q2①：159　6. Q2①：160　7. Q2②：148　8. Q2②：149
9. Q2②：150　10. Q2②：151　11. Q2②：152　12. Q2②：153　13. Q2②：155　14. Q2②：156　15. Q2②：157
16. Q2②：158　17. Q2②：159　18. Q2②：160

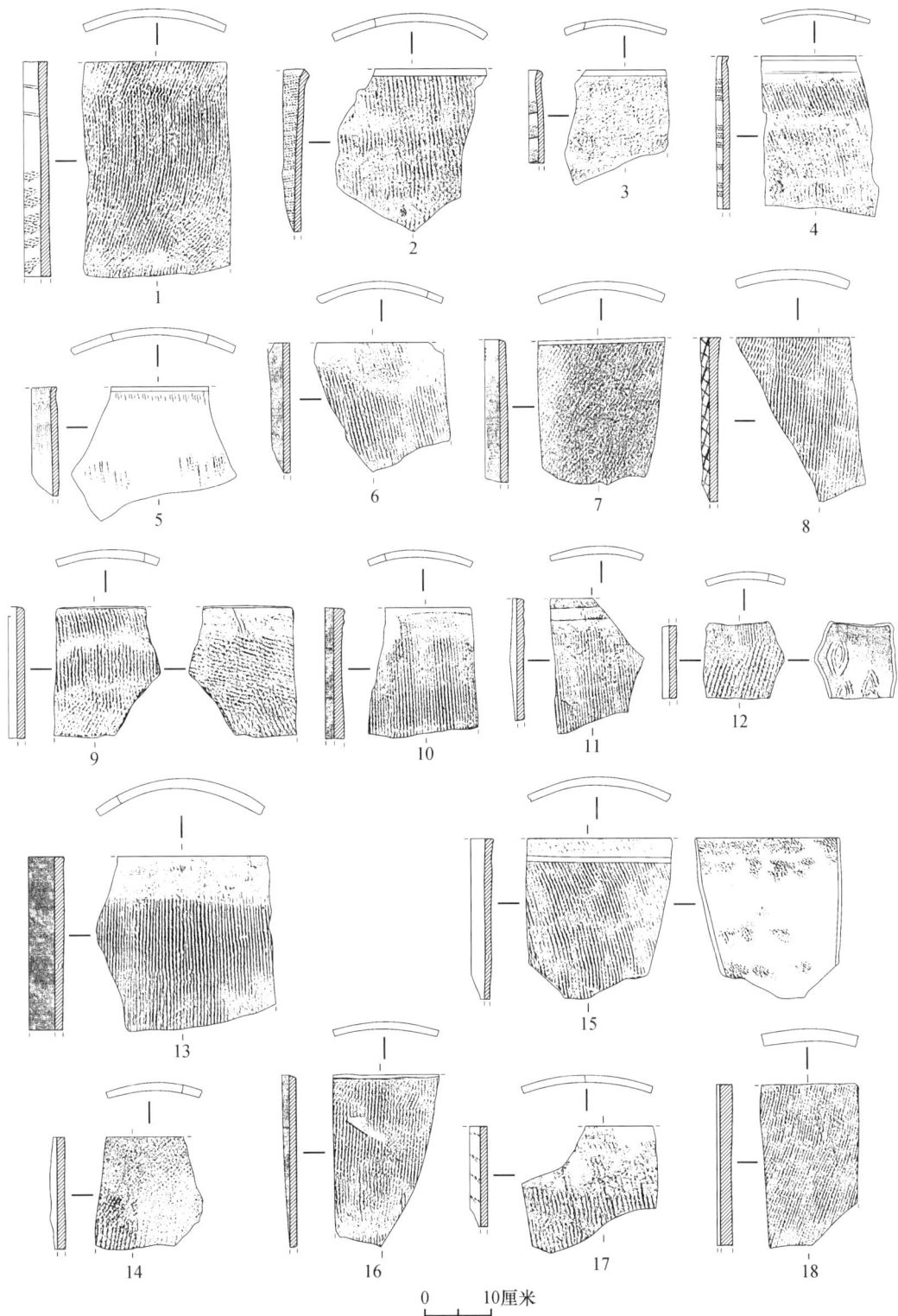

图157　Q2出土板瓦

1. Q2②：161　2. Q2②：162　3. Q2②：163　4. Q2②：164　5. Q2②：165　6. Q2②：167　7. Q2②：168　8. Q2②：169
9. Q2②：170　10. Q2②：171　11. Q2②：172　12. Q2②：173　13. Q2②：174　14. Q2②：175　15. Q2②：176
16. Q2②：177　17. Q2②：178　18. Q2②：179

标本Q2①：56，当面饰卷云纹，中间圆形乳钉上饰十字纹，背面饰绳纹。当面直径15、郭厚1.2厘米（图158，11；图版四一，6）。标本Q2①：57，当面饰卷云纹。当面直径15.6、郭厚1.2厘米（图158，12；图版四二，1）。标本Q2①：58，当面饰卷云纹。当面直径14.8、郭厚1.5厘米（图158，13）。标本Q2①：60，当面饰卷云纹。瓦截面半圆形，凹面饰布纹。当面直径15.2、郭厚0.9厘米（图158，14）。标本Q2①：61，当面饰卷云纹。瓦截面半圆形，凹面饰布纹。当面直径14.4、郭厚1.1厘米（图158，15；图版四二，2）。标本Q2①：62，当面饰卷云纹。当面直径14.4、郭厚1厘米（图158，16）。标本Q2①：63，当面饰卷云纹。瓦截面半圆形，凸面饰绳纹，凹面饰布纹。残长20.9、当面直径14.4、郭厚1厘米（图158，17）。标本Q2①：64，当面饰四组卷云纹。瓦截面半圆形，凹面饰布纹。当面直径14.6、郭厚1.1厘米

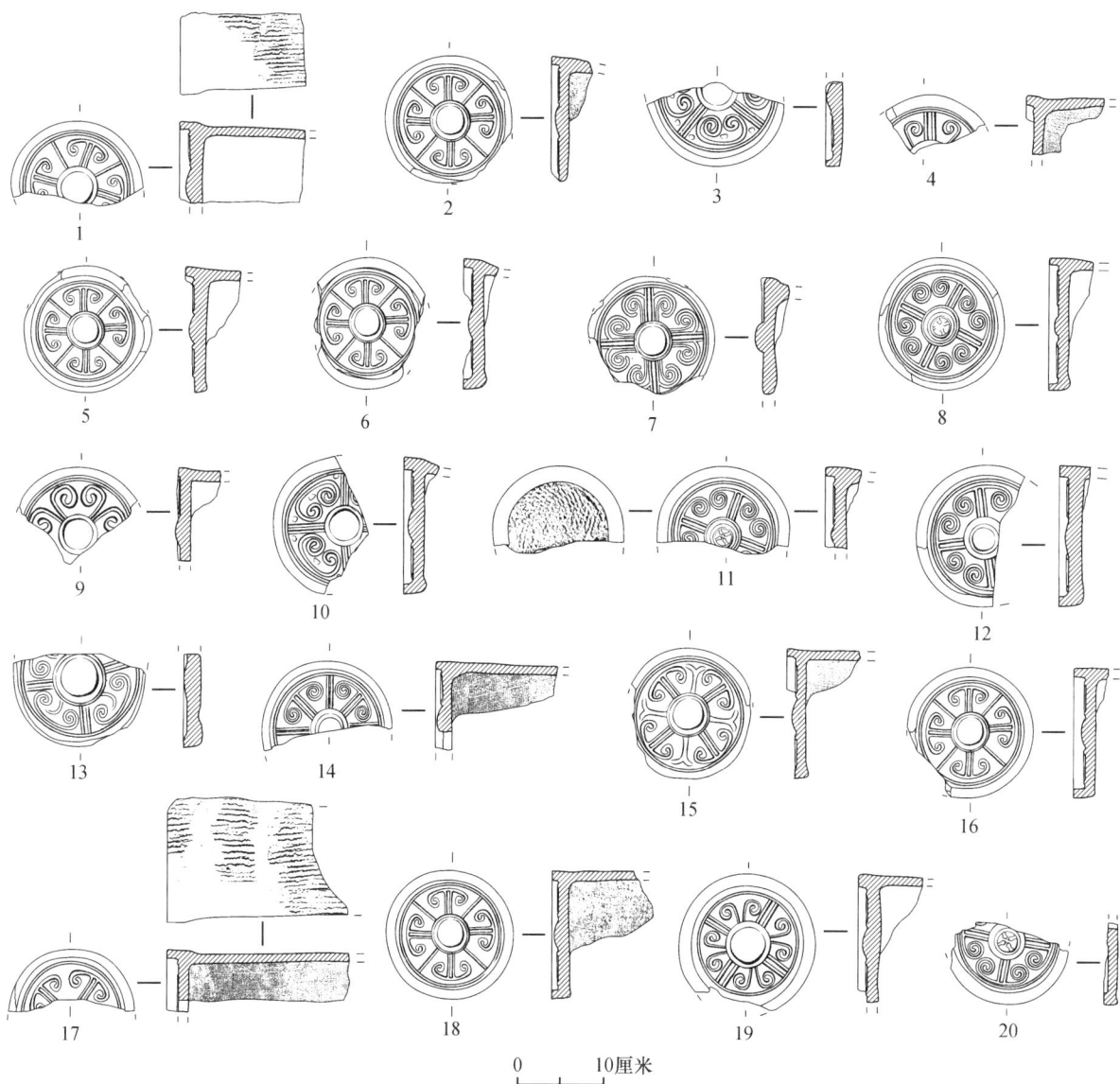

图158 Q2出土A型瓦当

1. Q2①：46 2. Q2①：47 3. Q2①：48 4. Q2①：49 5. Q2①：50 6. Q2①：51 7. Q2①：52 8. Q2①：53
9. Q2①：54 10. Q2①：55 11. Q2①：56 12. Q2①：57 13. Q2①：58 14. Q2①：60 15. Q2①：61 16. Q2①：62
17. Q2①：63 18. Q2①：64 19. Q2①：65 20. Q2①：66

（图158，18；图版四二，3）。标本Q2①：65，当面饰卷云纹。当面直径15.4、郭厚1.4厘米（图158，19；图版四二，4）。标本Q2①：66，当面饰卷云纹，中间圆形乳钉上饰十字纹。当面直径14.4、郭厚1.2厘米（图158，20）。标本Q2①：67，当面饰卷云纹。背面饰绳纹。当面直径11.4、郭厚1.3厘米（图159，1）。标本Q2①：70，当面饰卷云纹。当面复原直径14、郭厚1.1厘米（图159，2）。标本Q2①：71，当面饰卷云纹间乳钉纹。复原当面直径15.6、郭厚1厘米（图159，3）。标本Q2①：72，当面饰卷云纹，中间圆形乳钉上饰十字纹。背面饰绳纹。复原当面直径14.2、郭厚1厘米（图159，4）。标本Q2①：73，当面饰卷云纹。复原当面直径13.8、郭厚0.9厘米（图159，5）。标本Q2①：74，当面饰卷云纹。复原当面直径15、郭厚1.1厘米（图159，6）。标本Q2②：207，当面饰卷云纹。当面直径14.4、郭厚3.8厘米（图159，7）。标本Q2②：208，当面饰卷云纹与方格纹。瓦截面半圆形，凸面饰绳纹。当面直径15、郭厚1.2厘米（图159，8）。标本Q2②：209，当面饰卷云纹。直径15.2、郭厚1.2厘米（图159，9；图版四五，5）。标本Q2②：210，当面饰卷云纹。直径14.6、郭厚1.5厘米（图159，10）。标本Q2②：211，当面饰卷云纹。直径14、郭厚1.2厘米（图159，11）。标本Q2②：212，当面饰四神兽图。直径14.6、郭厚0.9厘米（图159，12；图版五一，1）。标本Q2②：213，当面饰卷云纹间乳钉纹。直径13、郭厚1.2厘米（图159，13）。标本Q2②：214，当面饰卷云纹。直径16、郭厚1.3厘米（图159，14）。标本Q2②：215，当面饰四组勾连卷云纹，中西部一乳钉，两相对称蝶状图案。直径16、郭厚1.3厘米（图159，15；图161，4；图版五一，2）。标本Q2②：216，当面饰卷云纹。复原直径14、郭厚0.9厘米（图159，16）。标本Q2②：217，当面饰卷云纹。直径14.2、郭厚0.8厘米（图159，17）。标本Q2②：218，当面饰四组卷云纹，中心部一乳钉，其上压印十字纹，背面饰绳纹。直径16、郭厚0.8厘米（图159，18；图161，5；图版五一，3）。标本Q2②：219，当面饰卷云纹。直径14、郭厚0.8厘米（图159，19）。标本Q2②：220，当面饰四组卷云纹，中部饰葵纹。直径15.5、郭厚1厘米（图159，20）。标本Q2②：221，当面饰卷云纹。直径19、郭厚1.4厘米（图159，21；图161，6；图版五〇，6）。标本Q2②：222，当面饰卷云纹。直径18、郭厚1.4厘米（图159，22）。标本Q2②：223，当面饰卷云纹，中部饰葵纹。直径15.7、郭厚1.2厘米（图160，1；图版五一，4）。标本Q2②：224，当面饰卷云纹。直径12、郭厚1.4厘米（图160，2）。标本Q2②：225，当面饰卷云纹。复原直径15、郭厚0.8厘米（图160，3）。标本Q2②：226，当面饰四组卷云纹。当面直径14.2、郭厚1厘米（图160，4；图161，8；图版五一，5）。标本Q2②：227，当面饰四组卷云纹。当面直径14.2、郭厚1厘米（图160，5；图版五一，6）。标本Q2②：228，当面饰卷云纹。当面直径14.8、郭厚1.1厘米（图160，6）。标本Q2②：229，当面饰四组卷云纹。当面直径14.8、郭厚1厘米（图160，7；图161，9；图版五二，1）。标本Q2②：230，当面饰四组卷云纹。当面直径15.2、郭厚1.1厘米（图160，8；图161，10；图版五二，2）。标本Q2②：231，当面饰四组卷云纹。当面直径13.6、郭厚1厘米（图160，9）。标本Q2②：233，当面饰四组卷云纹。当面直径15.4、郭厚0.8厘米（图160，10）。标本Q2②：235，当面饰四组卷云纹。当面直径13.6、郭厚1.2厘米（图160，11；图版五二，3）。标本Q2②：236，当面饰四组卷云纹。当面直径18.7、郭厚1.2厘米（图160，12；图161，11；图版五二，4）。

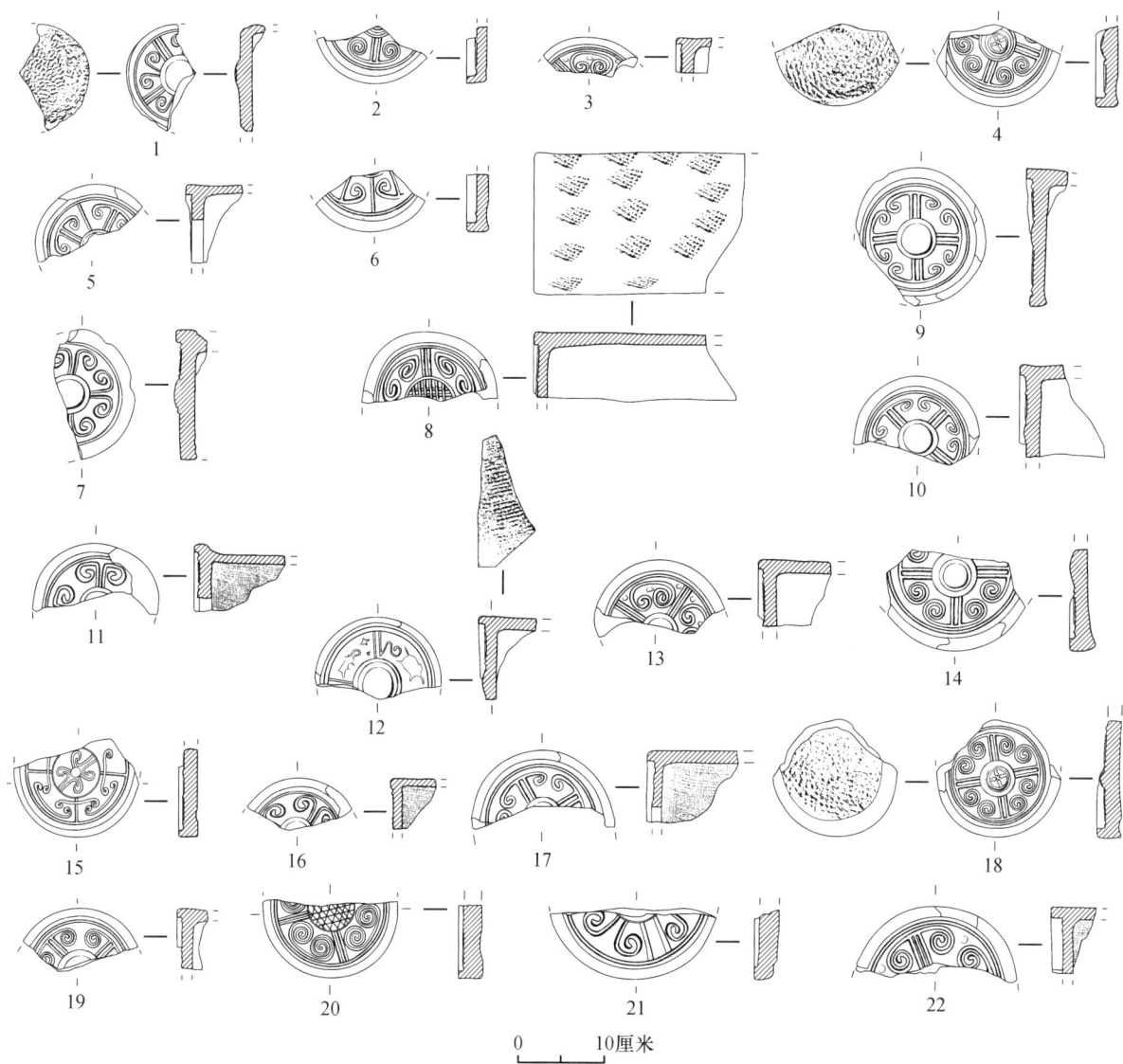

图159　Q2出土A型瓦当

1. Q2①：67　2. Q2①：70　3. Q2①：71　4. Q2①：72　5. Q2①：73　6. Q2①：74　7. Q2②：207　8. Q2②：208　9. Q2②：209
10. Q2②：210　11. Q2②：211　12. Q2②：212　13. Q2②：213　14. Q2②：214　15. Q2②：215　16. Q2②：216　17. Q2②：217
18. Q2②：218　19. Q2②：219　20. Q2②：220　21. Q2②：221　22. Q2②：222

　　B型　4件。当面呈半圆形，素面。标本Q2①：59，瓦截面半圆形，凸面饰绳纹。残长16、当面直径10.8、郭厚1.1厘米（图160，13）。标本Q2①：69，瓦截面半圆形，凹面饰绳纹。当面直径12.4、郭厚1.4厘米（图160，14）。标本Q2②：232，瓦截面半圆形，凸面饰绳纹。当面直径14.8厘米（图160，15）。标本Q2②：234，瓦截面半圆形，残缺，凸面饰绳纹。当面直径15.4、郭厚0.8厘米（图160，16）。

　　砖　65件。泥质灰陶。模制。均残缺。按用途分为空心砖、铺地砖、墙砖等。

　　空心砖　10件。长方体，中空。标本Q2①：88，残长15.2、宽11.2、厚3.2厘米（图162，1）。标本Q2①：89，平面饰菱形纹。残长19.2、宽10.2、厚3厘米（图162，2）。标本Q2①：90，平面饰绳纹。残长24.8、宽10.6、厚3厘米（图162，3）。标本Q2②：110，残长

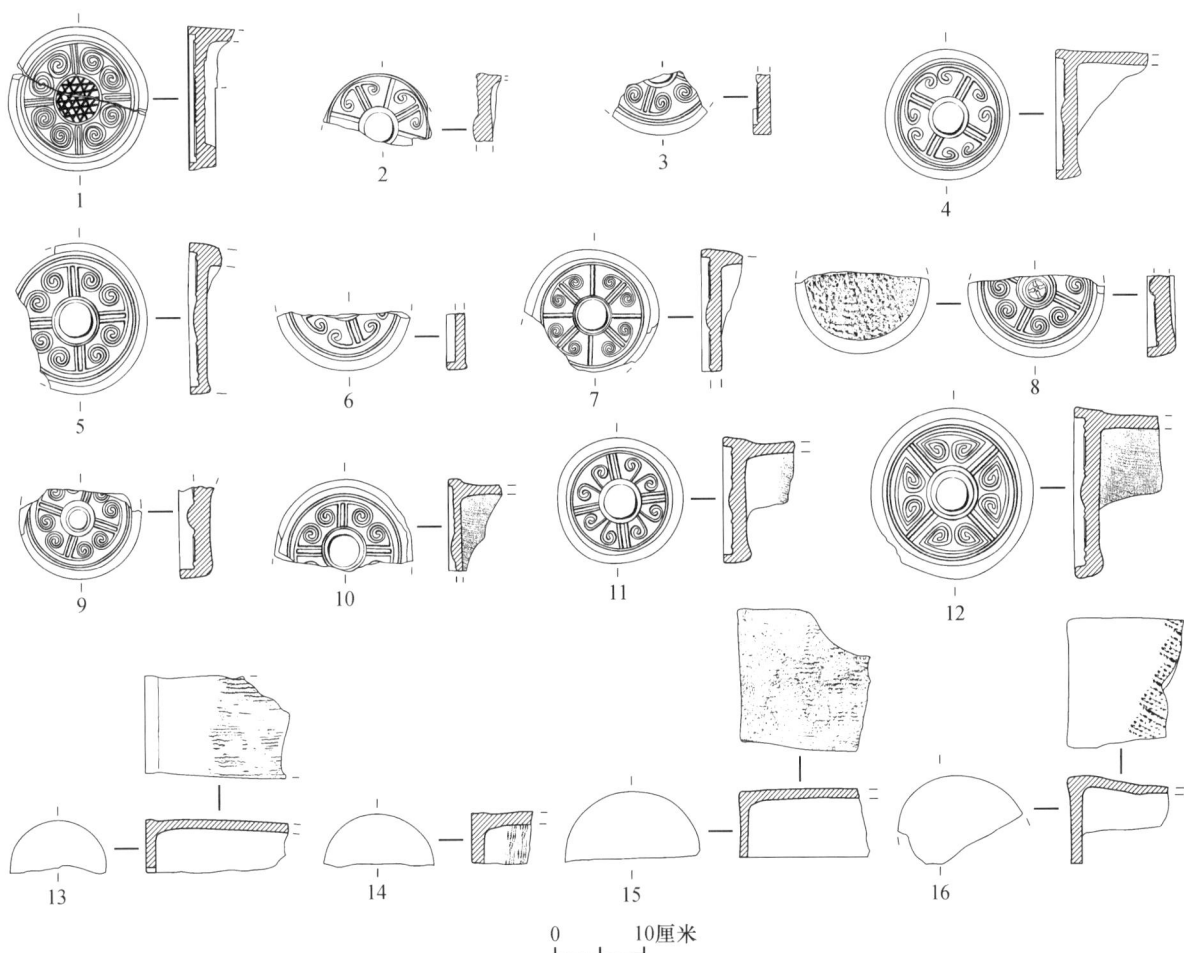

图160　Q2出土A、B型瓦当

1~12. A型（Q2②：223、Q2②：224、Q2②：225、Q2②：226、Q2②：227、Q2②：228、Q2②：229、Q2②：230、
Q2②：231、Q2②：233、Q2②：235、Q2②：236）　13~16. B型（Q2①：59、Q2①：69、Q2②：232、Q2②：234）

22.4、宽16.4厘米（图162，4；图版四六，6）。标本Q2②：111，平面饰方格与菱形纹。残长24.6、宽16厘米（图162，5；图版四七，1）。标本Q2②：112，平面饰方格与菱形纹，端面饰绳纹。残长18.8、宽10.8厘米（图162，6；图版四七，2）。标本Q2②：113，内壁饰回形纹。残长9、宽18.4厘米（图162，7；图版四七，3）。标本Q2②：114，平面饰菱形纹。残长12.8、宽13.6厘米（图162，8）。标本Q2②：115，平面饰菱形纹。残长23、宽14.6厘米（图162，9）。标本Q2②：117，平面及端面饰方格与菱形纹，内壁饰绳纹。残长19.2、宽13厘米（图162，10；图版四七，4）。

　　铺地砖　26件。泥质灰陶。模制。方形。均残缺。标本Q2①：80，正面饰菱形纹，背面饰绳纹。残长21、宽22.6、厚3厘米（图163，1）。标本Q2①：81，正面饰菱形纹。残长20.2、宽20、厚5厘米（图163，2）。标本Q2①：82，正面饰重三角形纹。残长20.8、宽20、厚2.7厘米（图163，3）。标本Q2①：86，正面饰回形纹。残长16.2、宽13.8、厚2厘米（图163，4）。标本Q2①：87，正面饰菱形纹。长31、残宽25.6、厚3.6厘米（图163，5；图版四三，1）。标本Q2②：181，平面饰重框纹。残长22.5、宽16.6、厚2.6厘米（图

图161　Q2出土瓦当纹饰拓片

1. Q2①：48　2. Q2①：52　3. Q2②：212　4. Q2②：215　5. Q2②：218　6. Q2②：221　7. Q2②：223　8. Q2②：226
9. Q2②：229　10. Q2②：230　11. Q2②：236

图162 Q2出土空心砖

1. Q2①：88 2. Q2①：89 3. Q2①：90 4. Q2②：110 5. Q2②：111 6. Q2②：112 7. Q2②：113 8. Q2②：114
9. Q2②：115 10. Q2②：117

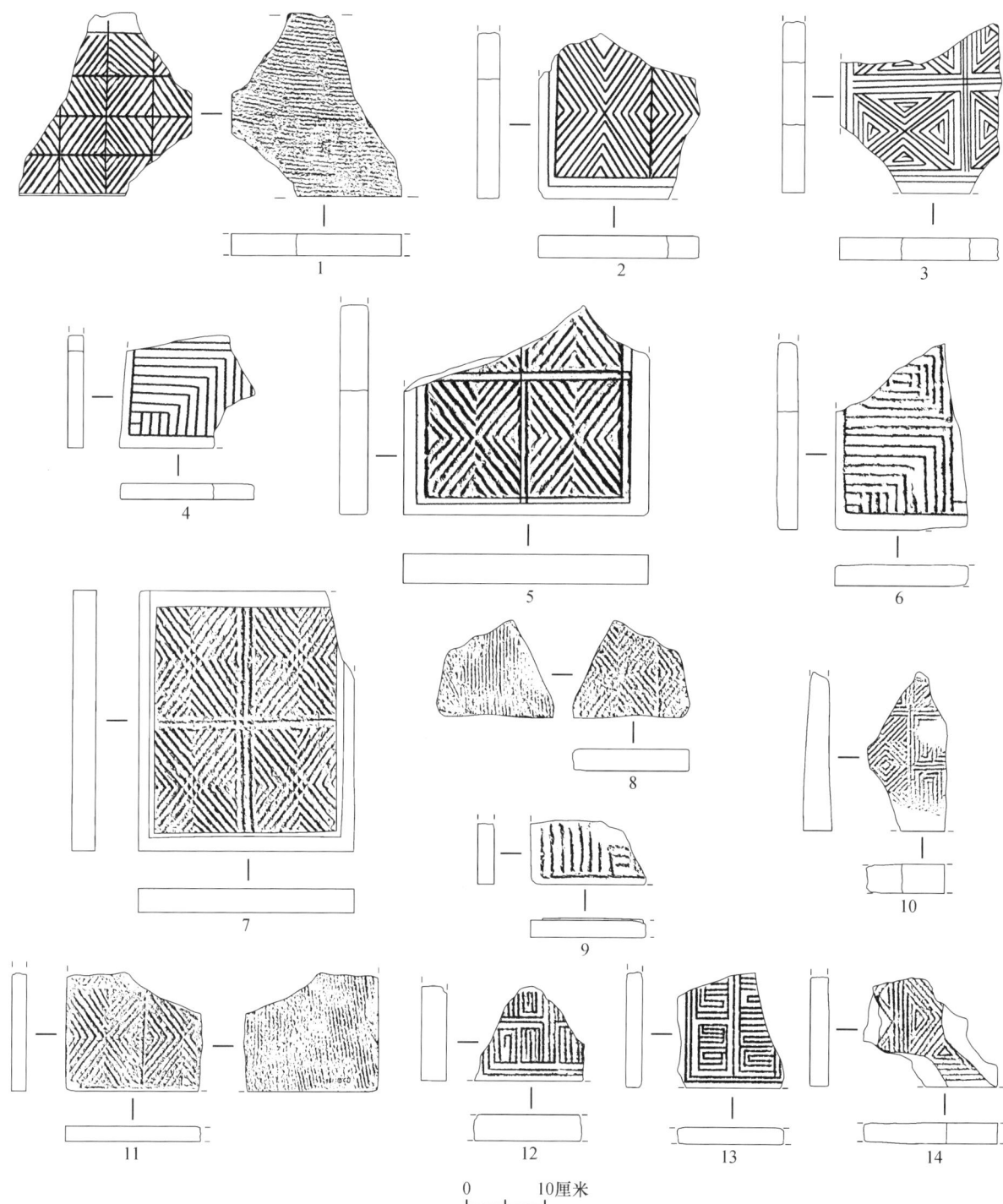

图163　Q2出土铺地砖

1. Q2①：80　2. Q2①：81　3. Q2①：82　4. Q2①：86　5. Q2①：87　6. Q2②：181　7. Q2②：182　8. Q2②：183

9. Q2②：184　10. Q2②：185　11. Q2②：186　12. Q2②：189　13. Q2②：190　14. Q2②：191

163，6；图版五〇，1）。标本Q2②：182，饰四组菱形纹。残长32、宽27.4、厚3厘米（图163，7；图版五〇，2）。标本Q2②：183，正面饰菱形纹，背面饰绳纹。残长11.8、宽14.6、厚2.6厘米（图163，8）。标本Q2②：184，平面饰重框纹。残长14.5、宽7.8、厚2.2厘米（图163，9）。标本Q2②：185，平面饰菱形纹。残长19.6、宽9.6、厚3.5厘米（图163，10）。标本Q2②：186，正面饰菱形纹，背面饰绳纹。残长14.6、宽16.6、厚2.1厘米（图163，11；图版五〇，3）。标本Q2②：189，平面饰回形纹。残长11.6、宽13.6、厚2.9厘米（图163，12）。标本Q2②：190，平面饰回形纹。残长14、宽13.2、厚2.2厘米（图163，13）。标本Q2②：191，平面饰菱形纹。残长17、宽13.2、厚2.6厘米（图163，14）。标本Q2②：192，平面饰菱形纹。残长10.8、宽10、厚2.6厘米（图164，1）。标本Q2②：193，平面饰菱形纹。残长13.6、宽15、厚2.8厘米（图164，2；图版五〇，4）。标本Q2②：194，平面饰菱形纹。残长11、宽10、厚2.4厘米（图164，3）。标本Q2②：195，平面饰回形纹。残长14.2、宽11.2、厚2.6厘米（图164，4）。标本Q2②：196，平面饰方格纹与菱形纹，背面饰绳纹。残长14.8、宽11.6、厚2.2厘米（图164，5）。标本Q2②：197，平面饰菱形纹。残长10、宽11、厚2.5厘米（图164，6）。标本Q2②：198，平面饰重框纹。残长11.4、宽12、厚2厘米（图164，7）。标本Q2②：199，平面饰菱形纹。残长12、宽12.6、厚2厘米（图164，8）。标本Q2②：200，平面饰回形纹与菱形纹。残长22、宽19.2、厚2.4厘米（图164，9；图版五〇，5）。标本Q2②：201，平面饰菱形纹。残长16.2、宽13.8、厚2.7厘米（图164，10）。标本Q2②：202，平面饰菱形纹。残长11.4、宽10、厚3.7厘米（图164，11）。标本Q2②：203，平面饰回形纹与菱形纹。残长15.8、宽13.2、厚2.3厘米（图164，12）。

墙砖　29件。泥质灰陶。模制。长方体。均残缺，根据其横截面可分为二型。

A型　27件。横截面呈长方形。标本Q2①：76，平面饰绳纹，纵侧面的一面饰几何纹。残长19、宽15、厚6厘米（图165，1）。标本Q2①：77，平面饰绳纹，纵侧面的一面饰几何纹。残长22、宽14.2、厚5.6厘米（图165，2）。标本Q2①：92，平面饰绳纹，纵侧面的一面饰菱形纹。长36.2、宽15.2、厚6.2厘米（图165，3）。标本Q2①：93，平面饰绳纹，纵侧面的一面饰菱形纹。长36.2、宽15.2、厚6.2厘米（图165，4）。标本Q2①：94，平面饰绳纹，纵侧面饰菱形纹。长36.2、宽15.2、厚6.2厘米（图165，5）。标本Q2①：95，平面饰绳纹，纵侧面的一面和端面饰菱形纹。长35.2、宽16.8、厚6.6厘米（图165，6；图版四三，2）。标本Q2①：96，平面饰绳纹，纵侧面的一面饰几何纹间菱形纹。残长15.8、宽13.8、厚6.4厘米（图165，7）。标本Q2①：97，平面饰绳纹，纵侧面的一面饰菱形纹。残长10.2、宽13.4、厚4.6厘米（图165，8）。标本Q2①：98，平面饰绳纹，纵侧面的一面饰菱形纹。残长19.4、宽14.8、厚6厘米（图165，9）。标本Q2①：99，平面饰绳纹，纵侧面的一面饰菱形纹间乳钉纹。残长17.2、宽17.4、厚5.8厘米（图165，10）。标本Q2①：100，平面饰绳纹，纵侧面的一面饰菱形纹。残长22、宽15.2、厚5厘米（图165，11）。标本Q2①：101，平面饰绳纹，纵侧面的一面饰菱形纹。长36、宽15、厚6.5厘米（图165，12；图版三八，5）。标本Q2①：102，平面饰绳纹，纵侧面的一面饰几何纹。长35.6、宽14.6、厚5.6厘米（图165，13；图版三八，6）。标本Q2①：103，平

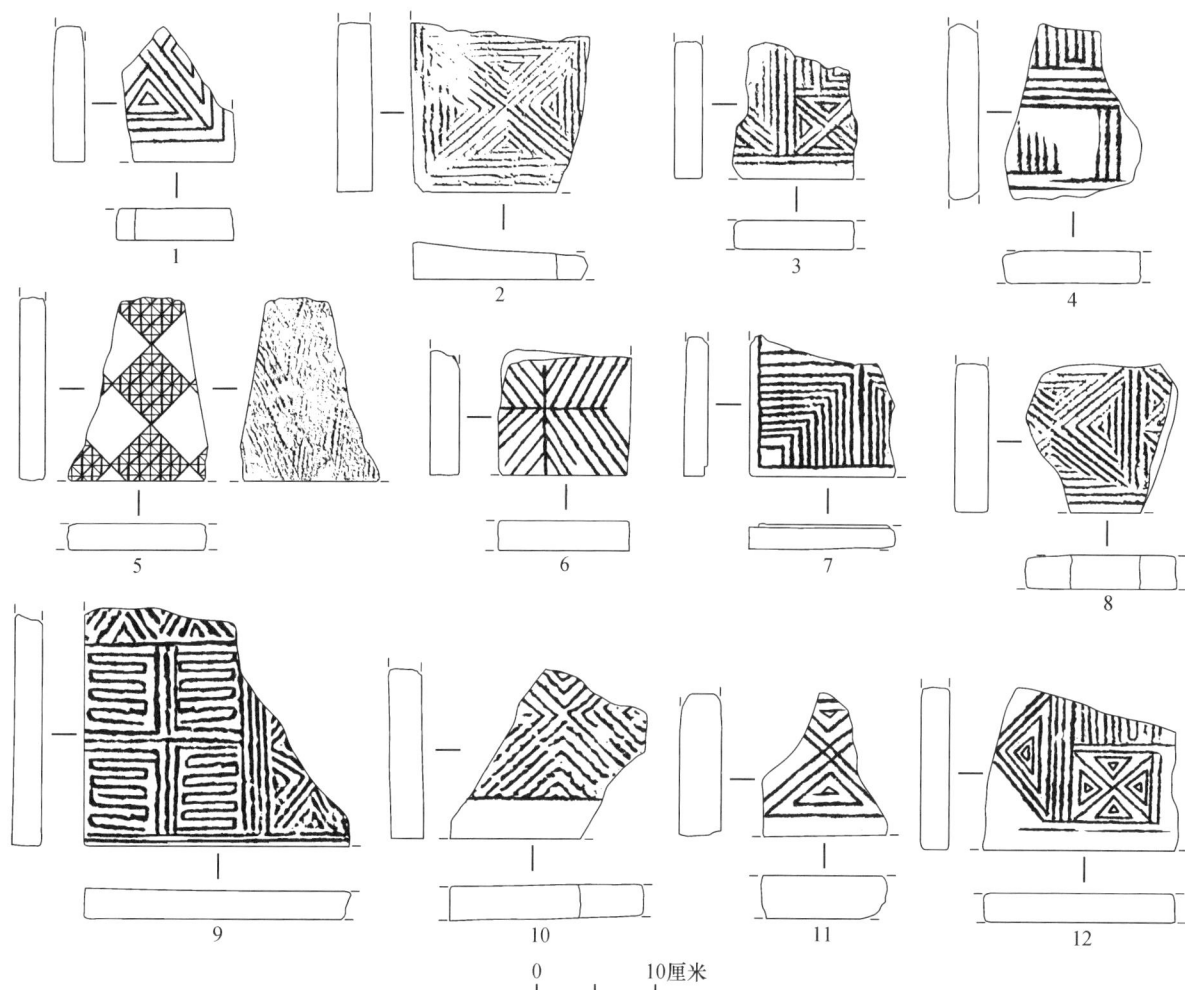

图164　Q2出土铺地砖

1. Q2②：192　2. Q2②：193　3. Q2②：194　4. Q2②：195　5. Q2②：196　6. Q2②：197　7. Q2②：198　8. Q2②：199
9. Q2②：200　10. Q2②：201　11. Q2②：202　12. Q2②：203

面饰绳纹，纵侧面的一面饰菱形纹。长35.2、宽15.4、厚6.2厘米（图166，1；图版三八，7）。标本Q2①：104，平面饰绳纹，纵侧面的一面饰菱形纹。长36、宽15.2、厚6.2厘米（图166，2）。标本Q2①：105，平面饰绳纹，纵侧面的一面饰菱形纹。长35.6、宽14.4、厚6.4厘米（图166，3）。标本Q2①：106，平面饰绳纹，纵侧面的一面饰菱形纹。长35.6、宽15、厚6厘米（图166，4）。标本Q2①：107，平面饰绳纹，纵侧面的一面饰菱形纹。长35.8、宽15、厚5.8厘米（图166，5）。标本Q2②：116，素面。残长14.4、宽16.8厘米（图166，6）。标本Q2②：237，平面局部饰绳纹，纵侧面的一面饰菱形纹。残长18、宽14.4、厚6厘米（图166，7）。标本Q2②：239，平面饰绳纹，纵侧面的一面饰菱形纹。残长22、宽16.8、厚6厘米（图166，8；图版五二，6）。标本Q2②：240，平面饰绳纹，纵侧面的一面饰菱形纹。残长27.6、宽15.4、厚6.2厘米（图166，9）。标本Q2②：241，平面饰绳纹，纵侧面饰卷云纹。残长11、宽7.2、厚5厘米（图166，10；图版四五，6）。标本Q2②：242，平面饰绳纹，纵侧面的一面饰菱形纹。长36.2、宽15.4、厚6厘米（图166，11）。标本Q2②：243，平面局部饰绳

图165　Q2出土A型墙砖

1. Q2①：76　2. Q2①：77　3. Q2①：92　4. Q2①：93　5. Q2①：94　6. Q2①：95　7. Q2①：96　8. Q2①：97
9. Q2①：98　10. Q2①：99　11. Q2①：100　12. Q2①：101　13. Q2①：102

纹，侧面饰菱形纹。残长13.4、宽10、厚4.8厘米（图166，12）。标本Q2②：244，平面饰绳纹，纵侧面的一面饰菱形纹。残长22、宽15、厚6厘米（图166，13）。标本Q2②：245，平面局部饰绳纹，纵侧面的一面饰菱形纹。残长27.6、宽15、厚6.6厘米（图166，14）。

B型　2件。横截面呈梯形。标本Q2①：91，平面饰绳纹，纵侧面的一面饰菱形纹。长35.6、宽13.8、厚5.6厘米（图166，15）。标本Q2②：238，平面饰绳纹，纵侧面的一面饰菱形纹。长35.2、宽14.2、厚6.6厘米（图166，16；图版五二，5）。

陶井圈　3件。泥质灰陶，模制，管状，残缺。标本Q2②：204，外壁饰绳纹，内壁饰麻点纹。口径60、残高14厘米（图167，1）。标本Q2②：205，外壁饰绳纹。口径62、残高11.6厘米（图167，2）。标本Q2②：206，外壁饰绳纹。口径62、残高12.6厘米（图167，3）。

0　　　10厘米

图166　Q2出土A、B型墙砖

1～14. A型（Q2①：103、Q2①：104、Q2①：105、Q2①：106、Q2①：107、Q2②：116、Q2②：237、Q2②：239、
Q2②：240、Q2②：241、Q2②：242、Q2②：243、Q2②：244、Q2②：245）　15、16. B型（Q2①：91、Q2②：238）

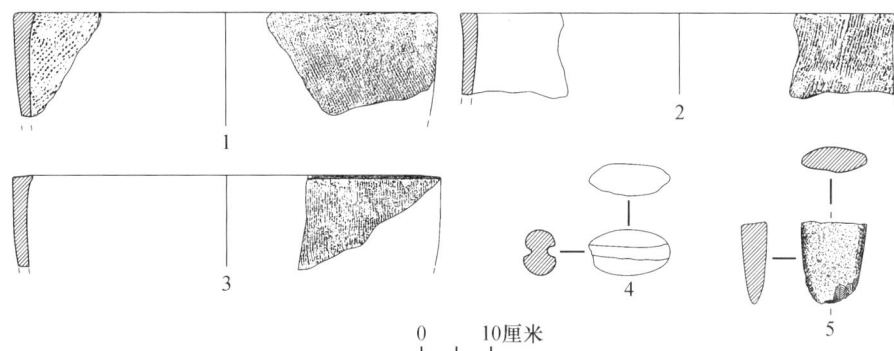

图167 Q2出土陶器和石器

1～3.陶井圈（Q2②：204、Q2②：205、Q2②：206） 4.陶网坠（Q2②：108） 5.石斧（Q2②：118）

陶网坠 1件。泥质灰陶，模制，器表施黑色陶衣。标本Q2②：108，网坠平面呈椭圆形，两侧作凹槽。长11.4厘米（图167，4；图版四六，5）。

（2）石器

出土石器极少，仅为1件石斧。

石斧 1件。平面呈梯形，纵截面呈锥状。标本Q2②：118，残长11.2、宽9.2、厚3.4厘米（图167，5；图版四七，5）。

（3）铜钱

10枚。均为半两钱。标本Q2②：255-1，半两钱。直径2.4、穿长宽0.8厘米（图168，1）。标本Q2②：255-2，半两钱。直径2.3、穿长0.9、宽0.7厘米（图168，2）。标本Q2②：255-3，半两钱。直径2.4、穿长宽0.7厘米（图168，3）。标本Q2②：255-4，半两钱。直径2.5、穿长宽0.8厘米（图168，4）。标本Q2②：255-5，半两钱。直径2.3、穿长宽0.9厘米（图168，5）。标本Q2②：255-6，半两钱，直径2.4、穿长宽0.8厘米（图168，6）。标本Q2②：255-7，半两钱。直径2.4、穿长0.8、宽0.7厘米（图168，7）。标本Q2②：255-8，半两钱。直径2.4、穿长宽0.7厘米（图168，8）。标本Q2②：255-9，半两钱。直径2.3、穿长宽0.8厘米（图168，9）。标本Q2②：255-10，半两钱。直径2.3、穿长宽0.7厘米（图168，10）。

（4）铁器

出土铁器极少，主要为削刀、锥。

铁削刀 1件。铸制。环首，刀身对折已变形。标本Q2②：253，残长10.1厘米（图168，11；图版五四，2）。

铁锥 1件。铸制。前端锥状，身呈圆柱形，末端作圆环。标本Q2②：254，长16.8厘米（图168，12；图版五四，3）。

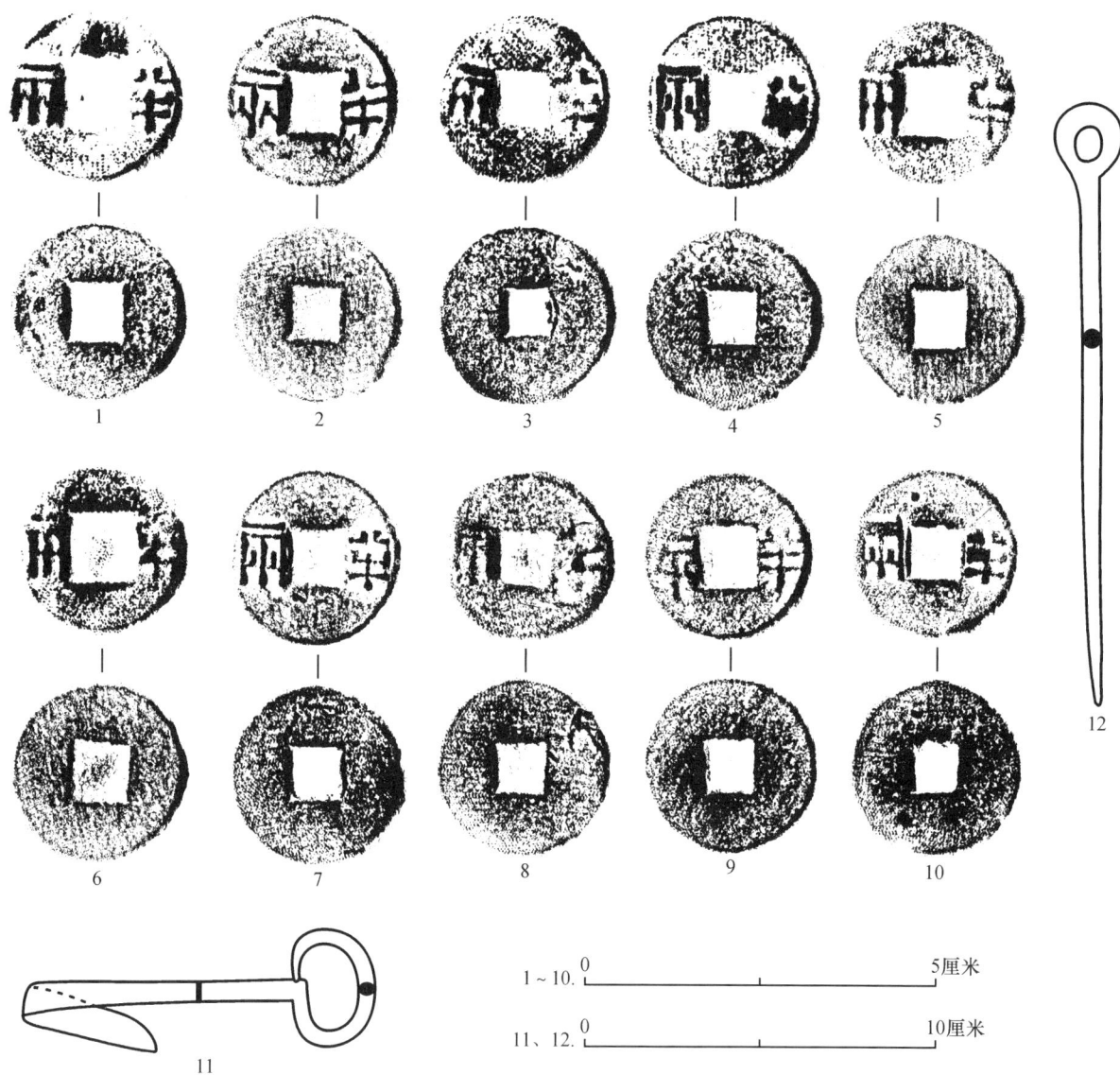

图168　Q2出土铜钱和铁器

1～10. 铜钱（Q2②：255-1、Q2②：255-2、Q2②：255-3、Q2②：255-4、Q2②：255-5、Q2②：255-6、Q2②：255-7、
Q2②：255-8、Q2②：255-9、Q2②：255-10）　　11. 铁削刀（Q2②：253）　　12. 铁锥（Q2②：254）

（二）护岸

位于Q2南部河道西岸，正对Q3入水口，由17根圆形木桩顺着河壁方向呈43°～72°角斜向楔入泥土中。长0.184～0.504、直径0.114～0.198、间距0.235～0.79米。

（三）东西向木构桥梁（Q3）

1. 地层堆积

Q3架桥处河道堆积可分为2层（图169）。

第1层：浅灰淤泥层。厚0～0.57米。土质黏软。包含瓦当、菱形纹砖、陶瓮、陶盆、陶罐等器物残片及大量的泥质灰陶绳纹板、筒瓦残片。

第2层：深灰淤泥层。深0.33～0.57、厚0～0.56米（未至底）。土质黏软。包含瓦当、菱形纹砖、陶瓮、陶盆、陶罐等器物残片及大量的泥质灰陶绳纹板、筒瓦残片。

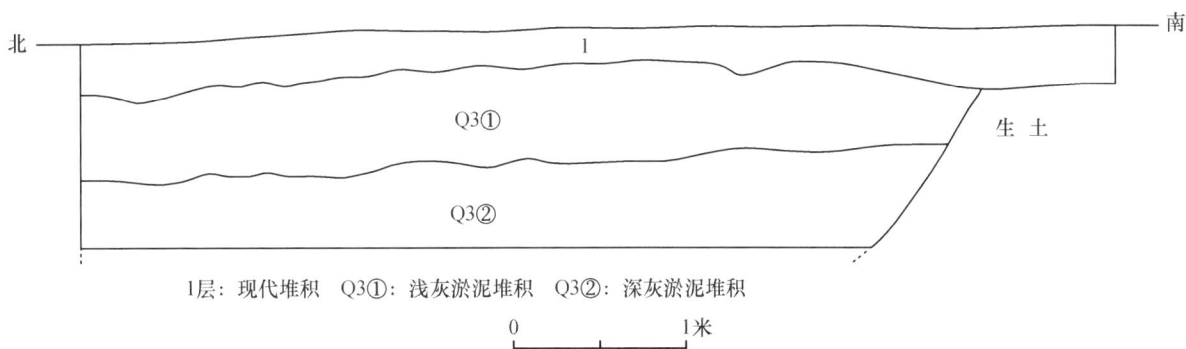

1层：现代堆积　Q3①：浅灰淤泥堆积　Q3②：深灰淤泥堆积

0　　　　　1米

图169　Q3东壁剖面图

2. 桥梁结构

该桥东西向，宽25、跨度2.58～2.77米。架桥处河道开口宽3.98～4.43米，河道两边有明显加工痕迹，弧壁。南岸有圆形木桩69根，长0.03～0.6、直径0.054～0.31米；方形木桩21根，长0.18～0.582米，截面呈长方形，长0.11～0.337、宽0.096～0.2米。北岸有圆形木桩42根，长0.065～0.638、直径0.09～0.277米；方形木桩16根，长0.118～0.65米，截面呈长方形，长0.181～0.336、宽0.091～0.183米。桥桩外侧为挡板，21块，长0.84～4.284、宽0.05～0.483、厚0.09米。挡板外侧与河道边缘用花土夯实，内侧为淤泥层（图170；图版八、图版九）。

3. 遗物

此次发掘木构桥梁Q3，器物主要出土于河道淤泥堆积中。除桥梁木材（原址保护，未提取），基本为陶器，有少量铁器。

（1）陶器

绝大多数为泥质灰陶，少量为泥质红陶。出土陶器主要为建筑材料，极少生活用器。器形主要有陶盆、陶罐、陶盂、陶瓮、陶甑、瓦当、筒瓦、板瓦、砖等。因陶片出土数量众多，本报告仅列举部分标本。

陶盆　11件。形制相近。均为泥质灰陶。轮制。敞口，平折沿，弧壁。标本Q3①：1，方唇，弧壁。沿面边缘与上腹部各饰一周凹弦纹，腹部饰绳纹。口径42、残高8.3厘米

北

0　　　　2米

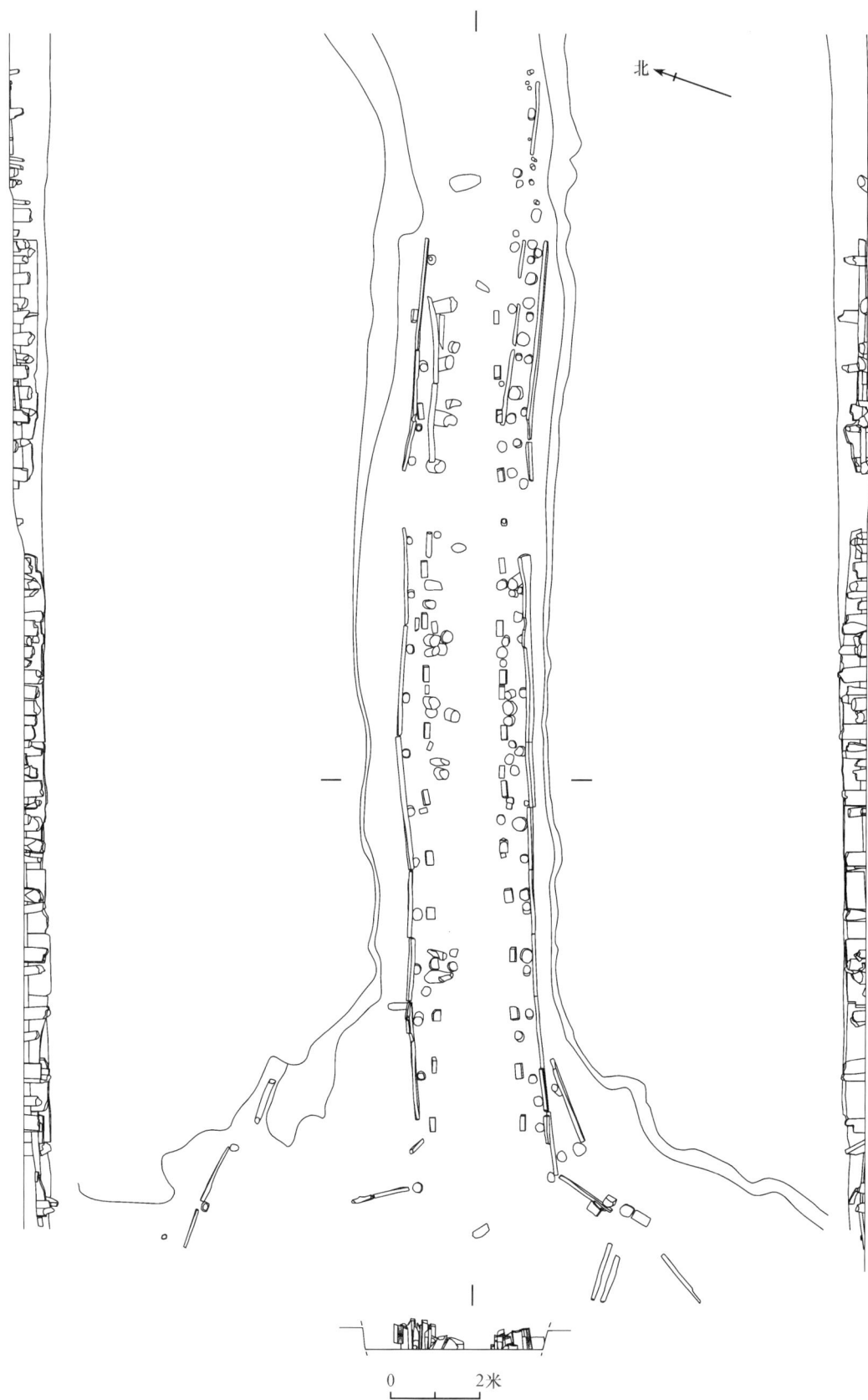

图170　Q3平、剖面图

（图171，1）。标本Q3①：2，方圆唇。腹部饰绳纹。口径42、残高9.4厘米（图171，2）。标本Q3①：6，尖方唇。沿面边缘与上腹部各饰一周凹弦纹，腹部饰斜向绳纹。口径44、残高6.6厘米（图171，3）。标本Q3①：10，方唇。沿面边缘饰一周凹弦纹，上腹部饰数周凹弦纹。口径42、残高3.2厘米（图171，4）。标本Q3①：16，圆唇。腹部饰绳纹。口径32、残高6厘米（图171，5）。标本Q3①：28，圆唇。腹部饰绳纹。口径32、残高5.8厘米（图171，6）。标本Q3②：2，方唇。上腹饰数周凹弦纹。口径36、底径18、残高16.8厘米（图171，7；图版五五，4）。标本Q3②：9，尖方唇。壁内外均有拉坯痕迹。口径38、残高9.2厘米（图171，8；图版三六，4）。标本Q3②：10，沿面略微下倾，尖圆唇。沿面边缘与腹上部各饰一周凹弦纹，腹部饰间断绳纹。口径54、残高5.8厘米（图171，9）。标本Q3②：11，圆唇。腹部饰绳纹。口径42、残高6.8厘米（图171，10；图版三六，5）。标本Q3②：15，尖方唇。上腹饰一周凹弦纹。口径38、残高3.8厘米（图171，11）。

陶罐　14件。泥质灰陶。可分为口沿和罐耳、罐底。

罐口沿　5件。轮制。侈口。根据是否带耳分为二型。

A型　4件。束颈，溜肩，球腹。标本Q3①：3，方唇。肩下部饰一周凹弦纹，腹部饰绳纹。口径16、残高11.6厘米（图172，1；图版五四，4）。标本Q3②：4，尖圆唇，圆腹，凹圜底。上腹饰两周凹弦纹，下腹饰绳纹。口径9、残高12.3厘米（图172，2；图版五五，6）。标本Q3②：5，方唇，溜肩。腹部饰绳纹。口径18、残高6.8厘米（图172，3）。标本Q3②：7，沿面上扬，方唇。颈饰绳纹。口径20、残高4.4厘米（图172，4）。

B型　1件。两相对称牛鼻状系耳。标本Q3①：9，方唇，束颈，溜肩。饰绳纹。口径18、残高11.2厘米（图172，5；图版五四，5）。

罐耳　6件。模制。牛鼻状。标本Q3①：15，长10、宽2.2厘米（图172，6）。标本Q3①：17，长5.9、宽2.2厘米（图172，7；图版三六，8）。标本Q3①：19，长7.2、宽2.8厘米（图172，8）。标本Q3①：21，长6、宽2.6厘米（图172，9）。标本Q3②：17，长7、宽2.3厘

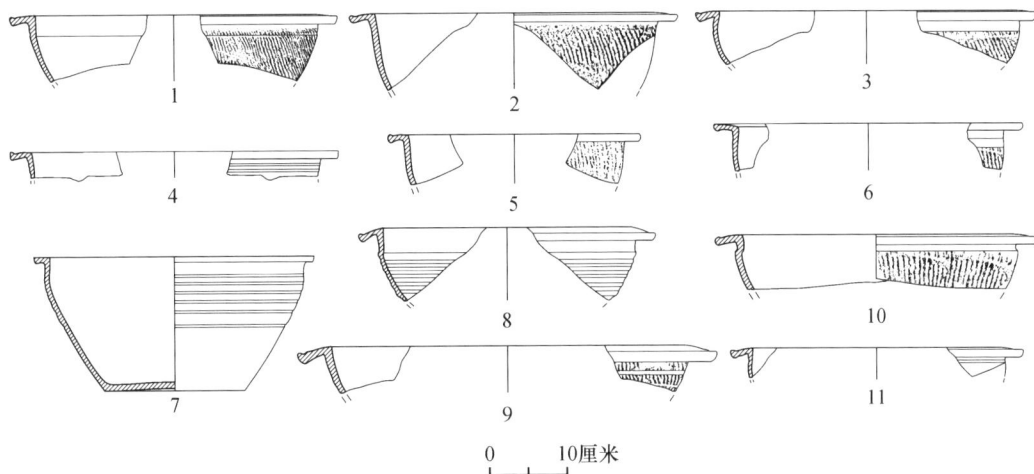

图171　Q3出土陶盆

1. Q3①：1　2. Q3①：2　3. Q3①：6　4. Q3①：10　5. Q3①：16　6. Q3①：28　7. Q3②：2　8. Q3②：9　9. Q3②：10
10. Q3②：11　11. Q3②：15

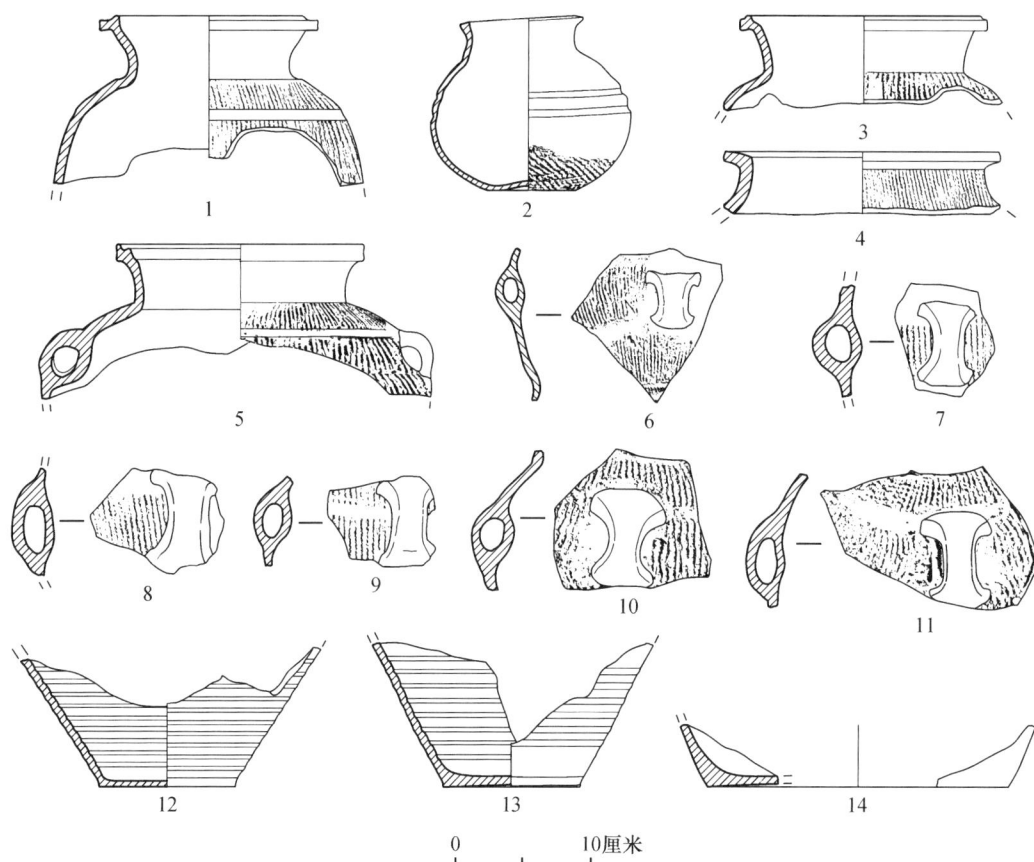

图172　Q3出土陶罐

1～4. A型罐口沿（Q3①：3、Q3②：4、Q3②：5、Q3②：7）　5. B型罐口沿（Q3①：9）　6～11. 罐耳（Q3①：15、
Q3①：17、Q3①：19、Q3①：21、Q3①：17、Q3①：18）　12～14. 罐底（Q3①：5、Q3①：11、Q3①：12）

米（图172，10）。标本Q3②：18，长7、宽2.2厘米（图172，11；图版五六，3）。

　　罐底　3件。轮制。平底。标本Q3①：5，下腹斜直。器壁内外均有拉坯痕迹。底径10、残高10厘米（图172，12；图版三〇，5）。标本Q3①：11，下腹壁近直。下腹内外壁均有拉坯痕迹。底径10、残高10厘米（图172，13；图版三〇，7）。标本Q3①：12，弧壁，底微内凹。底径22、残高4.4厘米（图172，14）。

　　陶盂　11件。泥质灰陶。轮制。可分为口沿和盂底。

　　盂口沿　5件。敞口。根据口、腹区别分为二型。

　　A型　3件。斜壁近直，平底。标本Q3②：1，尖圆唇。口径26.6、底径9.4、高12厘米（图173，1；图版五五，3）。标本Q3②：8，平折沿微倾，方唇。上腹饰弦纹。口径20.2、残高7.2厘米（图173，2）。标本Q3②：16，平折沿，方唇。壁面内外均有拉坯痕迹。口径24、残高8.6厘米（图173，3；图版三六，7）。

　　B型　2件。平折沿，浅弧腹。标本Q3①：22，尖方唇，折腹。沿面边缘饰一周凹弦纹，下腹有拉坯痕迹。口径34、残高4厘米（图173，4）。标本Q3②：6，平折沿微下倾，尖方唇。上腹饰凹弦纹。口径28、残高5.6厘米（图173，5）。

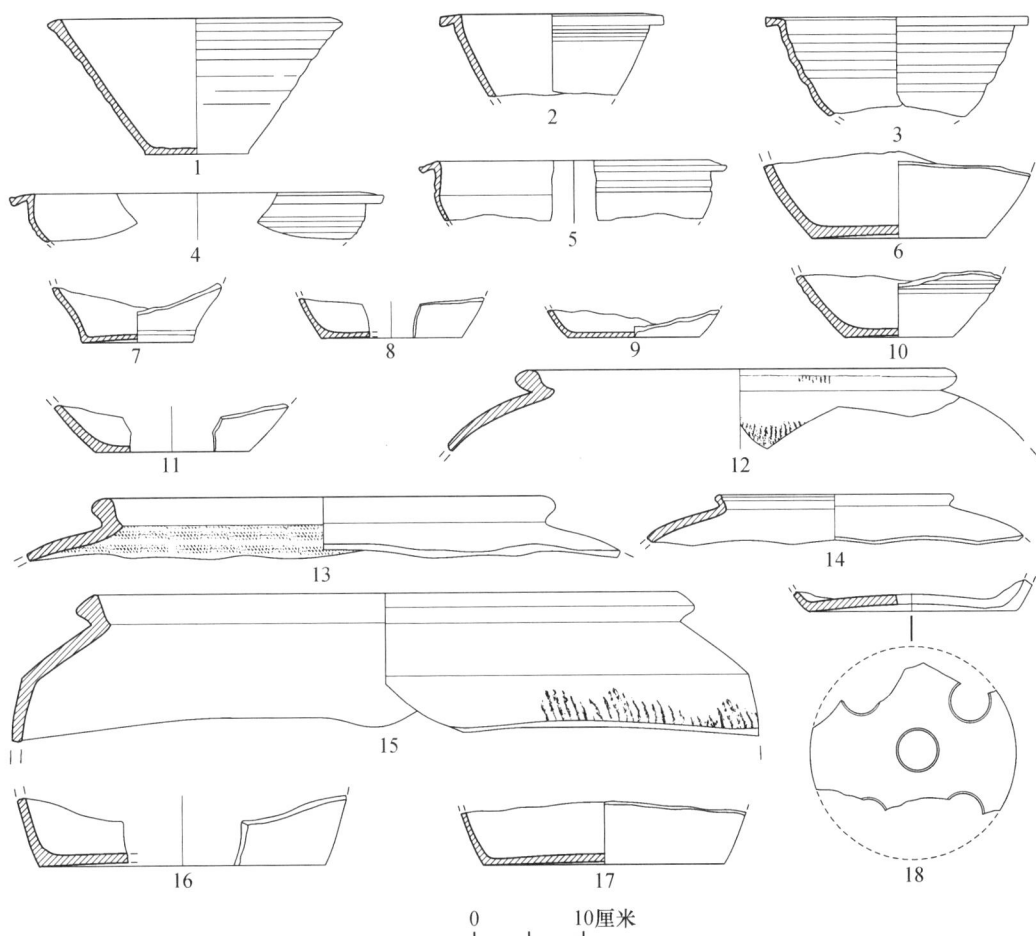

图173　Q3出土陶器

1~3.A型盂口沿（Q3②：1、Q3②：8、Q3②：16）　4、5.B型盂口沿（Q3①：22、Q3②：6）　6~11.盂底（Q3①：13、
Q3①：14、Q3①：18、Q3①：20、Q3①：23、Q3②：20）　12~15.瓮口沿（Q3①：4、Q3②：12、Q3②：13、Q3②：14）
16、17.瓮底（Q3①：7、Q3①：24）　18.甑（Q3①：8）

　　盂底　6件。泥质灰陶。轮制。弧壁。标本Q3①：13，平底微内凹。底径16、残高7.7厘米
（图173，6；图版三〇，8）。标本Q3①：14，平底微内凹。下腹近底处饰一周凸弦纹。底径
10、残高5厘米（图173，7）。标本Q3①：18，平底。底径12、残高3.2厘米（图173，8）。标
本Q3①：20，平底。底径12、残高2.4厘米（图173，9）。标本Q3①：23，平底微内凹，腹部
有拉坯痕迹。底径10、残高5.6厘米（图173，10）。标本Q3②：20，平底。底径14、残高4厘
米（图173，11）。

　　陶瓮　6件。形制相近。泥质灰陶。轮制。可分为口沿和瓮底。

　　瓮口沿　4件。敞口，矮领。标本Q3①：4，圆唇，广肩。腹部饰绳纹。口径40、残高7.2
厘米（图173，12）。标本Q3②：12，圆唇，广肩。内壁饰麻点纹。口径42.2、残高5.4厘米
（图173，13；图版五六，1）。标本Q3②：13，方唇，广肩。口径22、残高4.2厘米（图173，
14；图版三六，6）。Q3②：14，方唇，折肩。腹部饰绳纹。口径56、残高12.6厘米（图173，
15；图版五六，2）。

瓮底　2件。平底微内凹。标本Q3①：7，下腹近直。底径26、残高6.2厘米（图173，16）。标本Q3①：24，斜壁近直。底径22、残高5.6厘米（图173，17）。

陶甑　1件。甑底。泥质灰陶。轮制。平底微内凹，圆形穿孔。标本Q3①：8，底径19.2、残高2.8厘米（图173，18；图版三〇，6）。

瓦当　7件。泥质灰陶。模制。当面呈圆形，饰卷云纹。标本Q3①：26，瓦面饰绳纹。残长9.8、复原直径15、厚1.4厘米（图174，1）。标本Q3①：27，瓦面饰绳纹。残长6.5、复原直径14.5、厚1.4厘米（图174，2）。标本Q3①：35，复原直径15、厚2厘米（图174，3）。标本Q3②：21，复原直径13.4、郭厚1.1厘米（图174，4；图版五六，4）。标本Q3②：22，直径15、郭厚1.2厘米（图174，5）。标本Q3②：23，饰四周卷云纹。瓦截面呈半圆形，近榫处一圆形穿孔，榫缺失，直肩。凸面饰绳纹，凹面饰布纹。残长35、当面直径14.8、郭厚1厘米（图174，6；图版五五，2）。标本Q3②：24，瓦呈半圆形，残缺。凸面饰绳纹。残长23、当面直径14.4、郭厚1厘米（图174，7）。

筒瓦　11件。泥质灰陶。模制。截面呈半圆形。标本Q3①：29，榫呈弧形，圆唇，直肩。凸面饰绳纹，凹面饰布纹。残长13.2、宽10.2、厚0.8厘米（图175，1）。标本Q3①：30，榫呈弧形，圆唇，直肩。凸面饰绳纹，凹面饰布纹。残长18.4、宽7.6、厚1.2厘米（图175，2）。标本Q3①：31，榫残。凸面饰绳纹，凹面饰布纹。残长22、宽13.5、厚1厘米（图175，3）。标本Q3①：32，榫呈弧形，方唇，直肩。凸面饰绳纹，凹面饰布纹。残长17.4、宽7.2、厚1厘米（图175，4）。标本Q3①：34，榫呈弧形，圆唇，斜直肩。凸面饰绳纹，凹面饰麻点纹。残

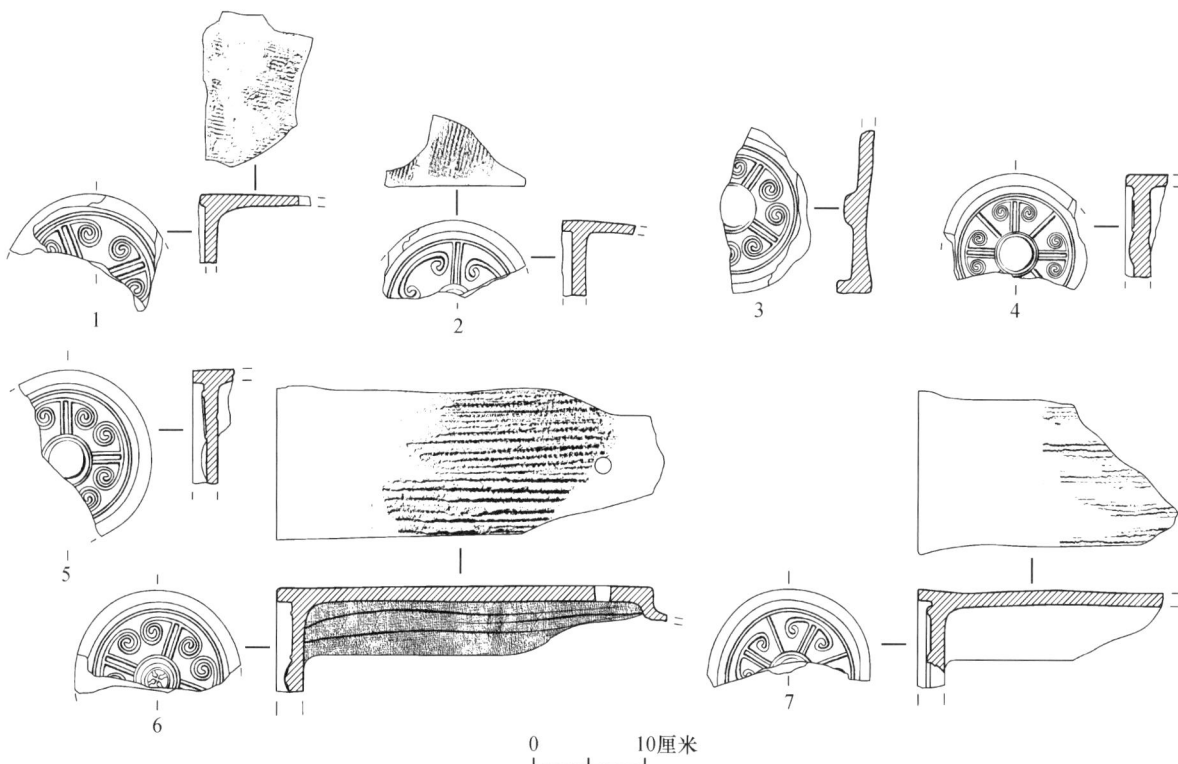

0　　　10厘米

图174　Q3出土瓦当

1. Q3①：26　2. Q3①：27　3. Q3①：35　4. Q3②：21　5. Q3②：22　6. Q3②：23　7. Q3②：24

图175　Q3出土筒瓦

1. Q3①：29　2. Q3①：30　3. Q3①：31　4. Q3①：32　5. Q3①：34　6. Q3①：36　7. Q3②：25　8. Q3②：27

9. Q3②：26　10. Q3②：28

长7、宽12、厚1厘米（图175，5）。标本Q3①：36，榫呈弧形上翘，圆唇，直肩。凸面饰绳纹。

残长22.8、宽12、厚1.2厘米（图175，6）。标本Q3②：25，榫残。凸面饰绳纹，凹面饰布纹。残

长18.4、宽12.4、厚1.2厘米（图175，7）。标本Q3②：26，榫呈弧形上翘，圆唇，直肩。凸面饰绳

纹。残长8.2、宽12.1、厚1.1厘米（图175，9）。标本Q3②：27，榫呈弧形，圆唇，直肩。凸面饰绳

纹，凹面饰布纹。残长16.6、宽12、厚1厘米（图175，8；图版五六，5）。标本Q3②：28，榫呈

弧形，方圆唇，直肩。凸面饰间断绳纹。残长9、宽13.8、厚1厘米（图175，10）。

　　板瓦　　11件。泥质灰陶。模制。截面呈弧形。标本Q3①：38，凹、凸两面均饰绳纹。残长18.3、宽14、厚1.6厘米（图176，1）。标本Q3①：39，凸面饰粗绳纹，凹面饰细绳纹。残长20.6、宽14、厚1.2厘米（图176，2）。标本Q3①：40，凹、凸两面均饰绳纹。残长13.6、宽10.8、厚1.4厘米（图176，3）。标本Q3①：41，凹面饰绳纹。残长13.4、宽13、厚1.1厘米（图176，4）。标本Q3①：42，凸面饰间断绳纹。残长15、宽11.6、厚1厘米（图176，5）。标本Q3②：29，凹、凸两面均饰绳纹。残长14.6、宽19.8、厚1.2厘米（图176，6）。标本Q3②：30，凸面饰绳纹。残长25.6、宽22.6、厚1.2厘米（图176，7）。标本Q3②：31，凸面饰绳纹，凹面饰粗绳纹。残长28.6、宽15.8、厚1.2厘米（图176，8）。标本Q3②：32，凸面饰绳纹。残长13、宽11.6、厚1.2厘米（图176，9）。标本Q3②：33，凸面饰绳纹，凹面饰布纹。残长15、宽16、厚1.2厘米（图176，10）。标本Q3②：34，凸面饰绳纹，凹面饰麻点。残长15.8、宽17.6、厚1.1厘米（图176，11）。

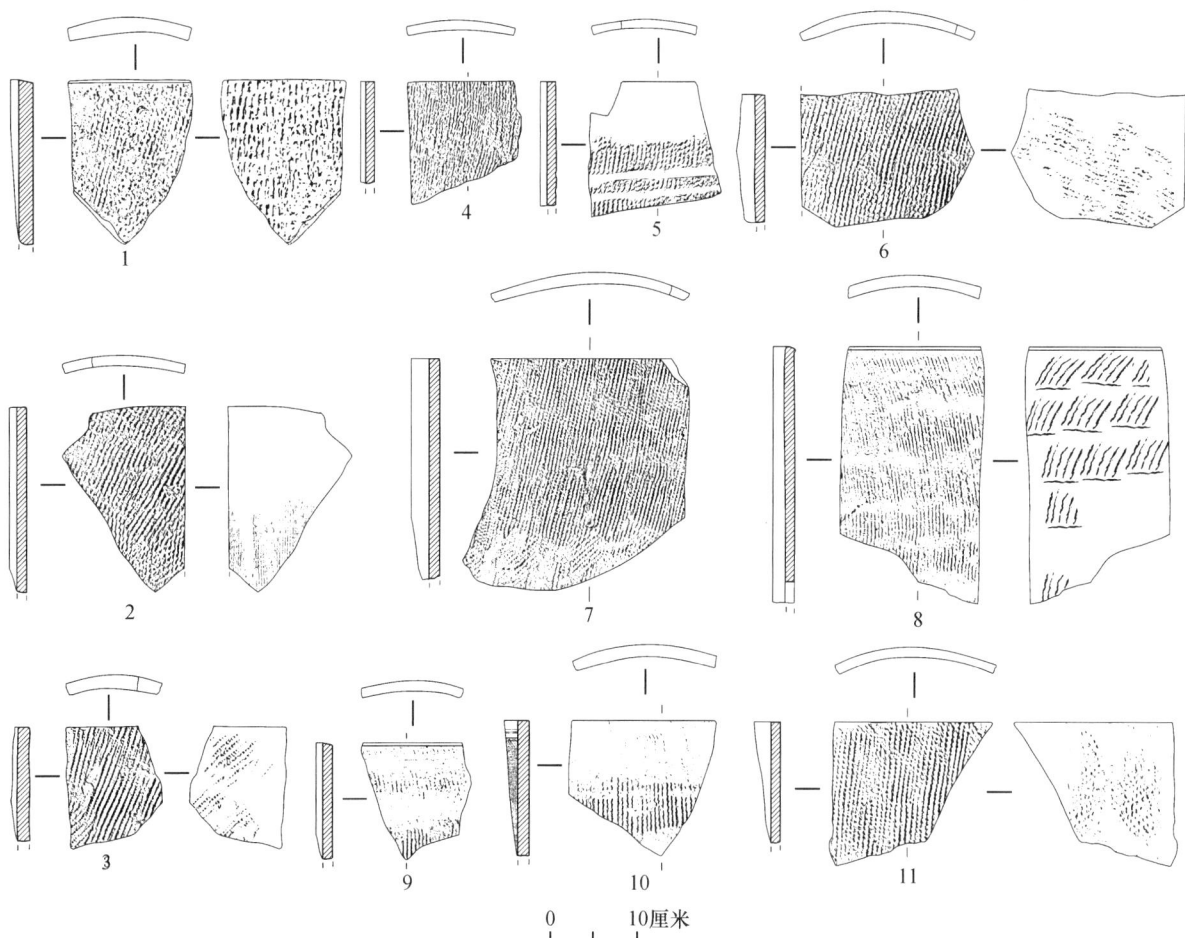

图176　Q3出土板瓦

1. Q3①：38　2. Q3①：39　3. Q3①：40　4. Q3①：41　5. Q3①：42　6. Q3②：29　7. Q3②：30　8. Q3②：31
9. Q3②：32　10. Q3②：33　11. Q3②：34

砖　20件。泥质灰陶。模制。根据用途分为空心砖、铺地砖、墙砖、异型砖。

空心砖　1件。泥质灰陶。模制。残缺。长方体，中空，内壁饰绳纹。标本Q3①：43，残长15、宽9、厚5.8厘米（图177，1）。

铺地砖　11件。平面呈正方形。标本Q3①：51，平面饰菱形纹。残长17.2、宽16.6、厚2.6厘米（图177，2）。标本Q3①：52，平面饰菱形纹。残长17.4、宽15.2、厚3.4厘米（图177，3）。标本Q3①：53，平面饰菱形纹。残长15.8、宽16.6、厚2.3厘米（图177，4）。标本Q3①：54，平面饰菱形纹。残长16、宽10.8、厚3厘米（图177，5）。标本Q3①：55，平面饰菱形纹。残长15、宽11.6、厚3厘米（图177，6）。标本Q3①：56，平面饰菱形纹。残长16、宽12.4、厚2.8厘米（图177，7）。标本Q3①：57，平面饰回形纹。残长17、宽14、厚2.8厘米（图177，8）。标本Q3①：58，平面饰菱形纹。长26.6、残宽21.4、厚2.8厘米（图177，9；图版五五，1）。标本Q3②：35，饰平面饰菱形纹。残长24、宽16.4、厚3.2厘米（图177，10）。标本Q3②：36，平面饰菱形纹。残长12.4、宽8.2、厚2.6厘米（图177，11）。标本Q3②：37，平面饰菱形纹。残长13、宽9、厚2.6厘米（图177，12）。

墙砖　7件。泥质灰陶，模制。长方体，根据横截面可分为二型。

A型　5件。横截面呈长方形。标本Q3①：44，平面饰绳纹，纵侧面饰菱形纹。残长14、宽14、厚6.3厘米（图178，1）。标本Q3①：46，平面饰绳纹，纵侧面饰菱形纹。残长15.8、宽14.4、厚5.2厘米（图178，2）。标本Q3①：47，纵侧面饰菱形纹。残长11.6、宽14、厚5.4厘米（图178，3）。标本Q3①：48，平面饰绳纹，纵侧面饰菱形纹。残长19.4、宽14.2、厚5.4厘米（图178，4）。标本Q3①：50，平面饰绳纹，两纵侧面饰菱形纹。残长25.6、宽15.2、厚6厘米（图178，5）。

B型　2件。横截面呈梯形。标本Q3①：45，平面饰绳纹，纵侧面饰菱形纹。残长13.6、宽13.2、厚5.4厘米（图178，6）。标本Q3①：49，平面饰绳纹，纵侧面饰菱形纹。残长32.8、宽13.6、厚6厘米（图178，7；图版五四，6）。

异型砖　1件。泥质灰陶。模制。标本Q3②：38，形似蜂窝煤，砖身十余个孔洞。残长10.7、宽6.3、厚4.6厘米（图178，8；图版五六，6）。

陶饼　1件。泥质灰陶。用板瓦磨制而成。圆形。饰绳纹。标本Q3①：25，直径5.2、厚1.4厘米（图179，1）。

陶管　1件。泥质灰陶。轮制。残缺。直筒状。标本Q3②：19，残长8、直径4.8厘米（图179，2）。

陶权　1件。泥质灰陶。磨制。呈圆台状，纽残缺。标本Q3②：3，底径10.8、高7厘米（图179，3；图版五五，5）。

（2）铁器

仅出土1件铁钩。

铁钩　1件。铸制，呈"S"形，锋呈圆锥状，内侧倒刺。标本Q3①：59，直径0.8、残长25.6厘米（图179，4）。

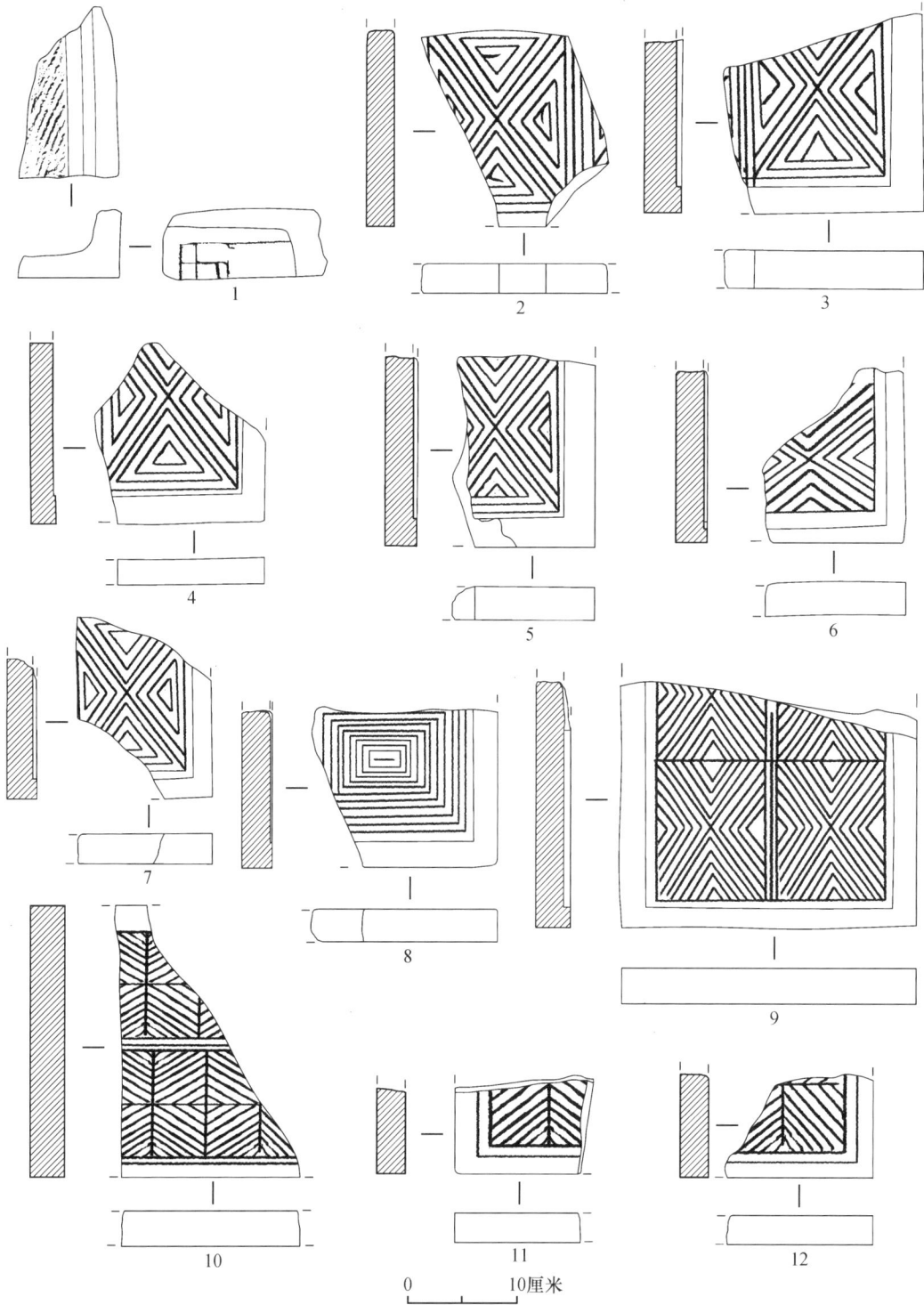

图177　Q3出土砖

1. 空心砖（Q3①：43）　2～12.铺地砖（Q3①：51、3.Q3①：52、Q3①：53、Q3①：54、Q3①：55、Q3①：56、Q3①：57、
Q3①：58、Q3②：35、Q3②：36、Q3②：37）

图178　Q3出土砖

1~5. A型墙砖（Q3①：44、Q3①：46、Q3①：47、Q3①：48、Q3①：50）　6、7. B型墙砖（Q3①：45、Q3①：49）

8. 异型砖（Q3②：38）

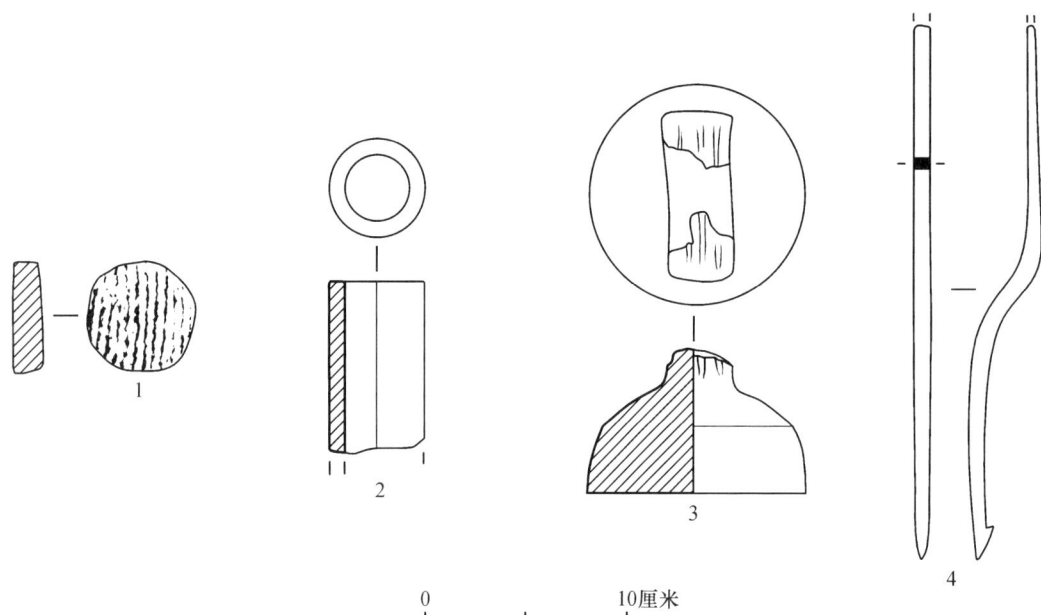

图179　Q3出土遗物

1. 陶饼（Q3①：25）　2. 陶管（Q3②：19）　3. 陶权（Q3②：3）　4. 铁钩（Q3①：59）

第六节　"南北水系"与"南内壕"交汇处发掘情况

本发掘点位于郢城南垣中部，郢城"南北水系"与"南内壕"交汇处。地理位置坐标为东经112°13′35.66″，北纬30°22′18.01″。发掘点布10米×10米发掘方4个，后期发掘过程中进行扩方，发掘面积956平方米（图180）。

一、探方发掘情况

1）DTN45E13地层堆积分为3层（图181）。

第1层：表土层。厚8～20厘米。土色灰黄，土质疏松。包含植物根茎，少量陶片及零星红砖、垃圾等。

第2层：近代层。深8～20、厚15～40厘米。土质较松散，土色灰黄夹褐斑土。包含少量泥质绳纹灰、红陶片，器形多为板、筒瓦及少量白瓷片。其下为第3层，未发掘。

2）DTN45E15地层堆积分为3层（图182）。

第1层：表土层。厚8～20厘米。土色灰黄，土质疏松。包含植物根茎，少量陶片及零星红砖、垃圾等。

第2层：近代层。深0～20、厚18～35厘米。土质较松散，土色灰黄夹褐斑土。包含少量泥质绳纹灰、红陶片，器形多为板、筒瓦。其下为第3层，未发掘。

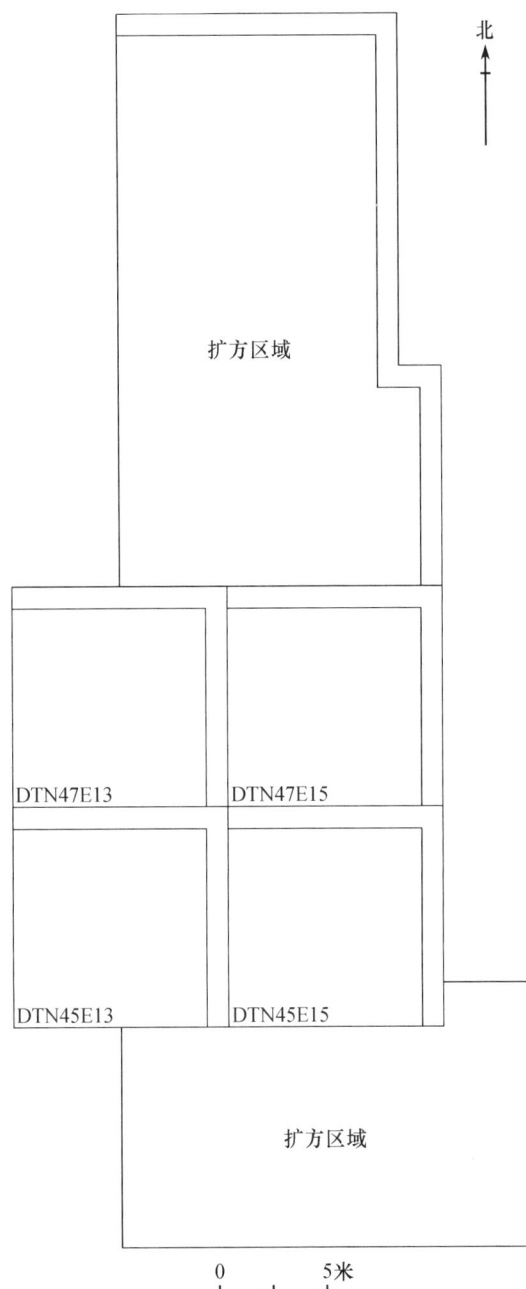

图180 "南北水系"与"南内壕"交汇处发掘探方分布示意图

3）DTN47E13地层堆积分为7层（图183）。

第1层：表土层。厚10～78厘米。土色灰黄，土质疏松。包含大量植物根茎及少量陶片。

第2层：近现代层。深25～50、厚0～15厘米。土质较紧密，土色灰白夹褐斑。包含零星碎陶片。

第3层：近现代层。深10～15、厚0～35厘米。土质较紧密，土色灰黄夹褐斑。包含零星绳纹灰、红陶片，青花瓷片。

第4层：近现代层。深10～70、厚0～45厘米。土质较紧密，土色黄褐夹灰白。包含少量泥

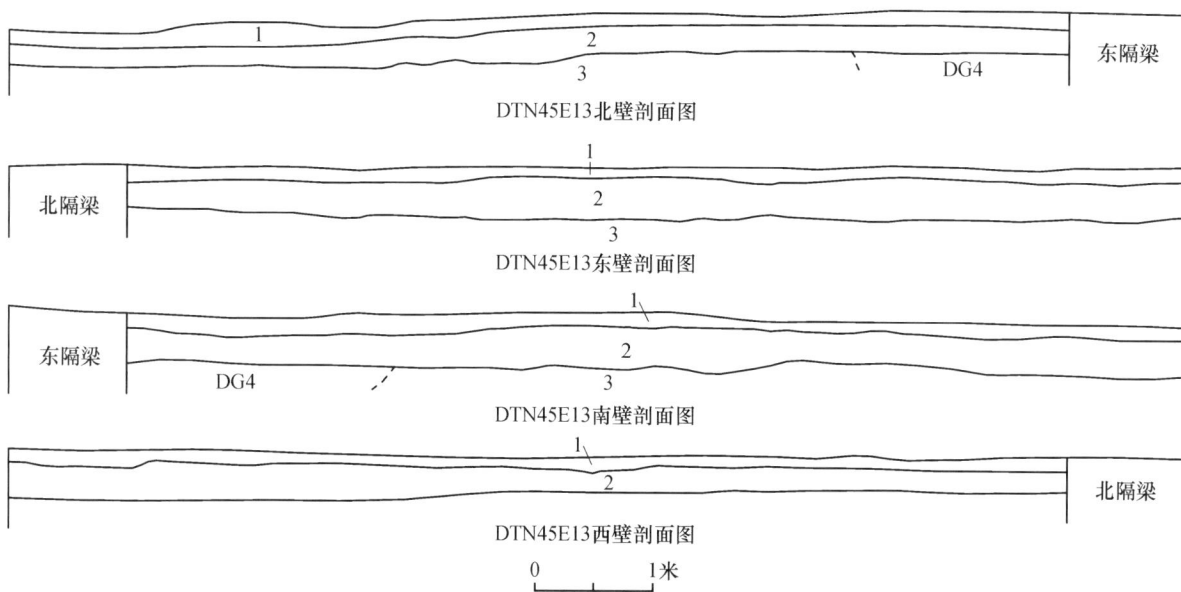

图181　DTN45E13四壁剖面图

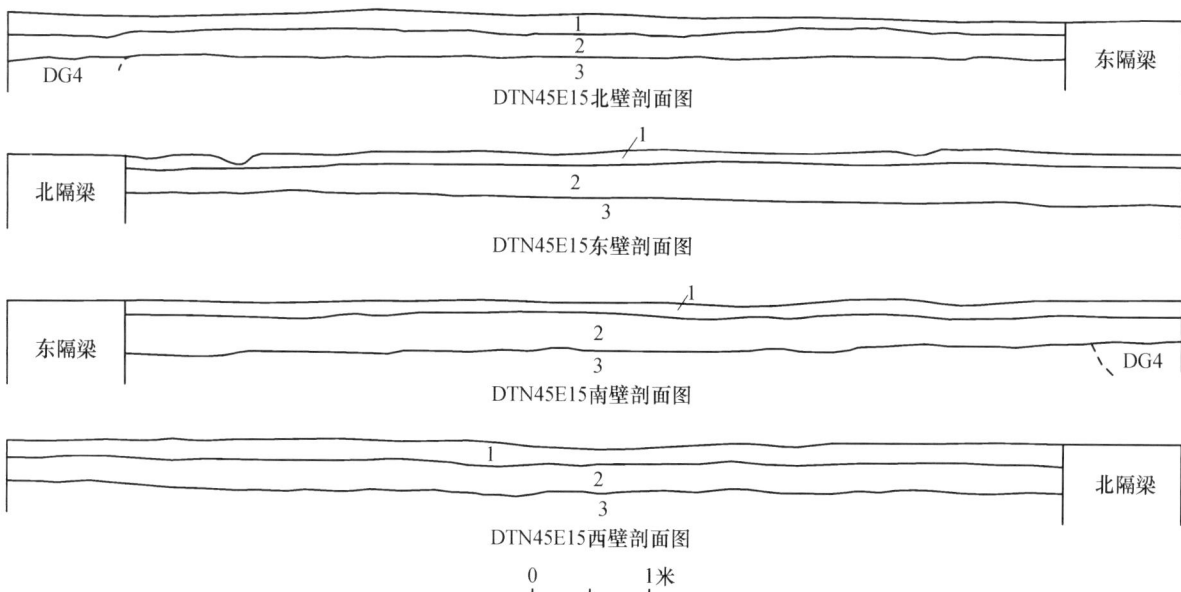

图182　DTN45E15四壁剖面图

质绳纹灰、红陶片。

　　第5层：宋代地层。深15～100、厚0～75厘米。土质紧密，土色黄褐夹铁砂。包含大量泥质灰陶绳纹圆角碎陶片及少量瓷片。

　　第6层：宋代地层。深10～75、厚0～45厘米。土质紧密，土色黄褐。包含零星泥质灰、红绳纹陶板、筒残瓦。

　　第7层：汉代地层。深10～110、厚0～80厘米。土质紧密，土色花土。无包含物。其下为褐色生土。

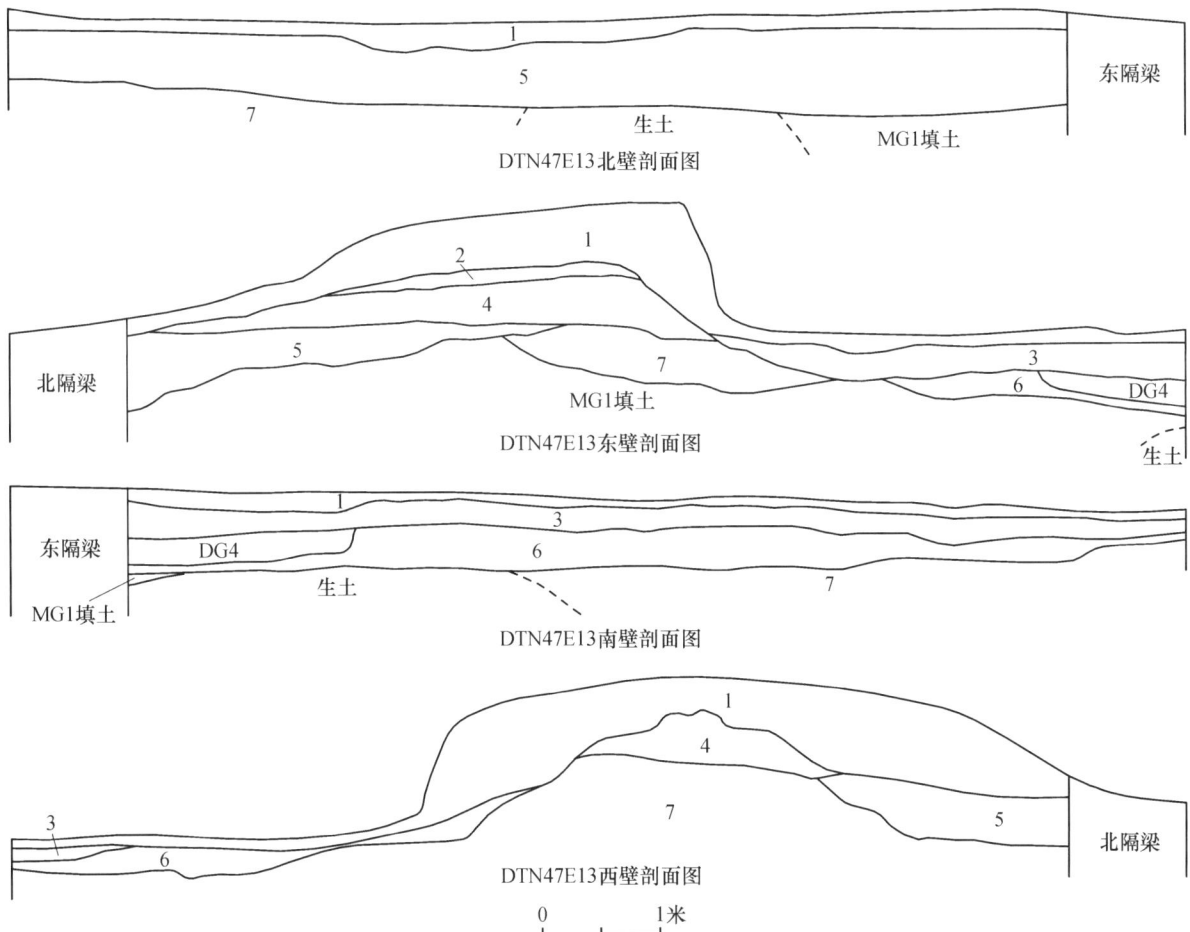

图183　DTN47E13四壁剖面图

4）DTN47E15地层堆积分为7层（图184）。

第1层：表土层。厚5～90厘米。土质疏松，土色灰黄。包含大量植物根茎，少量灰、红陶片及现代垃圾。

第2层：近现代层。深10～80、厚0～25厘米。土质较紧密，土色灰白夹褐斑。包含零星碎陶片。

第3层：近现代层。深5～15、厚0～35厘米。土质较紧密，土色灰黄夹褐斑。包含零星绳纹灰、红陶片，青花瓷片。

第4层：近现代层。深10～70、厚0～55厘米。土质较紧密，土色黄褐夹灰白。包含少量泥质绳纹灰、红陶片及零星瓷片。

第5层：宋代地层。深5～110、厚0～80厘米。土质紧密，土色黄褐夹铁砂。包含大量泥质灰陶绳纹圆角碎陶片及少量白、青瓷片。

第6层：宋代地层。深30～60、厚0～50厘米。土质紧密，土色黄褐。包含零星泥质灰、红绳纹陶板、筒残瓦。

第7层：汉代层。深25～120、厚0～65厘米。土质紧密，土色花。无包含物。其下为褐色生土。

DTN47E15北壁剖面图

DTN47E15东壁剖面图

DTN47E15南壁剖面图

DTN47E15西壁剖面图

0   1米

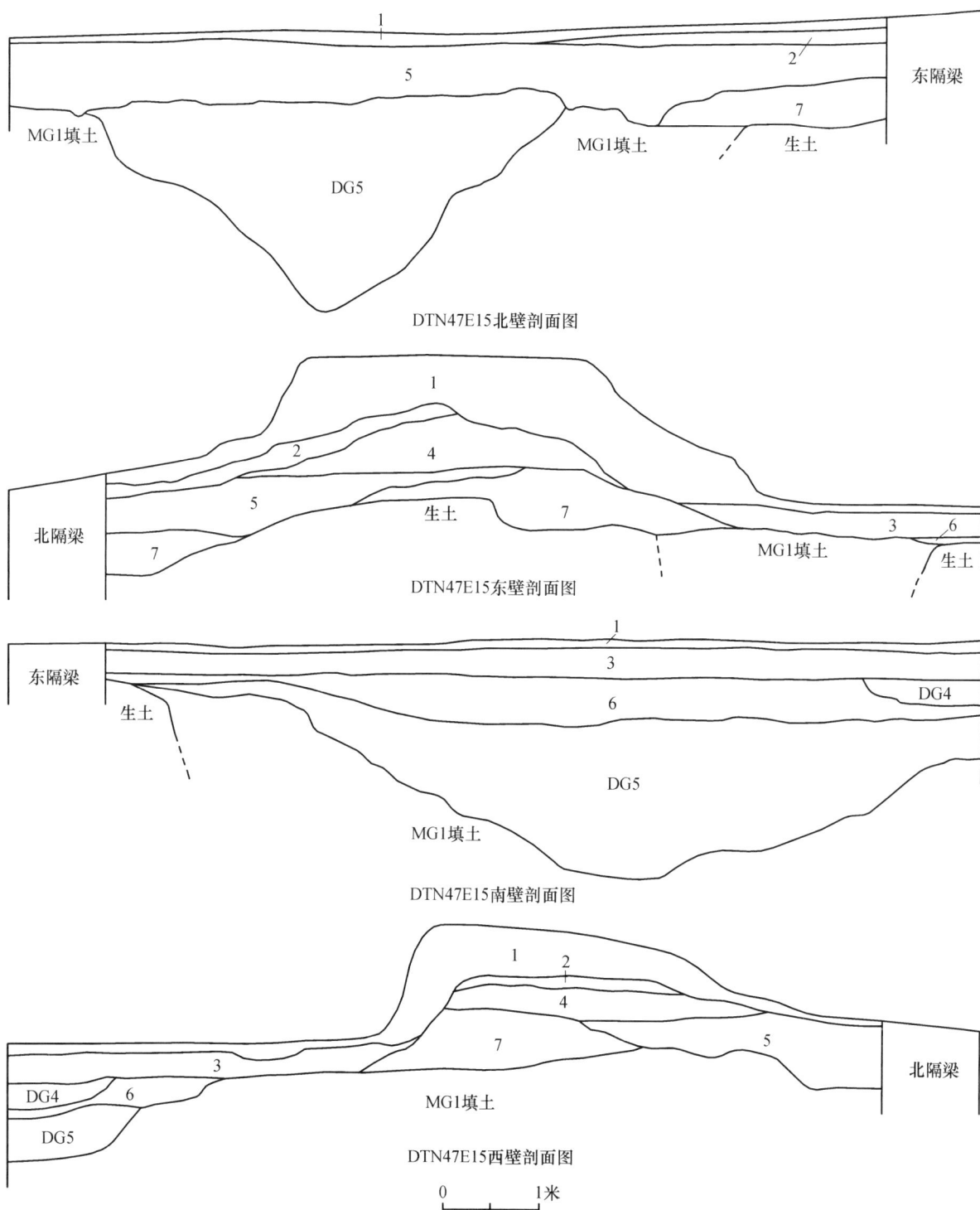

图184　DTN47E15四壁剖面图

二、遗　迹

"南北水系"与"南内壕"交汇处共发现历史时期遗迹3处（图185），分别为水沟2处（DG4、DG5）、地下木构建筑1处（MG1）。分述如下。

（1）水沟

DG4　南北向，平面呈长方形，南部向西延伸至方外，未扩方发掘。长11.25、宽4.14~4.35、深0~0.28米，沟壁内收，壁面较为光滑，沟底较平。沟内填土褐灰色，土质较疏

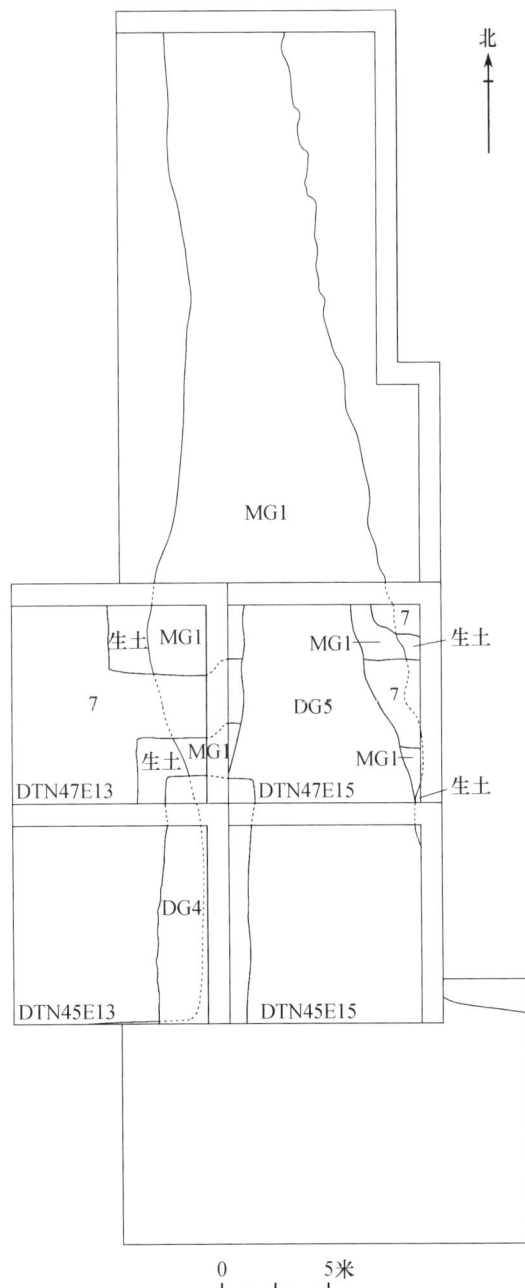

图185　"南北水系"与"南内壕"交汇处遗迹分布示意图

松，包含青花瓷片、绳纹陶片。依据出土遗物推断DG4为明代形成（图186）。

　　DG5　南北向，平面呈长条形，南北长10、东西宽4.95～9.15、深1.57～2.1米，沟壁内收，壁面较粗糙。沟内填土深灰褐淤泥，土质较紧密。包含饼足碗底、绳纹灰陶板、筒瓦残片等。依据出土遗物推断DG5为唐代形成的（图187）。

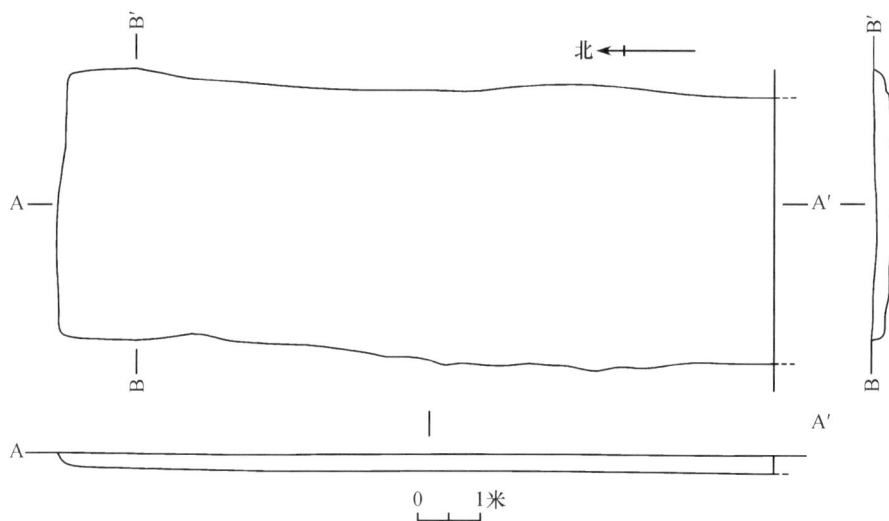

图186　DG4平、剖面图

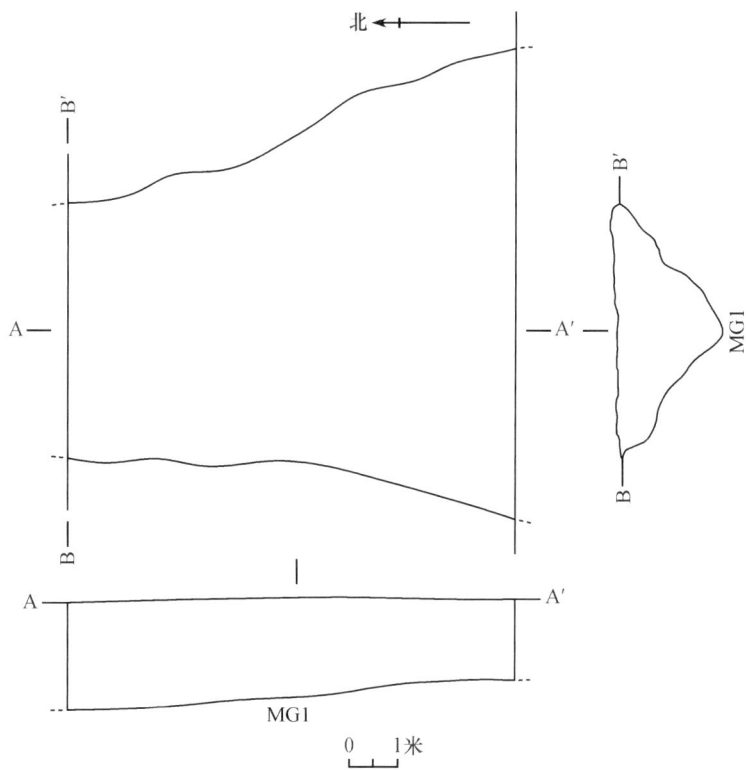

图187　DG5平、剖面图

（2）地下木构建筑

MG1 开口于第7层下，打破生土。填土仅有一层，为花土。南北向，总长45.32米，从结构上可分为南北两段：南段长33.05、宽2.53、内空2.04米，分别由底板、墙板、盖板组成，底板由长2.7、直径0.22米的圆木和宽0.26、厚0.22米的方木并排平铺而成，其上东西各立一排墙板，长2.95～4.85、宽0.26、厚0.21米。墙板内侧，有残高0.18、截面长宽为0.09、间距0.7米左右的方形木桩，其下端与底板榫卯相连，用于抵挡墙板内收。墙板上横向平铺长2.05～2.28、直径0.16～0.27米的圆木，间距0.15～0.35米。墙板中间各有一排排列有序的榫眼，榫眼呈方形，长宽均为11、深10厘米，榫眼间距0.14米，用于立柱支撑盖板。盖板仅北部有一部分残存，东西向并排平铺，长1.13～2.83、宽0.1～0.32、厚0.06～0.1米。盖板距底板0.57～0.64米。南端出水口呈"八"字形，两边各一根长2.4、直径0.27米圆木，上残存排列有序的榫眼。北段长12.27、宽2.77、内空1.95米，分别由底板、立柱、挡板、盖板组成，底板由长2.77、宽0.36～0.49、厚0.2米的方木和直径0.2米左右的圆木并排平铺而成，两端有榫眼，立柱立于两端与其榫卯相连，挡板位于立柱外侧，仅存少量盖板。北段底板高于南段底板0.06米。北端底板与南端底板海拔相差0.28米（图188；图版一〇～图版一六）。

三、遗　物

此次发掘"南北水系"与"南内壕"交汇处，器物主要出土于探方及河道填土中，除桥梁木材（原址保护，未提取），出土遗物多为陶器，有少量瓷器、铁器、青铜器，主要出土于遗迹MG1填土中。陶器基本为泥质灰陶。出土陶器主要为生活用器及建筑材料，器形主要有陶瓮、陶盆、陶盂、陶罐、陶豆、筒瓦、板瓦、瓦当、墙砖等。金属器为铁锸、铜镀、铜箭镞等。瓷器主要有碗。从时代上分为战国时期遗物、汉代遗物、唐代遗物、明清时期遗物。因陶片出土数量众多，本报告仅列举部分标本。

陶瓮　4件。泥质灰陶。轮制。可分为口沿和瓮底。

瓮口沿　3件。敛口。标本DTN47E13③：6，矮领，广肩。口径36、残高6.4厘米（图189，1）。标本MG1：11，矮领，广肩。口径36、残高6.4厘米（图189，2）。标本MG1：12，矮领，广肩。口径20、残高4.5厘米（图189，3）。

瓮底　1件。标本DTN47E13③：7，下腹壁斜直，平底。底径22、残高7厘米（图189，4）。

陶盆　1件。泥质灰陶。轮制。标本MG1：10，弧壁，平底微内凹。底径22、残高5.6厘米（图189，5）。

陶盂　2件。泥质灰陶。轮制。弧壁。标本DG5：1，平底微内凹。下腹近底处饰数周弦纹。底径18、残高5.6厘米（图189，6）。标本MG1：13，平底。底径14、残高5.6厘米（图189，7）。

陶罐　7件。泥质灰陶。轮制。可分为口沿和罐底。

北

护城河

DG5

MG1填土

0   10米

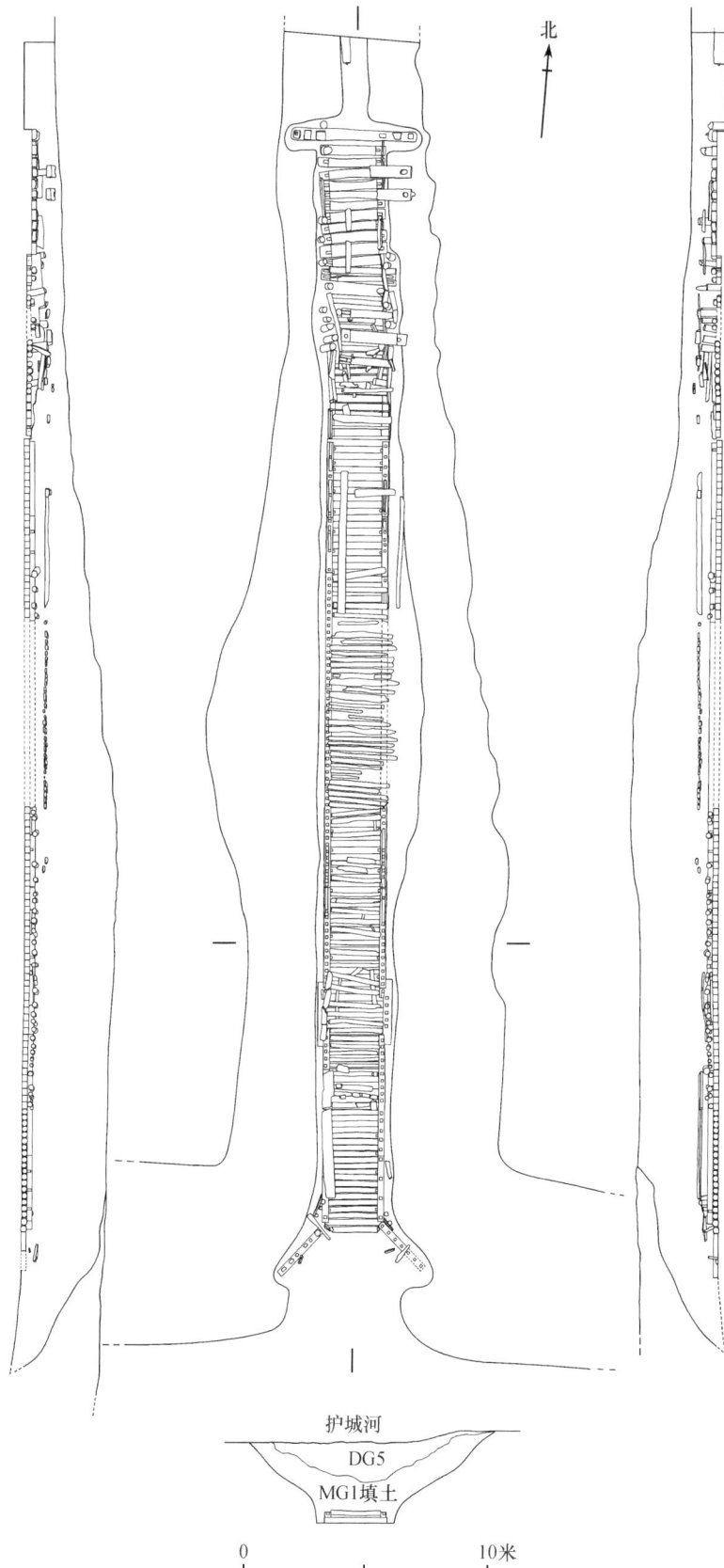

图188　MG1平、剖面图

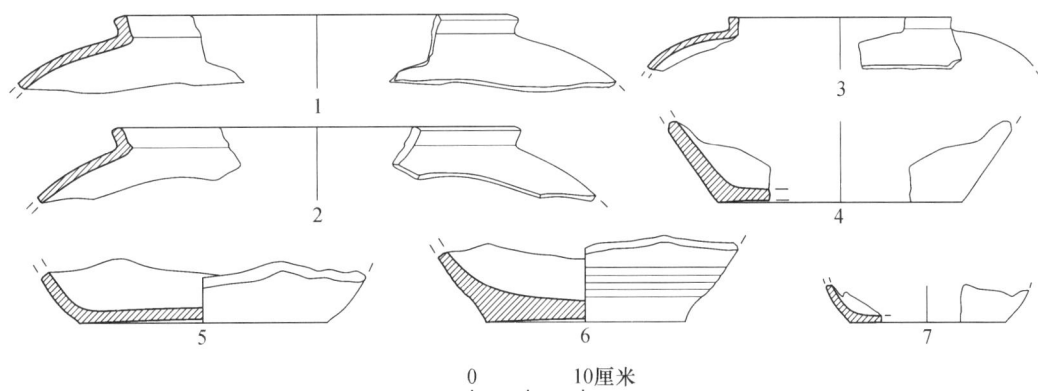

图189　"南北水系"与"南内壕"交汇处出土陶器

1～3.瓮口沿（DTN47E13③：6、MG1：11、MG1：12）　4.瓮底（DTN47E13③：7）　5.盆（MG1：10）

6、7.盂（DG5：1、MG1：13）

罐口沿　3件。标本DTN47E15③：1，口微侈，圆唇，缩颈。口径18、残高5厘米（图190，1）。标本DG5：8，敛口。口径10、残高5.1厘米（图190，2）。标本DG5：11，敞口，圆唇，溜肩，肩附两对称耳，已残缺。口径20、残高4厘米（图190，3）。

罐底　4件。标本DG5：2，平底。底径14、残高2厘米（图190，4）。标本DG5：6，下腹壁近直，平底微内凹。底径16、残高5.2厘米（图190，5）。标本DG5：7，弧壁，假圈足较矮。底径12、残高3.6厘米（图190，6）。标本DG5：10，直壁，平底。内壁饰两周凹弦纹。底径10、残高5厘米（图190，7）。

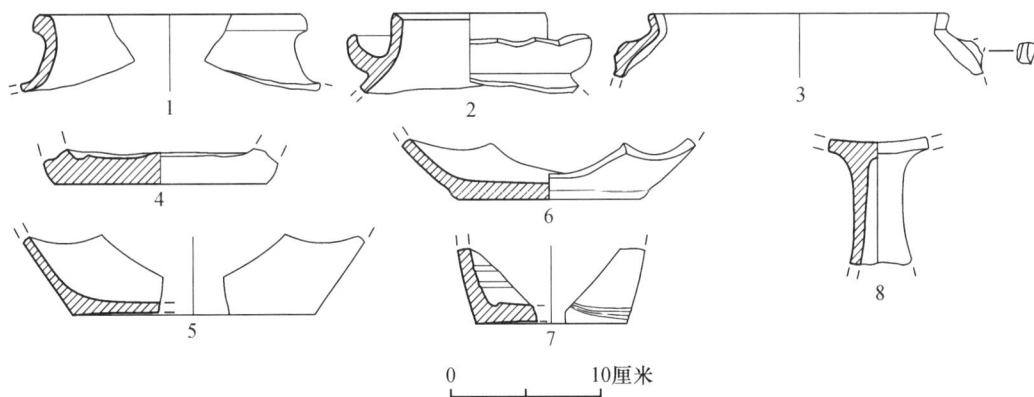

图190　"南北水系"与"南内壕"交汇处出土陶器

1～3.罐口沿（DTN47E15③：1、DG5：8、DG5：11）　4～7.罐底（DG5：2、DG5：6、DG5：7、DG5：10）　8.豆（MG1：14）

陶豆　1件。泥质灰陶。轮制。标本MG1：14，柱状，中空。残高7.8厘米（图190，8）。

筒瓦　9件。泥质灰陶。模制。截面呈半圆形。标本DTN47E13③：1，凸面饰绳纹，凹面饰布纹。残长24.2、宽14.6、厚1.2厘米（图191，1）。标本DTN47E13③：2，凸面饰绳纹，凹面饰布纹。残长15.4、宽9、厚1.1厘米（图191，2）。标本DTN47E13③：3，榫微弧近直，圆唇，直肩。凸面饰绳纹，凹面饰布纹。残长22、宽6.8、厚1.1厘米（图191，3）。标本DTN47E13③：5，榫呈弧形，方圆唇，直肩。凸面饰绳纹，凹面饰布纹。残长13、宽8、厚1

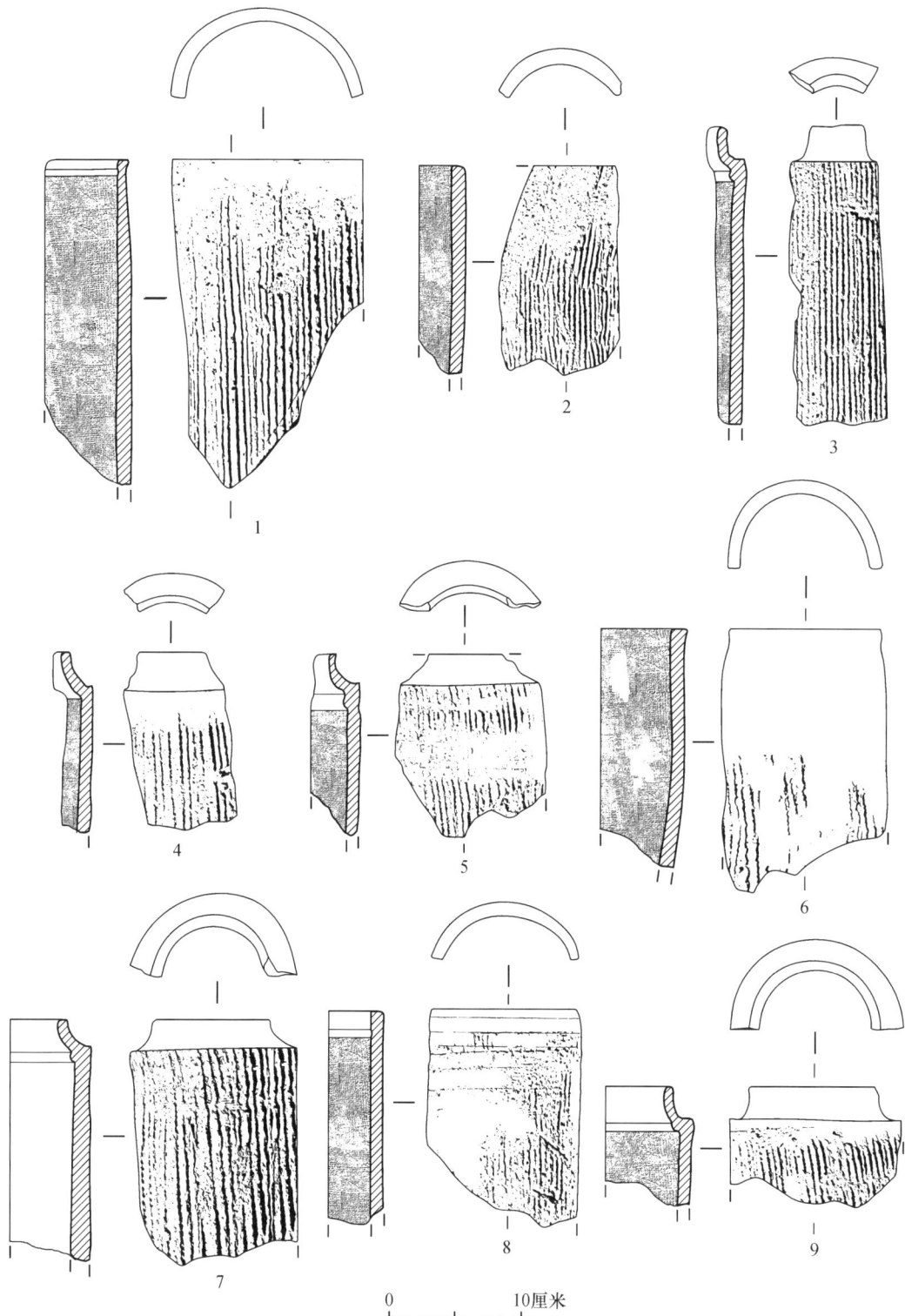

图191　"南北水系"与"南内壕"交汇处出土筒瓦

1. DTN47E13③：1　2. DTN47E13③：2　3. DTN47E13③：3　4. DTN47E13③：5　5. DG5：5　6. MG1：3　7. MG1：4
8. MG1：6　9. MG1：7

厘米（图191，4）。标本DG5：5，榫呈弧形上翘，方唇，直肩。凸面饰绳纹，凹面饰布纹。残长13.4、宽11.4、厚1厘米（图191，5）。标本MG1：3，凸面饰绳纹，凹面饰布纹。残长19.2、宽12.3、厚1厘米（图191，6）。标本MG1：4，榫呈弧形，方唇，斜肩。凸面饰绳纹。残长18、宽12.8、厚1.4厘米（图191，7）。标本MG1：6，凸面饰绳纹，凹面饰布纹。残长16、宽11.4、厚1厘米（图191，8）。标本MG1：7，榫呈弧形，圆唇，直肩。凸面饰绳纹，凹面饰布纹。残长8.8、宽12.8、厚1厘米（图191，9）。

板瓦 5件。泥质灰陶。模制。截面呈弧形。标本DTN47E13③：4，凸面饰粗绳纹。残长14.4、宽15.2、厚1.2厘米（图192，1）。标本DG5：3，凸面饰绳纹。残长19.2、宽15、厚1.2厘米（图192，2）。标本MG1：1，凸面饰绳纹。残长19.4、宽22.4、厚1.4厘米（图192，3）。标本MG1：2，凹凸两面均饰绳纹。残长15.8、宽17.8、厚0.9厘米（图192，4）。标本MG1：5，凸面饰绳纹。残长17.6、宽11.4、厚1.4厘米（图192，5）。

瓦当 3件。泥质灰陶。模制。当面呈圆形。标本DG5：4，饰四组卷云纹。复原直径15、郭厚1.2厘米（图193，1）。标本MG1：8，饰四组勾连卷云纹。直径16、郭厚1.2厘米（图193，2；图版三九，1）。标本MG1：9，饰四组卷云纹。直径14.5、郭厚1厘米（图193，3；图版三九，2）。

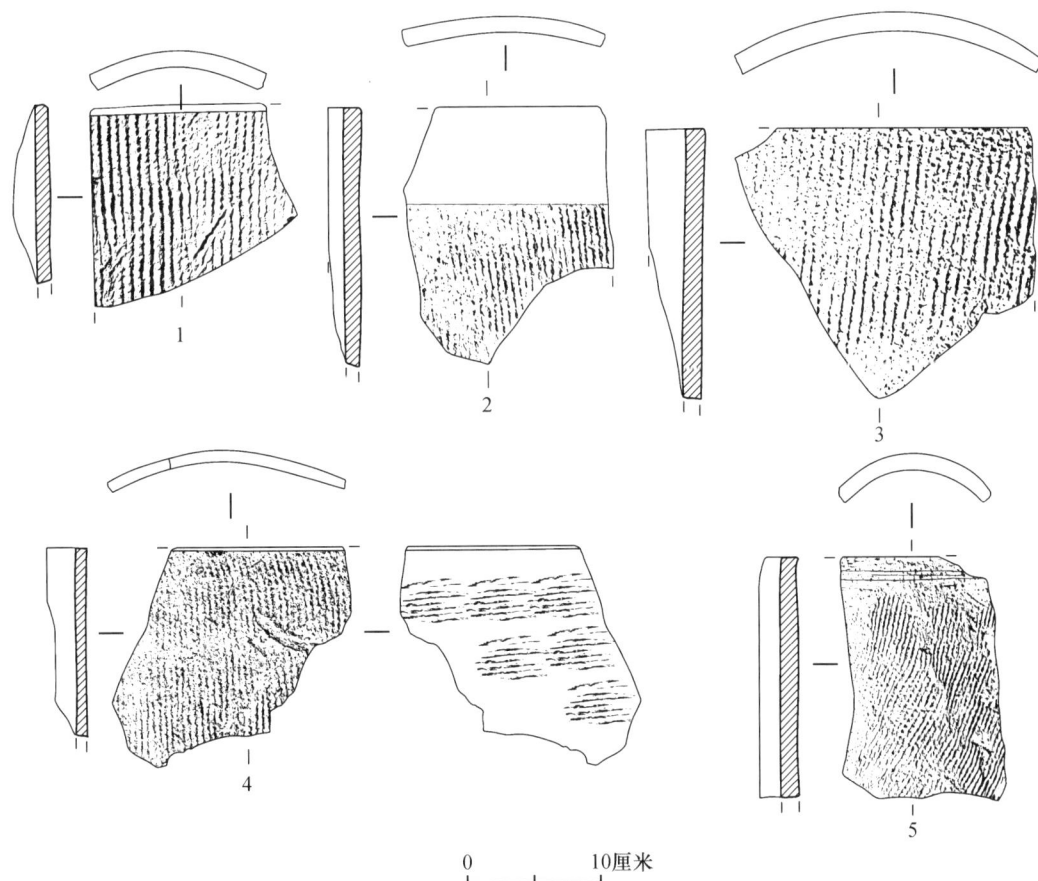

图192 "南北水系"与"南内壕"交汇处出土板瓦
1. DTN47E13③：4 2. DG5：3 3. MG1：1 4. MG1：2 5. MG1：5

墙砖　5件。泥质灰陶。模制。长方体。根据横截面可分为二型。

A型　4件。横截面呈长方形。标本DG5：13，平面饰绳纹，纵侧面的一面饰菱形纹。残长31.4、宽13.8、厚5厘米（图193，4；图版三八，2）。标本DG5：14，残缺。平面饰绳纹，纵侧面的一面饰菱形纹。残长22.6、宽13.4、厚4.5厘米（图193，5）。标本DG5：16，平面饰绳纹，纵侧面饰"S"形卷云纹。残长20、宽16.4、厚4.8厘米（图193，6）。标本DG5：17，平面饰绳纹，纵侧面饰菱形纹。残长31.6、宽13.8、厚4.6厘米（图193，7）。

B型　1件。横截面呈梯形。标本DG5：15，平面饰绳纹，纵侧面饰菱形纹。残长32.3、宽14、厚4.4厘米（图193，8）。

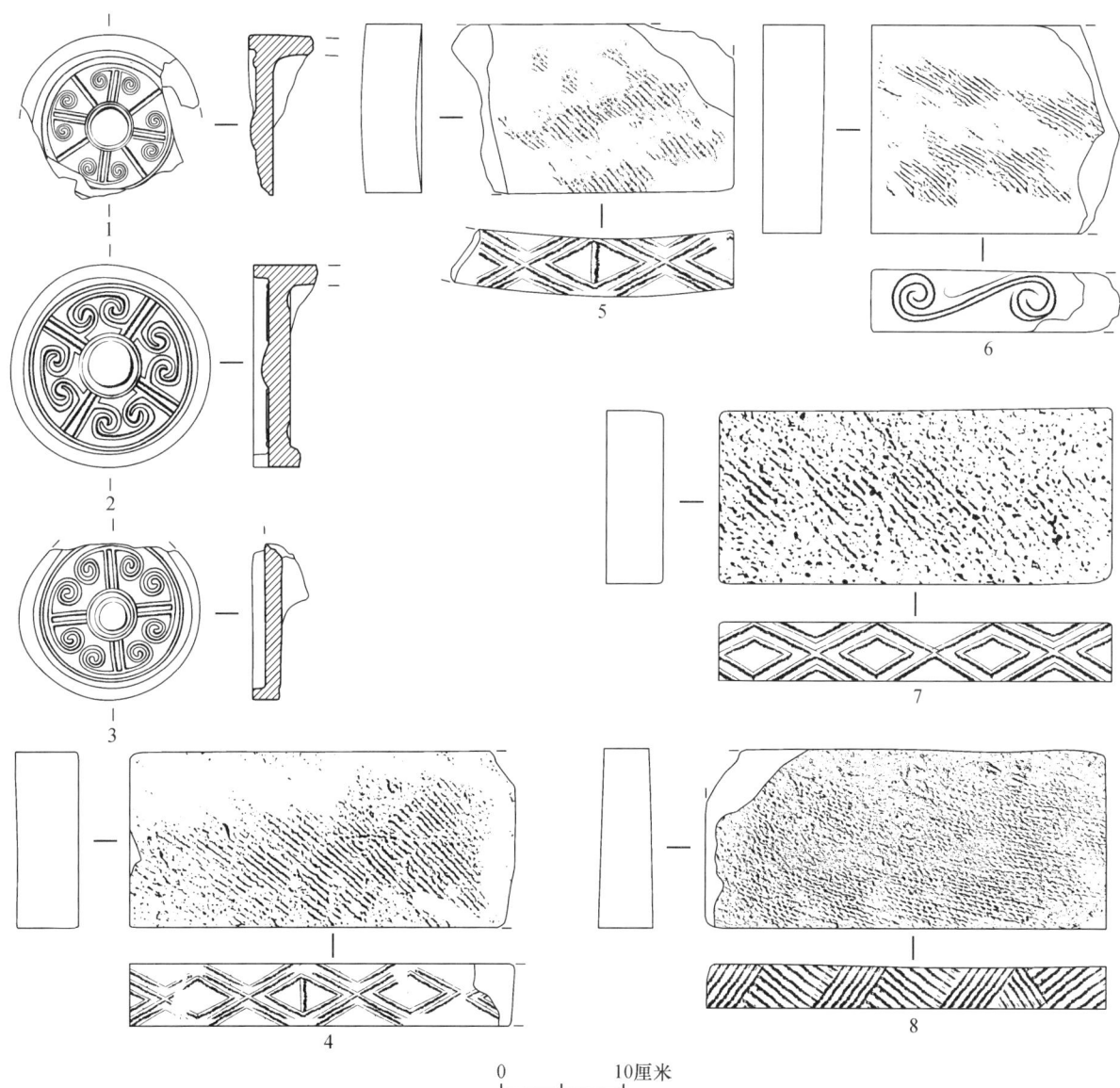

0　　　　　10厘米

图193　"南北水系"与"南内壕"交汇处出土陶器

1～3.瓦当（DG5：4、MG1：8、MG1：9）　4～7.A型墙砖（DG5：13、DG5：14、DG5：16、DG5：17）

8.B型墙砖（DG5：15）

铜钺　1件。铸制。锋缺失，双边刃，铤呈长方体，末端一圆形穿孔。标本MG1：15，残长86.1、宽3.2厘米（图194，1；图版三九，3）。

铜箭镞　9件。铸制。柱状铤。标本MG1：16，三棱翼。残长12.2厘米（图194，2；图版三九，4）。标本MG1：17，残长13.2厘米（图194，3）。标本MG1：18，残长7.4厘米（图194，4）。标本MG1：19，残长14.6厘米（图194，5）。标本MG1：20，残长23.4厘米（图194，6）。标本MG1：21，三棱翼。残长6.6厘米（图194，7；图版三九，5）。标本MG1：22，三棱翼。残长13.8厘米（图194，8；图版三九，6）。标本MG1：23，残长11.5厘米（图194，9）。标本MG1：24，残长21.7厘米（图194，10；图版三九，7）。

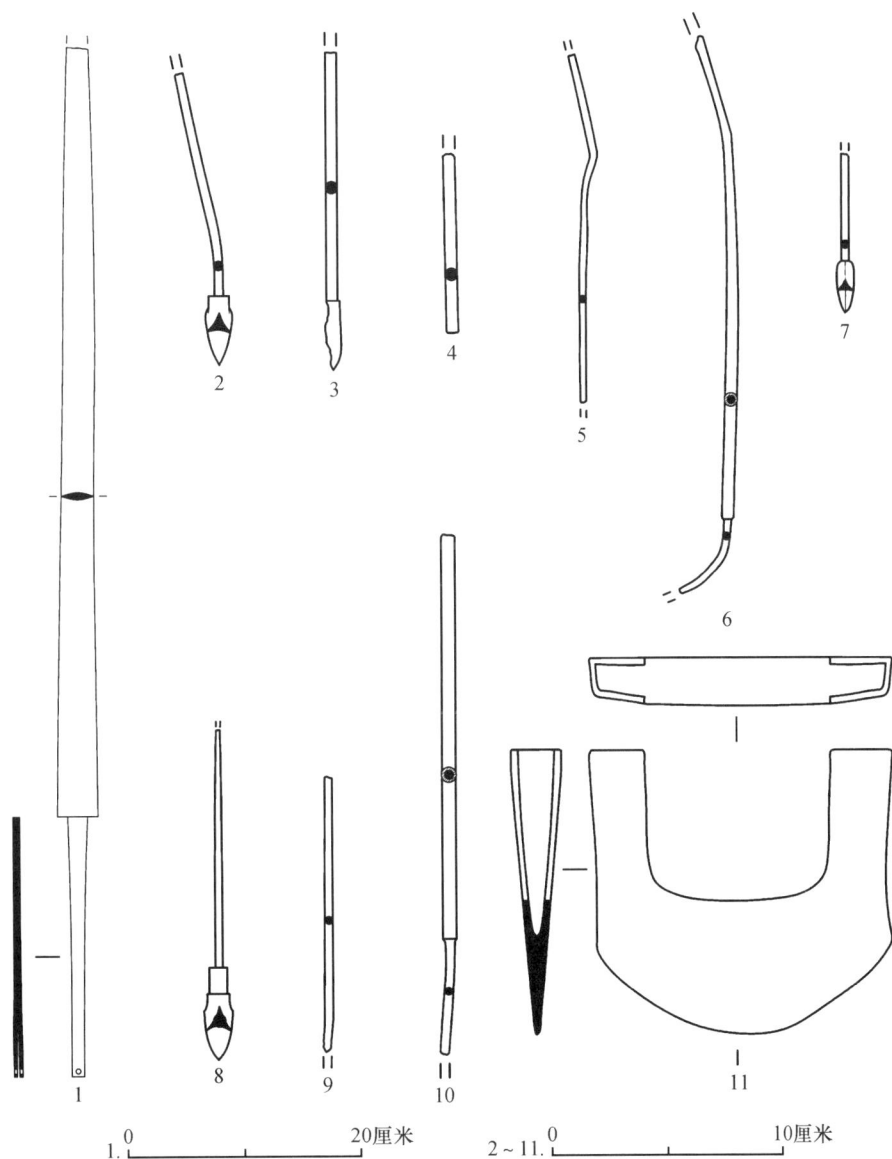

图194　"南北水系"与"南内壕"交汇处出土遗物

1. 铜钺（MG1：15）　2~10. 铜箭镞（MG1：16、MG1：17、MG1：18、MG1：19、MG1：20、MG1：21、MG1：22、MG1：23、MG1：24）　11. 铁锸（MG1：25）

铁锸　1件。铸制。平面凹字形，侧视呈锥形，弧形刃，中空柄。标本MG1：25，长12、宽13厘米（图194，11；图版三八，4）。

铜钱　3枚。标本MG1：26，大泉五十。直径2.7、穿长宽0.9厘米（图195，1）。标本MG1：27，五铢钱。直径2.6、穿长宽0.9厘米（图195，2）。标本MG1：28，半两钱。直径3、穿长宽1.1厘米（图195，3）。

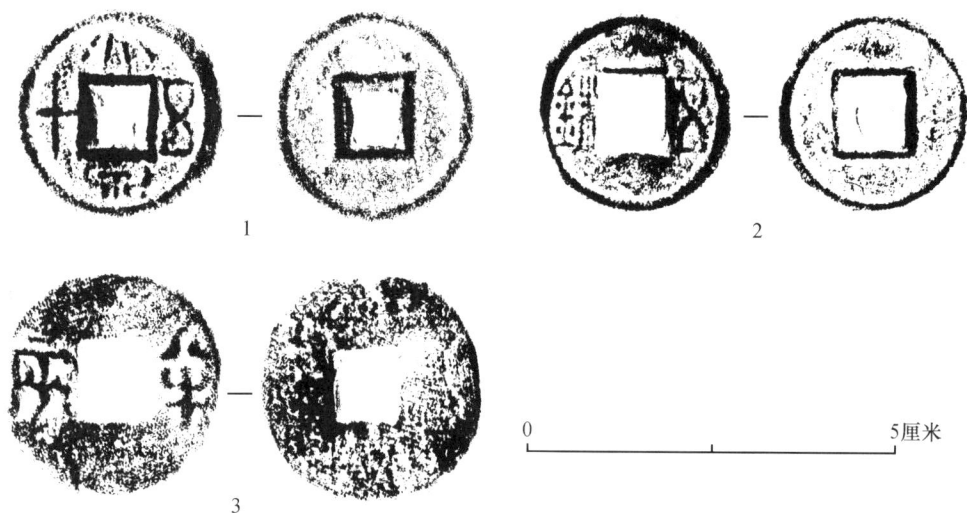

图195　"南北水系"与"南内壕"交汇处出土铜钱
1. MG1：26　2. MG1：27　3. MG1：28

瓷碗　7件。可分三型。

A型　2件。灰白胎，青釉。轮制。敞口，弧壁较陡直，平底。标本DG5：9，矮圈足。底径12、残高3.8厘米（图196，1）。标本DG5：18，饼足。口径8、底径5.2、高4厘米（图196，2；图版三八，3）。

B型　1件。灰白胎。轮制。标本DG5：12，弧壁，平底，饼足。底径8.8、残高2厘米（图196，3）。

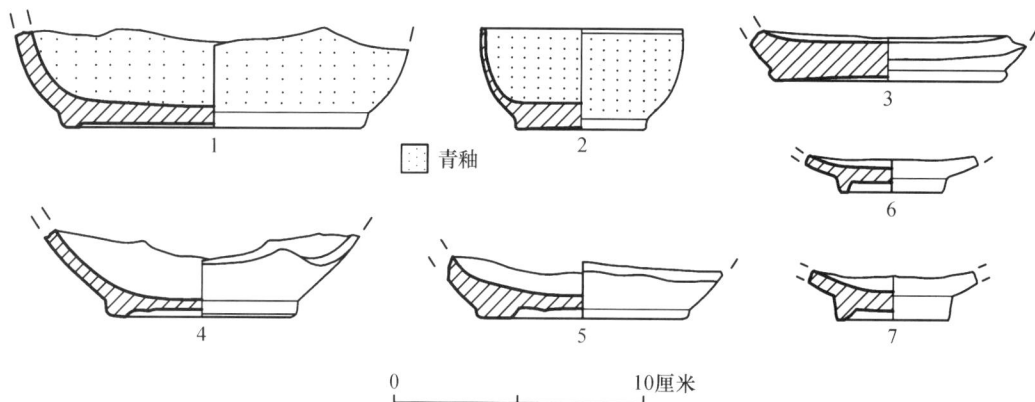

图196　"南北水系"与"南内壕"交汇处出土瓷碗
1、2. A型（DG5：9、DG5：18）　3. B型（DG5：12）　4～7. C型（DTN47E15②：1、DTN47E15②：2、DTN47E15②：3、DTN47E15③：2）

　　C型　4件。灰白胎，白釉。轮制。弧壁平缓，平底。标本DTN47E15②：1，矮圈足。底径7.4、残高3.2厘米（图196，4）。标本DTN47E15②：2，矮圈足。底径8、残高2.2厘米（图196，5）。标本DTN47E15②：3，矮圈足。底径4、残高1.4厘米（图196，6）。标本DTN47E15③：2，圈足。底径4.4、残高2厘米（图196，7）。

第五章 三号台基发掘

为推进郢城遗址的学术研究，落实好国家文物局《关于郢城遗址保护规划的意见》（文物保函〔2018〕1478号）中"重点开展城址营建和内部功能布局研究，还原历史文化面貌和古代社会生活"的工作要求，2020年，荆州博物馆对郢城遗址三号台基进行考古发掘（考执字〔2019〕第236号），清理至汉代文化层，了解其结构、规模、特点。

三号台基位于郢城遗址中部偏西区域，地理位置坐标为东经112°13′29.39″，北纬30°22′43.53″，本次发掘共布10米×10米发掘方10个，面积1000平方米（图197）。台基面仅揭露至汉代文化层。现将探方发掘情况简述如下。

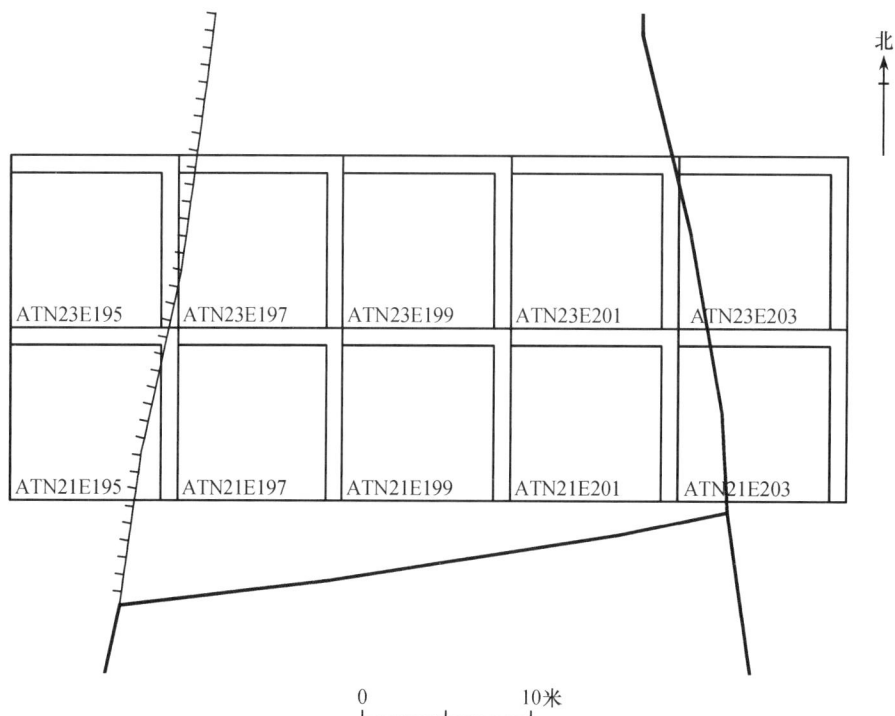

图197 三号台基发掘探方分布示意图

第一节　探方发掘情况

1）ATN21E195地层堆积可分为5层（图198）。

第1层：表土层。厚15～55厘米。土质疏松，土色灰褐。包含少量陶片及大量植物根系。

第2层：明清文化层。厚0～35、深15～55厘米。土质松散，土色灰褐泛白。包含青花瓷片，绳纹筒、板瓦残片。

第3层：唐代文化层。厚0～30、35～75厘米。土质较硬，土色灰。包含极少裂纹青瓷片、绳纹筒、板瓦残片。其下第4、5层为汉代文化层，未向下发掘。

2）ATN21E197地层堆积可分为4层（图199）。

第1层：表土层。厚15～40厘米。土质疏松，土色灰褐。包含少量陶片及大量植物根系。

第2层：明清文化层。可分为3个亚层。

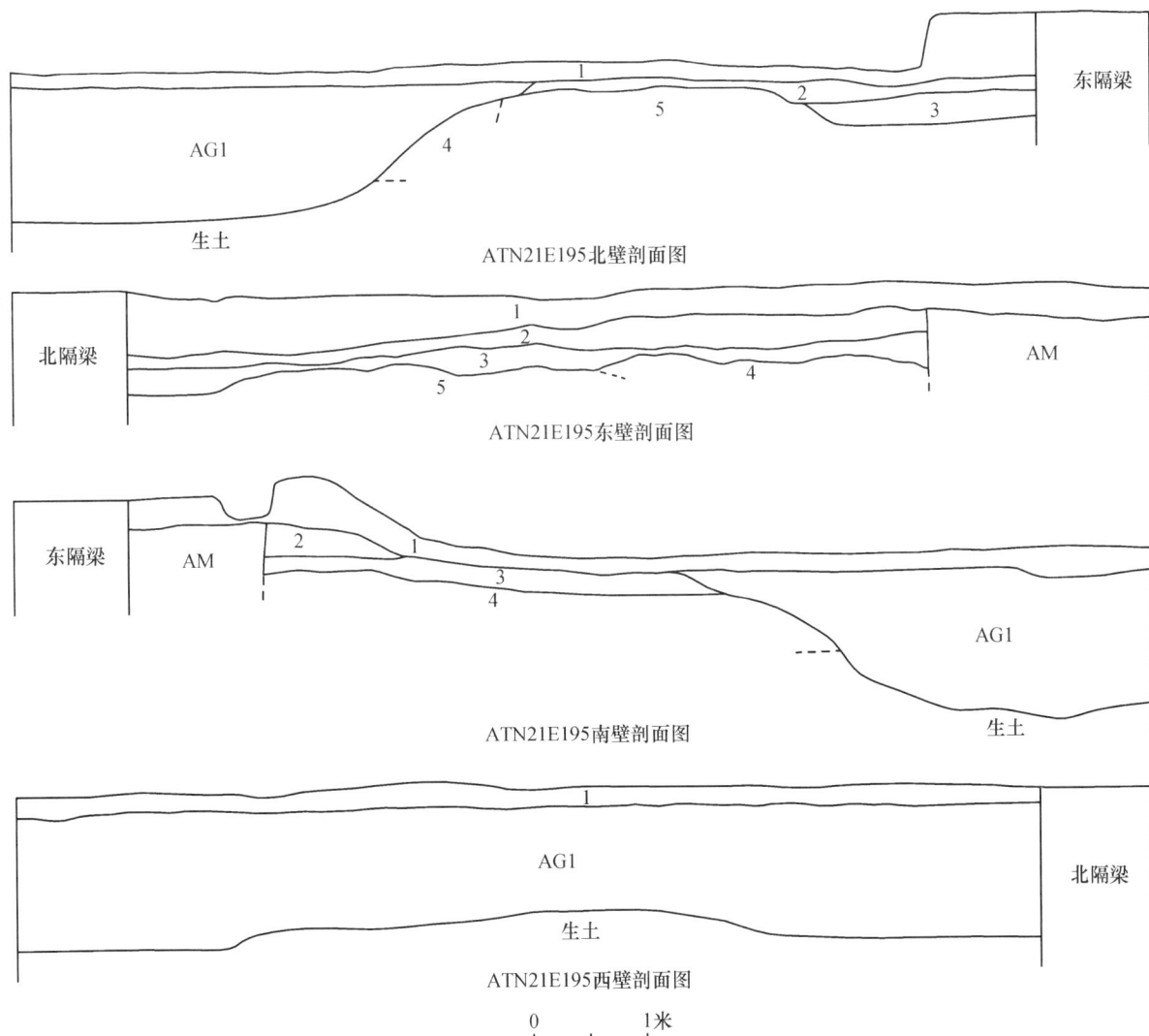

ATN21E195北壁剖面图

ATN21E195东壁剖面图

ATN21E195南壁剖面图

ATN21E195西壁剖面图

0　　　1米

图198　ATN21E195四壁剖面图

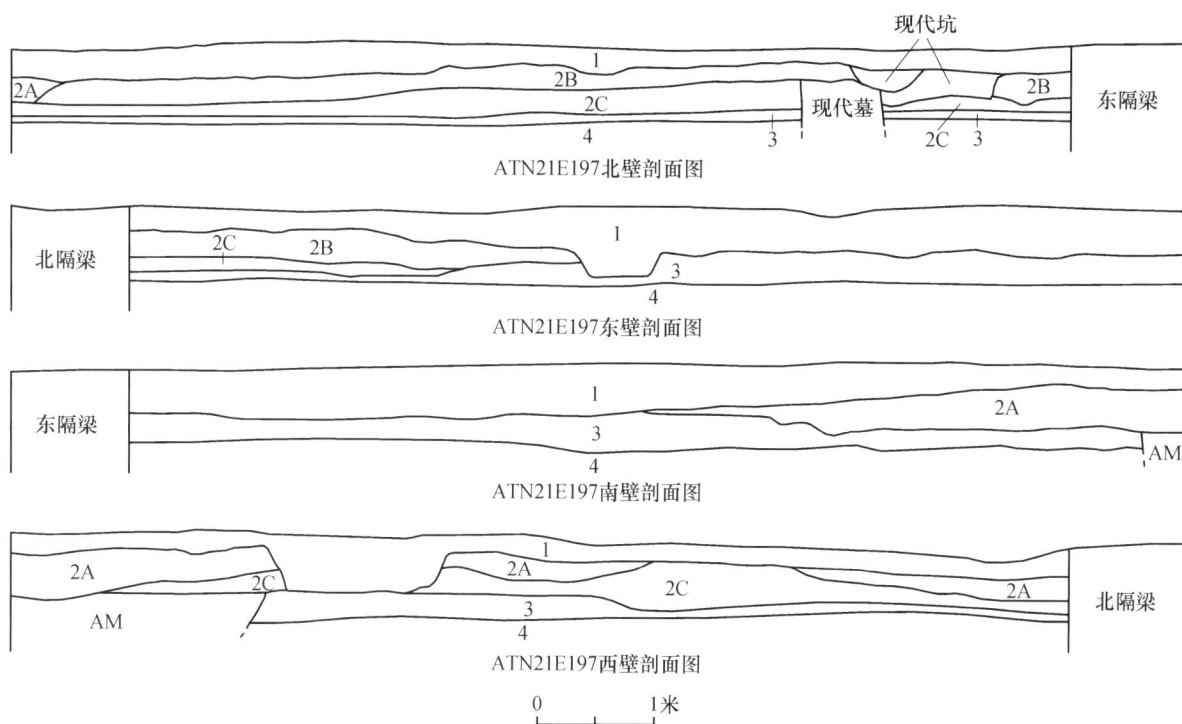

图199　ATN21E197四壁剖面图

第2A层：厚0～35、深15～40厘米。土质松散，土色灰褐。包含青花瓷片，绳纹筒、板瓦片。

第2B层：厚0～25、深15～35厘米。土质松散，土色灰褐夹黄斑。包含青花瓷片，绳纹筒、板瓦片。

第2C层：厚0～40、深15～50厘米。土质松散，土色灰黄。包含青花瓷片，绳纹筒、板瓦片。

第3层：唐代文化层。厚10～25、深40～50厘米。土质较硬，土色灰白。包含极少裂纹青瓷片，绳纹筒、板瓦片。其下第4层为汉代文化层，未向下发掘。

3）ATN21E199地层堆积可分为4层（图200）。

第1层：表土层。厚10～30厘米，土质疏松，土色灰褐。包含少量陶片及大量植物根系。

第2层：明清文化层。可分为3亚层。

第2A层：厚0～35、深15～40厘米。土质松散，土色灰褐。包含青花瓷片，绳纹筒、板瓦残片。

第2B层：厚0～25、深20～30厘米。土质松散，土色灰褐夹黄斑。包含青花瓷片，绳纹筒、板瓦残片。

第2C层：厚0～20、深30～45厘米。土质松散，土色灰黄。包含青花瓷片，绳纹筒、板瓦片。

第3层：唐代文化层。厚0～30、深35～50厘米。土质较硬，土色灰白。包含极少裂纹青瓷片，绳纹筒、板瓦残片。其下第4层为汉代文化层，未向下发掘。

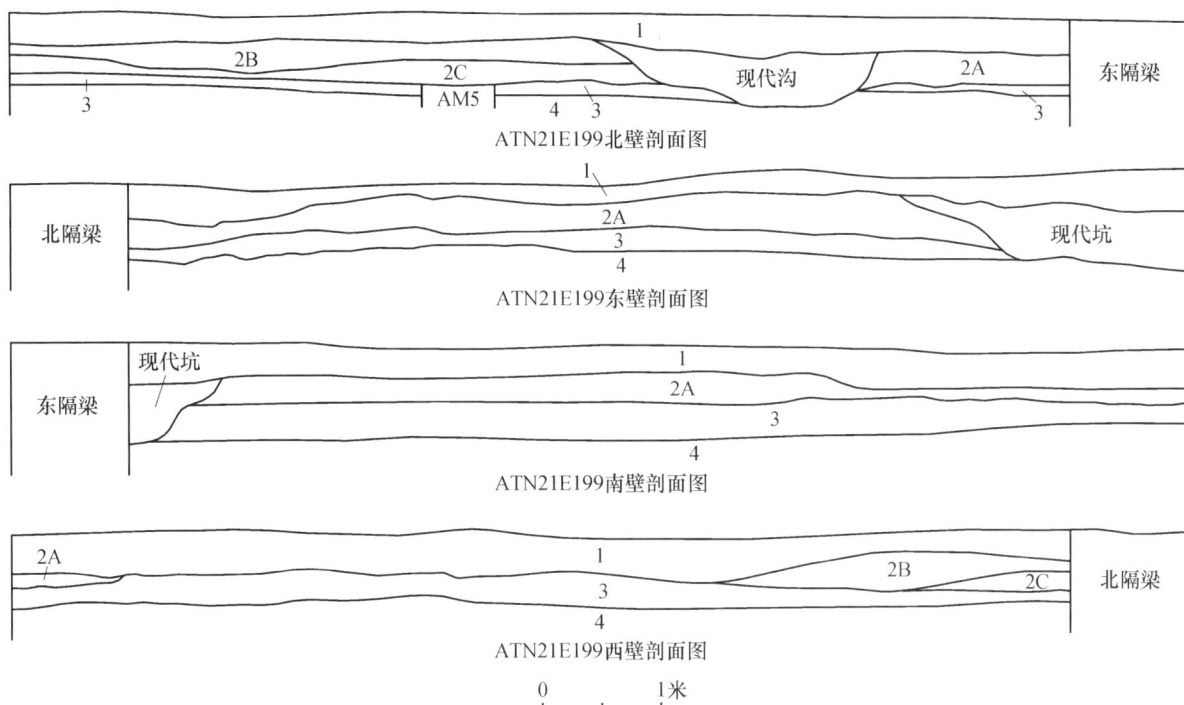

图200　ATN21E199四壁剖面图

4）ATN21E201地层堆积可分为4层（图201）。

第1层：表土层。厚15～35厘米。土质疏松，土色灰褐。包含少量陶片及大量植物根系。

第2层：明清文化层。厚0～30、深15～35厘米。土质松散，土色灰褐。包含青花瓷片。

第3层：唐代文化层。厚10～45、深30～55厘米。土质较硬，土色灰白。包含极少裂纹青瓷片、绳纹碎陶片。其下第4层为汉代文化层，未向下发掘。

5）ATN21E203地层堆积可分为4层（图202）。

第1层：表土层。厚10～30厘米。土质疏松，土色灰褐。包含少量陶片及大量植物根系。

第2层：明清文化层。厚0～25、深10～30厘米。土质松散，土色灰褐。包含青花瓷片，绳纹筒、板瓦残片。

第3层：唐代文化层。厚0～50、深10～50厘米。土质较硬，土色灰白。包含极少裂纹青瓷片、绳纹碎陶片。其下第4层为汉代文化层，未向下发掘。

6）ATN23E195地层堆积可分为4层（图203）。

第1层：表土层。厚15～60厘米。土质疏松，土色灰褐。包含少量陶片及大量植物根系。

第2层：明清文化层。厚20～30、深15～60厘米。土质松散，土色灰褐泛白。包含青花瓷片、绳纹碎陶片。

第3层：唐代文化层。厚0～25、深35～80厘米。土质较硬，土色灰色。包含极少裂纹青瓷片，绳纹筒、板瓦残片。其下第4层为汉代文化层，未向下发掘。

7）ATN23E197地层堆积可分为4层（图204）。

第1层：表土层。厚15～25厘米。土质疏松，土色灰褐。包含少量陶片及大量植物根系。

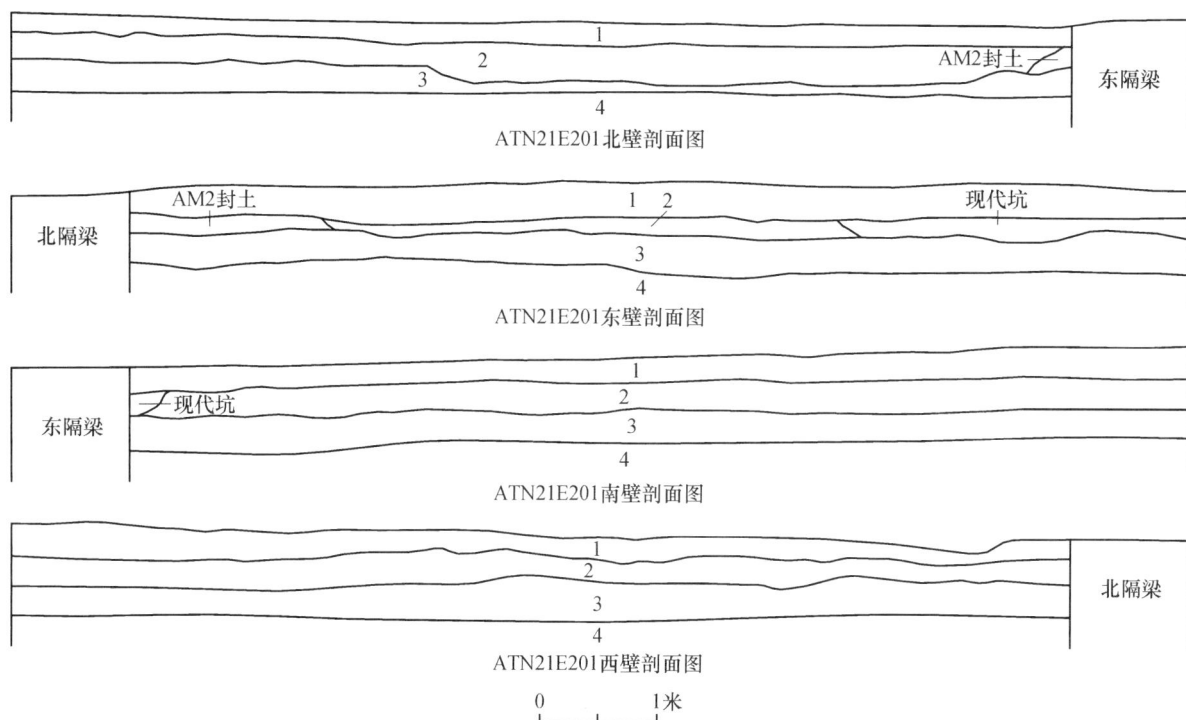

图201　ATN21E201四壁剖面图

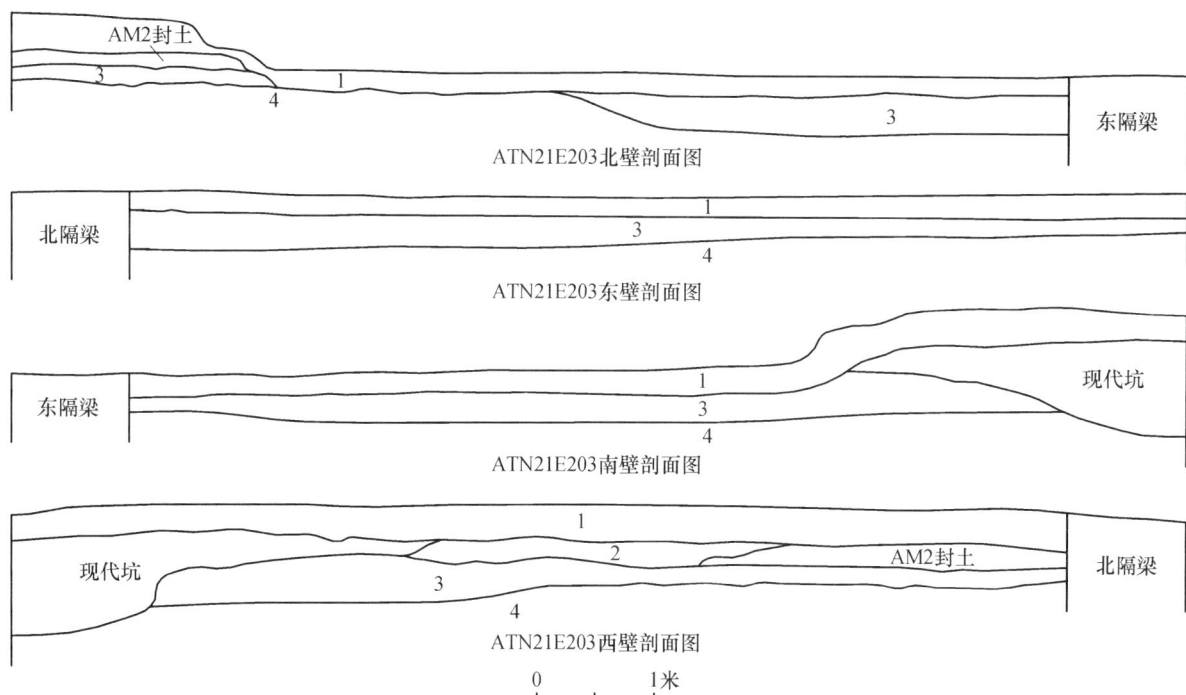

图202　ATN21E203四壁剖面图

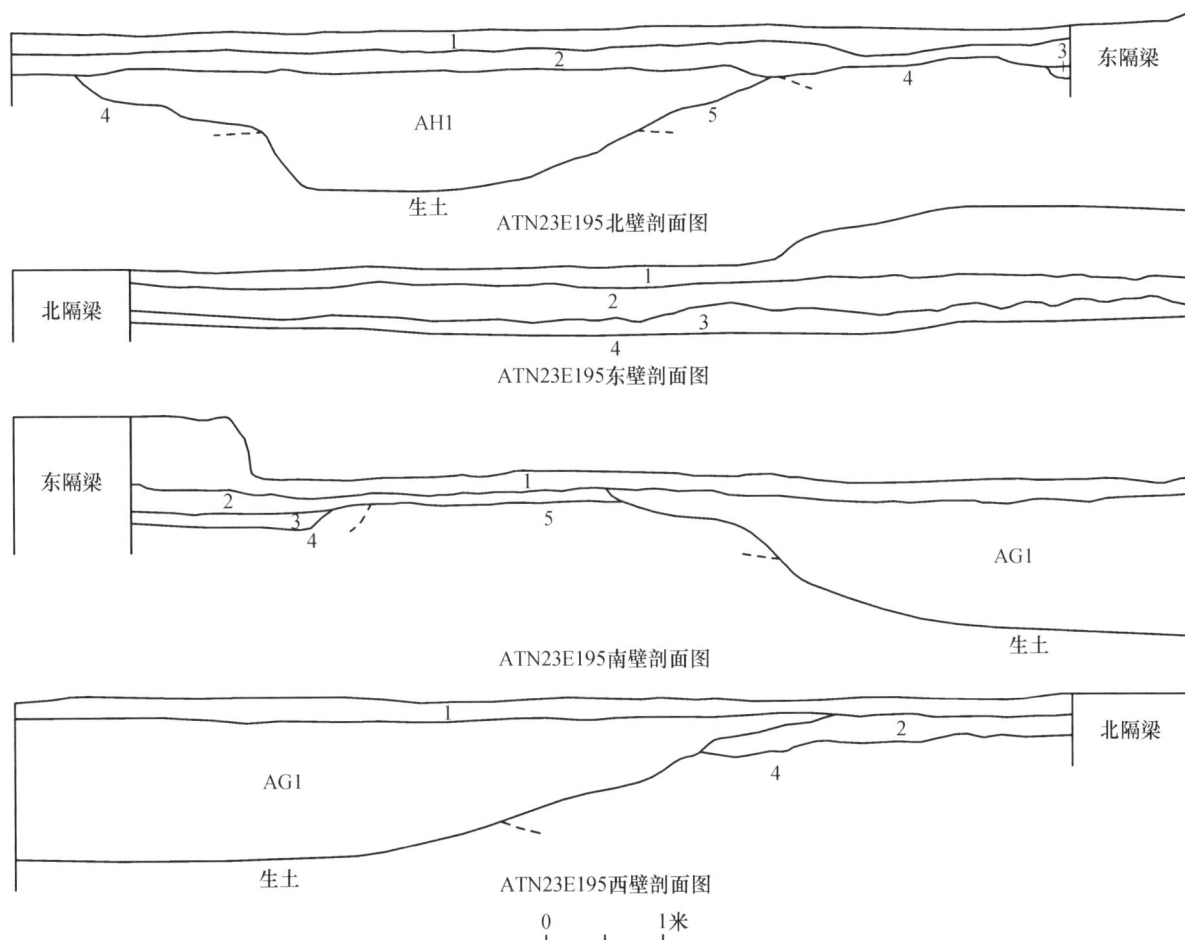

图203　ATN23E195四壁剖面图

第2层：明清文化层。可分为3亚层。

第2A层：厚0~30、深15~25厘米。土质松散，土色灰褐。包含青花瓷片、绳纹碎陶片。

第2B层：厚0~25、深15~30厘米。土质松散，土色灰褐夹黄斑。包含青花瓷片，绳纹筒、板瓦残片。

第2C层：厚0~20、深45~50厘米。土质松散，土色灰黄。包含青花瓷片、绳纹筒、板瓦残片。

第3层：唐代文化层。厚0~50、深40~60厘米。土质较硬，土色灰白。包含极少裂纹青瓷片，绳纹筒、板瓦残片。其下第4层为汉代文化层，未向下发掘。

8）ATN23E199地层堆积可分为4层（图205）。

第1层：表土层。厚15~50厘米。土质疏松，土色灰褐。包含少量陶片及大量植物根系。

第2层：明清文化层。可分为3亚层。

第2A层：厚0~30、深15~30厘米。土质松散，土色灰褐。包含青花瓷片，绳纹筒、板瓦残片。

第2B层：厚0~30、深15~35厘米。土质松散，土色灰褐夹黄斑。包含青花瓷片，绳纹筒、板瓦残片。

ATN23E197北壁剖面图

ATN23E197东壁剖面图

ATN23E197南壁剖面图

ATN23E197西壁剖面图

0　　　　1米

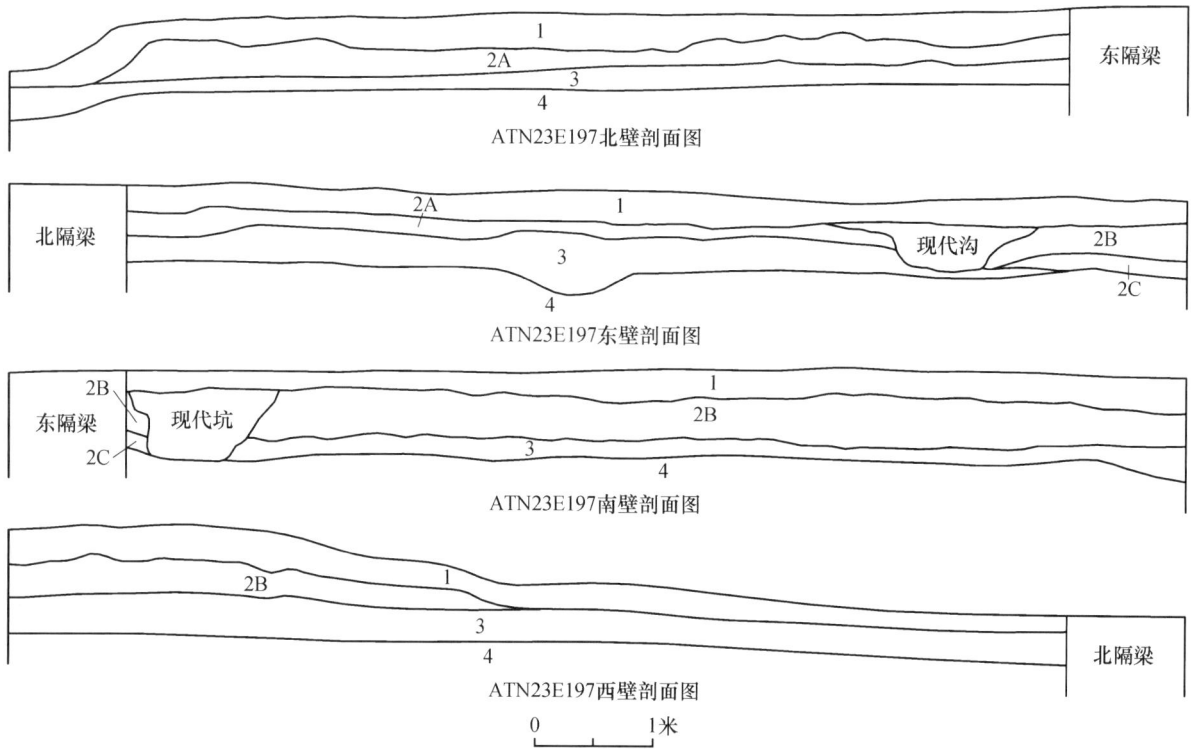

图204　ATN23E197四壁剖面图

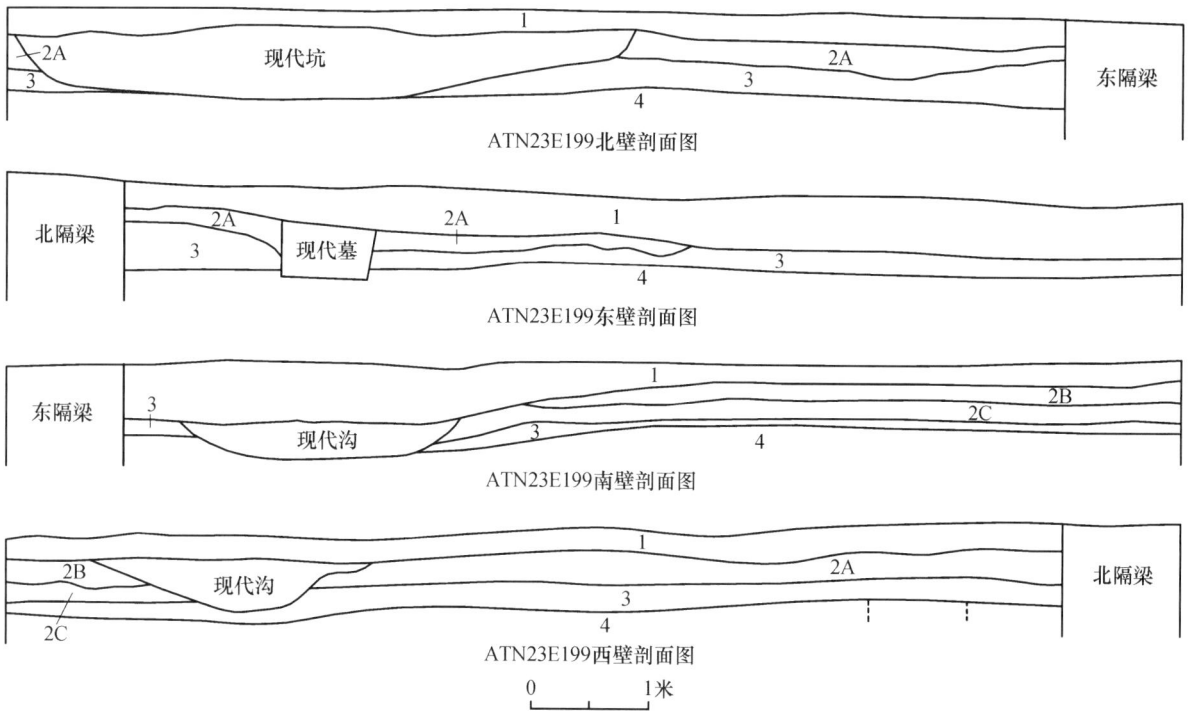

ATN23E199北壁剖面图

ATN23E199东壁剖面图

ATN23E199南壁剖面图

ATN23E199西壁剖面图

0　　　　1米

图205　ATN23E199四壁剖面图

第2C层：厚0～35、深30～40厘米。土质松散，土色灰黄。包含青花瓷片，绳纹筒、板瓦残片。

第3层：唐代文化层。厚10～40、深30～50厘米。土质较硬，土色灰白。含极少裂纹青瓷片，绳纹筒、板瓦残片。其下第4层为汉代文化层，未向下发掘。

9）ATN23E201地层堆积可分为4层（图206）。

第1层：表土层。厚10～45厘米，土质疏松，土色灰褐。包含少量陶片及大量植物根系。

第2层：明清文化层。厚0～50、深10～35厘米。土质松散，土色灰褐。包含青花瓷片，绳纹筒、板瓦残片。

第3层：唐代文化层。厚25～45、深35～75厘米。土质较硬，土色灰白。含极少裂纹青瓷片，绳纹筒、板瓦残片。其下第4层为汉代文化层，未向下发掘。

10）ATN23E203地层堆积可分为4层（图207）。

第1层：表土层。厚15～30厘米。土质疏松，土色灰褐。包含少量陶片及大量植物根系。

第2层：明清文化层。厚0～25、深15～30厘米。土质松散，土色灰褐。包含青花瓷片，绳纹筒、板瓦残片。

第3层：唐代文化层。厚0～30、深20～50厘米。土质较硬，土色灰白。含极少裂纹青瓷片，绳纹筒、板瓦残片。其下第4层为汉代文化层，未向下发掘。

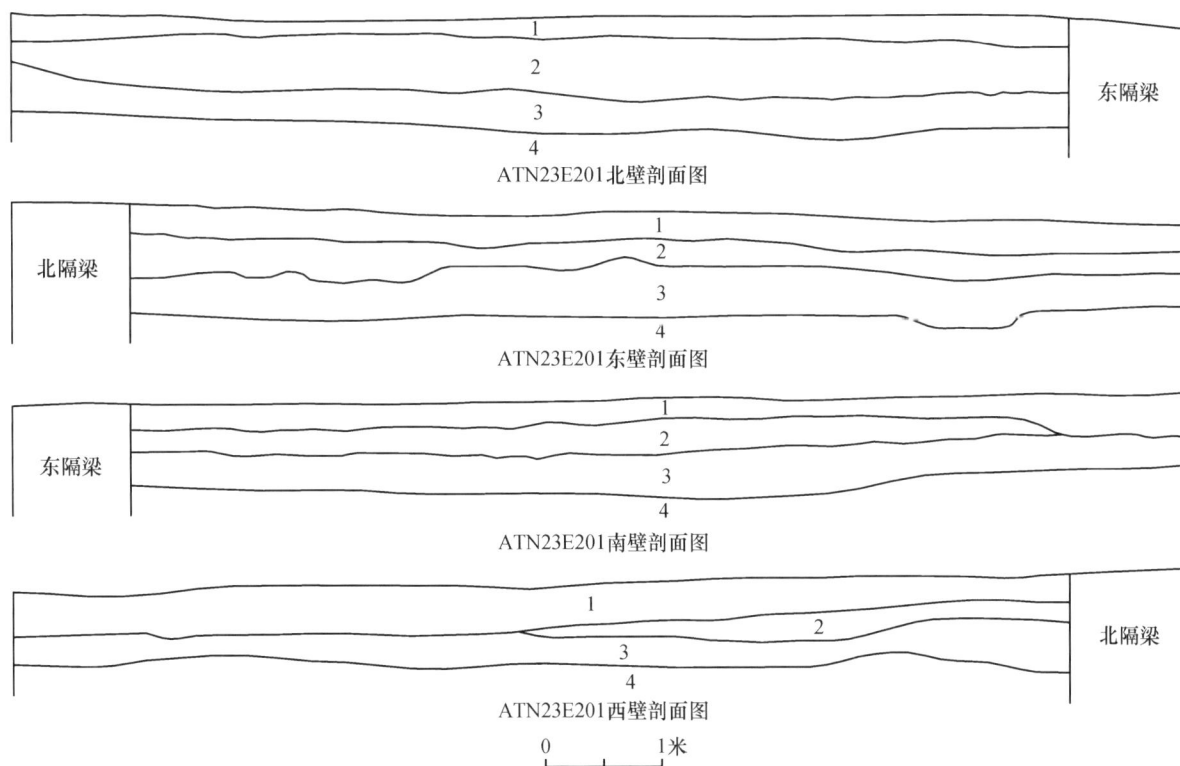

ATN23E201北壁剖面图

ATN23E201东壁剖面图

ATN23E201南壁剖面图

ATN23E201西壁剖面图

0　　　　1米

图206　ATN23E201四壁剖面图

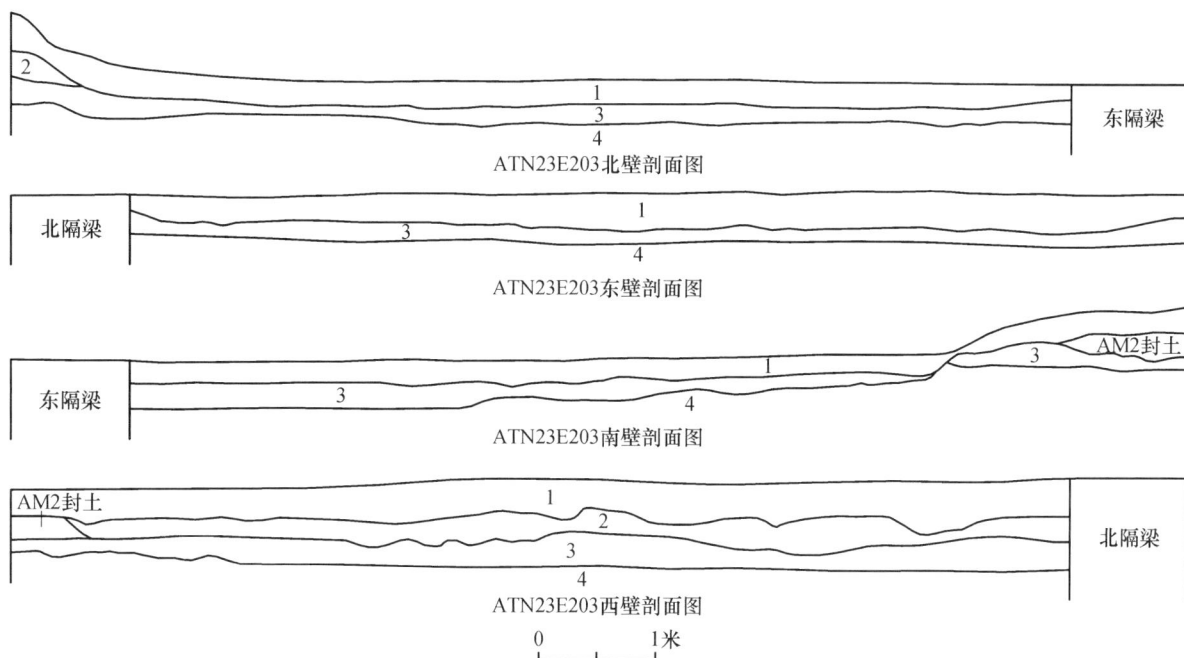

ATN23E203北壁剖面图

ATN23E203东壁剖面图

ATN23E203南壁剖面图

ATN23E203西壁剖面图

0   1米

图207 ATN23E203四壁剖面图

第二节 遗 迹

本次发掘郢城遗址三号台基共发现汉代房屋基址2座（F1、F2）、道路1条（AL1）、器物坑1座（AK1），宋代墓葬5座（AM1～AM5），明代灰坑1座（AH1），清代灰沟1条（AG1）（图208）。

1. 汉代遗迹

F1、F2开口于第3层下，打破第4层。墙基是将陶片竖起，紧凑排列形成，墙基之间存在踩踏面，被晚期墓葬所打破（图209；图版一七，1）。

F1 残长15.2、宽10.2米，方向82°。目前可见六道墙基，分别编号F1Q1～F1Q6，F1Q1位于F1西部，南北向，残存两端，残长2.55、宽0.85米；F1Q2位于F1北部，东西向，长5.5、宽0.83米；F1Q3位于F1中部，南北向，残长8.46、宽0.98米；F1Q4位于F1南部，东西向，残长4.13、宽0.66米；F1Q5位于F1东部，东西向，残长8.95、宽1.16米；F1Q6位于F1东北部，东西向，残长1.85、宽0.55米。由此判断为两间房，西边房基轮廓较清晰，长10.2、宽6.5米，东边房长8.95、宽3.84米，可见大量垮塌瓦砾堆积，多为板瓦（图版二○～图版二四）。

F2 目前仅暴露二道墙基，分别编号F2Q1、F2Q2，F2Q1东西向，残长13.1、宽0.5米；F2Q2南北向，残长1.55、宽0.7米（图二五）。可能为两间房，长13.1、宽2.15米，方向88°。两房之间间隔约5.8米，中间有两组排列有序的柱础，西边为石柱础，编号Z1～Z3，间距3.13～3.18米，Z2距F2北侧墙基1.53米，Z3距F1南侧墙基0.95米（图版二六，2；图版二七）。东边为筒瓦竖立相扣而成的圆柱形柱础，编号Z4～Z7，间距1.8～13.2米，Z4距F2北侧墙基0.94

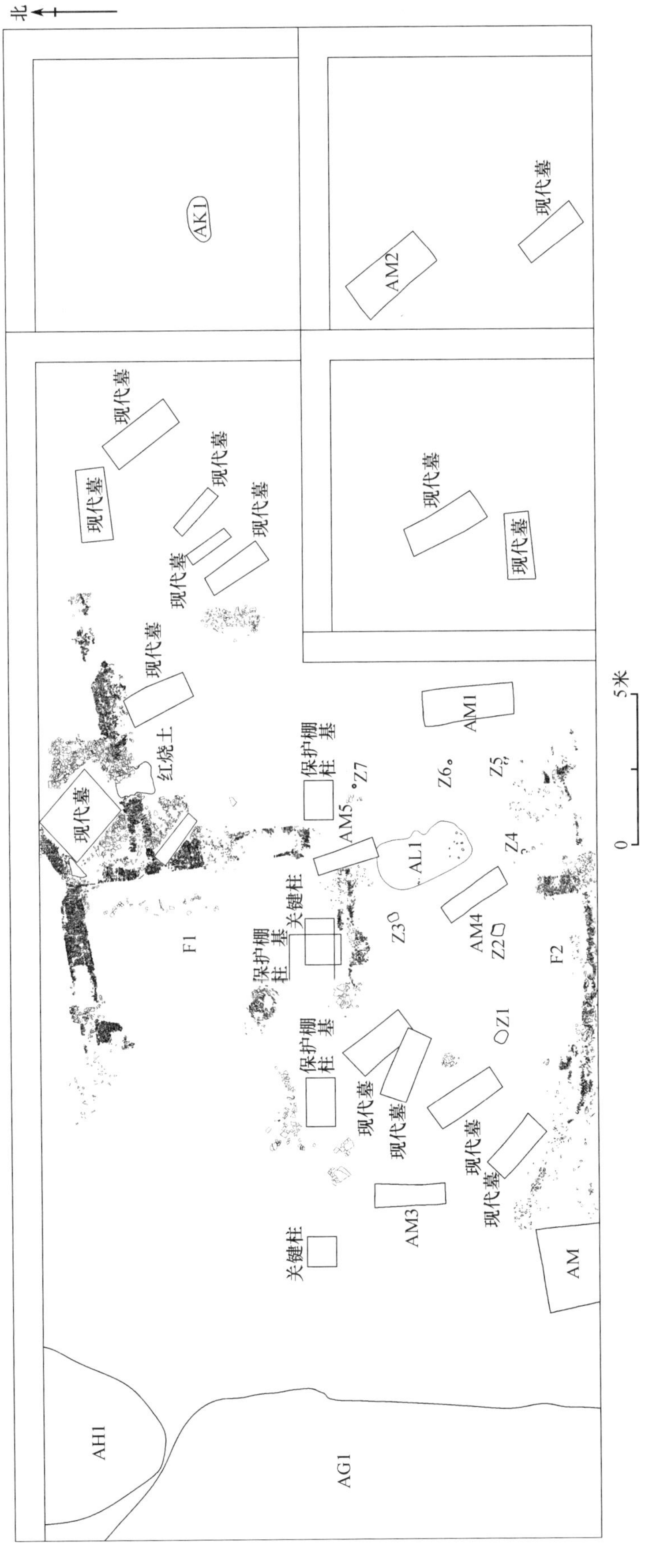

图208 三号台基发掘遗迹分布示意图

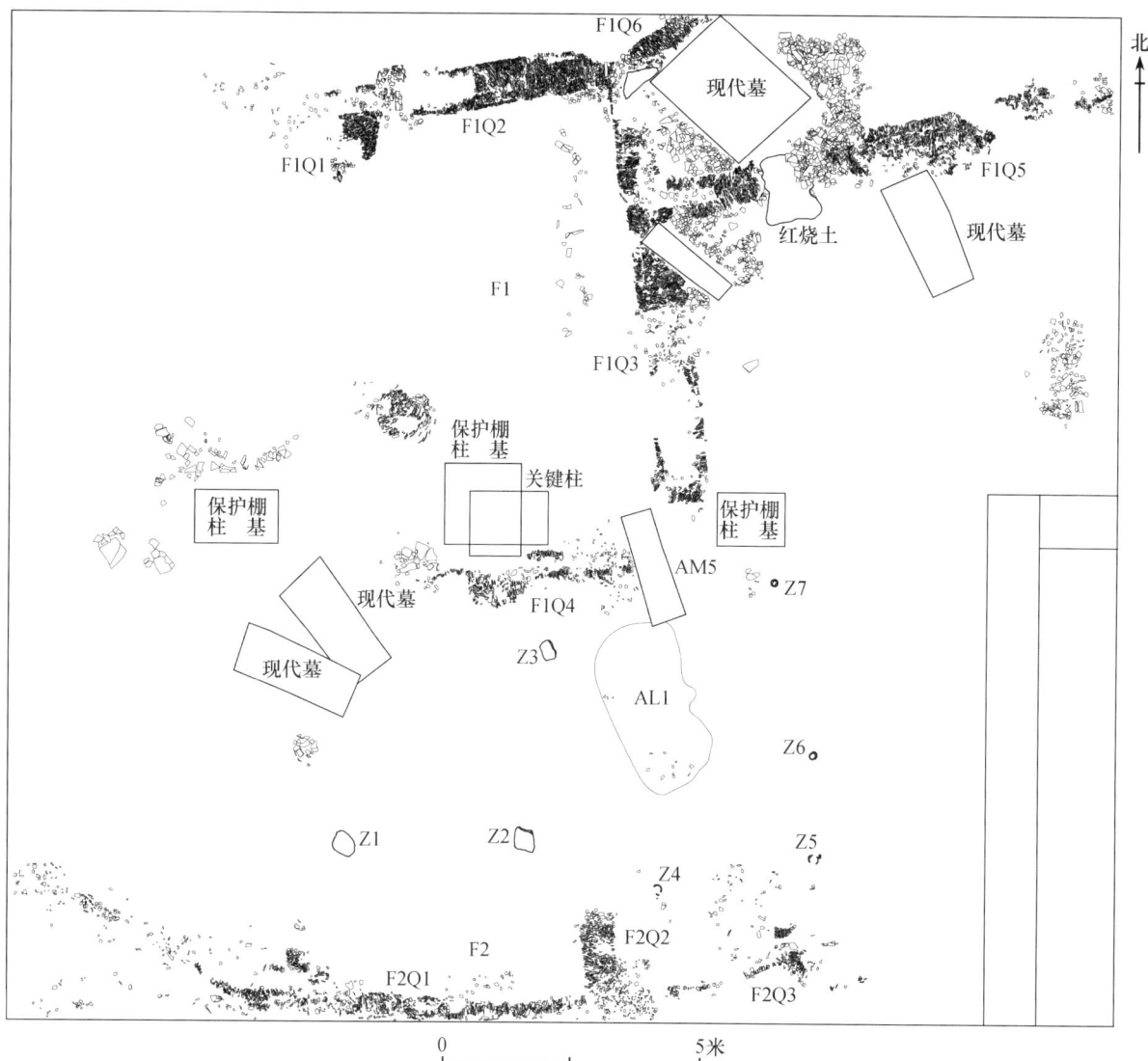

图209 三号台基发掘房屋基址分布示意图

米，Z7距F1南侧墙基2米（图版二八、图版二九）。

AL1 长3.18、宽1.74米，由圆角碎瓦砾铺设而成，位于两组柱础之间（图版二六，1）。

AK1 位于探方ATN23E203中部，开口于第3层下，打破第4层。平面呈椭圆形，壁微弧，圜状底。长径167、短径98、深44厘米。坑内填土为黄褐，填土内包含绳纹板、筒瓦残片（图210；图版一七，2）。

2. 宋代遗迹

AM1 长方形竖穴土坑墓，方向354°。开口于第2层下，打破第3层，坑口距地表深50厘米。坑口至坑底深136厘米。坑口长312、宽112厘米。坑底长294、宽92～108厘米。随葬器物置于墓底北部（图211；图版一八，1）。

AM2 长方形竖穴砖室墓，方向320°。开口于第2层下，打破第3层，坑口距地表深45厘

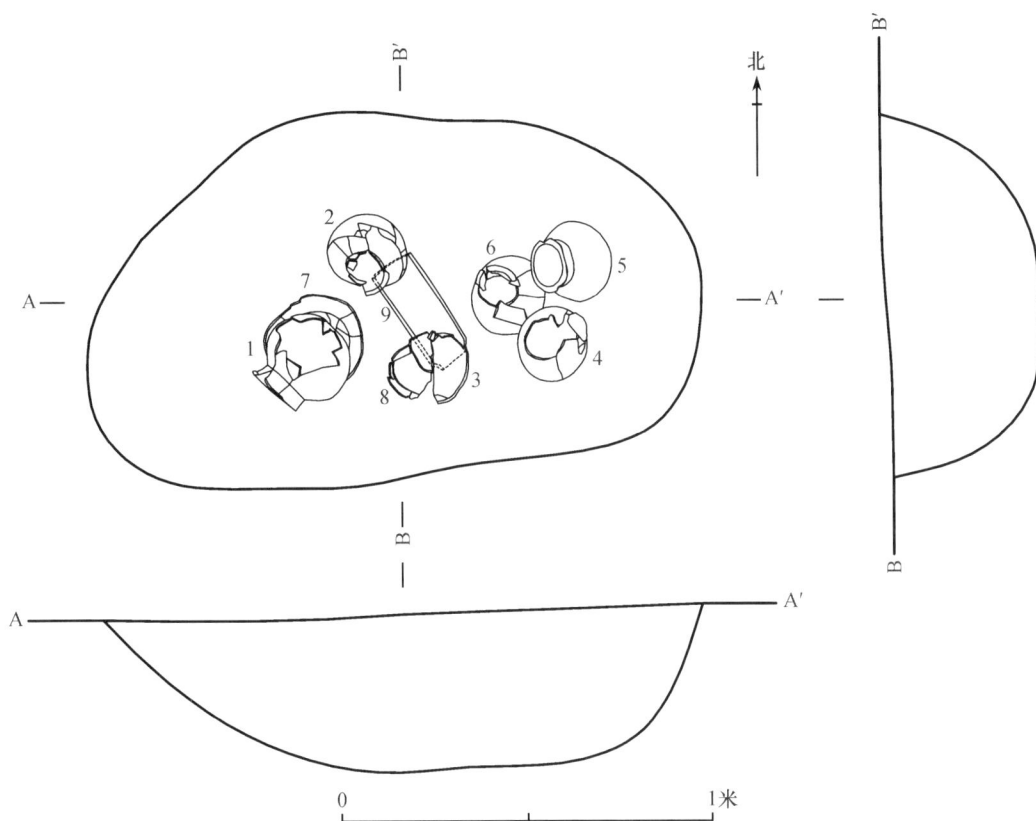

图210　AK1平、剖面图

1～6.陶罐　7、8.陶盆　9.筒瓦

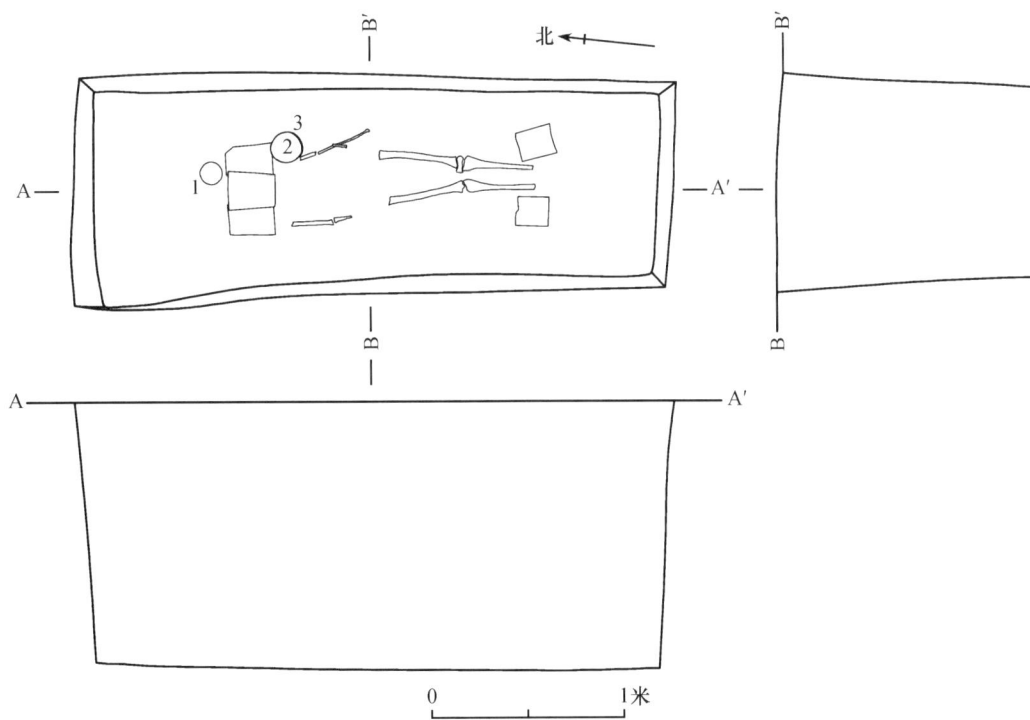

图211　AM1平、剖面图

1.铜镜　2、3.瓷碗

米。坑口至坑底深164厘米。坑口长300、宽126～140厘米。坑底长302、宽116～134厘米。船篷券顶，分2层，上层纵向错缝平铺包裹下层，下层纵向扁立错缝砌成拱形，四墙的两侧墙呈纵向、两端墙呈横向错缝平铺叠砌，人字纹平铺地砖。砖室长288、宽112～126、深128～144厘米，砖长28、宽14、厚3厘米。在两端墙的底部，各设一拱形门，头端门高74、宽44厘米，足端门高54、宽38厘米。在左侧墙中部设窗棂，高92、宽96、深14厘米，窗格已垮塌变形。随葬器物置于墓底两端及棺内（图212；图版一八，2）。

AM3　长方形竖穴土坑墓，方向358°。开口于第2层下，打破第3层，坑口距地表深45厘米。坑口至坑底深66厘米。坑口长240、宽68～80厘米。坑底长232、宽64～68厘米。随葬器物置于墓底北端（图213；图版一九，1）。

AM4　长方形竖穴土坑墓，方向327°。开口于第2层下，打破第3层，坑口距地表深50厘米。坑口至坑底深30厘米。坑口长240、宽60～68厘米。坑底长230厘米、宽58厘米。随葬器物置于墓底北端（图214；图版一九，2）。

AM5　长方形竖穴土坑墓，方向342°。开口于第2层下，打破第3层，坑口距地表深55厘米。坑口至坑底深110厘米。坑口长218、宽65～70厘米。坑底长214、宽59～65厘米。随葬器物置于墓底北端（图215）。

3. 明清时期遗迹

AH1　平面形状呈椭圆形，北部被隔梁所压，长420、宽590、深100厘米。壁微弧，圜状底，壁面能自然脱离。坑内堆积只有一层，黄褐夹锈斑黏土，质地疏松。含草叶纹青花瓷片、碗圈足、绳纹灰陶筒、板瓦残片（图216）。

AG1　平面形状呈长条形，长1690、宽500、深122厘米。壁微弧，底略有起伏。坑内堆积只有一层，黄褐夹灰土块黏土，土质疏松，含缠枝、灵芝纹青花瓷片，螺壳，绳纹灰陶筒、板瓦残片（图217）。

第三节　遗　　物

此次发掘的郢城遗址三号台基，器物主要出土于地层堆积和墓葬中，基本为陶器。其中绝大多数为泥质灰陶，少量为泥质红陶。出土陶器主要为建筑材料，极少生活用器。器形主要有陶罐、陶瓮、陶盆、陶盂、陶釜、陶网坠、陶豆、陶权、瓦当、筒瓦、板瓦、砖、瓷碗、瓷盒、瓷盘、瓷碟、铜镜、绿松石耳珰、金耳环等。因陶片出土数量众多，本报告仅列举部分标本。

1. 秦汉时期遗物

主要为筒瓦、板瓦、瓦当、砖等建筑材料，也有少量陶罐、陶瓮、陶盆、陶盂、陶釜、陶网坠、陶豆、陶饼、陶权等生活用器。

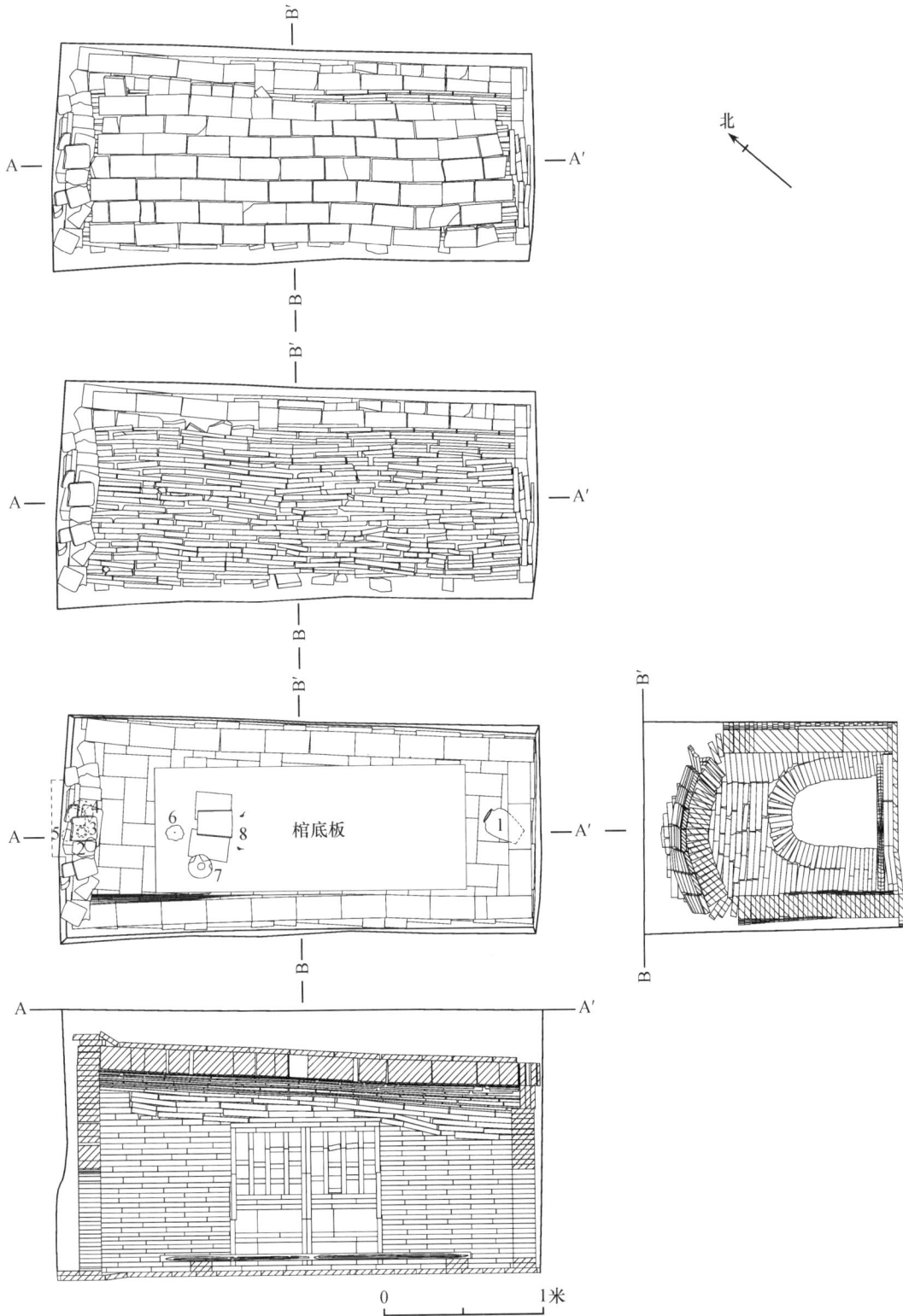

北

棺底板

5
6
8
7
1

图212 AM2平、剖面图

1.陶罐 2、5.瓷杯 3.瓷盒 4、7.瓷碗 6.铜镜 8.金耳环

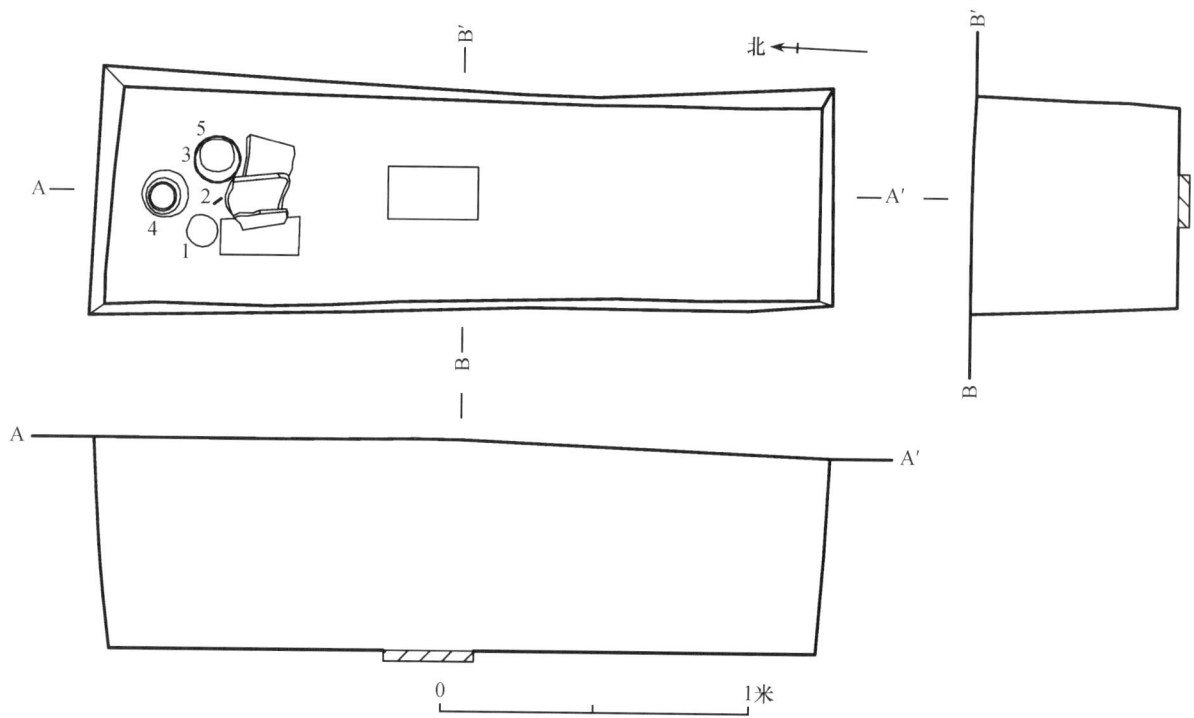

图213　AM3平、剖面图

1. 铜镜　2. 绿松石耳珰　3. 瓷碗　4. 陶罐　5. 瓷盘　6. 铜钱

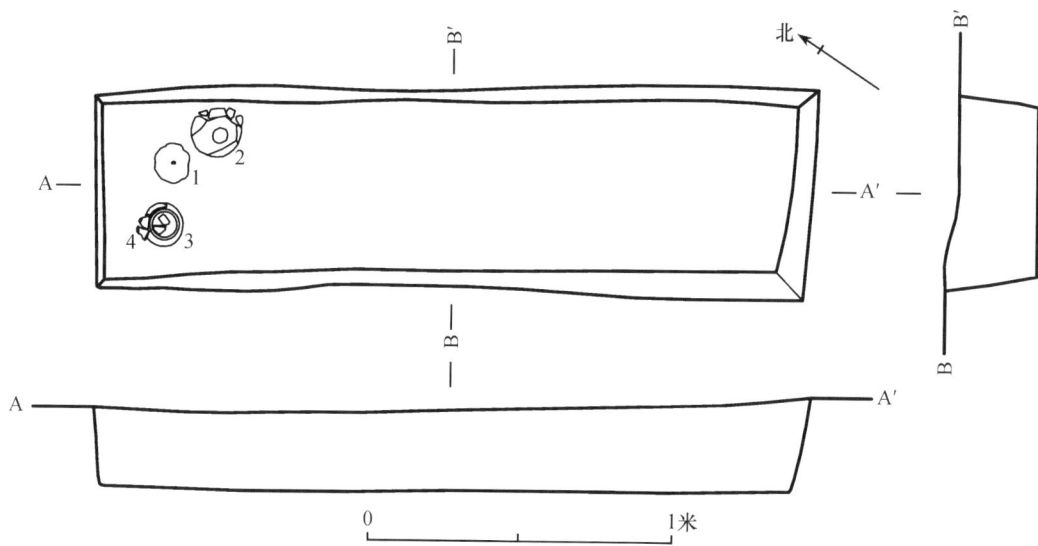

图214　AM4平、剖面图

1. 铜镜　2. 瓷碗　3. 陶罐　4. 瓷碟

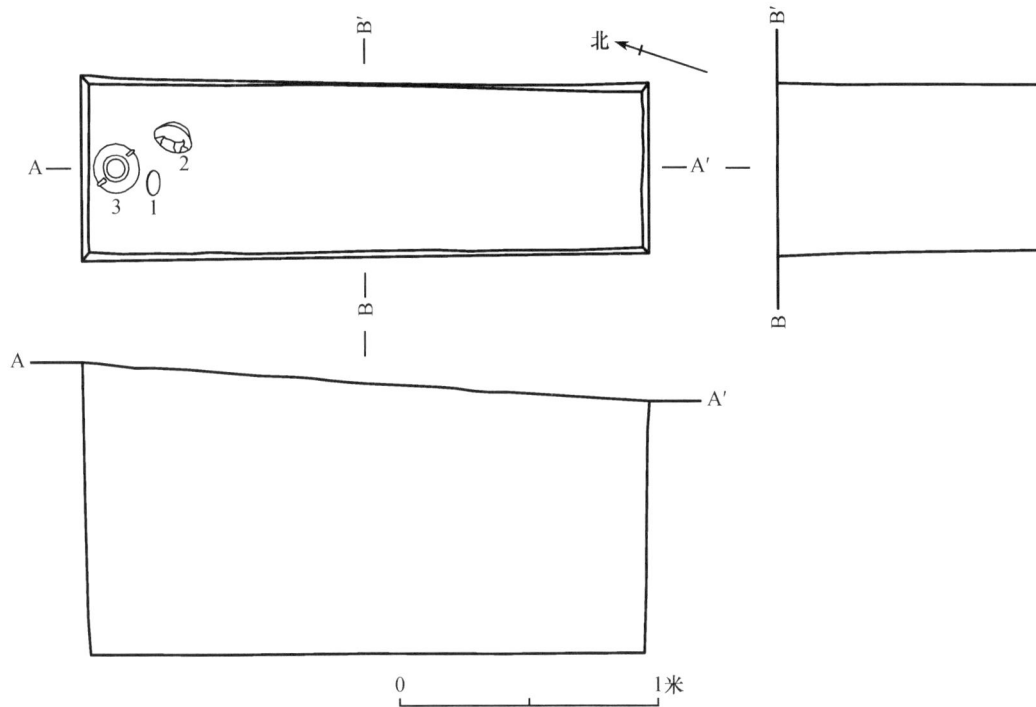

图215　AM5平、剖面图
1. 铜镜　2. 瓷碗　3. 陶罐

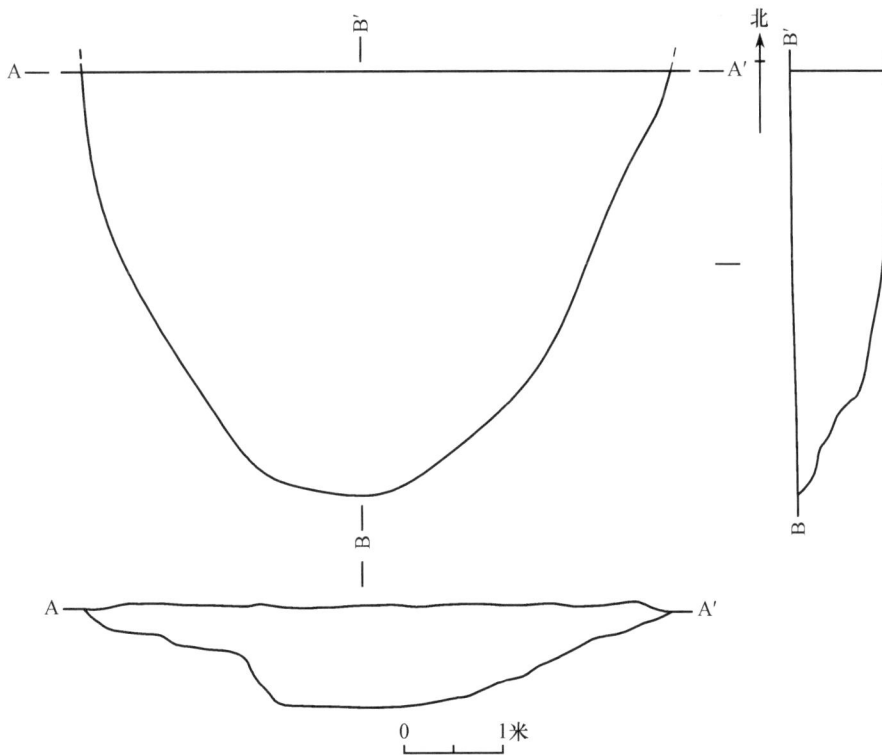

图216　AH1平、剖面图

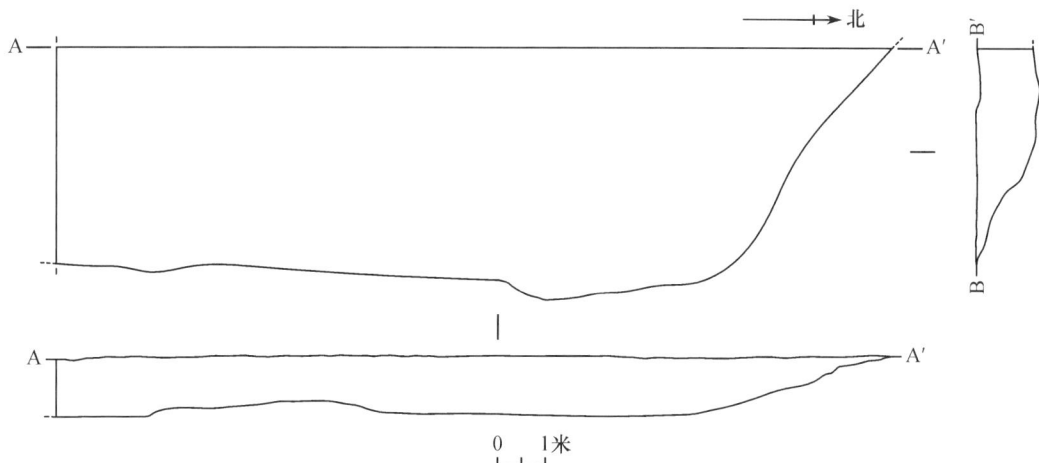

图217　AG1平、剖面图

陶罐　18件。泥质灰陶。轮制。可分为口沿和罐底。

罐口沿　12件。可分为三型。

A型　10件。口微侈，平折沿，方唇，缩颈，球腹，圜底内凹。标本AK1：1，口与颈无存。肩部饰弦纹，下腹与底部饰绳纹。残高15.6、腹径20.8、底径7.6厘米（图218，1）。标本AK1：2，平沿略倾。肩部饰弦纹，下腹与底部饰绳纹。高22.8、口径14.4、腹径23.2、底径3.4厘米（图218，2）。标本AK1：3，口与颈无存。上腹部饰弦纹，下腹与底部饰绳纹。残高13、腹径16、底径5.2厘米（图218，3）。标本AK1：4，口与颈无存。上腹部饰弦纹，下腹与底部饰绳纹。残高15.2、腹径18.8、底径7.6厘米（图218，4）。标本AK1：5，腹部与底部饰绳纹。残高19.2、口径14、腹径20.8、底径5.8厘米（图218，5）。标本AK1：6，腹部与底部饰绳纹。残高19.6、口径12.4、腹径22、底径6.2厘米（图218，6）。标本ATN21E195②：10，沿面下凹。肩部饰绳纹。残高5.2、口径14厘米（图218，7）。标本ATN23E195②：1，沿面下凹。肩部饰绳纹。残高6、口径16厘米（图218，8）。标本ATN23E195②：27，沿面下凹。残高5、口径14.4厘米（图218，9）。标本ATN23E199③：13，残高4.6、口径18厘米（图218，10）。

B型　1件。敞口，窄沿下倾，尖圆唇，束颈。标本ATN21E197③：1，轮制腹部饰绳纹。残高7、口径18厘米（图219，1）。

C型　1件。直口，矮领，广肩。标本ATN21E201③：1，残高5.4、口径18厘米（图219，2）。

罐底　6件。标本ATN21E195②：8，弧壁近直，平底。残高7.2、底径20厘米（图219，3）。标本ATN21E203②：2，弧壁，平底。残高6、底径16厘米（图219，4）。标本ATN21E203③：1，弧壁，平底微内凹。腹部饰绳纹。残高10.2、底径12厘米（图219，5）。标本ATN23E195②：4，腹微曲，平底。残高2.8、底径8厘米（图219，6）。标本ATN23E195②：5，泥质灰陶。轮制。弧壁，平底。残高4、底径16厘米（图219，7）。标本ATN23E203②：4，弧壁，平底。残高6.4、底径16厘米（图219，8）。

陶瓮　3件。泥质灰陶。轮制。矮领，广肩。标本ATN21E199②：2，敛口。肩部饰一周点纹。残高3.6、口径30.4厘米（图219，9）。标本ATN23E195②：26，口微敞。残高4、口径53.2厘

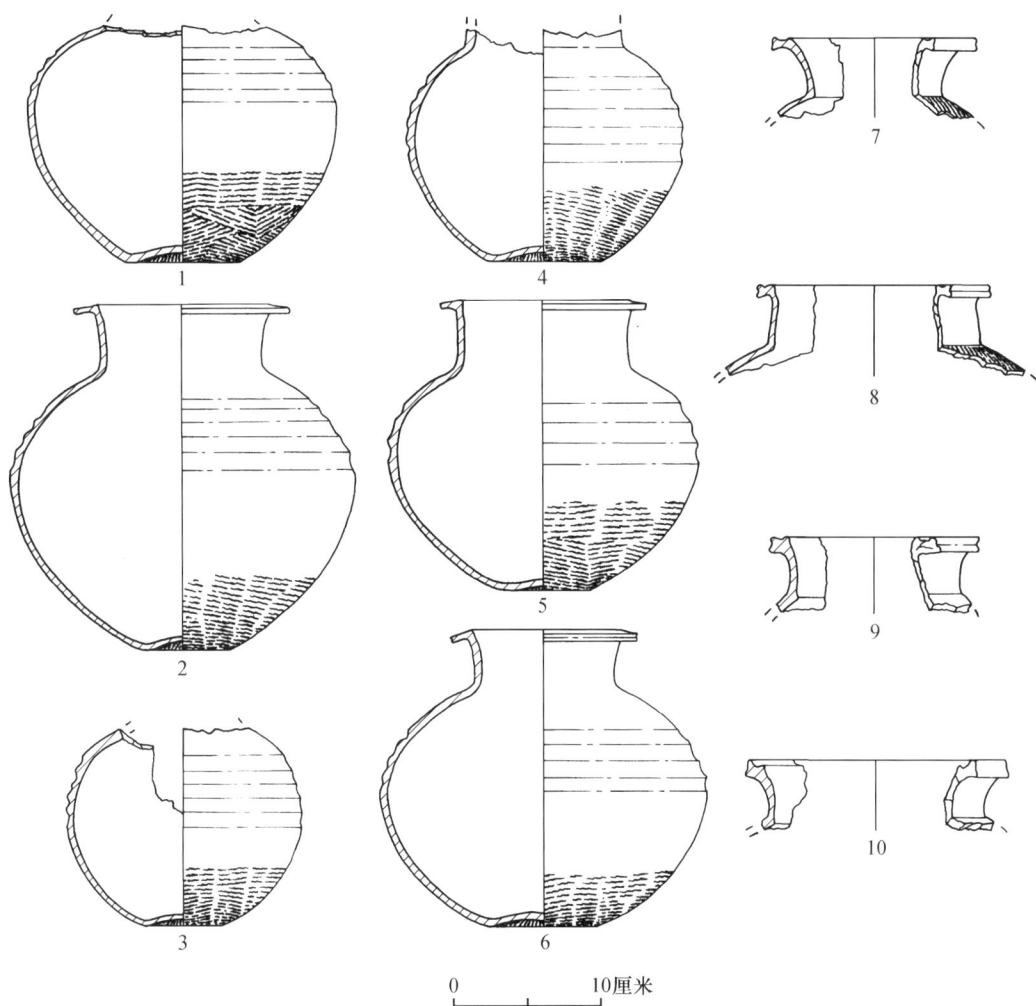

图218 三号台基出土A型陶罐

1.AK1∶1 2.AK1∶2 3.AK1∶3 4.AK1∶4 5.AK1∶5 6.AK1∶6 7.ATN21E195②∶10 8.ATN23E195②∶1
9.ATN23E195②∶27 10.ATN23E199③∶13

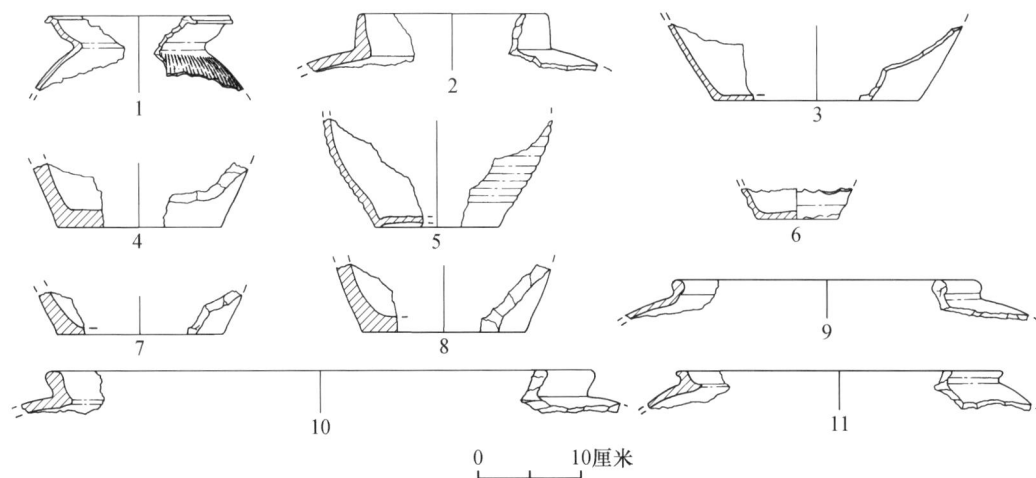

图219 三号台基出土陶器

1.B型罐（ATN21E197③∶1） 2.C型罐（ATN21E201③∶1） 3~8.罐底（ATN21E195②∶8、ATN21E203②∶2、
ATN21E203③∶1、ATN23E195②∶4、ATN23E195②∶5、ATN23E203②∶4） 9~11.瓮（ATN21E199②∶2、
ATN23E195②∶26、ATN23E201②∶1）

米（图219，10）。标本ATN23E201②：1，口微敞。残高3.8、口径32厘米（图219，11）。

陶盆　13件。泥质灰陶。轮制。分为口沿与盆底。总体为平折沿，弧壁，平底。

盆口沿　11件。标本ATN23E195②：2，敞口，圆唇。残高4.8、口径38厘米（图220，1）。标本ATN23E195②：18，敞口，尖方唇。沿面边缘处饰一周凹弦纹，腹部饰绳纹。残高9、口径50厘米（图220，2）。标本ATN23E195②：19，敞口，方唇。沿面边缘处与上腹各饰一周凹弦纹。残高3.8、口径52厘米（图220，3）。标本ATN23E195②：21，敞口，方唇。沿面边缘处饰一周凹弦纹。残高3.7、口径58厘米（图220，4）。标本ATN23E195②：22，口微敛，方唇。沿面边缘处饰一周凹弦纹，腹部饰绳纹。残高5.4、口径44厘米（图220，5）。标本ATN23E195②：25，敞口，方唇。沿面边缘处饰一周凹弦纹，腹部饰绳纹。残高6.4、口径50厘米（图220，6）。标本ATN23E199③：12，敞口，双圆唇。上腹饰弦纹。残高4、口径50厘米（图220，7）。标本ATN23E201③：1，口微敛，方唇。腹部饰绳纹，沿面饰一周凹弦纹。残高11、口径40厘米（图220，8）。标本ATN23E201③：2，口微敛，方唇。腹部饰绳纹，沿面饰一周凹弦纹。残高7.4、口径42厘米（图220，9）。标本AK1：7，敞口，方唇。沿面边缘饰一周凹弦纹，上腹饰弦纹，下腹饰绳纹。残高7、口径44厘米（图220，10）。标本AK1：8，口微敛，方唇。腹部饰弦纹。残高8、口径30厘米（图220，11）。

盆底　2件。标本ATN21E195②：9，残高8、底径28厘米（图220，12）。标本ATN23E195②：20，残高9.6、底径34厘米（图220，13）。

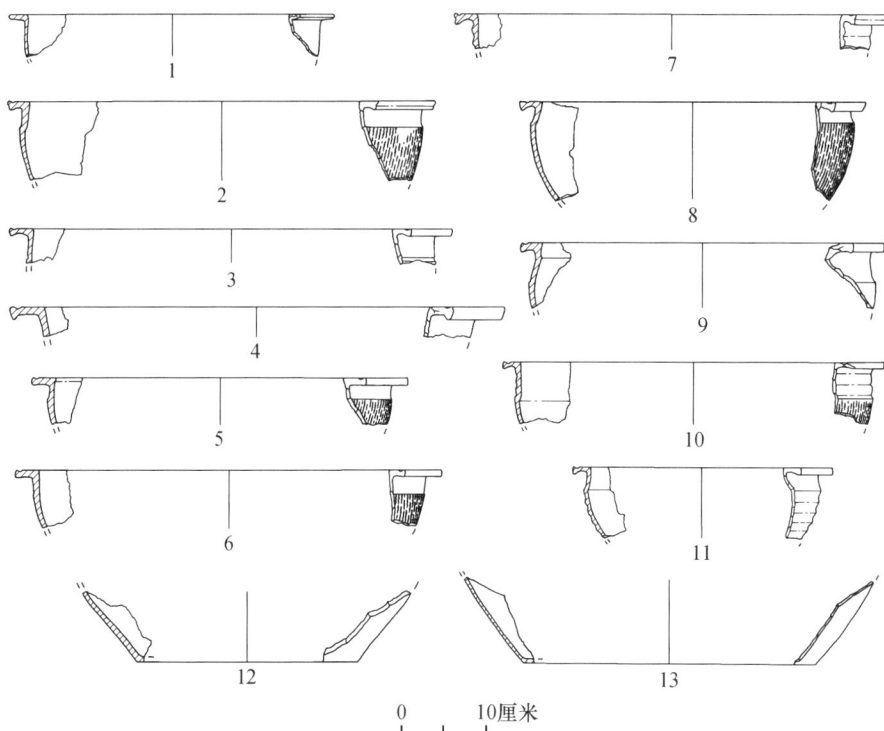

图220　三号台基出土陶盆

1~11. 口沿（ATN23E195②：2、ATN23E195②：18、ATN23E195②：19、ATN23E195②：21、ATN23E195②：22、
ATN23E195②：25、ATN23E199③：12、ATN23E201③：1、ATN23E201③：2、AK1：7、AK1：8）
12、13. 盆底（ATN21E195②：9、ATN23E195②：20）

陶盂　2件。均为底部。泥质灰陶。轮制。弧壁，平底。标本ATN21E203③：2，残高7、底径14厘米（图221，1）。标本ATN23E203③：7，残高4、底径10厘米（图221，2）。

陶釜　1件。泥质灰陶。轮制。口微敞，矮领，扁圆腹。圜底。标本ATN21E195②：11，高4、口径8、腹径10厘米（图221，3）。

陶豆　1件。仅余豆柄。泥质灰陶。模制。残缺。柱状。标本ATN23E195②：11，残高7、径2.8厘米（图221，4）。

陶饼　1件。标本AG1：8，泥质灰陶。板瓦磨制。圆形，中部一圆形穿孔，饰绳纹。直径7.4、厚1.2厘米（图221，5）。

陶权　1件。标本AH1：4，泥质灰陶。模制。残缺。呈圆台形，顶中部一桥形纽。通高8.2、直径11厘米（图221，6）。

陶网坠　1件。泥质灰陶。手制。平面呈椭圆形，两侧各一凹槽。标本ATN21E201③：2，长6.6、宽4.5、厚3.8厘米（图221，7）。

瓦当　5件。模制，当面呈圆形。标本ATN23E195②：17，泥质灰陶。素面。直径12厘米（图222，1）。标本ATN23E197②：1，泥质灰陶。残缺。当面饰勾连云纹。直径14.6厘米（图222，4）。标本ATN23E199③：11，泥质灰陶。残缺。当面饰卷云纹。复原直径16.4厘米（图222，2）。标本ATN23E203②：1，泥质灰陶。残缺。当面饰勾连云纹，中部饰方格纹。复原直径16.6厘米（图222，3）。标本AG1：7，泥质红陶。残缺。当面饰变异云纹。残径7.2厘米（图222，5）。

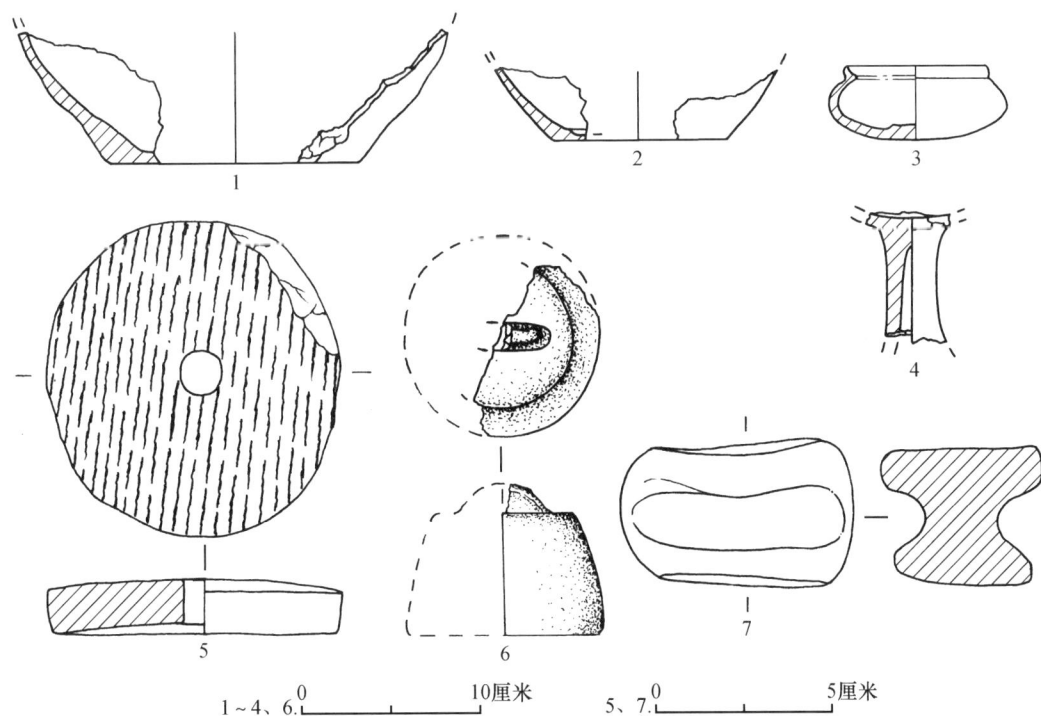

图221　三号台基出土陶器

1、2.盂（ATN21E203③：2、ATN21E203③：7）　3.釜（ATN21E195②：11）　4.豆（ATN23E195②：11）

5.饼（AG1：8）　6.权（AH1：4）　7.网坠（ATN21E203③：2）

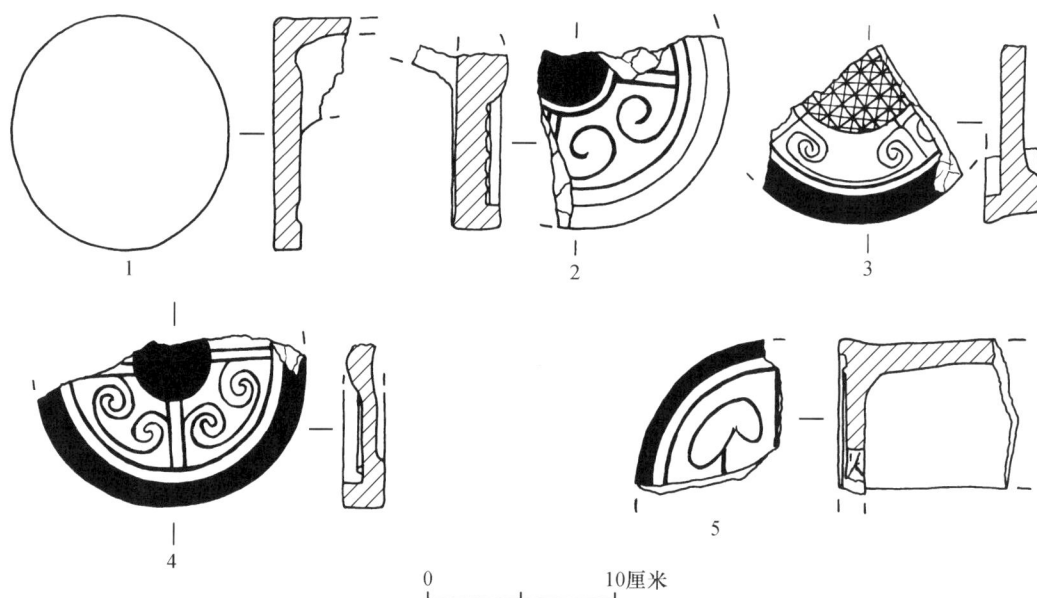

图222　三号台基出土瓦当

1. ATN23E195②：17　2. ATN23E199③：11　3. ATN23E203②：1　4. ATN23E197②：1　5. AG1：7

筒瓦　　32件。泥质灰陶。模制。残缺，截面呈半圆形。标本ATN21E195②：3，凸面饰绳纹，凹面饰布纹。残长16、宽13.2厘米（图223，1）。标本ATN21E195②：4，榫呈弧形，圆唇，斜肩。凸面饰绳纹。残长12.8、宽6.4厘米（图223，2）。标本ATN21E195②：5，凸面饰绳纹，凹面饰麻点纹。残长16、宽7.4厘米（图223，3）。标本ATN21E195②：6，凹、凸两面均饰绳纹。残长23.2、宽10厘米（图223，4）。标本ATN21E197③：2，榫呈弧形，圆唇，斜肩。凸面饰绳纹。残长18、宽6.6厘米（图223，5）。标本ATN21E197③：3，榫呈弧形，圆唇，斜肩。凸面饰绳纹，凹面饰布纹。残长15、宽5.2厘米（图223，6）。标本ATN21E199②：4，凸面饰绳纹。残长13.8、宽13厘米（图223，7）。标本ATN21E203②：1，榫呈弧形，圆唇，斜肩。凸面饰绳纹。残长12.1、宽10.1厘米（图223，8）。标本ATN21E203③：5，凸面饰绳纹。残长13.2、宽11.6厘米（图223，9）。标本ATN21E203③：6，凸面饰绳纹。残长19.4、宽12厘米（图223，10）。标本ATN21E203③：7，凸面饰绳纹。残长13.4、宽9厘米（图223，11）。标本ATN23E195②：6，凸面饰绳纹。残长20.4、宽9厘米（图223，12）。标本ATN23E195②：7，榫呈弧形上翘，圆唇，耸肩。凸面饰绳纹，凹面饰麻点纹。残长14.6、宽8.8厘米（图223，13）。标本ATN23E195②：8，凸面饰绳纹，凹面饰麻点纹。残长18.2、宽15.2厘米（图223，14）。标本ATN23E195②：10，凸面饰绳纹，凹面饰麻点纹。残长13.6、宽9厘米（图223，15）。标本ATN23E195②：12，凹、凸两面均饰绳纹。残长17.4、宽7.4厘米（图223，16）。标本ATN23E195②：13，榫呈弧形，圆唇，直肩。凹、凸两面均饰绳纹。残长9.8、宽10.4厘米（图224，1）。标本ATN23E201③：4，凸面饰绳纹。残长21.6、宽15厘米（图224，2）。标本ATN23E201③：5，榫呈弧形上翘，圆唇，直肩。凸面饰绳纹，凹面饰布纹。残长18、宽9厘米（图224，3）。标本ATN23E201③：6，榫呈弧形上翘，圆唇，直肩。凸面绳纹脱落，凹面

图223 三号台基出土筒瓦

1. ATN21E195②：3 2. ATN21E195②：4 3. ATN21E195②：5 4. ATN21E195②：6 5. ATN21E197③：2

6. ATN21E197③：3 7. ATN21E199②：4 8. ATN21E203②：1 9. ATN21E203③：5 10. ATN21E203③：6

11. ATN21E203③：7 12. ATN23E195②：6 13. ATN23E195②：7 14. ATN23E195②：8 15. ATN23E195②：10

16. ATN23E195②：12

图224　三号台基出土筒瓦

1. ATN23E195②：13　2. ATN23E201③：4　3. ATN23E201③：5　4. ATN23E201③：6　5. ATN23E203②：2　6. ATN23E203②：3
7. ATN23E203③：1　8. ATN23E203③：2　9. ATN23E203③：3　10. ATN23E203③：4　11. ATN23E203③：5　12. ATN23E203③：6
13. AK1：9　14. AG1：2　15. AG1：3　16. AH1：2

饰绳纹。残长12.7、宽7.5厘米（图224，4）。标本ATN23E203②：2，凸面饰绳纹。残长16、宽8.4厘米（图224，5）。标本ATN23E203②：3，榫呈弧形上翘，圆唇，斜肩。凸面饰绳纹。残长13、宽10厘米（图224，6）。标本ATN23E203③：1，榫呈弧形，圆唇，斜肩。凸面饰绳纹。残长35.2、宽14.2厘米（图224，7）。标本ATN23E203③：2，榫呈弧形上翘，圆唇，直肩。凸面饰绳纹，凹面饰布纹。残长12.4、宽9.2厘米（图224，8）。标本ATN23E203③：3，凸面饰绳纹，凹面饰麻点纹。残长25、宽16厘米（图224，9）。标本ATN23E203③：4，凸面饰绳纹。残长16、宽13厘米（图224，10）。标本ATN23E203③：5，凸面饰绳纹。残长18、宽12厘米（图224，11）。标本ATN23E203③：6，凸面饰绳纹。残长13、宽12.2厘米（图224，12）。标本AK1：9，榫呈弧形，圆唇，直肩。凸面饰绳纹。通长34.4、直径13.8厘米（图224，13）。标本AG1：2，凸面饰绳纹，凹面饰麻点纹。残长18.8、宽18.6厘米（图224，14）。标本AG1：3，凸面饰绳纹。残长19、宽8.8厘米（图224，15）。标本AH1：2，凸面饰绳纹，残长13.6、宽11.2厘米（图224，16）。

板瓦　20件。陶制。模制。残缺，截面呈弧形。标本ATN21E195②：7，泥质红陶。凸面饰绳纹，凹面饰麻点纹。残长10.8、宽16厘米（图225，1）。标本ATN21E199②：5，泥质灰陶。凸面饰绳纹。残长18.2、宽17.6厘米（图225，2）。标本ATN21E199②：6，泥质灰陶。模制。残缺，截面呈弧形。凸面饰绳纹。残长22、宽12.6厘米（图225，3）。标本ATN21E203③：3，泥质灰陶。凸面边缘饰四道凹槽，中部饰绳纹。残长22.2、宽25厘米（图225，4）。标本ATN21E203③：4，泥质灰陶。凸面饰绳纹。残长26、宽18厘米（图225，5）。标本ATN23E195②：9，泥质红陶。凸面饰粗绳纹。残长16.2、宽21厘米（图225，6）。标本ATN23E195②：23，泥质灰陶。凸面饰绳纹。残长13.2、宽16厘米（图225，7）。标本ATN23E195②：24，泥质灰陶。凸面的边缘处饰四道凹槽与绳纹。残长10、宽16.8厘米（图225，8）。标本ATN23E199③：5，泥质灰陶。凸面饰绳纹。残长19、宽19.8厘米（图225，9）。标本ATN23E199③：6，泥质灰陶。凸面饰绳纹。残长24.2、宽14厘米（图225，10）。标本ATN23E199③：7，泥质灰陶。凸面饰粗绳纹。残长18.4、宽14.6厘米（图225，11）。标本ATN23E199③：8，泥质灰陶。凸面饰粗绳纹。残长18、宽18厘米（图225，12）。标本ATN23E199③：9，泥质灰陶。凸面饰粗绳纹。残长10、宽18.8厘米（图226，1）。标本ATN23E199③：10，泥质灰陶。凸面饰绳纹。残长4.8、宽13厘米（图226，2）。标本ATN23E201②：2，泥质灰陶。凸面饰粗绳纹，凹面饰麻点纹。残长25.6、宽18厘米（图226，3）。标本ATN23E203③：8，泥质灰陶。凸面饰绳纹。残长16、宽25.4厘米（图226，4）。标本ATN23E203③：9，泥质灰陶。凸面饰绳纹。残长16.2、宽20.4厘米（图226，5）。标本ATN23E203③：10，泥质红褐陶。凹、凸两面饰绳纹。残长12.4、宽17.4厘米（图226，6）。标本AG1：4，泥质灰陶。凸面饰粗绳纹，凹面素面。残长23、宽26.6厘米（图226，7）。标本AH1：3，泥质灰陶。凸面饰绳纹，残长14.2、宽21厘米（图226，8）。

砖　16件。分为铺地砖与墙砖。

铺地砖　15件。泥质灰陶。模制。均残缺。标本ATN21E195②：1，饰菱形纹。残长19、

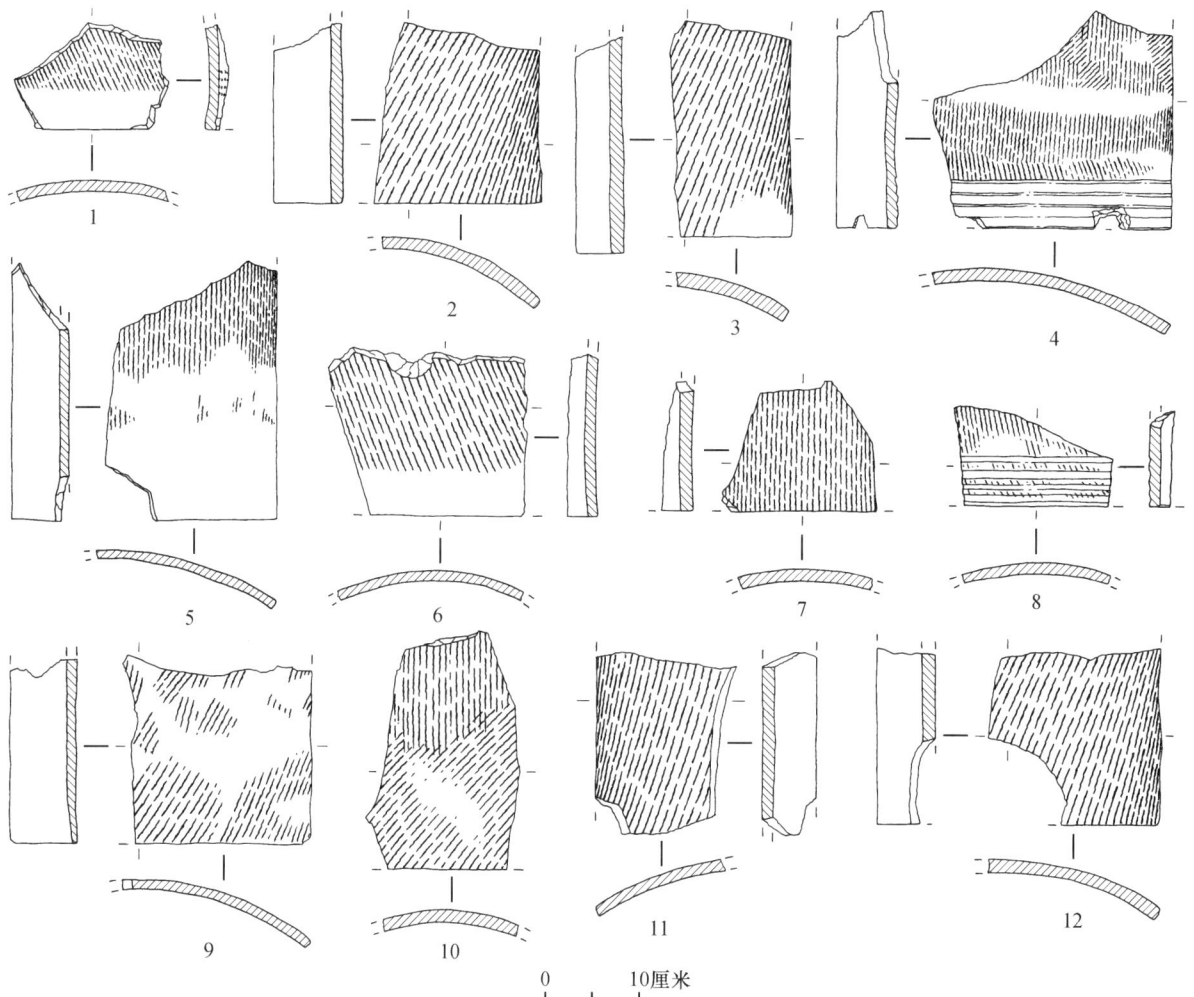

图225 三号台基出土板瓦

1. ATN21E195②：7　2. ATN21E99②：5　3. ATN21E199②：6　4. ATN21E203③：3　5. ATN21E203③：4　6. ATN23E195②：9
7. ATN23E195②：23　8. ATN23E195②：24　9. ATN23E199③：5　10. ATN23E199③：6　11. ATN23E199③：7
12. ATN23E199③：8

宽16.6、厚3厘米（图227，1）。标本ATN21E195②：2，饰菱形纹。残长15、宽8.8、厚3厘米（图227，2）。标本ATN21E201③：3，饰菱形纹。残长17、宽13厘米（图227，3）。标本ATN21E203②：3，饰菱形纹。残长13.8、宽8.8厘米（图227，4）。标本ATN23E195②：14，饰菱形纹。残长15、宽12.6、厚3厘米（图227，5）。标本ATN23E195②：15，饰菱形纹。残长17、宽13.4、厚3.3厘米（图227，6）。标本ATN23E195②：16，饰菱形纹。残长19.4、宽19.4、厚3.2厘米（图227，7）。标本ATN23E199②：1，饰菱形纹。残长27、宽19.6厘米（图227，8）。标本ATN23E199②：2，饰菱形纹。残长23.6、宽13.6厘米（图227，9）。标本ATN23E199②：3，饰菱形纹。残长15.8、宽12厘米（图227，10）。标本ATN23E199③：2，饰菱形纹。残长17、宽14、厚3厘米（图227，11）。标本ATN23E199③：3，饰菱形纹。残长17.2、宽13.8、厚3厘米（图227，12）。标本ATN23E199③：4，饰菱形纹。残长18、宽13.6、厚3.2厘米（图227，13）。标本AG1：1，正面饰菱形纹，背面饰绳纹。残长23.6、宽21.4、

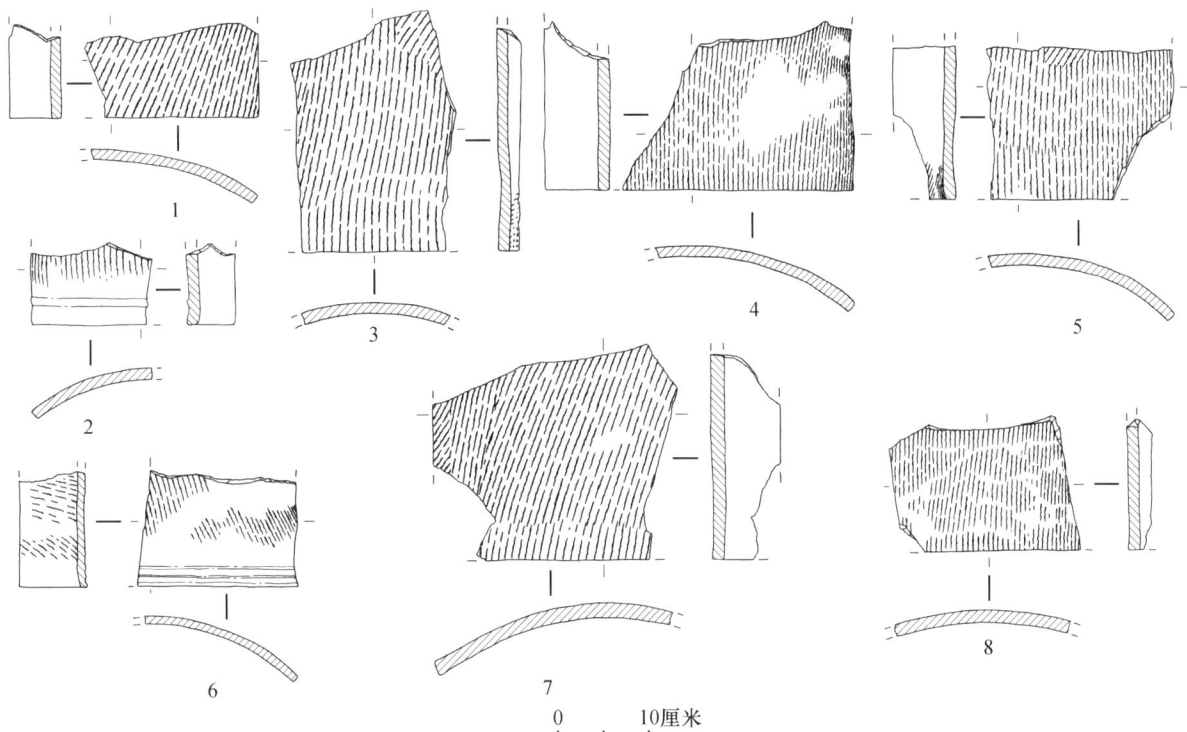

图226 三号台基出土板瓦

1. ATN23E199③：9 2. ATN23E199③：10 3. ATN23E201②：2 4. ATN23E203③：8 5. ATN23E203③：9 6. ATN23E203③：10

7. AG1：4 8. AH1：3

厚3厘米（图227，14）。标本AG1：5，正面素面，背面饰绳纹。残长27、宽19、厚2.2厘米（图227，15）。

　　墙砖　1件。泥质灰陶。模制。长方体。素面。标本ATN23E199③：1，长26.4、宽14、厚5.4厘米（图227，16）。

2. 宋代遗物

　　郢城遗址三号台基宋代遗物均出土于墓葬之中，主要为瓷器、陶器与金饰品。具体为瓷碗、瓷盒、瓷盘、瓷碟、陶罐、铜镜、绿松石耳珰、金耳环等。

　　瓷碗　10件。根据碗底区别分为二型。

　　A型　7件。弧壁，圆底，矮圈足。标本AM1：2，红胎施青釉。敞口，圆唇。圈足与下腹露胎，器内壁近底处有支点痕迹。高5.4、口径16、足径6.8厘米（图228，1）。标本AM1：3，红胎施青釉。敞口，圆唇。圈足与下腹露胎，器内壁近底处有支点痕迹。高6、口径16.4、足径6.4厘米（图228，2）。标本AM2：2，灰白胎施青釉。芒口，圈足外撇。高4.4、口径9.6、足径3.2厘米（图228，3）。标本AM2：4，红胎施酱釉。敞口，圆唇，圈足外撇。内饰莲花纹，外饰一周凹弦纹。高6、口径17.2、足径6.4厘米（图228，4）。标本AM2：5，灰白胎施青釉。芒口，圈足外撇。高4.6、口径8.8、足径4厘米（图228，5）。标本AM2：7-1，灰白胎施青釉。芒口。高5.8、口径16、足径4.8厘米（图228，6）。标本AM2：7-2，灰白胎施青釉。芒

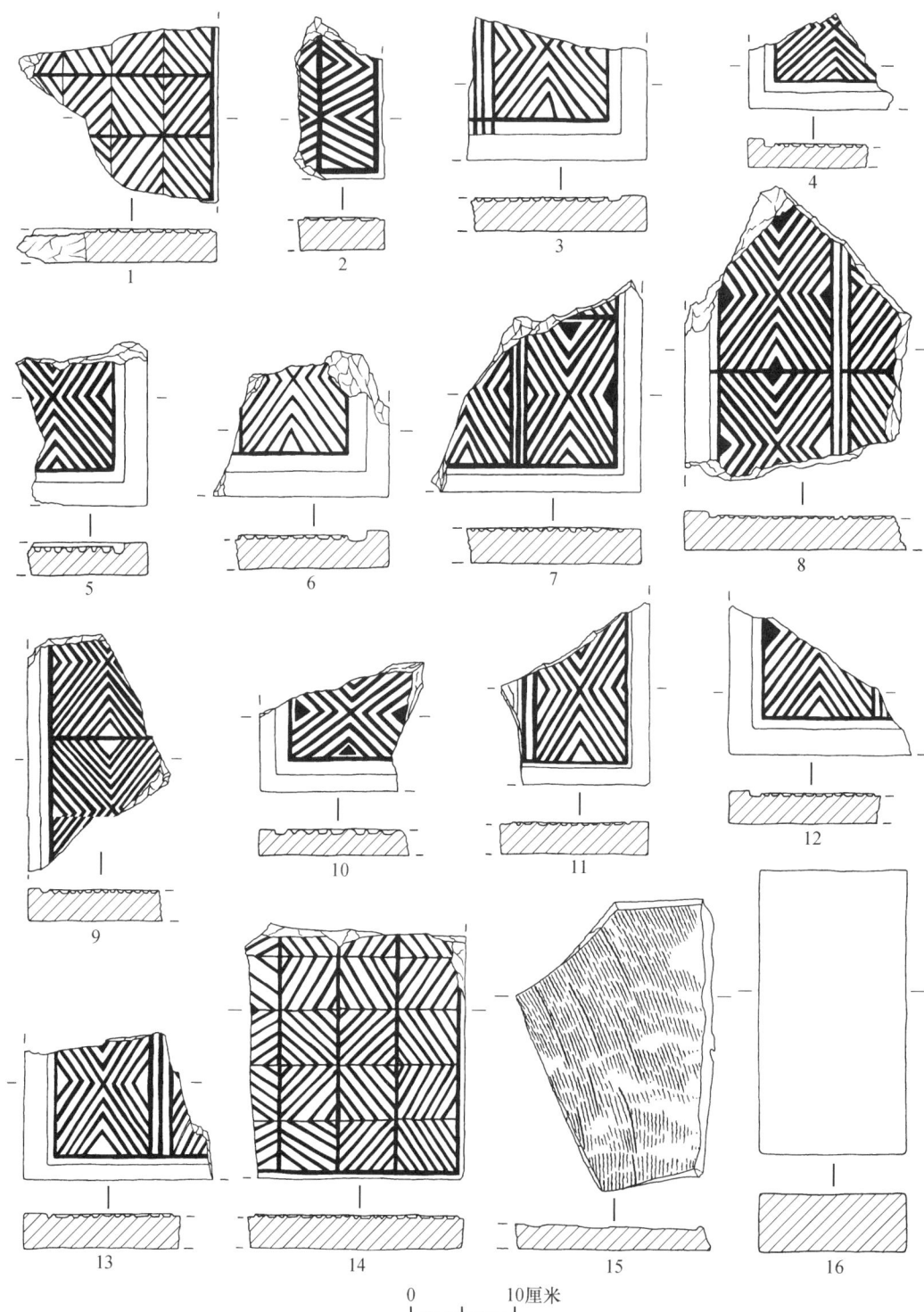

图227 三号台基出土砖

1～15.铺地砖（ATN21E195②：1、ATN21E195②：2、ATN21E201③：3、ATN21E203②：3、ATN23E195②：14、
ATN23E195②：15、ATN23E195②：16、ATN23E199②：1、ATN23E199②：2、ATN23E199②：3、ATN23E199③：2、
ATN23E199③：3、ATN23E199③：4、AG1：1、AG1：5） 16.墙砖（ATN23E199③：1）

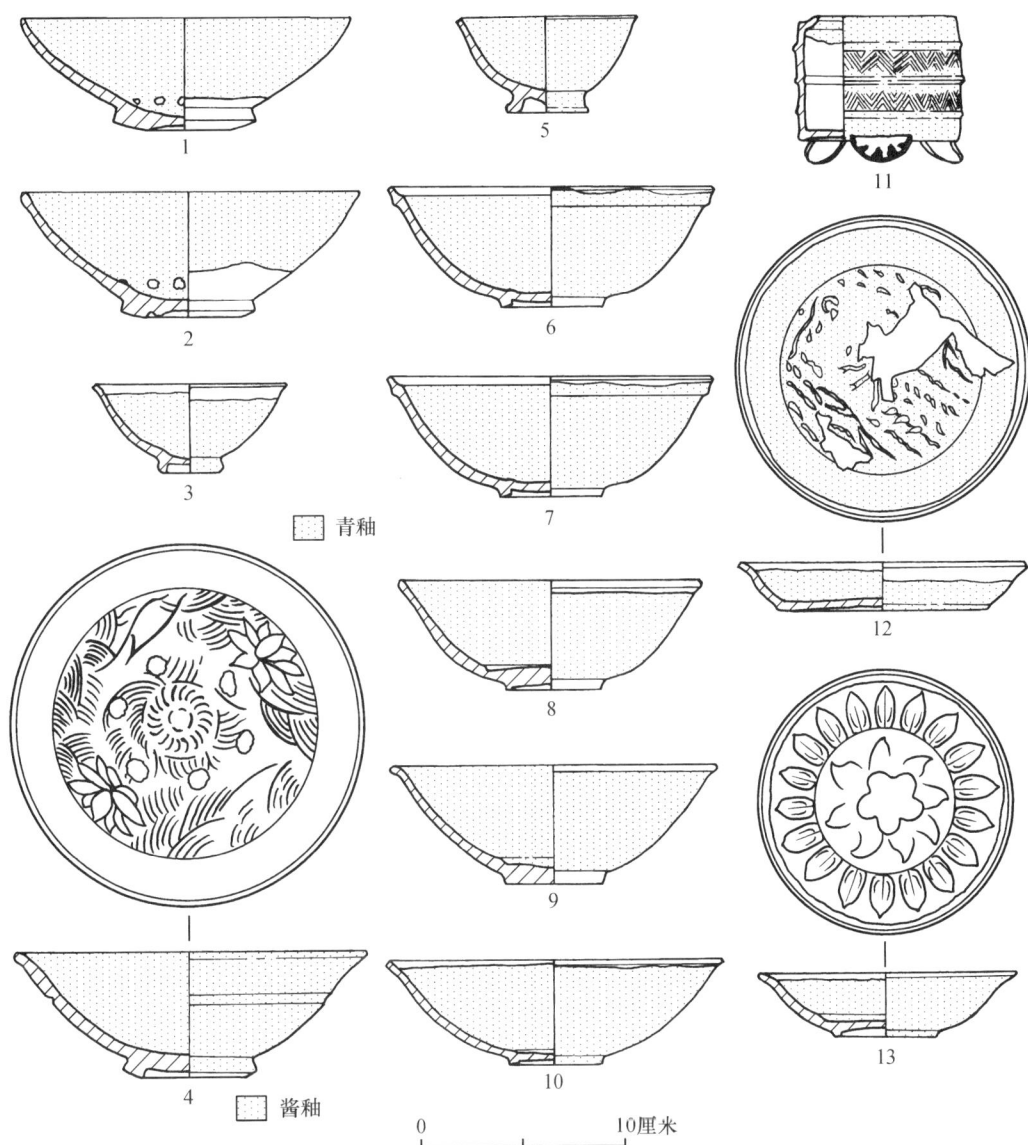

图228　三号台基出土瓷器

1～7. A型碗（AM1：2、AM1：3、AM2：2、AM2：4、AM2：5、AM2：7-1、AM2：7-2）　　8～10. B型碗（AM3：3、
AM4：2、AM5：2）　11. 盒（AM2：3）　12. 盘（AM3：5）　13. 碟（AM4：4）

口。高5.8、口径16、足径4.8厘米（图228，7）。

B型　3件。弧壁，平底。标本AM3：3，灰白胎施青釉。敞口，圆唇，平底微凹。高5.2、口径14.8、足径4.4厘米（图228，8）。标本AM4：2，灰白胎施青釉，裂纹开片较小。敞口，圆唇，假圈足。高5.6、口径16、足径4.8厘米（图228，9）。标本AM5：2，灰白胎施青釉。芒口，方唇，矮圈足。高5.2、口径16.4、足径4.8厘米（图228，10）。

瓷盒　1件。灰褐胎施青釉。敛口，圆唇，直壁，平底微凹，三只半圆足。饰三周凸弦纹及两周重叠波折纹。标本AM2：3，通高7、口径6.4、腹径8.2、底径8厘米（图228，11）。

瓷盘　1件。灰白胎施青釉。芒口，方唇，弧壁，平底微凹。器内底面压印纹饰模糊。标本AM3：5，通高2.3、口径14.4、底径10.4厘米（图228，12）。

瓷碟　1件。灰白胎施青釉，裂纹开片细小。芒口，方唇，弧壁，平底，矮圈足。器内饰莲花图案。标本AM4：4，高3.2、口径13、足径4.2厘米（图228，13）。

陶罐　4件。根据肩与腹的差异，可分三型。

A型　2件。泥质灰陶。轮制。口微侈，方圆唇，束颈，溜长腹，平底。标本AM2：1，高26.2、口径10.4、腹径18.8、底径11.2厘米（图229，1）。标本AM4：3，高25、口径10.8、腹径14.4、底径7.8厘米（图229，2）。

B型　1件。泥质红陶。轮制。口微侈，尖唇，溜长腹，平底，两相对称桥形系耳。标本AM5：3，高26.6、口径9.2、腹径17、底径8.8厘米（图229，3）。

C型　1件。硬陶，红褐胎施酱釉。口微侈，方唇，束颈，溜肩，鼓腹，平底，假圈足。下腹露胎。标本AM3：4，通高17、口径10、腹径14.7、底径7厘米（图229，4）。

铜镜　5件。铸制。圆形。标本AM1：1，背面边缘处一周凸棱，中部一桥形纽。直径11.6、厚0.15厘米（图230，1）。标本AM2：6，边呈莲花瓣状，中部一鼻纽，锈蚀严重，图案不清。直径12.7、厚0.15厘米（图230，2）。标本AM3：1，背面边缘处一周凸棱，中部一桥形纽。直径10、厚0.15厘米（图230，3）。标本AM4：1，边缘呈莲花瓣状，背部一周凸棱，中部一桥形纽。直径12.9、厚0.15厘米（图230，4）。标本AM5：1，边缘呈莲花瓣状，背部一周凸棱，中部一桥形纽。直径10.4、厚0.1厘米（图230，5）。

绿松石耳珰　1件。绿松石磨制。残缺，管状。标本AM3：2，残长3.9、径1.6厘米（图230，6）。

金耳环　1件。铸制。柳叶状。标本AM2：8，厚0.1厘米（图230，7）。

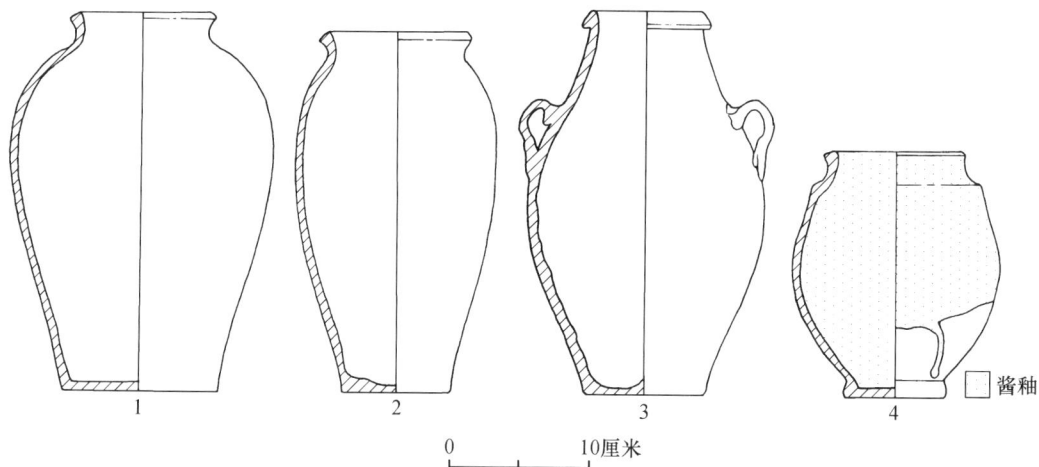

图229　三号台基墓葬出土陶罐
1、2. A型（AM2：1、AM4：3）　3. B型（AM5：3）　4. C型（AM3：4）

3. 清代遗物

陶瓮　1件。标本ATN21E199②：3，夹砂红硬陶。轮制。敛口，矮领，广肩。饰方格纹。残高3、口径26厘米（图231，1）。

陶罐　1件。仅余底部。标本ATN23E195②：3，红硬陶施酱釉。轮制。弧壁，平底。残高

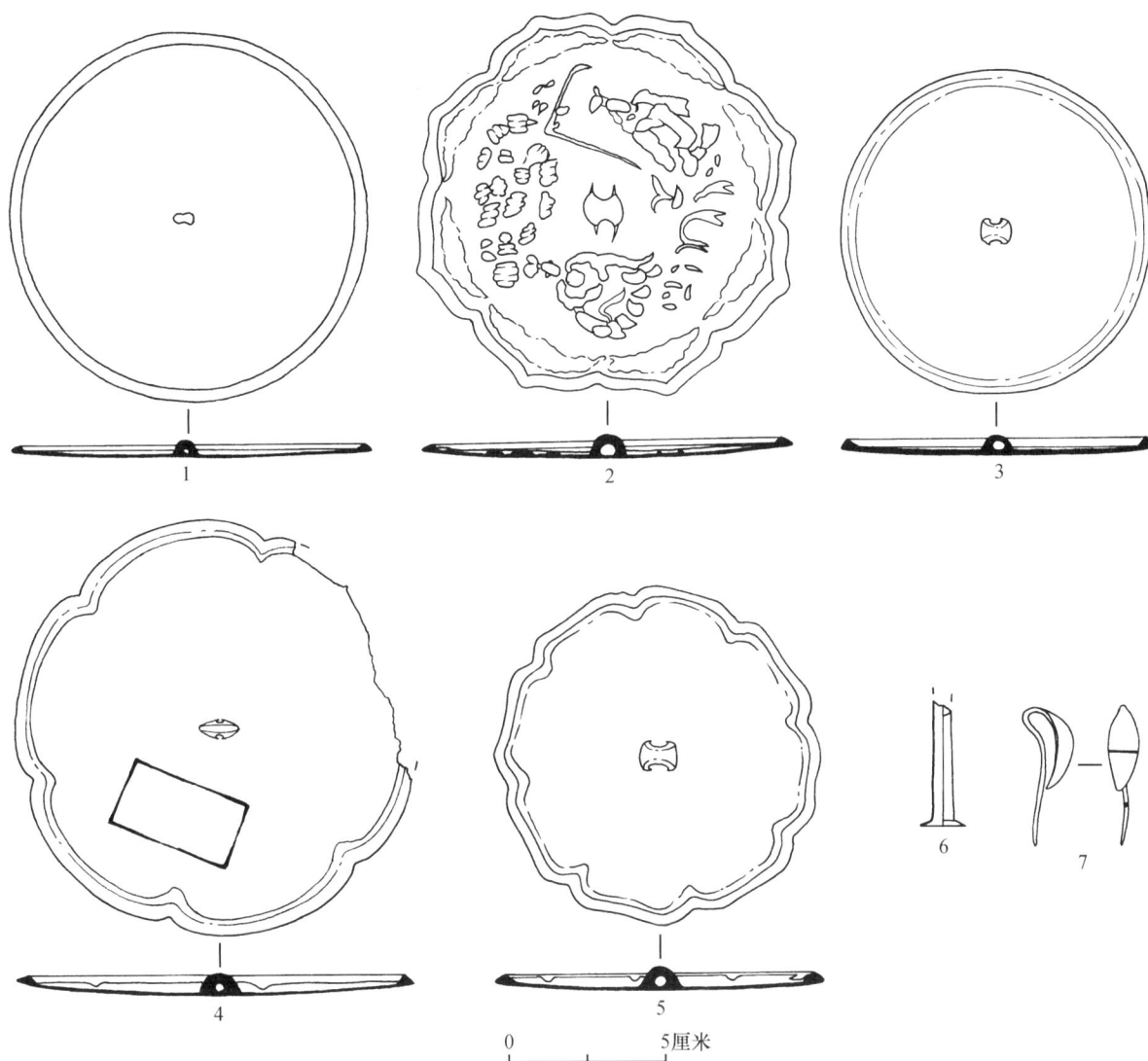

图230　二号台基墓葬出土遗物

1~5. 铜镜（AM1：1、AM2：6、AM3：1、AM4：1、AM5：1）　6. 绿松石耳珰（AM3：2）　7. 金耳杯（AM2：8）

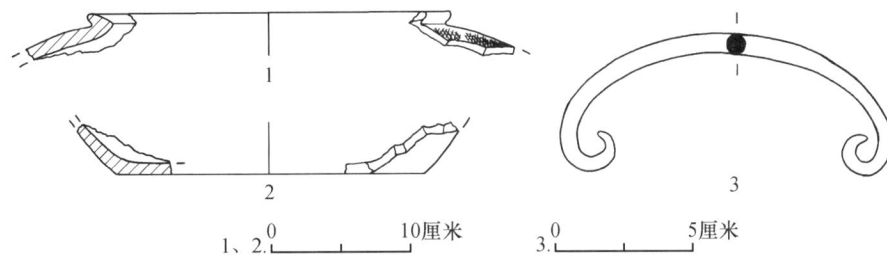

图231　三号台基出土遗物

1. 陶瓮（ATN21E199②：3）　2. 陶罐（ATN23E195②：3）　3. 铜提梁（AH1：1）

3.6、底径22厘米（图231，2）。

铜提梁　1件。铸制。呈新月形，两端钩状，截面呈圆形。标本AH1：1，径0.7厘米（图231，3）。

第六章 结 语

第一节 发掘收获

一、城垣本体及护城河

郢城遗址西北角台基的发掘，是为了了解郢城有无角楼遗存和该台基与护城河之间的关系。发掘仅揭露至城垣夯土本体，局部区域开展解剖工作。发掘有如下收获：西北角台基夯土堆积情况，夯层厚度9～20、夯窝直径5厘米；了解了郢城西北角台基垮塌情况；郢城西北角城垣距离护城河内边4.1米；城垣建设的年代问题：城垣夯土叠压于战国晚期文化层之上；此处城垣修建过程中有清理表土的行为，存在基槽；关于城垣角楼，因历年破坏严重，在目前发掘区域未发现柱洞、墙基遗迹，但在台基西坡中部集中发现大量筒瓦、板瓦等建筑材料，应曾存在角楼建筑。

为厘清郢城东城门的构造，掌握护城河宽度、堆积及与城垣的关系等。东城门及护城河发掘的主要收获有：东城垣选址利用了原有的一条南北向岗地，该段城垣叠压在石家河文化层之上，并发现有两座石家河文化的瓮棺和文化层堆积；东城垣为黏土夯筑，夯层厚5～25厘米，夯窝明显，直径6～8厘米，有基槽，基槽打破东周和石家河文化层。根据陶筒、板瓦垮塌堆积情况推测，东城垣可分为两期城垣，城垣修筑不早于战国晚期；东门，单门道，宽度不大于4.8米，进深约14米；在东城门南侧城垣发现石柱础一个，开口呈不规则圆形，直径0.42～0.48米。在柱础石东侧城垣坡脚发现陶排水管，开口残长1.16、宽0.27米，陶排水管截面呈圆形，由两块长0.5、宽0.14米的筒瓦相扣而成。东门外护城河，该段护城河宽5.94～18.6米，距现地表深3.5～3.78米，护城河深约2.5米；木桥遗迹（Q1）正对东门，距东门30米，发现两排木柱，清理出木桩70余根，直径0.13～0.35米，桥梁南北宽度9.1、东西跨度2.9米，架桥处护城河宽5.94米。桩之间镶嵌有木板，这是中国目前发现的为数不多的早期城址木构桥梁之一。

二、城址内部

"郢街"项目出土并采集了较为丰富的器物标本，主要为汉代的陶器残片，包括罐、瓮、壶等生活器具，也包含板瓦、筒瓦、瓦当等建筑材料。其中标本BH8②：2陶瓮与高台秦汉墓Ⅰ式陶瓮（M28：60）[①]形制相同，标本BH9：4陶瓮与高台秦汉墓Ⅱ式陶瓮（M27：10）[②]相似；标本BG8：3陶壶与高台秦汉墓B型陶壶（M17：2）[③]类似；标本BH13①：6陶罐与高台秦汉墓A型Ⅰ式罐（M1：24）[④]相近，可以判断本次发掘主体时代大致为秦代与西汉早期至西汉中期。两件新石器时代遗物应与郓城东门城垣下新石器时代遗存有关。

本次发掘的主要目的是验证郓城东门与城内南北中心水系之间是否存在道路遗迹，结果发现大量的灰坑及灰沟遗迹，通过出土的大量生活陶器及建筑材料残片，可以判断该区域为秦汉时期郓城居民生活、居住的密集区，根据目前的地层堆积状况，判断道路遗迹因生产生活已被破坏殆尽。

本次城内发现的秦汉木桥遗迹属重大考古发现，从木构遗存所处地层中出土的大量瓦当、筒瓦、板瓦、陶罐、陶盆等建筑材料与生活用器，以及半两钱、五铢钱、大泉五十等货币的发现，可以判断上述木桥遗存与郓城遗址同期并延续使用，直至废弃，其年代为战国晚期至西汉晚期。

郓城东门外木构桥梁正对郓城东城门，属进出郓城城门之桥，参考1953年成都青杠坡东汉墓画像砖上浮刻的木桥，这种桥梁的结构应该是木桩柱头上有斗拱，其上承托木梁再铺木板，两边立栏楯；城内南北水系的两处桥梁距离很近，处于郓城正中心区域，应为城内居民生活便利所建，用于沟通城内各功能区所用，结构应与东门外木桥不同。另三座木桥在空间布局上几乎处于同一直线，这在近些年秦汉城址的发掘中极为少见。

"南北水系"与"南内壕"交汇处发现的木构遗存，并非桥梁，因其叠压在城垣之下，结构中有过水空间，并一直延伸至城外与护城河相连，判断其应为郓城南北水系与城外护城河沟通所用的木构涵洞设施，并具有调节城内水位高低之功用，即有雨季排水，也有旱季城内进水之作用。此类遗存目前国内极少发现，其与2014年扬州蜀岗故城址发现的木构涵洞遗迹[⑤]有相似之处，该木构遗存与"南北水系"中部两座秦汉木桥处于同一河道中，同属郓城始建及使用时期木结构遗存，但用途完全不同。

秦汉木桥遗迹此前多发现于陕西西安、咸阳地区，其他地区少见出土，郓城遗址发现的三座木构桥梁，也是目前世界历史上规模较大的木质结构桥梁，它们的发现对研究古代河流变迁、周围自然环境的变化、秦汉城址的布局和木构桥梁的构造与演变都有着重要的意义。而郓城木构涵洞的构造，体现了在雨水较多的南方地区因地制宜的筑城技术，是研究中国古代建筑技术的重要资料，深入研究可改写中国桥梁史与城市水利设施系统的进程。

郓城遗址三号台基考古发掘的最重要发现为两处房屋基址，从暴露的范围来看，两处房

① 湖北省荆州博物馆：《荆州高台秦汉墓》，科学出版社，2000年，第74页。

② 湖北省荆州博物馆：《荆州高台秦汉墓》，科学出版社，2000年，第74页。

③ 湖北省荆州博物馆：《荆州高台秦汉墓》，科学出版社，2000年，第67页。

④ 湖北省荆州博物馆：《荆州高台秦汉墓》，科学出版社，2000年，第73页。

⑤ 汪勃、王睿、王小迎：《扬州蜀岗古城址的木构及其他遗存》，《中国文物报》2015年1月27日第4版。

屋基址南、北两侧均未完全暴露，推断此建筑基址为大型房屋遗迹的一部分，目前发现的仅为其局部。关于此两处房屋基址的时代，第一，该基址处于汉代文化层之中，其墙基所用碎陶片均为汉代器物残片；第二，从其旁边同地层陶器坑中的出土陶罐分析，标本AK1：2、标本AK1：5、标本AK1：6与郢城北部高台村三步二道桥墓地B型Ⅰ式罐（M10：6）[①]形制一致，属西汉中晚期，借此推测郢城三号台基两处建筑台基属西汉中晚期。

郢城遗址作为江汉平原地区保存较为完好的秦汉城址，经过近年来的考古发掘，已发现东城门、东城门外护城河上的木桥、城内南北水系两处木桥、南北水系穿越南城垣的地下木构建筑，城址内布局逐渐清晰，本次发现的三号台基建筑基址是郢城遗址从20世纪60年代至今首次发现的房屋遗迹，结合上述发现，对全面研究南方地区秦汉时期郡县城址布局有着重要的学术意义。

除汉代房屋建筑基址外，本次发掘的其他遗迹时代均较晚，多为宋代、明清时期墓葬，未发现东汉时期遗迹、遗物，这可能与西汉晚期郢城行政级别降格，逐渐废弃有关。

根据郢城遗址前期进行的考古调查、勘探与试掘工作，结合其周边文物点分布情况，有学者认为郢城城址的始建年代为公元前278年或其后一年，秦至西汉汉武帝前期为南郡郡治及江陵县县治所在。约在汉武帝后期至成帝元延年之间，南郡与江陵县迁至今荆州城西北的嵊峨山附近，郢城为郢县县治。王莽时期郢县撤并入江陵县，东汉初年，郢城废弃[②]。本次发掘，虽未对城址内文化层进行发掘，但通过对郢城城垣西北角的发掘，可知城垣夯土叠压战国晚期文化层，这对判断郢城城垣修建的相对年代，是一个佐证。两处发掘点出土的板、筒瓦与河南省鲁山杨南遗址板、筒瓦几乎一致，尤其郢城东门及护城河发掘点出土四格卷云纹瓦当与鲁山杨南遗址A型（G69：2、G61：3）瓦当[③]极为相似。众所周知，半两是秦至西汉初年的货币，五铢钱是自汉武帝元狩五年（前118年）"罢半两钱，行五铢钱"，货泉是西汉晚期王莽铸行的一种钱币，从天凤元年起一直流通到东汉光武帝建武十六年（40年）。因此可以推断，郢城的主要使用年代大致在战国晚期至西汉晚期，东汉后郢城城址是否作为地方行政中心或是降格为一般居民区，值得商榷。

郢城城址与阴湘城、楚纪南城、嵊峨山城、荆州古城形成江汉平原地区完整的城市发展序列，共同见证了该地区历史时期的政权更迭与人类活动变迁。郢城遗址包含丰富的历史信息，作为江汉平原一系列城址遗存中的代表性遗存，是秦汉时期城市体系的重要组成部分，见证了列国争雄分裂状态的终结和秦汉帝国统一局面下新的等级制度形成，是研究秦汉时期城市建设的重要实物例证。

---

① 荆州博物馆：《荆州三步二道桥墓地考古发掘简报》，《荆州郢城遗址——考古调查、勘探与试掘》附录一，科学出版社，2021年，第221页。

② 王建苏、刘建业、朱江松、王潘盼：《郢城遗址的年代与性质新证》，《江汉考古》2020年第3期。

③ 河南省文物局：《鲁山杨南遗址》，科学出版社，2016年，第55页。

第二节 木构遗存的复原与研究

荆州郢城是秦汉南郡郡城所在，也是战国末至西汉时期江陵县、西汉晚期郢县及王莽时期郢亭所在。1964~1965年、1979~1981年，郢城遗址经多次考古发掘，出土了一些秦汉时期的遗物[①]；2016~2017年勘探发掘，基本弄清了郢城整体形制、城垣规模，确定城内外均有环壕，在南、北城垣中间，还开凿有人工水系贯通南北等重要信息[②]。2018~2021年，我们在此又进行了一些考古工作，发现了3座木构梁桥，还在南城垣中部城垣之下，发现一处大型地下木构建筑，这在秦汉城址考古发掘中极为罕见。至此，郢城木构建筑遗存材料已有相当的积累。

目前，学术界对郢城的研究，主要集中在城市性质年代研究等方面。王建苏等认为，郢城始建年代约为公元前278年，废弃年代为东汉末年[③]。对先秦城市和建筑的复原研究，以郭德维先生对纪南城的复原研究为代表[④]。郢城及其建筑的营建，一方面具有荆楚地域手工技艺的特色，另一方面又与秦汉时代的政治、经济和文化紧密相连[⑤]，并内在地受到秦汉"大一统"文化地理大格局的影响。对郢城建筑进行研究，无疑是秦汉城市史、建筑史研究的重要课题。参考郢城周围相关楚、秦、汉时期的考古材料，对郢城遗址木构建筑的复原与研究，不仅可以为秦汉城市史、建筑史提供丰富和直观材料，还可以为区域文化遗产保护和利用提供科学依据。鉴于此，本节重点对郢城近来考古所发现的3座木构桥梁、南城垣与南内壕地下大型地下木构建筑进行分析和初步复原研究。

我国古代桥梁起源甚早，主要类型有"独木桥""堤梁桥""浮桥"等。对中国古代桥梁的整体研究，国内以梁思成[⑥]、罗英[⑦]、茅以升[⑧]、唐寰澄[⑨]等为代表，国外以李约瑟为代表[⑩]。

---

① 刘彬徽：《江陵郢城内出土王莽时期的文物》，《江汉考古》1980年第2期；江陵郢城考古队：《江陵县郢城调查发掘简报》，《江汉考古》1991年第4期。

② 荆州博物馆：《湖北荆州市郢城遗址考古调查、勘探与试掘报告》，《考古学集刊》（第21集），社会科学文献出版社，2018年。

③ 王建苏、刘建业、王潘盼、朱江松：《郢城遗址的年代与性质新证》，《江汉考古》2020年第3期；尹弘兵：《郢城遗址性质考辨》，《长江大学学报（社会科学版）》2020年第2期。

④ 郭德维：《楚都纪南城复原研究》，文物出版社，1999年。

⑤ 《桥梁史话》编写组：《桥梁史话》，上海科学技术出版社，1979年，第19、20页。

⑥ 梁思成：《梁思成全集》（第八卷），中国建筑工业出版社，2001年，第178~183页。

⑦ 罗英：《中国石桥》，人民交通出版社，1959年。

⑧ 茅以升：《中国古桥技术史》，北京出版社，1986年。

⑨ 唐寰澄：《中国古代桥梁》，文物出版社，1987年；唐寰澄：《中国科学技术史·桥梁卷》，科学出版社，2000年。

⑩ 〔英〕李约瑟著，汪受琪等译：《李约瑟中国科学技术史（第四卷）·物理学及相关技术（第三分册）·土木工程与航海技术》，科学出版社，2015年。

唐寰澄先生按"梁桥""桥屋""拱桥""索桥""浮桥"对桥梁进行分类研究，具有重要专门史意义。具体而言，汉代灞桥[①]，秦汉桥梁发展脉络及建造技艺[②]，秦代渭桥[③]，汉画像木构桥梁图像[④]，汉代桥型、类型及结构[⑤]的研究，对此次发掘的木构遗存研究具有重要参考价值和借鉴意义。

一、秦汉时期南郡地理与桥梁形制的可能性分析

考古上发现的秦汉桥梁遗存并不多，仅有西安"渭河三桥"、汉长安城沇水古桥[⑥]、咸阳沙河木桥[⑦]，以及四川成都金沙廊桥[⑧]等遗存。传世文献对秦汉时期桥梁也有一些零星记载。《水经注》载："横桥南渡以法牵牛，南有长乐宫，北有咸阳宫，欲通二宫之间故造此桥，广六丈，南北三百八十步，六十八间，七百五十柱，百二十二梁。"此桥为多跨梁式桥，每两跨间有四根木柱组成排架式木桩，顶部有两跳斗拱承托横梁[⑨]，也即《孟子·离娄下》中所谓"舆梁"。《三辅黄图》中记载了秦汉时期"渭桥""霸桥""便门桥"。渭桥（东渭桥）为汉景帝于公元前152年所建，渭水上"中渭桥"为秦始皇建离宫时所作。

秦汉时期，南郡郡城一带的桥梁，在整体上最可能以何种桥梁形制为主呢？从历史地理角度分析，桥梁形态与地理、水系之间关系较为密切。距今约6000年前，受江汉平原腹地下沉、洪水位上升，长江河道又受到江汉平原北部地质抬高变迁影响[⑩]，江汉平原及洞庭湖区形成3个地理亚区：鄂西冲积扇（以今湖北荆州市区为中心）、江汉平原腹地（以今监利、洪湖、仙桃等为中心）、洞庭地区（今湖南澧县、安乡、华容一带）[⑪]，位于鄂西冲积扇区的郢城一带，长江主泓极易变化。前引文献中所见汉代渭河上大型梁桥，多以石材代替木材，那是汉代以后才出现的桥梁建造技艺。此技艺在江汉平原的出现，一是需要有新的加工工具，二是需要有石材开采及施工技术，在郢城考古中，并未见大型石材遗物出土。在远离秦朝关中地区的南郡郡城，仍是以木材作为主要建筑材料。

---

① 茅以升：《介绍五座古桥——珠浦桥、广济桥、洛阳桥、宝带桥及灞桥》，《文物》1973年第1期。

② 《桥梁史话》编写组：《桥梁史话》，上海科学技术出版社，1979年。

③ 高介华：《渭桥——秦建筑文化中的水上明珠》，《华中建筑》1988年第4期。

④ 刘杰、柴洋洋、刘小荷：《汉画像反映的木构桥梁研究》，《文物》2019年第3期。

⑤ 李亚利、滕铭予：《汉代桥梁图像的建筑学研究》，《南方文物》2014年第2期。

⑥ 西安市文物保护考古研究院：《汉长安城沇水古桥遗址发掘报告》，《考古学报》2022年第3期。

⑦ 初民：《咸阳沙河古桥略论》，《文物考古论集——咸阳市文物考古研究所成立十周年纪念》，三秦出版社，2000年；王维坤：《沙河古桥的新发现与研究》，《西北大学学报（哲学社会科学版）》2000年第3期。

⑧ 成都文物考古研究所：《成都市青羊区金沙村汉代廊桥遗址发掘简报》，《成都考古发现（2008）》，科学出版社，2010年。

⑨ 《桥梁史话》编写组：《桥梁史话》，上海科学技术出版社，1979年，第24页。

⑩ 张修桂：《云梦泽的演变与下荆江河曲的形成》，《复旦学报（社会科学版）》1980年第2期。

⑪ 郭立新：《长江中游地区初期社会复杂化研究》，上海古籍出版社，2005年，第12页。

　　基于以上初步分析，秦汉之际的郓城一带，梁桥应是最为普遍的桥梁形制。目前，除了考古发现的桥梁遗存之外，研究者多从汉画像砖或壁画之中，了解秦汉时期的梁桥形制，如刘杰等将汉代画像砖上的木构桥梁的形制，归纳为"平桥""折边桥""弧桥""梯桥""廊桥"几类[①]，较为合理。基于我们研究的重点，下面选择几种可能与郓城梁桥有关系的梁桥图像罗列如下（表4）。

表4　东汉画像砖、石中的汉代梁桥

序号	出土地点	桥梁形态	名称	桥梁图像	图像来源
1	山东临沂	多跨梁桥	车骑过桥画像		山东省博物馆、山东省文物考古研究所：《山东汉画像石选集》，齐鲁书社，1982年，第165页
2	山东苍山	多跨梁桥	豫让刺赵襄子画像		山东省博物馆、山东省文物考古研究所：《山东汉画像石选集》，齐鲁书社，1982年，第183页
3	山东苍山	多跨梁桥	城前村墓前室西壁门楣正面画像		山东省博物馆、山东省文物考古研究所：《山东汉画像石选集》，齐鲁书社，1982年，第178页
4	山东苍山	多跨梁桥	胡汉战争画像		山东省博物馆、山东省文物考古研究所：《山东汉画像石选集》，齐鲁书社，1982年，第182页
5	四川彭州	多跨梁桥	骖车过桥画像		《中国画像砖全集》编辑委员会：《四川汉画像砖》，四川美术出版社，2006年，第6页

---

① 刘杰、柴洋洋、刘小荷：《汉画像反映的木构桥梁研究》，《文物》2019年第3期。

序号	出土地点	桥梁形态	名称	桥梁图像	图像来源
6	四川成都	多跨梁桥	车马过桥画像		四川博物院：《四川博物院文物精品集》，文物出版社，2009年，第111页
7	四川成都	多跨梁桥	车马过桥画像		《中国画像砖全集》编辑委员会：《四川汉画像砖》，四川美术出版社，2006年，第6页

从画像砖上的梁桥图像中可以看出：第一，1～4号梁桥桥面，均为多跨式简支梁桥，中跨高出河面较多，有木柱、石柱支于河中，边跨倾斜与两岸地面相接，中跨之下净空较高，可供通航。因这4座梁桥图像是绘制于山东出土的砖石之上，因而我们认为具有平直中跨和倾斜边跨的简支梁桥，是秦汉时期北方典型的梁桥形制。第二，5～7号梁桥亦为简支梁桥，但与上述1～4号梁桥有所区别。5号梁桥虽无桥墩、桥柱，但有人字形撑架，刘杰等认为其界于梁桥和拱桥之间[1]；6号梁桥图像上，可见4排木柱，木柱排列具透视效果，每排木柱上有横楣梁，上架有梁木，梁上铺桥面，桥面平直[2]，其下显然不可通航；7号梁桥的桥面与水面较近，桥面略呈弧形，形近拱桥，但其下亦有木柱支撑桥面，桥下也并不能通行船只。5～7号梁桥均出自四川境内砖石图像，我们认为是秦汉时期南方梁桥的典型形制。

---

① 刘杰、柴洋洋、刘小荷：《汉画像反映的木构桥梁研究》，《文物》2019年第3期。
② 周成：《中国古代交通图典》，中国世界语出版社，1995年，第40页。

二、郢城东城门外桥梁遗存及其形制分析

该桥位于郢城东城门外30米处（即Q1），此处护城河宽度最窄，为5.94米。经测量，此桥的东西跨度为2.9、南北宽度为9.1米。桥梁遗存有两排木桩，东部有25根，西部有49根，直径为0.13～0.35米。木桩排列有序，桥桩外侧横向镶嵌直径0.04～0.135米的原木做挡板，挡板与河岸间用五花土夯实。

结合战国至秦朝时期的技术实际，郢城东城门桥梁形制，在理论上有建成拱桥形制的可能性。经查阅相关史料，早在先秦时期，我国已有"高梁"桥梁形态，主要为扩大桥下净空以便于通航。楚人所建纪南城的水门形制更为复杂，说明战国晚期至秦朝时期，楚国土木工程技术仍足以支撑建造大体量拱桥。秦汉时期拱桥也已发展出多种形态，河南新野、四川新都以及徐州贾汪区[①]出土的画像砖上，已出现了拱桥的图像。秦汉拱桥的桥桩多位于河道中央，因其弧形之制，两端可借势延伸至河岸之外。但是，对郢城东门外桥梁遗存观察，发现桥梁遗存两侧还建有泊岸并填夯土，位于护城河的最窄处，这并不符合建造拱桥的技术要求和条件。

再结合此桥的建造目的进行分析。公元前278年，楚纪南城被毁弃，秦人为尽快建立政权体系，必然是以最快速度营建郢城，以加强对楚都城一带的控制。楚国灭亡之后，故楚所在地遭受战火，人力、财力及物力均有所削减。郢城城垣底部，大多并未发现基槽，而是直接在原有城垣上增筑城垣，即是明证。秦人在灭楚之后，军事防御仍是重中之重，故其城市营建应遵循快速和节约的原则。综上分析，郢城东门外建造大型拱桥的可能性非常小。

中国古代桥梁中的梁桥，古又称平桥，结构最为简单，以木头或石梁架设于沟谷两岸，是秦汉时期较为常见的桥梁结构。基于对秦汉时期桥梁画像和郢城桥梁遗存的对比观察，河岸两岸挡板间不足3米，遗存所见仅东部、西部泊岸有立柱，中间未见。此桥建位于护城河最窄之处，河道宽仅5.94米，郢城东门桥梁选在护城河最窄之处，即是充分利用自然条件以减少桥梁跨度的做法，旨在节约用料，加强梁桥结构的坚固性，这也符合桥梁营建工艺及当时郢城建设目的。因此，该桥应为简支单跨梁桥。

Q1形制应大体与四川成都青杠坡汉墓汉画像砖（表4中的6号）中的梁桥相似。画像砖上，只刻划了半座梁桥，推测应有另一块画像砖与之相邻并形成整幅画面。Q1为多排桥桩平行排列，为多跨式梁桥。柱上有横楣梁，上架有梁木，并于梁上铺设桥面。桥面左右设有栏杆，楣木为3根，栏木为5根。研究认为，此桥图像可能为汉渭河桥[②]，前已述及，郢城所建之时，仍处于秦国统一全国的历史进程中，军事防御是其主要任务。此桥遗存木桩分布，东部有25根，西部有46根，西部河岸边用于承重的木桩明显多于东部河岸。木构梁桥西部木桩多，暗示其具有更大的承重功能，这也与当时秦人加强新征疆域军事防御的内在目的是相吻合的。因此，我们还可以进一步推测，此桥为简支梁桥。

① 武利华：《徐州汉画像石》，线装书局，2011年，图十七。
② 唐寰澄：《中国科学技术史·桥梁卷》，科学出版社，2000年，第43页。

三、郢城中部梁桥遗存及其形制

郢城遗址南北水系中2座木桥周围地势较为平坦，郢城内河道将城中官署区与其他区域分开，经考古勘探，郢城被南北向的S1河道一分为二，又另有一条东西向河道与之相交，自然将郢城划分为多个被水系隔开的区域。这2座梁桥位于两河道的交汇处，并沟通了被河流划分开的几个区域。

第一座桥为郢城内南北向水系之中的木桥（即Q2）。现存桥桩共有112根，圆形木桩75根，直径为0.1～0.378厘米；方形木桩37根，有两种规格，一种是（0.163～0.272）米×（0.07～0.2）米，另一种是（0.212～0.303）米×（0.116～0.23）米。梁桥宽度为13.88米，东西跨度为2.05米。

第二座桥为郢城内东西向水系中的木桥（即Q3）。现存桥桩共有148根，其中圆桩111根，直径0.054米×0.31米；方形木桩37根，规格（0.1～0.337）米×（0.09～0.2）米，桥宽25米，南北跨度2.58～2.77米。

这2座木桥相距很近，呈"人"字形，处于城市交通的"节点"和"枢纽"之处。从梁桥遗存的木柱遗存来看，两座桥都并非多跨式梁桥，而是简支梁桥，其营建的目的，即在于方便沟通南北向、东西向多水系交叉处的互通，河道的宽度也并不能供船只通航。综合以上分析，郢城东门外梁桥、郢城内2座梁桥的形制，均为简支梁桥。

四、郢城内南北水系与南内壕、南城垣交汇处地下木构建筑

在郢城内中间南北水系与南城垣交汇处，发现一处位于地下的大型木构建筑遗迹（MG1）。此木构建筑始建于何时，何时废弃，其用途为何？要回答这一系列的问题，我们还要从已有考古材料及传世文献入手，并借助^{14}C测年技术手段进行综合研究。

1. 考古所见地下木构建筑形制

郢城城垣外有围合的护城河，城垣内南北向有一条南北水系（S1）贯通，河面宽18～30、深2.1～2.6米，将城分为两半；内环壕（S2）水系在城内围合，宽21.5～23、深1.8～2.01米，紧邻城垣内侧并环绕全城；小型水系（S3）位于城东南呈曲尺形①。此次考古上所见的地下大型木构建筑，即位于S1、S2的交会之处。

从考古发掘情况看，此木构建筑由底板、墙板和盖板组成。底板、墙板及盖板，构成地下木构空间的边界。在其建筑外形上，其底板、墙板及盖板的组合形式，与墓葬中木椁室较为相近。

---

① 荆州博物馆：《湖北荆州市郢城遗址考古调查、勘探与试掘报告》，《考古学集刊》（第21集），社会科学文献出版社，2018年。

郢城地下木构建筑的底板为平列式排列，长约2.7、宽0.26、厚0.22米，东西方向并排平铺。底板两侧有墙板。墙板基有两条横梁，其上分布有大小一致的凹榫眼，深浅不一，基本分析规律为"一浅四深"。墙板以平列方式进行连接，并立于底板之上，长2.95～4.85、宽0.26、厚0.21米。两侧墙板之上有盖板，盖板用长约2.05～2.28、直径0.16～0.27米的圆木做支撑，并排平铺，借以托起盖板，现已暴露28根。盖板目前暴露了32根，残长1.13～2.83、宽约0.1～0.32、厚约0.06～0.1米。

此木构建筑属郢城，其文化风格是否属秦文化呢？从性质上来看，郢城属秦城无疑，但城市及建筑营建技术，是否也完全受秦文化影响呢？实际上，人类历史上政治更迭、经济兴衰，的确对传统手工技艺传承与发展有一定影响，但传统技艺变化，却并非如政治、经济那样有明显的变化。先秦两汉时期，秦文化圈的中心在关中平原，文化圈理论、考古学文化分布规律提示我们，古代不同区域间地理距离越远，文化的影响也就越小。郢城营建之时，楚国政权虽灭，但楚文化却并未消失。在地域上而言，此时期郢城及此木构建筑的营建技术，应与楚国时期基本一致。

当前，我们沿着此地下水道往北的方向，还发现了两个大型的础基以及宽大的木板。这可能暗示此地下水道与南内壕、S1的交汇处，会有一座跨越内壕的木桥，所发现的宽大的木板，即有可能是桥面上的木板。

2. 地下木构建筑的营建年代及用材分析

在地层关系上，此木构结构的建筑，被同时期城垣夯土所叠压，郢城为秦灭楚后所建新城，故此木构建筑的始建年代应与郢城的整体营建时间一致，为公元前278年后数年间。同时，从河道内淤泥包含物多为秦汉时期的，可以为判断该木构遗迹为秦汉时期所建提供支撑。

此外，我们还根据Bate实验室木制品[14]C测年资料显示（表5，图232），此建筑中的木制品年代可能为公元前369～前165年。王红星认为，此城定不可能在纪南城未被毁之前新建，楚人以纪南城为都城时，断然不会在离纪南城如此近的地方重建一座新城。因此，时间可进一步确定为公元前278～前165年。黄盛璋据凤凰山汉简记载，分析郢城为秦人所建。而此木构建筑的废弃年代，也应与郢城的废弃年代一致，即为东汉初年。

表5　郢城地下木构建筑放射性碳年代分析数据[①]

95.4% probability	
（95.4%）369～165 cal BC	（2318～2114 cal BP）
68.2% probability	
（43.7%）354～283 cal BC	（2303～2232 cal BP）
（20.4%）231～195 cal BC	（2180～2144 cal BP）
（4.1%）186～178 cal BC	（2135～2127 cal BP）

数据来源：Beta Analytic Radiocarbon Dating Laboratory（Laboratory number：Beta-595574）

① 此测试结果均获得ISO/IEC-17025:2017认可。实验室没有分包商或者学生兼职参与测试。全部的测试都是使用Beta实验室内的4台NEC加速器质谱仪和4台Thermo同位素比值质谱仪（IRMS）完成。"常规放射性碳年龄"是通过利比半衰期（5568年）计算经过总分馏效应校正得到，并用于公历年龄校正。此年龄精度为10年，单位为BP（Before Present），Present=AD1950年。

2190±30 BP　　　　　　　　　　　　　　　　　　　　　　Wood

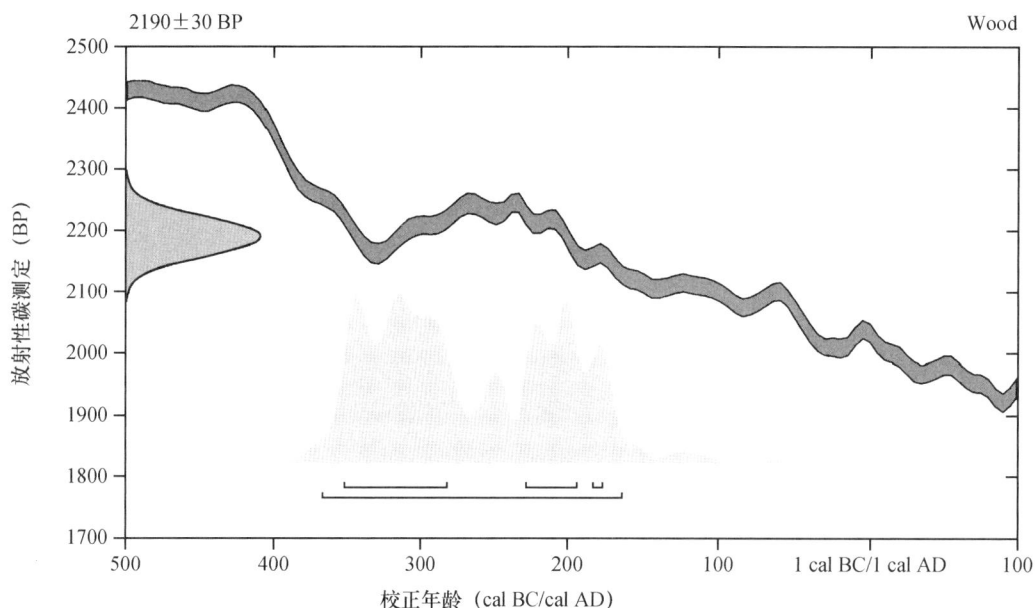

图232　郢城木构建筑材料放射性碳测定校正图

春秋战国至秦汉时期，楚地森林资源十分丰富[①]。在楚国墓葬中，以"榉木""桢楠""梓木"为主要材质，考虑地下棺椁耐腐、耐湿等重要特性，应以木质坚硬者为上[②]，地下建筑用材，以"桢楠""梓木"比较符合，这一点符合地下木构建筑的需求。但梓木为高等木材，较多的用于宫殿和王墓建造。而楠木中的桢楠，在楚地较为常见的树木资源，又具有耐腐优点。从分布于郢城周围的秦代墓葬棺椁的用材来看，也多是以楠木为主[③]。因而，桢楠木材更可能是此地下木构建筑的选用材料。

3. 地下木构建筑的用途分析

在空间布局上，该木构遗迹处于城门之下，穿城垣而过，并叠压于城垣之下。此建筑位于南北向人工水系通向城外的位置，作为地下水道的可能性最大。为解决这一问题，我们先来看看秦代以前，我国古代地下水渠、城市排水涵洞的基本脉络。

夏朝时期，我国已有营建地下暗渠的技术。在河南偃师二里头遗址中，就发现了木结构的排水暗渠。早期宫殿建筑之间的通道下，有长逾百米的木结构水暗渠，水道宽2米，水腔高1.5～1.8米，石板三面围砌，上面横铺粗大木料，两侧壁采用木石混合结构，垒砌的石块间夹木柱以加固，排水道全长800米，高差明显是其主要特征[④]。

战国至秦汉时期，战国时期的纪南城内，给排水系统也较成熟，具备了散水、排水管道、

① 邓辉：《楚国时期江汉平原的森林资源》，《楚章华台学术讨论会论文集》，武汉大学出版社，1988年。

② 王从礼：《楚墓建筑研究》，湖北人民出版社，2006年，第429页。

③ 湖北省江陵县文物局、荆州地区博物馆：《江陵岳山秦汉墓》，《考古学报》2000年第4期。

④ 许宏：《古代都邑排水系统的流变》，《环球人文地理（中国建筑金属结构）》2014年第7期。

排水沟、城内河道及护城壕沟[①]。秦朝时期，也有暗渠建筑设施。2000年，在秦始皇陵园内封土周围发现深埋地下的"排水暗渠"，借助木条支撑，但顶部情况不明，这应是由明井、暗渠组成的排水设施[②]。

汉朝时期，长安城西安门的东门道下，构筑有一段用砖筑成的水道。此水道北自城内，南至城门之外，延伸甚长，水道下宽1.65、顶端高1.32米，砌筑方法是两侧用长方砖重叠，一层横铺，一层直铺，交替铺叠高至58厘米时，由两侧往上券筑至顶部形成。西汉长安城直城门下也发现了水涵洞遗址，排水渠东部位于北门道下面，为暗渠，以石板砌筑而成[③]。西汉时的龙首渠，也发现了类似的技术。《史记·河渠书》记载汉武帝元鼎年间，临晋发卒万余人穿渠，引洛水至商颜山。"凿井，深者四十余丈，往往为井，井下相通行水"，为"龙首渠"，若干竖井相连的隧洞式灌溉渠道。在地下引流的渠道，在考古并不多见，此技术反映了最晚至汉武帝时期，已具有开凿地下河道的成熟技术。

这种排水建筑一直至隋唐至元时期仍有所沿用。唐代长安含光门[④]、洛阳定鼎门下有石质涵洞[⑤]；元大都中段和西墙北段的夯土墙基下，有石砌的排水涵洞[⑥]。唐昭陵、唐乾陵、沈阳石台子山城、西安隋唐皇城、唐洛阳城、扬州唐城都有类似的建筑。

明清时期，城市排水建筑仍有所沿用。江苏泰州望海楼[⑦]、南京明城墙、宿迁明城墙、明清商丘古城[⑧]，均有所发现。对于城内积水排向城外，后世多修筑涵洞。在涵洞外为防止敌人进入城中，还加建了铁栅栏。

由此可见，我国古代地下建筑的营建，大致经历了"木—石（砖）"的工艺演进过程。郢城地下木构建筑也应属于这一体系之中，并代表了古代中国南方暗渠技术的基本特点。

郢城地下水系通道之所以没有选用大型石板砌筑，与当时故楚郢城周围缺乏大型石材有关。战国时期，虽然砖已出现，但因其长度太小，拱券技术还并未在南郡一带得到普及。在木材资源丰富的郢城一带，木材建筑就成为当时工匠们的必然选择。

无独有偶，2015年，扬州唐城考古工作队在发掘扬州蜀岗古代城址时，在北城墙西段东部豁口及两侧，就清理出了与郢城地下木构建筑相似的建筑，扬州的汉代木构建筑被考古工作者

① 湖北省博物馆：《楚都纪南城的勘查与发掘（下）》，《考古学报》1982年第4期。
② 刘兴林：《论井渠技术的起源》，《华夏考古》2007年第1期。
③ 李合群：《论中国古代城墙排水》，《安徽建筑》2016年第2期。
④ 西安市文物局、陕西省古建设计研究所联合考古调查组：《隋唐皇城含光门西过水涵洞遗址考古调查报告》，《文博》2006年第4期。
⑤ 中国社会科学院考古研究所洛阳唐城队、洛阳市文物工作队：《定鼎门遗址发掘报告》，《考古学报》2004年第1期。
⑥ 中国科学院考古研究所、北京市文物管理处元大都考古队：《元大都的勘查和发掘》，《考古》1972年第1期。
⑦ 泰州市博物馆：《江苏泰州宋代涵洞发掘简报》，《考古与文物》2018年第1期。
⑧ 张涵：《明清商丘古城的防洪御灾体系研究》，《南方建筑》2014年第2期。

初步定性为木构水涵洞[①]。该遗存包含木构水涵洞及其两侧夯土墙体，水涵洞平面形状呈南北向，方向8°，长约28、北端口部宽约2.5米，口部或有可开闭的木构设施。据考古初步判断，其营造的顺序是先挖基槽，然后在基槽内用榫卯结构的枋木和木板，构架出梯形涵洞，再在木构涵洞和基槽之间的空隙内填土或夯筑。涵洞底宽2.4、顶宽2.2、高0.5米，涵洞两侧有战国时期夯土的墙体。这种地下木构涵洞的做法，与郢城地下木构建筑基本相似。

郢城地下木构建筑是否为木构涵洞呢？众所周知，涵洞是具有排水功能的建筑设施，其基本的要求是水从一端进入，从另一端宣泄而出，也即两端的高程是不一样的。从郢城的实地考察，整个城址地面呈现出西北高、东南低的地势特征，地下木构建筑北端略高于南端，这也使得处于城址南部的地下木构建筑，符合涵洞设施对地势的基本要求。

为了维护古代城市内水系的流通，楚地多借用自然水系，因地制宜。楚纪南城即是引自然河流入城，这样不仅可以获得清洁的水资源，而且可以美化环境。但对于郢城而言，并不具备那样的条件，因此人工开凿或改进了河道便成了选择。

从当时城市规划者角度，郢城内的水系应是与长江相通的。据考古调查，郢城的西城垣上并没有城门的遗迹现象，这一点初看时很令人费解。但从军事防御及建城礼制分析，郢城在始建之初，原本应为正方形，四边均有城门，四角有角楼。从历史地理角度分析，郢城北边原有一条长江故道，即今海子湖水系，深刻影响了郢城及城内水系的发展。纪南城被毁弃后，秦人并未在纪南城原址上重建南郡郡城的原因，即是因长江主泓改道，城市追随长江之故。由此看来，在地形上，郢城实质上是处于长江故道与新道之间，故道虽不是秦汉之际的长江主泓，但在洪水时期，长江故道、新道极易形成漫滩。郢城初建时，的确充分考虑过军防特征，且是以"实用为主"的城市规划模式[②]，城垣方形、四角有角楼等。但郢城西城垣由北转向东南，可能是因为初建后遭受过洪水冲毁，其后顺势重建西城垣，并加以倾斜以减少洪水对城垣的冲击且不再设城门。从当时城市规划以及城市内居民用水的实际需求，西城垣外的护城河可能与长江水系相连，水由北进入城中水系，并贯通全城，形成城中水系，木构涵洞成为城址内的出水通道。

基于以上分析，我们认为，贯通郢城内外的木构建筑，即为当时城内、外用于水系互通的木构涵洞。从考古实地勘察来看，木构建筑底板所处位置，位于当时城内水系出城之处，城内水系略高于护城河，加之木构建筑南北有一定落差，通过这一木构涵洞，控制着全城水系的"最高水平面"，当城内水量过大，可宣泄城内洪水，节制整个郢城内水系。

目前，北门下尚未做进一步的考古发掘，北门下与南门相似位置也应有此木构涵洞，用于控制城北内外水系，并借此地下木构水道与城外护城河相连。水少之时，则封闭此水道；水多之时，则打开水道以节制城内水系水量。

① 王鹏、孔茜：《"战国木构涵洞"锁定楚广陵城》，《扬州日报》2015年1月28日第B01版。

② 汪德华：《中国城市规划史》，东南大学出版社，2014年，第454页。

4. 郢城南城垣中部城门的再认识

在此前的考古勘探中，郢城的南城垣和北城垣中间夯土中断处，是通向城外的水道，并初步认为是郢城的两处水门遗址，现在可能需要重新进行考察。首先，从城市规划角度分析，《周礼·考工记》中的"周王城图"，为后世城市规划设计提供了内在范式，直至明清时期仍有所遵从。"旁三门"之设，成为汉、唐时期都城的营建范式，这既是古代城市生活的一种需要，也是王权的象征。其次，先秦时期至秦汉时期，长江主泓受江汉平原地势变迁的影响，河道逐步向南迁移。郢城作为楚亡后的荆州核心城市空间，其南边有长江故道由西至东穿行。南城垣可以直达长江故道。南城垣中部城门开设既符合礼制的需要，也符合城市建设及水运的基本需求。

在南北水系与南内壕交汇处的发掘，使我们不得不重新审视这处城门的性质。我们认为，既然城内外水系通过此木构涵洞来沟通，从设计上来看，秦人可能认为水门并不利于管理，也不利于军防，此处就不会再建有类似纪南城水门那样的城门形制。但在考古上，我们在城垣缺口的勘探上，并未发现具有城门的开口，这也正是令我们费解的地方。但可以肯定的是，南城垣的中部仍应建有一座陆城门，但就目前来看，郢城南、北城门已在后期完全被破坏，因考古材料的缺失，已无法判定此城门的形制。

五、郢城木构建筑的营建及复原

1. 郢城梁桥建筑的营建方法

从城市政治属性上来看，郢城属于秦城无疑，但城市及建筑营建技术未必完全受到秦文化的影响。郢城在营建之时，楚国政权虽灭，但楚文化却并未消失。在地域上而言，此时期郢城建筑营建技术，应与楚国时期建筑技术基本一致，至少没有太大变化。

从考古所见迹象进行观察，此类木构建筑似乎可以与纪南城水上木构建筑营建技术相似。纪南城水门建筑，是否与郢城木构建筑技术体系相似呢？综合考察，纪南城在涉水区域进行木构建筑的营建时间，即是在纪南城始作为都城之时。王红星认为，纪南城作为楚国都城时间，应大约在楚肃王时期，也即公元前380～前370年[①]，郢城始建时间约为公元前278年后数年间，两城营建的时间大约相隔100年。古代的城市及建筑的营建者，即后世所称木作、瓦作工匠，手艺多以世代相传，百年之间两城营建技术应无太大变化，因此我们可以说，两城的营建技术手段也属同一技术体系。郢城木构建筑营建技术，应与纪南城内木构建筑的营建技术相近。纪南城木构建筑营建技术，对了解郢城木构建筑及其复原具有参考价值和作用。

首先是建筑材料的选择。秦汉时期，北方发展出选用石材建造桥梁的技术。但是，楚人多用木桩而不以石墩，这自然是与区域地理自然条件和环境相关。铁在战国时期已开始普遍使

---

① 王红星：《楚郢都探索的新线索》，《江汉考古》2011年第3期。

用于农具，秦人造桥时，已经具备运用铁镦等新建筑材料的条件。据《三辅黄图》，秦始皇在造渭桥时，"铁镦重不能移"，可见秦代已经以铁制镦。以石料为主体的石结构桥梁至东汉才得以普遍使用。江汉平原大型石料甚少，故以木作为郢城内桥梁建筑的用料。造桥桥梁时，多选择耐水材质，一般在冬天取材并随之使用。《灞桥图说》中就记载了桥梁选材的经验，"用粗直柏木，色白而绵，冬取者为佳，削去枝节，乘湿带皮，用之则不燥裂，心红而起层者为刺柏，不可用"。

其次是开基槽、立木柱。对于这一营建过程，我们先观察纪南城南垣水门木构建筑，其遗存包括：木柱、木柱洞、柱洞板础以及两侧的挡板。据《水经注》记载，公元前532年，山西汾水上建有一座30墩柱的木柱梁桥，为桩柱式桥墩。在前表中所见的梁桥图像中，均可见桩基础营建技术。但从郢城的桥梁遗迹观察，立于河道中木柱的柱径约为30厘米，数量较多，这自然是出于对承重木柱的承重力的考量，建造技术也与纪南城、山西汾水上梁桥基本一致。

那么，这些木柱是如何立于河底？据纪南城考古发掘者推测，水门建筑的营造过程为：首先是清理河底，挖至灰绿色生土层，《国语·周语中》记载当时人们有"水涸而成梁"的营建经验。在营建时代相去并不算太远的纪南城，南垣水门木构建筑的木柱底部，有以木板作为柱础的建筑技术，这是当时荆州先民用以加强梁桥基础的重要手法。营建桥基之时，断流自不可能，按《灞桥图说》所载，其基本程序为：水浅筑土堤，测量挖槽，打桩，筑土堤将引水集中在河床一半；开槽挖柱洞，在洞内埋础立柱，这应该比较符合当时的营建实际。再者是立挡板、夯泊岸。安置挡板，即营建"泊岸"。在纪南城水门营建中，具体步骤是在挡板两端嵌入柱竖槽，挡板紧贴木柱外侧，下与沟槽底部生土面为基，其上与上层建筑相连①。这一过程涉及桥梁坚固度，在纪南城水门营建之时，考古发现奠基坑②，可见楚人在建桥之时有"奠基"的习俗。《水经注》卷八记载"荷水又东，迳秦梁。夹岸积石一里，高二丈"，此句中"夹岸积石"即为保护河岸的做法，又《三辅黄图》载咸阳渭桥有"桥之南北有堤，激立石柱"，这都是北方改用石材作为"泊岸"的反映。郢城木桥遗址中有此"泊岸"，只不过用的不是石材，而是用木柱与木板夹岸，并以五花土夯实。两侧木柱受五花土或侧板合力，与桥面形成稳固结构。这种基本技术手段与纪南城木构建筑营建手法基本一致，也应是郢城营建时楚地匠人的主要立柱技艺。

最后是立横楣梁、铺桥面、设栏楯。郢城护城河水浅，立柱也不需要太高。横楣梁联系立柱，并使之成为稳固的木构架。从河姆渡木构建筑遗址中，可知长江流域的先民已经会利用多种榫卯结构制作木构架建筑③。四川青杠坡汉画像砖上的梁桥，横楣梁共有3条，其与木柱的结合也应是榫卯的结合方式。在郢城几座梁桥的考古上，桥面木板已毁，并未看到。在建造时，应是先建横楣梁，再在其上横铺桥面的木板。在桥梁的栏杆做法上，也应是遵循简单的原则，四川画像砖上栏为5根，楯为3根，两者的结合似乎与后世的穿斗结构相似。宋画中描绘的简支

---

①　湖北省博物馆：《楚都纪南城的勘查与发掘（上）》，《考古学报》1982年第3期。

②　湖北省博物馆：《楚都纪南城的勘查与发掘（上）》，《考古学报》1982年第3期。

③　浙江省文物管理委员会、浙江省博物馆：《河姆渡遗址第一期发掘报告》，《考古学报》1978年第1期。

梁桥的栏杆，即与此一致①，可见这种形制的使用时间非常长，在郢城的梁桥上使用也是极有可能的。

关于郢城东门外护城河梁桥的桥面宽度，可结合秦代马车宽度，以及考古遗存的具体情况进行分析。首先，秦代统一中国之后，大兴驰道，交通制度与先秦大不相同，这促使梁桥桥面更为宽阔，并全国基本统一，加强中央和地方的联系。南郡作为秦朝南方疆域的重要区域，也是当时江汉平原的政治和经济核心地，交通之制自然是率先得到统一。秦汉的马车形制，据《史记·秦始皇本纪》记载，秦始皇统一六国之后，行"车同轨"，又"数以六为纪"，一辆马车要从梁桥上通行，梁桥的最小宽度，至少要达到车轴的最短长度。秦始皇陵中出土的二号铜车形制，车轴长143厘米，经还原成真车，其车轴长度为492厘米②。全国车制相同，大车进出郢城东门，也都必须经过此桥，同时还要保证两辆马车基本可以相对而行，也即最低宽度为984厘米。据《水经注》载，"横桥南渡以法牵牛，南有长乐宫，北有咸阳宫，欲通二宫之间故造此桥，广六丈，南北三百八十步，六十八间，七百五十柱，百二十二梁"，6丈大体相当于今13.8米。在考古遗存上，郢城梁桥木柱最大距离为9.1米，但这并不是梁桥桥面的实际宽度。我们推测，在建造桥面之时，桥面上横铺木板的两侧，应各有约50厘米悬于支梁之外。在四川青杠坡汉墓画像砖上，只刻划了半座梁桥，推测应有另一块画像砖与之相邻并形成整幅画面。此桥为多排桥柱平行排列，为多跨式梁桥。柱上有横楣梁，上架有梁木，并于梁上铺设桥面。桥面左右设有栏杆，营建技术对郢城木桥的复原有重要参考价值。

基于本发掘报告对木构建筑遗存的描述，以及前文对相关形制的分析，特别针对考古发掘中所测得的遗存数据，以下对郢城东门外护城河、南北水系上的几座木桥进行了复原。如前所述，Q1、Q2、Q3均为单跨，做法基本一致，此为复原的基本形制，其木构结构的稳定性我们做出了合理推测。两岸立柱与岸间有横向立砌的圆木条，立柱、横梁、桥梁大小数据是复原的基础。立柱上有横楣梁，梁上又有方形条木加以固定，其上再平铺桥面木方，Q1两边挡板外的五花土，在很大程度上可支撑桥面，因此Q1桥面木方两端可延伸较长，故桥面复原为单排木方并列而成；Q2、Q3的两侧木桩分布较近，中间似有横排挡板固定两排木桩，支撑桥面的受力点更多。因此，在复原时我们认为是三排木方铺成桥面。所设栏杆据上文提及的汉、宋时桥梁简易栏杆复原，Q2、Q3位于郢城中间位置，为了安全和一定程度上的美观考虑，复原时，此两座桥的桥面延伸也更长，栏杆长度也比东门外桥梁更长（图233~图239）。

2. "南北水系"与"南内壕"地下木构建筑的营建及复原

从结构上来看，此地下木构建筑（MG1）的营建技术，与楚建筑技艺属一脉相承，或者可以说，楚国灭亡之后，郢城营建者，仍是楚国的木作匠人。楚工匠们的木构建筑技艺，有其自身技术体系，可基本反映在椁室建筑、纪南城水门、水井以及矿井等建筑工程中③。战国时期墓

---

① 柴洋洋：《宋画反映的木构桥梁研究》，上海交通大学硕士学位论文，2018年，第66页。
② 王开：《陕西古代道路交通史》，人民交通出版社，1989年，第73页。
③ 王崇礼：《楚国土木工程研究》，湖北科学技术出版社，1995年，第239页。

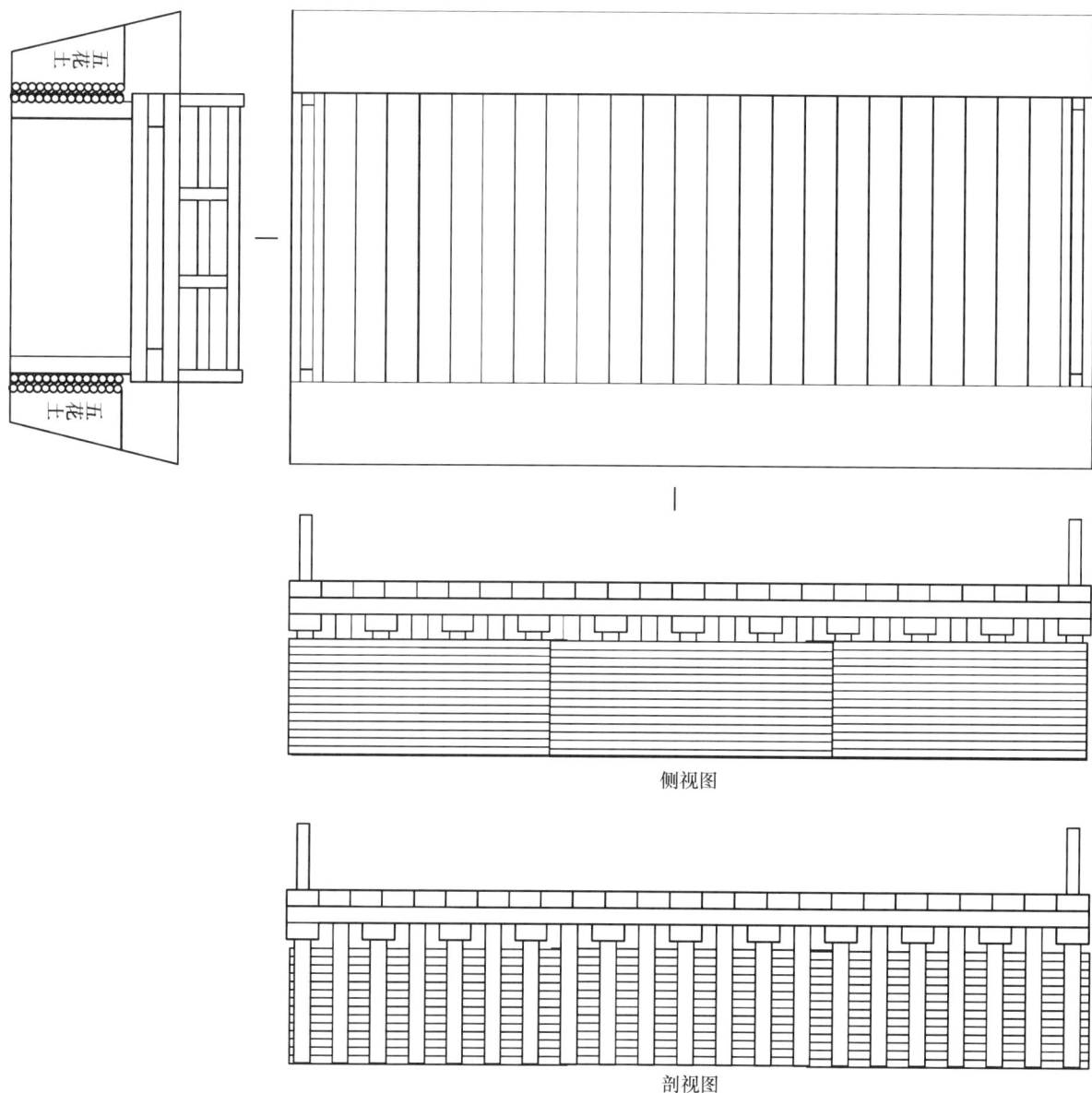

侧视图

剖视图

图233　Q1平、剖面复原图

葬中的木椁，已有各种精巧的榫卯结构，西周时期江汉平原也已经出现了干栏式建筑①。榫卯结构早在新石器时代长江流域就已经存在，以河姆渡干栏式建筑为代表，已出现柱、梁、枋、板的形制。

　　战国末期楚国的木作匠人，无论是制作地上宫室建筑，还是地下棺椁建筑，其营建技术应是相似的。主要涉及木板的榫接方式、排列方式。楚人墓葬中的木椁结构中，所见榫结构就有燕尾榫、割肩榫、搭边榫等多种榫接方式②。

　　战国墓葬中棺椁所体现出来的技术，并非只用于墓葬建筑，而是广泛运用于宫室建筑，

---

①　张云鹏：《湖北圻春毛家咀西周木构建筑》，《考古》1962年第1期。

②　王从礼：《楚墓建筑研究》，湖北人民出版社，2006年，第440页。

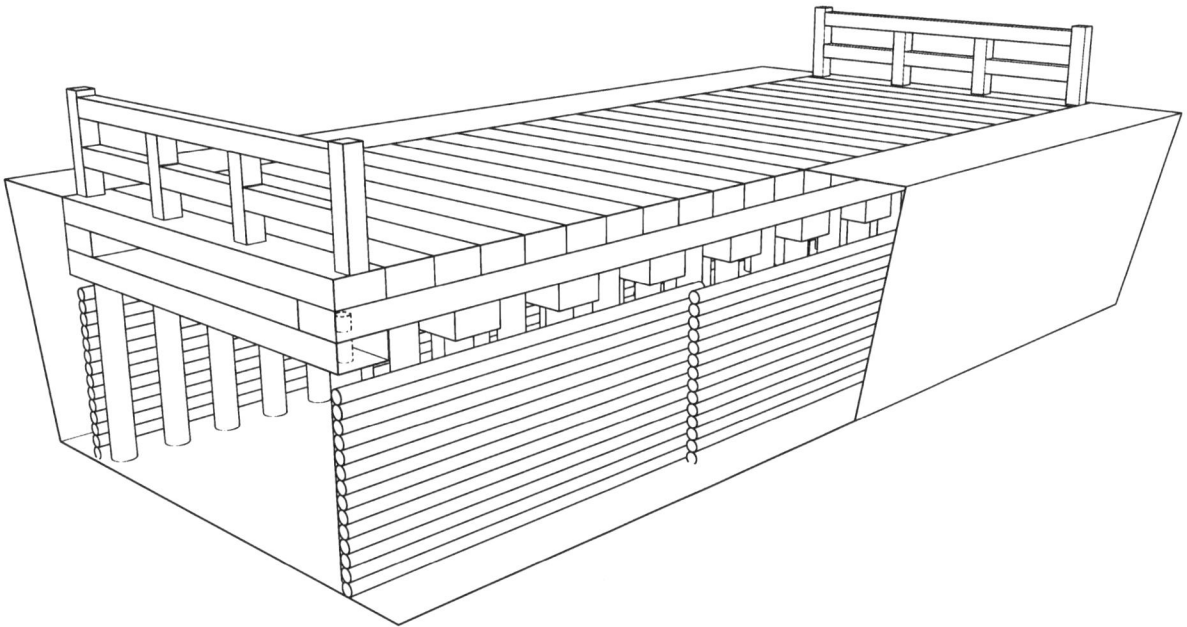

图234 Q1复原图

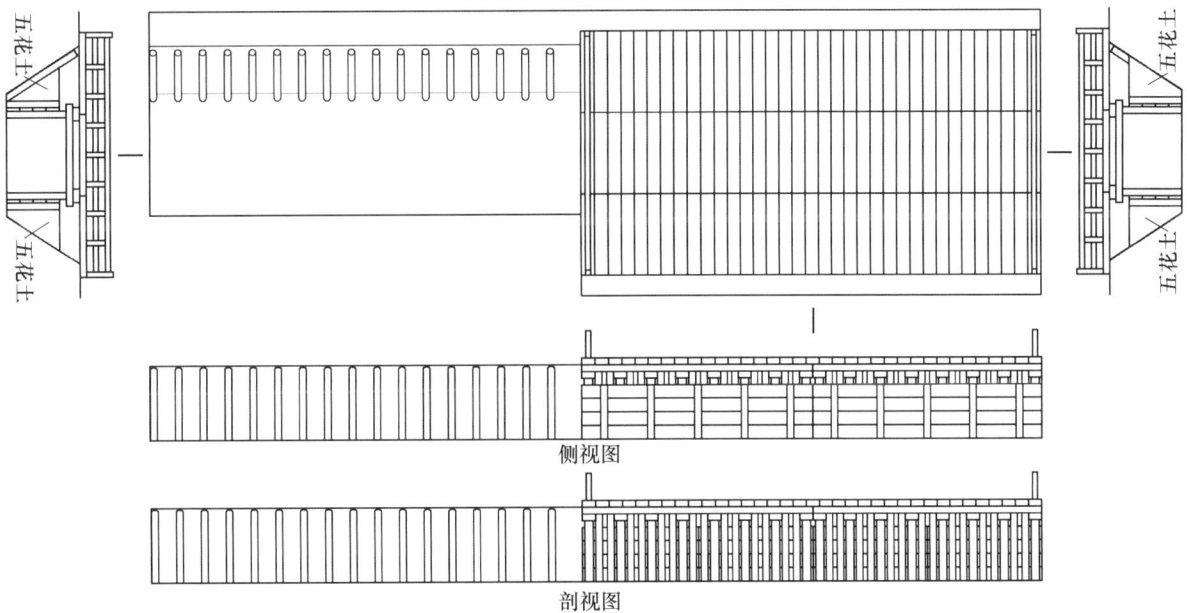

侧视图

剖视图

图235 Q2平、剖面复原图

因此也可作为此木构建筑营建技术的重要参考。因椁室多深埋地下，且棺椁与地下生土、回埋土接触，营建者自然更会考虑地下空间中木椁的承重情况。在郢城周围已发掘的秦汉之际的墓葬，材料已公开揭露的墓葬比较多，有的椁室保存完好，有的则已腐坏，我们选择与郢城地下木构建筑时间最接近的秦代墓椁室为分析对象，以了解战国至秦汉时期墓葬盖板、墙板和底板的建筑技术。

通过对郢城周边秦代墓椁室的分析可知，秦初至西汉初年，南郡一带的楚地木匠们，在

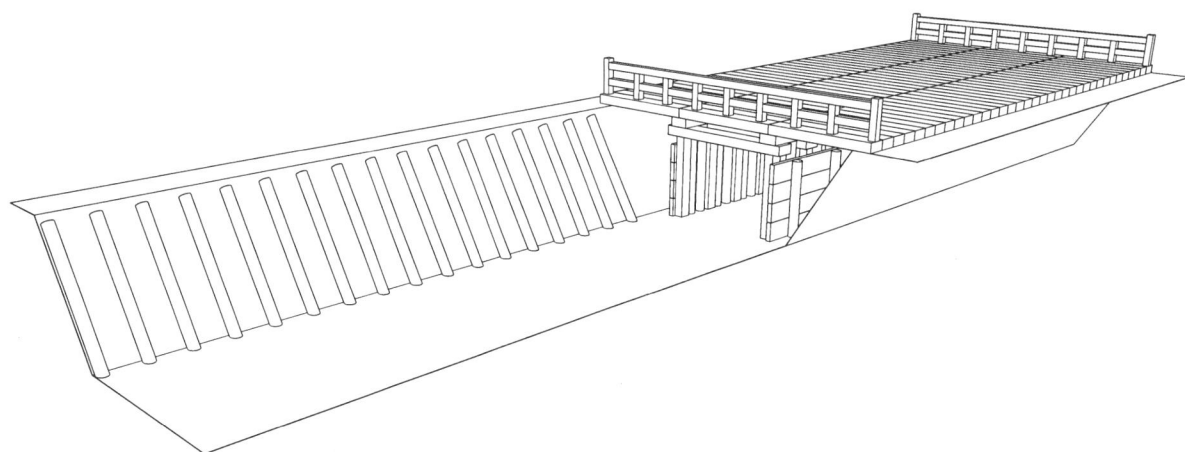

图236　Q2复原图

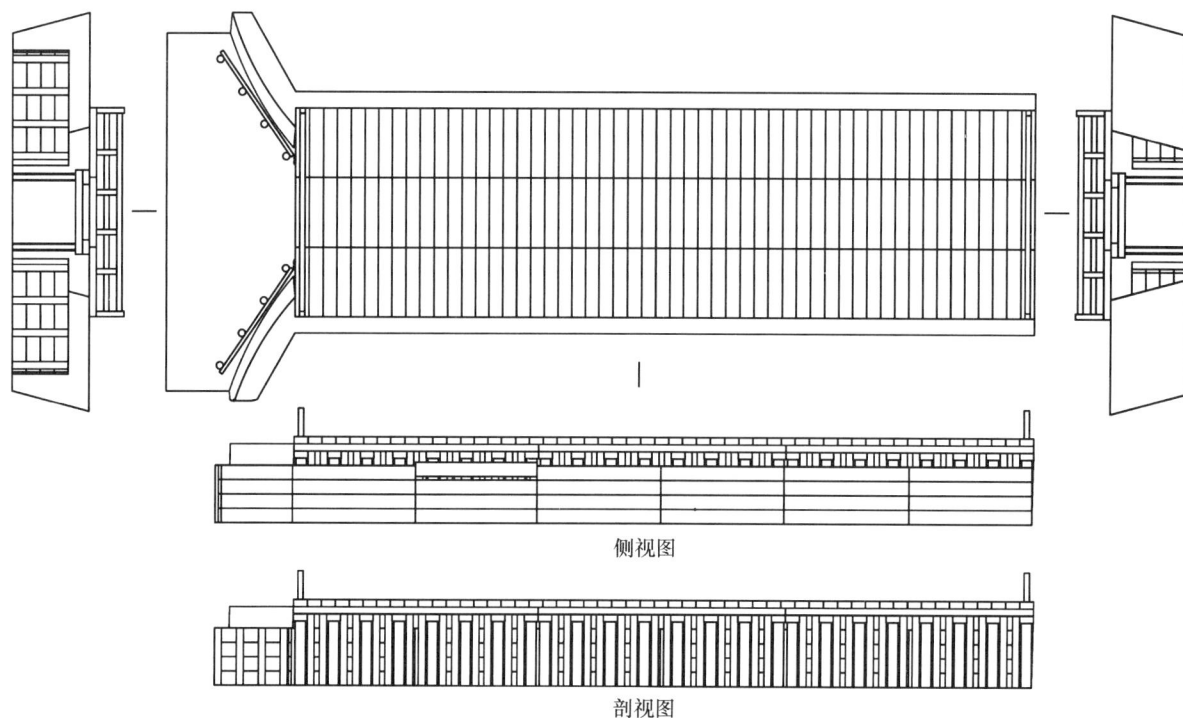

侧视图

剖视图

图237　Q3平、剖面复原图

营建地下建筑时，均是以木材作为选料。平列的木板采取拼合或扣合的方式，垂直于地面的木墙板，则采取垒砌方式。在不同建筑平面的结合方式上，采取浅槽套榫，也有凸榫凹槽。在技术上基本为相似的木作技术，这也是楚地工匠们在相当长历史时期内学习、使用和传授的木作技能。

　　但具有相似结构的水道建筑，是否完全沿用椁室的营建方法呢？从两者的营建的目的来看，木椁是要构建地下建筑空间；而郢城地下水道建筑，也是要构建一条地下通道供水流通，在结构上功能上是基本一致的，因此其营建技艺也是基本一致的。木构地下水道的底板均为统

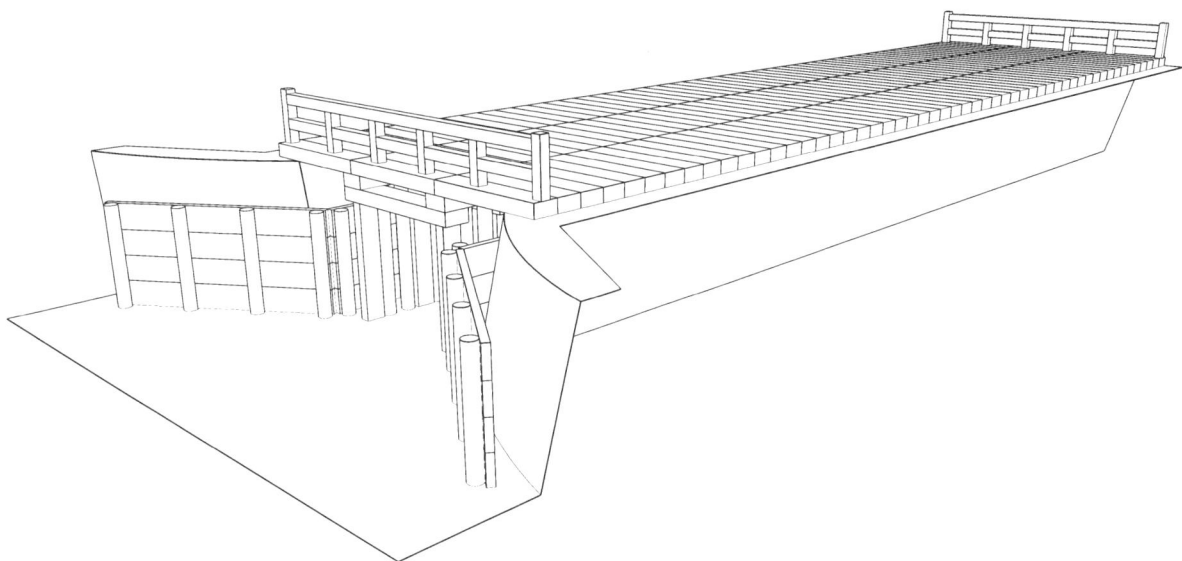

图238　Q3复原图

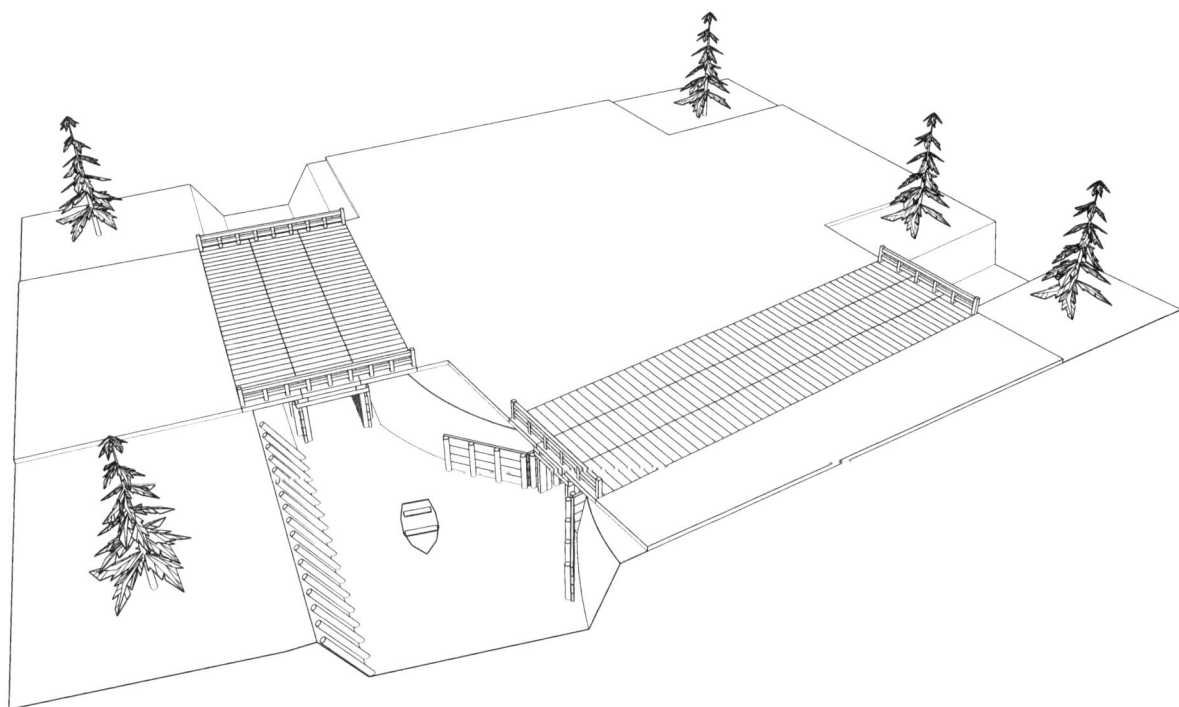

图239　Q2、Q3整体复原图

一制作，这可从底板的长度、宽度和厚度基本一致看出来。这种做法主要是出于尽最大可能减少水对城垣夯土的渗透。此底板压于作为墙板支撑的横梁之下。两侧横梁上面，暴露出排列有序的凹榫眼，这也提示我们，墙板底部与横梁是以凸榫凹槽的形式进行结合。

　　楚国宫室墙面以砖坯垒砌，墓葬椁墙也采取了垒砌的方法，木方均是以垂直方向进行直叠。故我们推测，MG1墙板的拼合方式亦为竖排，即具有相同宽度、高度及厚度的木板，逐一将凸榫口插入凹榫口进行固定和拼合。

　　盖板的保存情况比较差，后世此水道塌陷后，人们切开此处城垣，引河流出城，故破坏比较严重。结合楚至秦时郢城周围墓葬椁室的情况，盖板与底板的拼合方式基本一致。结合墓葬椁室的营建技术，我们推测墙板最上方的盖板与墙板的切合也应借助了横梁，并采取凸榫凹槽的方式进行垂直拼合。

　　那么地下木构建筑的营建过程又如何呢？从地层情况分析，首先应先是南北向挖开一条沟渠，这与开挖城内中间南北向的S1水道是同时进行的。然后再铺设底板、构建墙板、铺设盖板。此木构涵洞因其深埋于地下，底板之下已见生土，可见在铺底板时，先下挖至生土再进行铺设。在发掘之时，盖板上还铺有一层竹席，是为了便于回填夯土。因此，底板是直接横置于生土之上，也即没有采取任何支垫部件，这是因为此木板与生土直接接触，本身就已充当了垫板的作用。MG1底板压于作为墙板支撑的横梁之下，两侧横梁上面暴露出排列有序的凹榫眼。这也明确提示我们，墙板底部与横梁是以凸榫凹槽的形式进行连接的。楚至秦时郢城周围墓葬椁室营建，盖板与底板拼合方式基本一致，因此，我们推测墙板上方盖板与墙板的结合，也应借助横梁，采取凸榫凹槽方式进行垂直拼合。在椁室营建过程中，重点要考虑的还是椁室外围、上方填土对椁室结构所带来的压力（表6）。MG1也是埋在地下，与墓葬椁室的情况相似。因此，该建筑外围与上方填土的压力也是营建时需要着重考虑的。我们根据遗存木构的数据，以及以上综合分析，大致对木构建筑进行了复原（图240～图244）。

表6　郢城周边秦汉墓葬建筑技术情况一览表

序号	墓葬名称	位置	方位距离	营建时代	椁室平行结合	椁室垂直结合
1	江陵王家台15号秦墓	郢城镇郢北村	郢城北1000米	秦	暗榫拼合	浅槽套榫
2	江陵岳山秦汉墓	郢城镇岳山村	郢城南500米	秦汉	盖板和底板平列，墙板垒砌	浅槽套榫
3	江陵高台18号墓	纪南文旅区	郢城北约4000米	汉文帝七年（前173年）	盖板和底板平列，墙板叠砌	浅槽套榫
4	湖北荆州谢家桥1号墓	纪南文旅区清河村	郢城东约2000米	汉高后五年（前183年）	盖板底板平列横铺	浅槽套榫
5	江陵凤凰山168号汉墓	纪南文旅区纪城村	郢城西北约3000米	汉文帝十三年（前167年）	底板纵列	凸榫凹槽
6	江陵扬家山135号秦墓	黄山村	郢城东约1500米	秦	底板墙板扣榫垒砌	浅槽套榫
7	沙市关沮周家台30号秦墓	沙市区关沮乡	郢城东1700米	秦	盖板底板平列，墙板垒砌	凸榫凹槽
8	荆州擂鼓台	郢城镇岳山村	郢城南约500米	秦汉	盖板底板平列，墙板垒砌	浅槽套榫

　　资料来源：作者据相关考古简报制作。

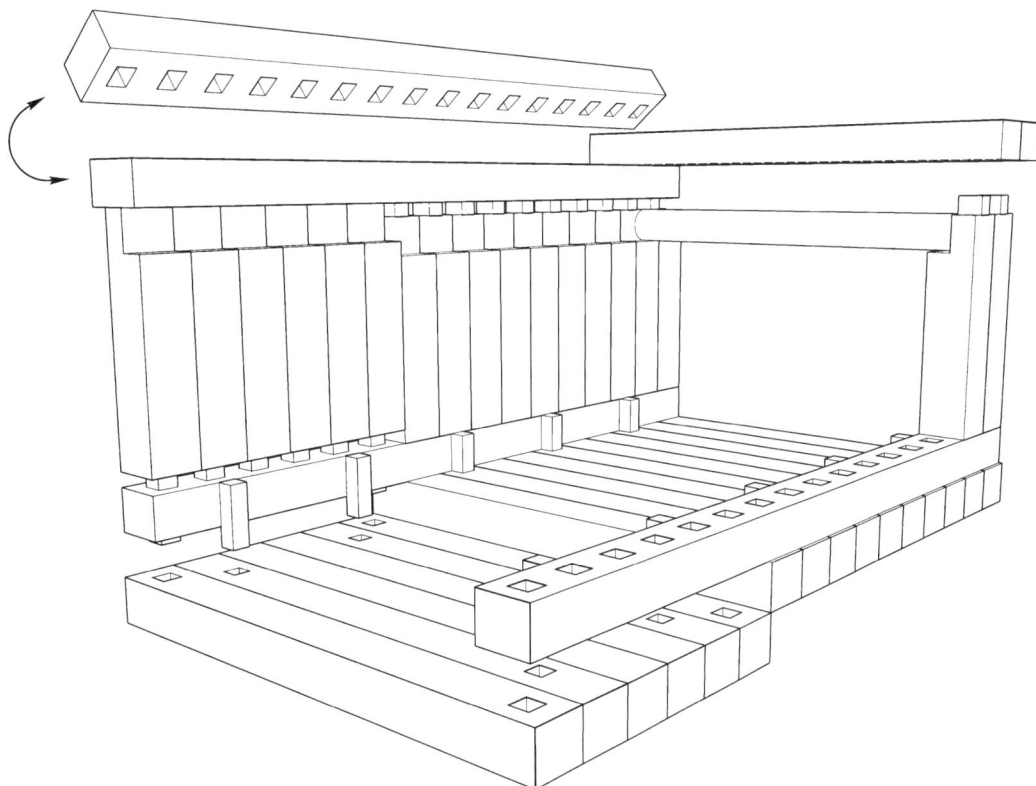

图240 "南北水系"与"南内壕"地下木构建筑南端结构示意图

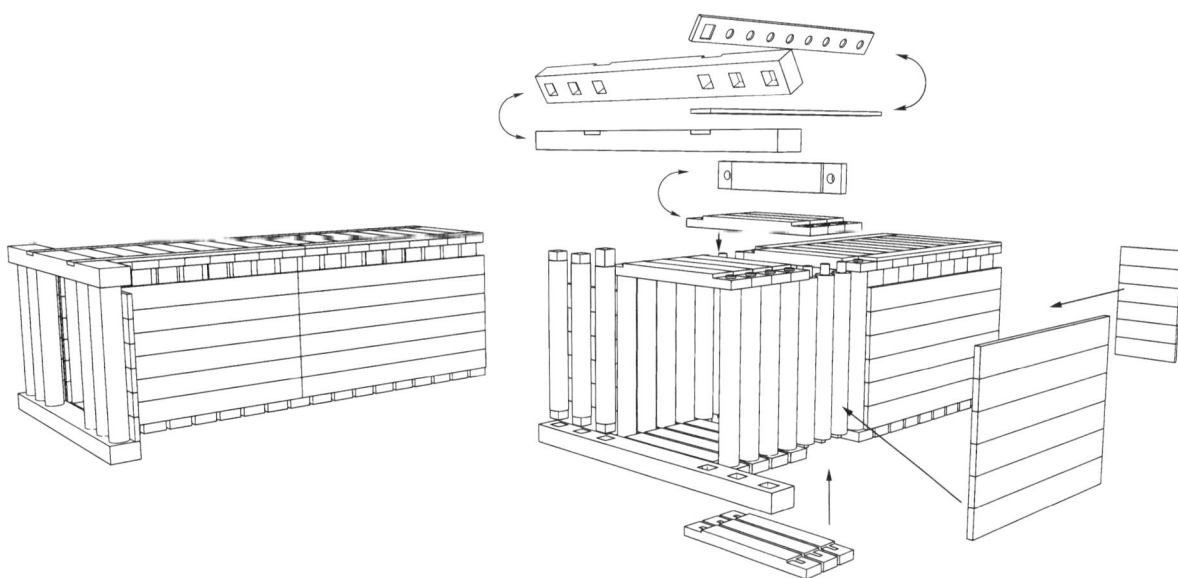

图241 "南北水系"与"南内壕"地下木构建筑北端结构示意图

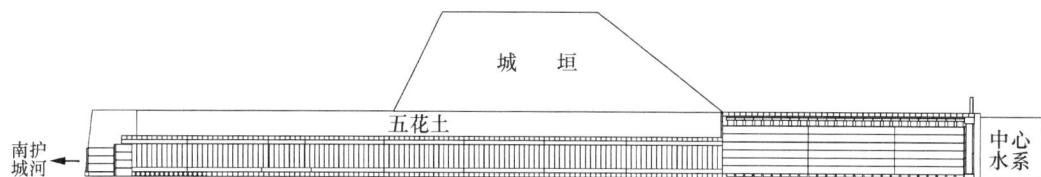

图242　"南北水系"与"南内壕"地下木构建筑侧视复原效果图

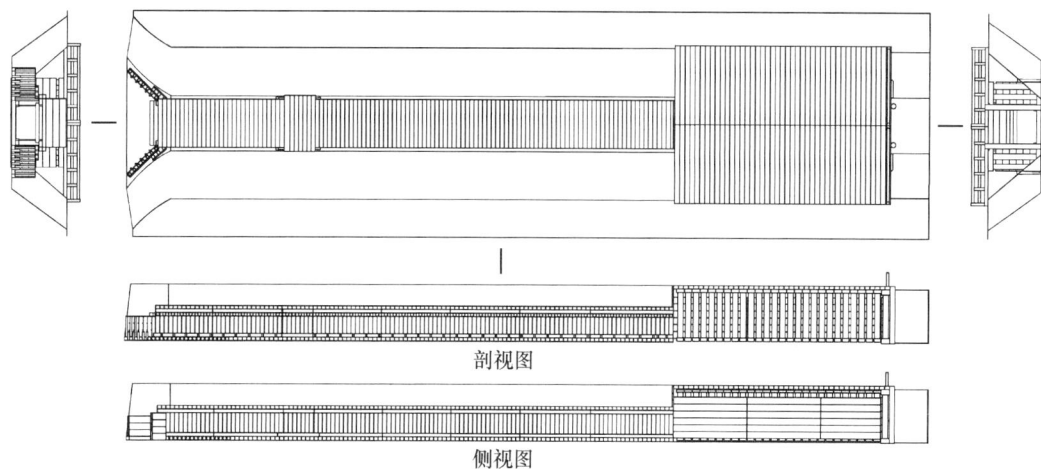

图243　"南北水系"与"南内壕"地下木构建筑剖视、侧视复原效果图

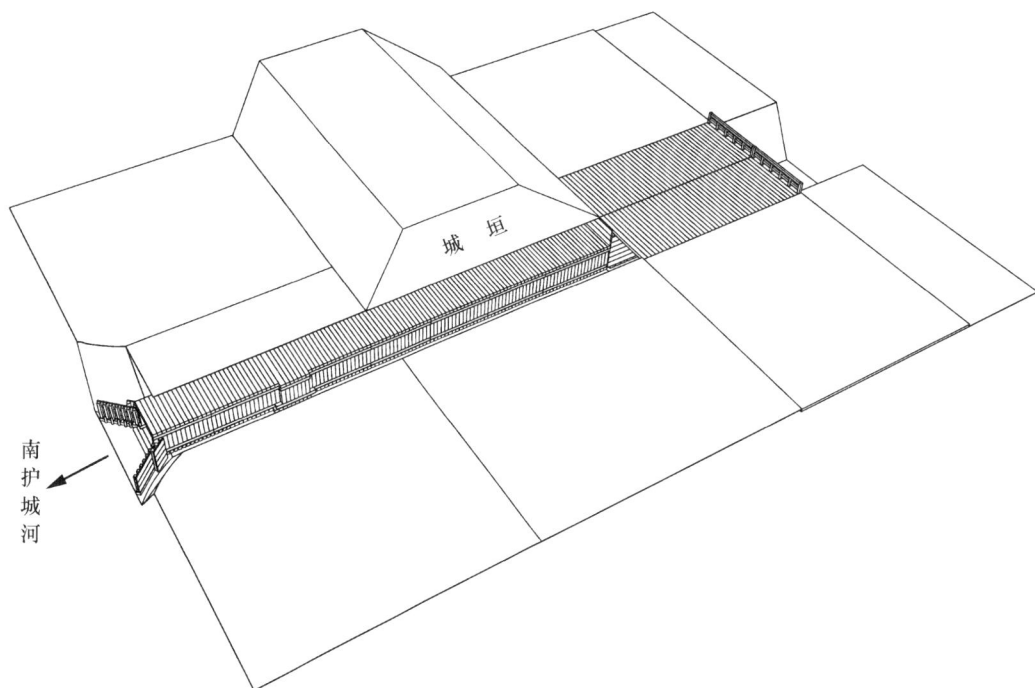

图244　"南北水系"与"南内壕"地下木构建筑整体复原剖面图

秦汉时期郢城遗址中所发现的几座梁桥以及地下木构建筑遗存，是了解秦汉时期中国南方城市建筑的重要实物。郢城木构建筑的考古发现及复原研究，为我们研究秦汉中国南方城市建筑、研究秦汉时期人水关系等课题提供了丰富实物资料。

第三节　郢城的历史文化价值

一、郢城遗址文物保护价值突出，不可再生

在郢城东、南、西、北部2千米范围的岳山村、郢南村、荆北村、五台村、高台村等地，分布着大批秦汉时期文物点，其中秦代文物点16处，汉代文物点83处，历年来发掘的古墓葬有数百座，出土了大批汉代的铜器、陶器、玉器、竹简、木牍等珍贵文物，如西汉的"凤凰山一六八汉墓男尸""松柏木牍""胡家草场汉简"等。这些出土文物，对研究荆州郢城的历史演进轨迹和秦汉的物质文化面貌，具有重要文物保护价值。

郢城遗址不仅是"荆楚"先民留给我们珍贵的不可再生的文化遗产，也是荆州城市的根脉与历史记忆，它见证着古代先民自强不息、百折不挠的精神，蕴含着荆州先民特有的精神价值、旺盛的生命力和不竭的创造力。我们保护包括郢城这一文化遗产，就是守护我们荆州本土的文明薪火，就是维护我们荆州先民的情感与价值，就是守卫我们的精神家园，就是维护中华文化的多样化和创造性。

二、郢城遗址保护利用任重道远

郢城遗址是南方地区重要的秦汉大遗址之一。大遗址是中国古代文明的高度凝聚体，是中华民族历史传承最直接、最主要的见证。大遗址考古肩负着揭示遗址重要内涵和价值、发掘中华民族辉煌历史、传承民族优秀文化、建设共有精神家园和推动考古学学科进步的重任。

世界历史发展证明，在全球化背景下，文化遗产资源是最重要的社会资源之一，文化遗产资源的保护，是文明发展的基础，拥有极大的潜能，将为经济建设和社会发展提供强大的精神动力，提供丰富的经济生长资源。通过科学规划，启动郢城遗址公园建设，围绕郢城是荆州城市之根脉的主题，建设考古遗址公园，把郢城遗址打造成文化遗产保护与旅游发展高度融合的文化景点，是实行郢城遗址资源保护利用价值的必由之路，任重道远。

我们相信随着全社会对文化遗产保护问题的关心、支持和参与程度的不断加强，先民留给我们的包括郢城遗址、楚故都纪南城、荆州城在内的这笔巨大遗产财富的价值，一定会在不远的将来焕发出活力，一定会为荆州当地的经济社会全面、协调、可持续发展发挥重要作用。

三、郢城遗址考古公园的前景展望

近年来，随着荆州旅游经济的发展，郢城遗址越来越受到海内外社会各界的广泛关注，尤其在"郢城文化园"开放之后，参观者逐渐增多。国家和省文物行政部门和专家对郢城遗址的重视尤为重要，2019～2021年，湖北省文化和旅游厅、湖北省文物考古研究所领导专家不止一次到郢城遗址进行调研，认为郢城遗址城无论是从历史、考古的重要价值还是从所处地理位置的重要性来讲，建立重点考古遗址公园都有得天独厚的条件。

郢城遗址具有独特的区位优势，其所在的荆州市是鄂、湘毗邻地区中心城市，机场、高铁交通十分便利，荆州是历史文化名城。

郢城遗址地处荆州市中心城区，周边人口密集，交通便利，人们游览观展方便，遗址展示效率高、保护成果的受众面大、对社会的影响力大，建设投入的回报率肯定是其他偏僻的遗址公园所不可比的。

郢城遗址城作为全国重点文物保护单位，其城址内外周边由于历史原因所形成的脏、乱、差的环境近年来已有较大程度的改善。郢城遗址考古公园的建设，除地方政府承担一部分经费外，还可以申请国家专项经费，在充足的经费支持下，郢城大遗址保护公园的建设既能使土地得到充分利用，又能优化遗址所在地及周边环境、提升城市形象。

建成后的郢城考古大遗址公园作为荆州市重要的历史文化名片，将与荆州古城、楚故都纪南城、荆州方特、荆州园博园、万寿宝塔、荆州博物馆、张居正纪念馆等形成旅游、休闲、娱乐的完整链条，能使广大人民群众感受到不同时期、不同层面的历史文化气息，充分享受遗产保护成果，对于提升城市文化品位、建设文化荆州、拉动旅游、促进经济社会发展，实现"文物维护、弘扬文化、促进发展、改善民生"的根本目标具有至关重要的作用。

在完成前期的考古调查、勘探和部分发掘后，依据前期工作取得的考古成果制定郢城考古遗址公园的总体规划并进行报批。郢城考古遗址公园的建设应以郢城城址为中心，并将其周围建设控制地带范围内的重点保护区和一般保护区一并纳入遗址公园的规划当中。展示内容可逐步完善。

1）城墙展示：除东城垣外，继续扩大恢复郢城城墙的原始风貌，利用试掘的城垣解剖面，展示城墙剖面与城内外的文化堆积剖面状况。

2）在郢城东城门考古发掘基础上，揭露出城门遗迹进行复原展示，逐步完善郢城全貌展示。

3）对护城河进行全面疏通，疏通的泥土用来复原加高城墙。河内碧波荡漾，河上古貌小桥拱卧。

4）城内建筑遗迹展示：通过考古钻探工作，找出城内的建筑遗迹，并选择重点进行考古发掘，揭露出遗迹进行展示。

5）城外墓地展示：选择一处与城相关的、墓葬保存较好的、有一定历史意义的墓地进行展示。

6）郓城遗址考古基地模拟考古、公共考古发掘现场展示：在城内建郓城文物保护考古发掘研究基地，与郓城遗址博物馆形成一个整体，人们在考古基地可进行模拟考古发掘、陶器制作、器物绘图、修复等，感受古代人的劳动生活场景。

7）郓城遗址博物馆：展览内容有两个部分，一是郓城历史展览，主要展示郓城历史沿革；二是出土文物展示，出土文物按专题布展。

8）对城内外进行全面绿化，种草植树。特别要注意绿化环境与城址景观的和谐，应栽种既对城址保护有利又可供游人观赏且能净化心灵的特色花草植被。

附　　录

附录1　荆州郢城遗址的几点思考

李　亮

（荆州博物馆）

荆州有三座相邻的古城址。荆州古城又名江陵城，是中国历史文化名城，有着较完好的明清古城墙，现今城内仍有十余万人居住。楚纪南故城是东周楚国都城，声名显赫，20世纪六七十年代，考古学界经过几次会战，做了大量的工作，基本弄清了城址的年代、性质和布局，21世纪以来，为大遗址保护和国家考古遗址公园建设，重启了纪南城的考古工作，目前仍在进行之中。郢城遗址，位于荆州古城和纪南城之间略偏东，平静的农业生产和居民生活模糊了人们关注的视野，纪南城炫目的光芒夺去了人们关注的视线，默默无闻几十年，2013年5月，郢城遗址才被国务院公布为第七批全国重点文物保护单位。

近些年，由于引江济汉工程和荆州火车站的建设，随着城市的扩张，在郢城遗址的周边开展了一系列配合基本建设的考古调查勘探和发掘工作，逐渐唤醒了人们对郢城的记忆，开始了一系列的思考。郢城的始筑年代是何时？又是什么时候废弃的？它究竟是一座什么城？它是否与纪南城有关系？若有，关系是什么？

一、郢城遗址概况

郢城遗址位于湖北省荆州市荆州区郢城镇，现隶属荆州纪南生态文化旅游区管理委员会。郢城遗址四周城垣完整，高出地表3～6米。城垣周长约5.4千米，城内面积约1.8平方千米。城址西南角距荆州古城约2千米，西北角距纪南城东南角约2.5千米，东北角距海子湖约3.5千米。

1964年11月，湖北省文物工作队就派人在城内的中部试掘了一条2米×10米的南北向探沟，出土了一批秦汉时期的遗物[①]。

---

① 江陵郢城考古队：《江陵县郢城调查发掘简报》，《江汉考古》1991年第4期。

　　1965年春，在农业生产建设中，发现了王莽时期窖藏的铜钱、昭明铜镜和铜弩机头。在附近调查发现汉代文化层及云纹瓦当、陶片等遗物[①]。

　　1979年12月和1981年6月，江陵郢城考古队先后两次对郢城进行了考古调查性质的钻探与小面积的试掘，开了2米×6米、2米×10米的探沟两条，5米×5米探方一个。调查发现地面上保存有较为完整的夯土城垣，城垣上发现6处缺口，经勘探只有3处为城门遗迹，分布在北、东、南三段城垣的中部，西城垣虽无缺口，但在中部也探出1座城门遗迹。城垣外脚下有绕城一周明显低于周围地面的凹地为护城河，河深2.5～3.1米。城内地层堆积比较单纯，最早的文化层为秦汉时期文化层。城内地势很平坦，共发现16座夯土台基，台基有正方形和长方形两种，但上面都建有现代民房。探方内发现了秦汉时期的一个灰坑及夯土台基和墙基等遗迹现象。城内暴露在地面的文化遗物大都是秦汉时期的陶器残片，尤以瓦类居多，也有极少数战国晚期的陶豆残片。出土遗物主要是陶器，只出有2枚铜钱和1枚铜箭镞。陶器可分为生活器皿、建筑材料、生产工具及明器等。生活器皿按用途可分为饮器、盛食器和储器。饮器有鬲、甑、釜，盛食器有盆、盂、碗、豆，储器有瓮、罐。生产工具有拍、网坠、纺轮。建筑材料有筒瓦、板瓦、砖、井圈。通过对出土遗物的分析，朱俊英先生认为，郢城的时代上限应在秦将白起拔郢，公元前278年左右，其下限应为东汉[②]。

　　2008年，在配合沪蓉高铁汉宜段和荆州火车站建设，荆州博物馆对郢城南垣的西段进行了解剖，发现城垣内侧以西汉板、筒瓦构筑的护坡。另外，在城内已暴露的地层中发现的遗物以汉代居多，少量为东周时期。在城外西南侧现荆州火车站处的窑台子、五亩地遗址的发掘中，发现堆积厚实的汉代文化层和汉代遗物，根据这些遗物和遗迹现象，王从礼先生认为，郢城构筑于西汉，使用年代自西汉早期到西汉晚期[③]。

二、一个"怪"现象

　　2014年，为配合荆州区城北片区改造建设一期工程，荆州博物馆对郢城西侧区域进行了考古调查勘探和发掘工作，笔者负责此项工作。在《湖北省文物地图集》中，本区域分布有东岳庙墓群、罗家院墓群、金家草场墓群、吴家山子墓群等十余个东周墓地，而在实际调查勘探和考古发掘工作过程中，却并没有发现东周墓葬。随着郢城南侧荆州中学新校区项目夏家台和刘家台墓地发现大批的东周墓葬，一路之隔的荆州新院的王氏堰墓地仅发现西汉以后的墓葬[④]，这种现象使我们感到疑惑。同样是郢城遗址的周边区域，为什么南侧有东周墓葬，而西侧没有发现？为什么仅仅一路之隔，路南有大批的东周墓葬，而路北却没有？这些东周墓葬与郢城有

　　① 刘彬徽：《江陵郢城内出土王莽时期文物》，《江汉考古》1980年第2期。

　　② 江陵郢城考古队：《江陵县郢城调查发掘简报》，《江汉考古》1991年第4期。

　　③ 王从礼、刘玮：《从谢家桥一号汉墓所想到的问题》，《湖南省博物馆馆刊》（第九辑），岳麓书社，2013年。作者在文中提及相关内容。

　　④ 荆州博物馆内部考古发掘资料。

联系吗?

我们逐一梳理一下郢城遗址周边的考古工作及墓葬分布情况,观察是否存在一定的规律。

前文提到过,本次城北片区考古勘探发掘过程中,在郢城西边没有发现东周墓葬,甚至东周时期的遗存也鲜有发现,在地层中可见少量绳纹筒瓦、板瓦及陶鬲、豆柄残片等。2008年,汉宜铁路从郢城遗址南侧百米经过,荆州火车站在郢城遗址西南角外修建,在窑台、五亩地等遗址与墓地的考古发掘中,主要为西汉以降的墓葬和遗址等文化遗存。2013年,在火车站站前广场南侧的绿地房地产项目中,对严家台墓地11座秦汉—明代的墓葬进行了考古发掘。2014年,在火车站东侧的综合客运枢纽二期工程中,对西胡家台墓地进行了考古发掘,清理东汉至明代墓葬27座,并在探方中发现西汉遗存[①]。

自郢城向西,直到拍马山墓群才发现有东周时期的墓葬。拍马山位于荆州西北郊,是一处高出地面3～4米的土岗,此处楚墓分布较密集,1963年就进行过发掘,1971年底,当地在土岗西南修水渠时,在长300米的地段露出古墓近70座,从1971年底到1972年初,发掘了27座楚墓[②]。拍马山往南,为太晖墓地。1961～1962年,因修水渠,湖北省博物馆在太晖观东侧发掘了10座楚墓[③]。1974年6月,在北距荆州城大北门2千米的李家台,其在拍马山略偏东南,约现太晖村境内,在兴修水利工程中,荆州博物馆清理了2座楚墓[④]。溪峨山墓地位于荆州古城西门外,其名为山,实为土岗,在太晖墓地太湖港对岸,1980年,湖北省博物馆江陵工作站配合皮革厂基建工程清理了6座楚墓、1座汉墓[⑤],1986年6～7月,江陵县文物博物馆在太湖港堤防加固中清理了10座楚墓[⑥],2010年10～12月,在逸居园小区房地产项目建设中,荆州博物馆发掘了15座楚墓[⑦]。太湖港往东,1984年和1986年,江陵文物局配合两季排渍工程发现了3座楚墓[⑧]。2008年,在荆州城北环南侧银都花园建设中发现了多座楚墓。2014年,楚源路南侧的夏家台、刘家台墓地发掘了大量的楚墓。早在数年前,楚源路扩建时也曾发现了数座楚墓。2013年,在郢城遗址的东南方向的粮站里,勘探发掘了几座楚墓和汉墓,而在其稍北的岳山村还建小区内仅发现东汉以后的墓葬[⑨]。以上是郢城遗址的西侧与南侧的考古发掘简况。

在郢城遗址东侧三四百米,荆沙铁路擦身而过。1986年修建该铁路时,在雨台山、秦家咀

① 荆州博物馆内部考古发掘资料。

② 湖北省博物馆、荆州地区博物馆、江陵县文物工作组发掘小组:《湖北江陵拍马山楚墓发掘简报》,《考古》1973年第3期。

③ 湖北省博物馆:《湖北江陵太晖观楚墓清理简报》,《考古》1973年第6期。

④ 荆州博物馆:《江陵李家台楚墓清理简报》,《江汉考古》1985年第3期。

⑤ 湖北省博物馆江陵工作站:《江陵溪峨山楚墓》,《考古》1984年第6期。

⑥ 江陵县博物馆:《江陵溪峨山楚墓》,《江汉考古》1992年第4期。

⑦ 荆州博物馆:《荆州嵊峨山楚墓2010年发掘简报》,《江汉考古》2013年第2期。

⑧ 江陵文物局:《江陵太湖港古遗址与墓葬调查清理简报》,《江汉考古》1988年第2期。

⑨ 荆州博物馆内部考古资料。

发掘了大批楚墓①，本段并没有相关的发现。2007～2008年，为配合沪蓉高铁建设，在紧贴太湖港的谢家桥墓地和徐家山墓地取土过程中，发掘了一些汉代墓葬②。郢城东侧太湖港以西区域的考古工作也基本仅限于此。2002～2004年，为配合襄荆高速连接线建设，在太湖港东岸的沙市岳桥印台墓地发掘了129座秦汉墓葬，2011年，在沪蓉高铁配套输电线路建设中，又清理了M130③。据发掘者介绍，印台墓地仍有少量战国时期古墓葬。

郢城遗址以北区域文物埋藏丰富。1990年，荆州博物馆配合宜黄公路仙江段考古发掘，在鸡公山、黄山发掘了大批楚墓④。黄山墓地是县级文物保护单位，先后作为荆沙铁路、宜黄公路、318国道连接线、襄荆高速荆州段连接线、黄山砖瓦厂等取土场，共发掘战国至宋代古墓葬千余座⑤。1993年，在与鸡公山墓地一冲之隔的王家台，因挖鱼池清理了秦汉时期古墓葬16座，其中15号墓出土了大批秦代竹简⑥。在引江济汉工程中，2009年宜昌市博物馆发掘了周湾东周遗址，荆州博物馆2010年在魏家草场遗址发掘了东周时期墓葬12座、灰坑5座，2012年发掘了窑台子东周墓地⑦。

庙湖以西为高台村。1992年，为配合宜黄高速公路建设，荆州博物馆在高台墓地发掘了45座古墓葬，其中1座为西晋墓，另外44座为秦汉时期的墓葬，出土了大量铜器、玉器、漆木器及竹简、木牍等珍贵文物⑧。2009年1月，在高台墓地的南缘又清理了1座西汉墓葬，出土了9块木牍，可能为收费账簿⑨。此外，在配合西气东输、引江济汉等国家工程中，先后对张家台遗址、粑粑草场墓地、杉树林墓地、三步二道桥墓地、高台东周古井群等做了一系列的抢救性考古发掘工作⑩。张家台遗址发掘了东周水井8口、灰坑4座、灰沟2条，东汉墓葬2座，以及宋、明时期的墓葬若干⑪。粑粑草场墓地共发掘了古墓葬51座，早到西汉，晚至宋明。杉树林墓地清理了9座墓葬，其中8座的时代为西汉晚期至东汉初期，另1座为晚期墓葬⑫。三步二道桥墓地的墓葬类型与杉树林墓地大抵相同。

---

①　湖北省文物考古研究所：《江陵雨台山楚墓发掘简报》，《江汉考古》1990年第3期；荆沙铁路考古队：《江陵秦家咀楚墓发掘简报》，《江汉考古》1988年第2期。

②　荆州博物馆：《湖北荆州谢家桥一号汉墓发掘简报》，《文物》2009年第4期。

③　荆州博物馆：《湖北荆州印台墓地M130发掘简报》，《荆楚文物》（第1辑），科学出版社，2013年。

④　张绪球：《宜黄公路仙江段考古发掘工作取得重大收获》，《江汉考古》1992年第3期。

⑤　荆州博物馆：《湖北荆州黄山墓地40号战国楚墓发掘简报》，《江汉考古》2007年第4期。

⑥　荆州地区博物馆：《江陵王家台15号秦墓》，《文物》1995年第1期。

⑦　荆州博物馆：《荆州魏家草场遗址2010年考古发掘简报》，《湖北南水北调工程考古报告集》（第五卷），科学出版社，2014年。

⑧　湖北省荆州博物馆：《荆州高台秦汉墓》，科学出版社，2000年。

⑨　荆州博物馆：《湖北荆州高台墓地M46发掘简报》，《江汉考古》2014年第5期。

⑩　引江济汉考古发掘资料，均已整理完毕，部分简报待出版，有些可在其他类型的文章中进行大致了解。

⑪　荆州博物馆：《荆州张家台遗址2010年考古发掘简报》，《湖北省南水北调工程考古报告集》（第五卷），科学出版社，2014年。

⑫　李亮：《荆州市荆州区高台杉树林汉代墓地》，《中国考古学年鉴（2012）》，文物出版社，2013年。

从上述已开展的大量考古工作和已知的考古资料中，我们可以发现这么一个现象：在纪南城南侧，西至拍马山墓群，南到今318国道（荆州古城北环路）、楚源路，东至庙湖、郢城东，这一片区域内没有发现东周时期的古墓葬。

三、透过现象看本质

笔者很自然地就联想到，东周墓葬是在刻意地回避本片区域。原因可能有三种情况。

第一种，此处地理环境发生了剧烈的变化。有些同人曾提出，本区域是否曾为水域。从城北片区几处发掘情况来看，平地区域地层堆积都比较简单，一般情况下，表土之下即为褐色生土层，没有发现淤泥层等相关遗迹现象。另外，北边的纪南城、南边的几个东周墓地以及拍马山以西比这块区域也高不了多少，如果这里是水面，大片的区域可能都是淹没区，没有良好的陆路交通，是不利于出殡与埋葬的，南边的夏家台与刘家台墓地甚至拍马山墓地将很有可能不会存在。因此，这种情况是基本不存在的。

第二种，此处地形地貌不适合作为墓区。通常情况下，大家普遍认为楚墓是埋葬在岗地或台地上，比如说纪山、八岭山、雨台山、拍马山等地，都是楚墓分布的密集区域。而此处为平地，的确不大符合楚墓的埋葬习惯。从以往的考古情况来看，楚墓以埋葬在岗地与台地上为主，但是在平地上也曾发现了大量的楚墓。2012年，在纪南镇三红村，引江济汉工程中挖河道时，不足1千米的长度范围，发掘了近百座楚墓。那里的地貌即为平地水田，所以说这条理由不是十分的充分。

第三种，本块区域应该存在其特有的功能，不适合或者说不能作为墓区。1990年，在纪南城北垣水门外约170米的朱家台，曾发掘了两座具有打破关系的小型楚墓[①]。离城垣如此之近，又是水门这样重要的部位，这里尚且有墓葬发现，试想，又有何种功能值得墓区进行回避呢？也许，郢城遗址当时已经存在，并且郢西区域为连接纪南城与郢城的重要通道，似乎只有这种解释，尚有一丝道理。

四、郢城遗址楚城说

郢城遗址先后经过五次考古工作，规模不是很大，取得了一定的成果。朱俊英先生认为，郢城的时代上限应在秦将白起拔郢（公元前278年左右），其下限应为东汉，学术界普遍认同这种说法。

笔者通过前文的叙述，问羊知马，从郢城遗址周边的墓葬分布规律，推测郢城遗址早于周边的墓葬，进而得出郢城为楚城的结论。从地理位置来看，纪南城在庙湖以西，郢城在庙湖以南，尽管现在微地貌上略有变化，古河道、护城河多被隔成一个个小鱼池，但是从大地貌宏观

---

① 湖北省文物考古研究所：《江陵朱家台两座战国楚墓发掘简报》，《江汉考古》1992年第3期。

来看，纪南城与郢城的水系是相通的，自纪南城龙会河向东入庙湖，转向南连接郢城护城河西北角，抵达郢城。此外，在郢城遗址城垣西北角有一土台，俗称"庄王望妃台"，与纪南城南城垣凸出部位的西南角烽火台遗址遥相呼应，有异曲同工之妙。可见，郢城与纪南城是有明显的联系的。

若仅仅如此，未免过于武断。回顾一下郢城遗址的历次考古报告，20世纪80年代，地表及出土遗物尽管以秦汉时期为主，但也有少量的战国陶豆残片，2008年，南城垣内侧以西汉板、筒瓦构筑的护坡，城内已暴露的地层中发现的遗物以汉代居多，少量为东周时期。从中可以看出，郢城的始筑年代下限应为秦汉时期，换句话说，在这个时期，郢城遗址已经存在了。至于始筑年代的上限，尚没有确切的证据。假设郢城遗址的确为楚城，它的始筑年代就不晚于周边回避它的楚墓。郢城遗址周边楚墓如溪峨山、太湖港、李家台等墓地的年代都不早于战国中期，因而，郢城遗址的始筑年代大概就在战国中期。

既然是为楚城，缘何城内没有发现战国时期的地层或相关遗迹现象？1988年冬，配合纪南城松柏鱼池工程的考古勘探、发掘工作，发现了古河道、大型建筑遗迹、制陶作坊遗迹等[①]。一方面，此次工程动土面积大；另一方面，工程正处于纪南城宫城（主要宫殿区）的东北方，是纪南城的重要部位。反观郢城的几次发掘，发掘面积小，发掘点地位不突出，这也可能是没有重要发现的原因之一。

人们心中还是会有一个巨大的问号，偌大的一座古城，无论是它的建设，还是它的使用、性质等，为何在文献中没有看到相关记载。其实不仅在楚国文献中没有这些，在秦汉时期的文献中同样没有修筑郢城的信息。秦将白起拔郢后，纪南城废弃，郢城为南郡的治所。秦国之所以有此举措，一方面是为了打击楚人的自信心；另一方面极有可能是郢城已然存在，将南郡治所设在这里顺理成章罢了。

关于郢城，《荆州府志》中援引《左传》《水经》《括地志》《江陵志余》《名胜志》《荆州记》《史记》中少见的文献资料，进行了大篇幅的考证[②]，未为可信。本文此说换一种思维方式，从另外一个角度对郢城遗址进行讨论，结果也不一定正确，但求唤起人们的思潮，推进对郢城遗址的考古探索与研究，还请各位方家斧正。

---

① 湖北省文物考古研究所：《1988年楚都纪南城松柏区的勘查与发掘》，《江汉考古》1991年第4期。

② 荆州市地方志办公室据清倪文蔚等修，顾嘉蘅等纂，清光绪六年刊本校勘重印：《荆州府志》，湖北人民出版社，2006年。

附录2　战国晚期至西汉早期江陵县研究

李润晨

（深圳市南山区荔香学校）

一、秦汉江陵县的地貌形态和起源、沿革

公元前278年，秦将白起拔郢，置南郡。秦南郡的郡治所在目前尚有争议，但西汉时期，《汉书·地理志》确实是将"江陵"列为南郡的"县十八"之首[①]。据已有研究成果，"江陵县"始作为一个县级行政单位的上限可定于秦昭襄王二十九年（前278年）。这一年"秦拔楚郢，置南郡。江陵置县，似应与此同时。云梦睡虎地秦简《语书》、里耶秦简和周家台三〇号秦墓简牍《历谱》中均载有'江陵'说明江陵自楚归秦后应一直为县"[②]。今荆州市区由楚郢都转变为江陵县，这一过程在地理上的直接表现就是纪南城的衰落与郢城的兴起。

20世纪末成立荆州市后，原江陵县分置为荆州区和江陵县，县治东徙于郝穴镇，故今日的江陵县已非秦汉时期的江陵县，秦汉江陵县今主要属荆州市荆州区。因此若以今日的荆州市荆州区、江陵县当作秦汉时的江陵县去探究显然有违"时过境迁"的运动变化规律，幸而楚纪南故城和秦汉郢城的存在提供了探究的线索。作为东周楚国的政治、经济、文化中心，纪南城及其周边环境必然存在着某种优势，即使因战乱被废，在短短的数年间，先天的自然地理优势也不会有太大的改变。因而，本文暂时选取纪南城所在的荆州市区作为探究区域。

近年来的经济开发使荆州市区的地貌景观发生了巨大的改变，要探讨两千多年前的政区空间，首先需要尽可能地复原当时的地貌形态。

（一）秦汉时期江陵地貌

郢城现南距长江约6.5千米，东、南约2千米为太湖港，东北3千米处为庙湖。荆江河道几经变迁，秦汉时期郢城周边的湖泽水系状况也不能简单以当下情形来理解。

相关研究表明，由于受新构造掀斜运动和地转偏向力的双重影响，荆江水道有一个由北向南

---

① （汉）班固：《汉书》卷28上《地理志》，中华书局，1962年，第1566页。

② 李炳泉：《松柏一号墓35号木牍与西汉南郡属县》，《中国历史地理论丛》2010年第4期。

迁的过程，演变程序以沙市为顶点由荆北转向荆南，从秦汉至清代经历了顺时针70°的旋转[①]。

桐柏—大别山横亘于今河南与湖北之间，新生代以来它经历了多次"构造隆升—稳定剥蚀"的过程。它的新构造运动有两个显著特点：一是间歇性构造隆升，二是南北不对称掀升。这不仅造成了山体形态的不对称，还直接影响到江汉平原的环境变迁和长江中游河道的演化。位于江汉平原北缘的桐柏—大别山南坡由于构造掀升作用，致使平原基底由北向南倾斜。随着掀斜作用不断进行，平原的沉积中心不断南移。而平原区的构造沉降中心即湖泊的中心。早更新世江汉平原北部的强烈的构造抬升，使湖盆北缘发生大规模的湖退。自此之后，尽管受气候变化的影响湖泊范围时有扩大，但湖泊范围的总趋势是逐渐缩小的，且湖盆不断南迁[②]。

明清以后，荆江开始向洞庭湖分洪，进而转为向洞庭湖分流。据江陵、监利、公安、石首、松滋等县志中所记载的历史荆江两岸穴口的开闭情况表明，荆江北岸的穴口不断堵塞，有的穴口重开后又塞，而南岸穴口则呈不断发展的趋势，并由分洪逐渐发展为分流。这些也充分说明长江在历史时期是不断向南迁移的。近代以来大多数的自然决口发生在荆江南岸，相继形成了调弦口、太平口、藕池口等。其中虽有人类的干预，但自然条件是起决定作用的。所以"北堤南疏"的传统治水方略是符合自然规律的[③]。

另据沙市市地质—地貌剖面中5个并列的江心洲砂体分析，砂体的时代由北向南变新，表明了河道由北向南的迁移。从江心洲砂体之间的距离来看，近3000年来河道南迁的速度在加快。通过钻孔资料和遥感资料的综合对比分析，在全新世中期，长江古河道位于沙市市北，大约由江陵县向东流[④]。从江汉平原的沉积历史来看，现在的长江已向南远离了其地质历史上的沉积中心。

荆江两岸地貌与地质等综合证据表明，在桐柏—大别山的掀斜作用下，长江主河道不断南迁，导致长江水系在江汉平原的弯曲。

而我们较为熟悉的地球自转偏向力，虽然在日常生活中可以忽略不计，但在漫长的地质年代尺度下，无疑对长江主河道的南移起到了推动作用。

此外，据战国后期楚国的通关凭证《鄂君启节》舟节载："上江，就木关，就郢。"[⑤]逆长江而上，到达木关和郢都。虽然木关是指沙市还是江陵，学者们尚有不同观点，但从"就"字可以推断，楚都纪南城可由长江行船直达，说明纪南城距长江主泓不远，且有水道可以直通，因此鄂君船队才可以"就郢"。亦可辅证当时的长江主河道在更北一些的位置。

另据了解，荆州城东南角龙凤庄的考古发掘工作显示，除已揭示出清代、明代、宋代道路等遗存外，唐代以下地层为沙地[⑥]，说明荆州城老东门附近在唐以后才成陆。这一考古发现也

①　周凤琴：《云梦泽与荆江三角洲的历史变迁》，《湖泊科学》1994年第1期。
②　参看李长安：《桐柏—大别山掀斜隆升对长江中游环境的影响》，《地球科学》1998年第6期。
③　李可可：《荆湖地区水系演变与人类活动历史研究》，武汉大学博士学位论文，2003年，第97页。
④　李长安：《桐柏—大别山掀斜隆升对长江中游环境的影响》，《地球科学》1998年第6期。
⑤　王谷：《〈鄂君启节〉集释及其相关问题研究》，湖北省社会科学院硕士学位论文，2016年。
⑥　据荆州博物馆考古发掘资料。

表明长江主泓是不断南移的，在较早的历史时期，长江主泓在今荆州城区附近。

所以秦汉时期郢城应该比现在离长江更近一些，而郢城以西的遗址墓葬空白区域也许可以推断为由于地势较低而处于偶尔被洪水淹没的状态。

而太湖港则是1956年专署、县水利部门为治理"上游旱、下游涝、土地荒废、血吸虫病流行"的太湖港水系而勘测设计的大型水库。专家们将丁家嘴、金家湖两座中型水库和后湖、联合两座小型水库由渠道串联起来，构成了太湖港①。太湖港水系很可能是原河道的遗存。

此外，还要着重讨论一下位于郢城以北、纪南城以东的长湖。三者相对位置如图1②所示。

长湖由庙湖、海子湖、太泊湖、瓦子湖等组成，原是古扬水运河的一段。三国时期为了战事需要引沮漳河水设障为险，使扬水运河水面不断扩大，形成了以湖代河的长条形湖泊③。从图1亦可看出，如今的长湖依然保留了这一特点，狭长如河道，地跨荆州、荆门、潜江三个市，湖东西长29千米，是湖北省第三大湖泊。

但是，在秦汉时期长湖尚未形成。这一时期气候温暖湿润，平均气温比现在高1～2℃④。在长湖附近和湖中岛屿上发现的大面积新石器时代遗址，也证实了这一地区在三四千年前不是湖泊⑤。春秋战国时期，荆北古云梦泽的西北及东北部地区已陆续大片淤积成滩。考古发现的沙市周梁玉桥的春秋时期遗址、长湖关沮口的楚墓群和戚湖楚墓群、潜江龙湾的章华台、洪湖新滩口的洲国枚城旧址，以及洪湖瞿家湾出土的春秋战国文物等证实古人已开始开发利用洲

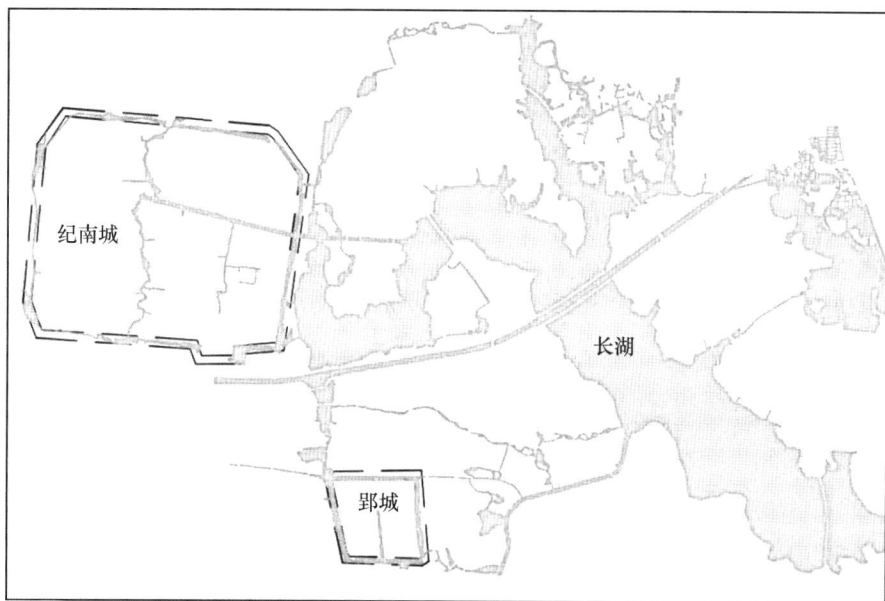

图1　郢城、纪南城与长湖的相对位置示意图

---

①　参见荆州地区地方志编纂委员会：《荆州地区志》，红旗出版社，1996年10月，第141页。注：1988年升格为大型水库。

②　绘图数据参考荆州博物馆《纪南新区考古勘探用总图》。

③　湖北省湖泊志编纂委员会：《湖北省湖泊志系列丛书·长湖》，湖北科学技术出版社，2016年，第2页。

④　邓宏兵：《江汉湖群演化与湖区可持续发展研究》，华东师范大学博士学位论文，2004年，第32～35页。

⑤　袁纯富、范志谦：《试论江汉地区原始文化的地理诸问题》，《考古》1987年第9期。

滩①。秦汉时期汉江冲积扇和荆江冲积扇合并，使古云梦泽不断向东南方向迁移②。而杨水是这一时期江陵县境内众多湖泊以及竟陵以东积水流入沔水的重要通道。南北朝以后，随着汉江三角洲的不断扩张与地势抬高，杨水流入沔水的河口渐渐湮没。今长湖一带，因为处于荆江与汉江三角洲合围之处，荆门南下的山丘之水在此汇聚，逐渐发展成一系列的湖泊群③。其后，由于以沙市为顶点的荆江陆上三角洲不断向东扩展，至唐宋时代云梦泽已基本解体，最后演变成为明清时代的江汉湖群④。到明代南岸筑堤围湖，长湖区域才基本成形⑤。因此，可以大致推断，现在横亘于郢城以北的水域在秦汉时并未对这一区域的开发造成阻碍。

除了北面的长湖与南面的长江有巨大的变化之外，现今郢城遗址周围的岗地大多已夷为平地；东城墙、南城墙、西城墙外的护城河已筑埂分隔，扩改成了鱼塘；北城墙顶面建有两处房屋，城内约有7.78%的面积被当地居民建有房屋。城内中部的台基绝大多数已平整为农田，也有部分成为宅基地，上面建有民房；由于当地居民经年耕种和动土，城墙高度和宽度也由于削减变矮变窄。东、南、北城墙均被人为种植大量树木。东城墙、北城墙埋有大量现代坟墓⑥。城西南垣现建有荆州火车站，汉宜高速铁路紧邻南垣而过，东垣外为楚都大道，北垣外为沪渝高速，周围医院、学校以及新建的商用住宅林立，所以复原郢城周边微地貌环境十分必要。

郢城西北方向的纪南故城在秦汉时期已经废弃，可作为郢城西北的一处高地看待，恰其东南为凤凰山与高台，地势的确较高；郢城正北为鸡公山，这里不仅是旧石器时代遗址，也有自春秋中晚期延续至明清的墓群，可见这里地势长期高于周围，是重要的人类活动区域；郢城东南方为岳山岗地，绵延至擂鼓台。郢城西面信息较少难以推断。

（二）从楚郢都到秦汉江陵县

江陵是历史悠久的千年古县，源于楚国，又与先秦时期的荆州有不可分割的关系。战国时学者划分天下，形成各种九州方案。不管是《禹贡》中提到的"九州"，还是《周礼·职方氏》中的"九州"，《尔雅·释地》中的"九州"，《吕氏春秋·有始览》中的"九州"，以至出土文书《容成氏》⑦中提到的"九州"，均有荆州。

江陵城或荆州城历史时期为湖北三大中心城邑之一，对于江陵的起源及历史时期的沿革，历代学者虽已有较多的综合论述，但近年来的出土文献大量增加，以及荆州城区纪南城、郢城

①　周凤琴：《云梦泽与荆江三角洲的历史变迁》，《湖泊科学》1994年第1期。

②　邓宏兵：《江汉湖群演化与湖区可持续发展研究》，华东师范大学博士学位论文，2004年，第32～35页。

③　李可可、黎沛虹：《夏杨水与东荆河考异》，《武汉大学学报（人文科学版）》2001年第6期。

④　邓宏兵：《江汉湖群演化与湖区可持续发展研究》，华东师范大学博士学位论文，2004年，第32～35页。

⑤　湖北省湖泊志编纂委员会：《湖北省湖泊志系列丛书·长湖》，湖北科学技术出版社，2016年，第9页。

⑥　荆州博物馆：《湖北荆州市郢城遗址考古调查、勘探与试掘报告》，《考古学集刊》（第21集），社会科学文献出版社，2018年。

⑦　马承源：《上海博物馆藏战国楚竹书（二）》，上海古籍出版社，2002年，第270页。

等的考古发掘，大大丰富了我们对相关问题的认识，本节拟在综合历史文献与近年出土文献，对江陵地名的起源及江陵政区沿革做一简要梳理，或能对区域历史与文化研究有所助益。

1. 江陵起源

就区域内聚落演进而论，江陵城或荆州城是由战国时的楚郢都演变而来，因此不仅西汉司马迁《史记》谓"江陵故郢都"，东汉班固《汉书》亦明确言之"江陵，故楚郢都"[①]。战国时楚都在纪南城遗址，其名为郢，称郢都。按郢为楚武王以后楚都之通名，因此今荆州市荆州区、旧江陵县西部、荆州城所在，东周时当名为郢。《鄂君启节》所记舟节路线，最后一段即是"上江，就木关，就郢"，此郢只能是今纪南城。

战国时期，今纪南城一带固以郢为名，但江陵地名也在楚都附近出现。上海博物馆藏有一枚"江垂（陵）行邑大夫鉥"[②]，此玺很早就为学者所关注，黄盛璋《战国"江陵"玺与江陵之兴起因沿考》[③]、李学勤《楚国夫人玺与战国时的江陵》[④]，都对之进行了详细的考释和分析。先秦时期玺印的用途非常广泛，春秋时期玺印逐渐具备了保密兼信物凭证的功能，战国时代由于商品生产的发达和人们生活联系的需要，以及铸造日用器物和大量兵器时逐件铸刻铭文非常不便等原因，玺印的封缄保密、征信、文字复制作用逐渐被推广到商业和军事各个方面。就官印而言，国君授予各级官吏玺印作为其行使职权的凭证。大量出土文字资料显示，战国时玺印可用以封缄公私文书、器皿、囊橐，可在陶坯上按压抑埴[⑤]。因而这块可能出自安徽寿县的战国楚江陵玺对研究江陵地名起源有着重要的意义。

可知战国时纪南城附近已有聚邑名为"江陵"，故江陵地名当起源于战国，秦汉江陵县实由楚江陵邑发展而来。因此秦拔郢、平毁纪南城后于原地置江陵县，并非无因，乃是纪南城一带于战国时已有江陵之名。

秦拔郢后置南郡，西汉时江陵为南郡治所，由此可推秦时已有江陵且为南郡治所。从传世文献资料来看，《史记·项羽本纪》载项羽灭秦后分封诸侯："义帝柱国共敖将兵击南郡，功多，因立敖为临江王，都江陵。"[⑥]秦末时已有江陵之名，由此可见江陵县当置于秦。

随着秦汉简牍资料大量出土，秦时已置江陵县有了明确的证据。20世纪70年代出土的云梦睡虎地秦简《语书》，为秦王政二十年时南郡守腾发布的文告，其文曰："廿年（秦王政二十年，前227年）四月丙戌朔丁亥，南郡守腾谓县、道啬夫……别书江陵布，以邮行。"[⑦]出土

① （汉）班固：《汉书》卷28上《地理志》，中华书局，1962年，第1566页；《汉书》卷28下《地理志》，中华书局，1962年，第1666页。

② 上海书画出版社：《上海博物馆藏印选》，上海书画出版社，1979年，第5页。

③ 黄盛璋：《战国"江陵"玺与江陵之兴起因沿考》，《江汉考古》1986年第1期。

④ 李学勤：《楚国夫人玺与战国时的江陵》，《江汉论坛》1982年第7期。

⑤ 王伟：《秦玺印封泥职官地理研究》，中国社会科学出版社，2014年，第11、12页。

⑥ （汉）司马迁：《史记》卷7《项羽本纪》，中华书局，1982年，第316页。

⑦ 睡虎地秦墓竹简整理小组：《云梦睡虎地秦墓竹简》，文物出版社，1990年，释文第13页。

文献中首见秦江陵。21世纪初出土的里耶秦简中则出现了"江陵慎里大女子可思"[①]，辛德勇先生认为，依当时文书通例，此江陵当属县名，可证秦时已有江陵县[②]。里耶秦简中以地方官吏公务活动的出行记录为主，兼及其他公私活动的质日简也记录了有关江陵的信息。《二十七年质日》载"癸卯起江陵"，《三十四年质日》载"戊戌爽会逮江陵""庚申江陵公归"[③]。又沙市周家台秦墓出土秦始皇三十四年《质日》，亦有"宿江陵""起江陵""到江陵"的记载[④]。这些秦时基层官员的公务出行记录，不仅可证江陵置于秦时，且反映了秦代江陵的重要地位。近出北京大学藏秦水陆里程简，详记南郡地区的交通线路，江陵是其中的重要节点，其中的水路皆以江陵为起点，陆上干道也无不行经江陵[⑤]。秦时已置江陵县，更重要的直接证据来源于《岳麓书院藏秦简（叁）》所收之《猩、敞知盗分赃案》，此篇文书明确记载了江陵丞文、江陵守感、江陵丞暨[⑥]。按文献记载秦县级长官为令、丞，则《岳麓书院藏秦简（叁）》所载之江陵丞当为江陵县之县丞。又秦玺印封泥中亦见有"江陵""江陵丞印"[⑦]。以上材料皆可证秦拔郢以后不仅置南郡，而且已置江陵县。

在《汉书·地理志》中，江陵为南郡首县，按《汉志》体例，首县即为郡治所在[⑧]，而在史籍中，秦汉江陵在南郡具有重要地位，因此江陵为南郡治所当无疑问。

此外，里耶秦简和岳麓秦简发表后，学界发现秦时普遍有"守"或"守丞"，其中大量为县守或县守丞，《岳麓书院藏秦简（叁）》中即有"江陵守感"，由于县守或县守丞不见于文献，故引起学者的热烈讨论，现在看来，县守或县守丞，应是令、丞在职但不在署时的代理[⑨]，"守"的含义为官署的临时负责人，为临时兼摄[⑩]。因此秦代的"守"或"守丞"制度表明，秦官员常不在署。

无论传世文献还是出土文献，均可看出秦江陵在南郡占有中心地位，与汉代无异。《史记》载共敖被封为临江王，并以江陵为都，是因为将兵南郡，已可见秦代时江陵在南郡地区的中心地位。出土文献中的证据则更多，北大藏秦水陆里程简原文并未发表，但经晏昌贵教授

①　湖南省文物考古研究所：《里耶秦简（壹）》，文物出版社，2010年，第178页。

②　辛德勇：《北京大学藏秦水陆里程简册初步研究》，《出土文献》（第四辑），中西书局，2013年，第178页。

③　陈伟：《里耶秦简牍校释》（第1卷），武汉大学出版社，2012年。

④　湖北省荆州市周梁玉桥遗址博物馆：《关沮秦汉墓简牍》，中华书局，2001年。

⑤　辛德勇：《北京大学藏秦水陆里程简册初步研究》，《出土文献》（第四辑），中西书局，2013年，第184页。

⑥　朱汉民、陈松长：《岳麓书院藏秦简（叁）》，上海辞书出版社，2013年，第19、21页。

⑦　王伟：《秦玺印封泥职官地理研究》，中国社会科学出版社，2014年，第363页。

⑧　严耕望：《汉书地理志县名首书者即郡国治所辨》，《严耕望史学论文集》，上海古籍出版社，2009年。

⑨　孙闻博：《里耶秦简"守"、"守丞"新考——兼谈秦汉的守官制度》，《简帛研究（2010）》，广西师范大学出版社，2012年。

⑩　王伟：《秦玺印封泥职官地理研究》，中国社会科学出版社，2014年，第291页。

复原，可见其起首即云"江陵水行"①。而其所载水陆交通路线亦多经江陵，可知这一秦代南郡交通路线是以江陵为核心的。而这份资料的年代，当在公元前278年秦攻占郢都设南郡后不久，其下限在秦设洞庭、苍梧二郡的秦王政二十五年（前222年）②。又南郡守腾发布的《语书》文告，其在南郡的传递方式，其他县均是"以次行"，独江陵是"以邮行"，也反映出江陵在南郡之内的特殊地位。可见秦拔郢后即置江陵县，为秦南郡治所。秦汉两朝，江陵均为南郡治所。

2. 渚宫与江陵

江陵之地，旧记皆以为与楚渚宫有关。《水经注》卷34《江水二》："江水又东迳江陵县故城南……今城，楚船官地也，《春秋》之渚宫矣。"郦道元此言未知何据，但熊会贞注曰："《舆地纪胜》引《元和志》楚别宫，梁元帝即位于楚宫，盖取渚宫以名宫也。在今江陵县城内西北侧。"③清顾栋高《春秋大事表》"荆州府"条目对历代以来有关江陵、渚宫的说法有如下总结："今府治江陵县北十里为楚之故郢都，一名纪南城。定六年迁于都，为襄阳府之宜城县，谓之鄢郢，因名此为纪郢。江陵县治为春秋时楚之渚宫，在郢都之南十里，文十年子西为商公，沿汉将入郢。王在渚宫，下，见之。《水经注》：'渚宫为今江陵城，楚之船官地。'历代为重镇，晋桓温及弟冲皆保据渚宫，梁元帝都此，为西魏所陷，迁后梁居之，为藩国。隋并梁置荆州，后为萧铣所据。唐平铣复为荆州。五代时，高季兴据此称高平。"④这段描述首先以清荆州府治所江陵县城，即今日尚存的荆州砖城之内的范围为参照基点，其北十里的纪南城为楚国故郢都。其后又将描述视角拉回基点，直接将今荆州城所在位置判定为春秋时期楚国的渚宫。接着简要提及了有关渚宫的一个小故事，春秋时楚商公子西入郢，楚王时在渚宫，于是子西前去见他。

这段故事在《左传》中有较详细的记载，见于《左传·文公十年》，其中不乏神秘色彩和阴谋论⑤。楚成王、子玉和子西曾被范邑的女巫鄀似预言会无病而死，意即会被杀。晋楚城濮之战，楚国大败，楚成王思及当初的预言于是派人去劝子玉不要自寻短见，只可惜晚了一步。子西也准备自杀，但是上吊的绳子断了没死成，被使者及时拦住，并被成王封为商公，封地可能在今河南淅川。后来子西沿汉泝江入郢，按路线来看应当是先顺汉江而下至长江，再逆流而上至郢都，在郢都附近的渚宫觐见楚王。

《水经注》认为渚宫即是当时的江陵县城，有观点认为《水经注》这一部分的描述应当不是郦道元原创，而是出自南朝刘宋侍郎盛弘之的《荆州记》⑥。盛弘之，刘宋临川王刘义庆幕

①　晏昌贵：《秦简牍地理研究》，武汉大学出版社，2017年，第233页。

②　晏昌贵：《秦简牍地理研究》，武汉大学出版社，2017年，第281页。

③　（北魏）郦道元注，杨守敬、熊会贞疏：《水经注疏》，江苏古籍出版社，1989年，第2861页。

④　（清）顾栋高：《春秋大事表》卷6下《列国犬牙相错表附列国地名考异》，中华书局，1993年，第686、687页。

⑤　杨伯峻：《春秋左传注》，中华书局，2009年，第576页。

⑥　王徽：《盛弘之〈荆州记〉（辑本）整理与研究》，陕西师范大学硕士学位论文，2015年，第8、9页。

僚，在元嘉八年至十六年随任荆州刺史的刘义庆到荆州，官任王国侍郎。可见南北朝时期，时人已广泛相信江陵即楚之渚宫，梁元帝在江陵即位时，江陵城内尚有宫殿名曰渚宫。但《舆地纪胜》引《元和志》已明言此宫是取渚宫以名宫，未必是楚国时之旧宫，且秦拔郢时，纪南城被毁，渚宫当亦难于保全。又据《鄂君启节》可知，战国时可沿长江水路直达郢都，表明战国时长江主泓尚在纪南城南边不远处，今江陵城（荆州城）在楚国时可能尚为水泽。

又春秋时楚都并不在江陵一带，纪南城作为楚都的年代，20世纪七八十年代的纪南城考古大会战，已认知到纪南城的年代上限为春秋晚期至战国早期[①]，近年来更进一步的工作表明纪南城的使用年代仅为战国早期以后[②]。但纪南城的楚都可能是从别处迁徙而来，从清华简《楚居》可知楚都曾有多次迁徙[③]，而地名是随人群的迁徙而移动的，因此当楚都迁于纪南城之后，春秋时的渚宫之名可能也随之搬到了纪南城一带，并于南北朝时为梁元帝所沿用。自郦道元之后，由于《水经注》在文史领域的巨大影响，渚宫地名就与江陵产生了密切的联系，在唐宋以后的地理认知和文学意象中，渚宫往往与江陵并称。

唐白居易《八月十五日夜禁中独直，对月忆元九》云：“渚宫东面烟波冷，浴殿西头钟漏深。犹恐清光不同见，江陵卑湿足秋阴。”[④]表面看来“渚宫”是与“浴殿”相对应，实则是点在了后一句的“江陵”上。苏轼的《渚宫》亦点明了“渚宫”与“楚”“郢”的关联：“渚宫寂寞依古郢，楚地荒茫非故基。”南宋程公说《春秋分记》“渚宫，江陵县之南。《水经注》：‘今江陵城，楚船官地，春秋之渚宫也。’《元和郡国志》：‘渚宫，楚别宫’”[⑤]。“渚”：《唐韵》章与切《玉篇》之与切，音煮。水名。《说文》：“水出常山中丘逢山，东入湡。”[⑥]又《尔雅·释水》：“水中可居者曰洲，小洲曰渚。”《释名》：“渚，遮也。能遮水使旁回也。”《诗·召南·江有汜》：“江有渚。”传曰：“水岐成渚。”一是指水中的小块陆地，另一含义是指水边[⑦]。是“渚”本有临水之意。再看“陵阜”，《太平御览》“坻”字条引《说文》曰：“秦谓陵阜曰‘坻’。”《释名》曰：“坻，迟也，能小遏水，使流迟也。”贾谊《鹏鸟赋》曰：“乘流爰逝兮，得坻则止。”[⑧]小沙洲也恰是能对水流起到一定阻碍作用的地形。而江陵之名，本有江边高地之意，《大明一统名胜志》载“此地临江”，“近州无高山，所有皆陵阜，故称之江陵”[⑨]。说明在古人的观念中，江陵是因其位置与地形得名。可见自南北朝至唐宋明清，一脉相承地保留了渚宫即江陵城的观点，而江陵与渚宫之名，本身就有极为密切的联系，两者难以分割。

①　湖北省博物馆：《楚都纪南城的勘查与发掘（下）》，《考古学报》1982年第4期。

②　湖北省文物考古研究所：《荆州纪南城烽火台遗址及其西侧城垣试掘简报》，《江汉考古》2014年第2期。

③　清华大学出土文献研究与保护中心：《清华大学藏战国竹简（壹）》，中西书局，2010年。

④　（清）彭定求等：《全唐诗》卷437，中华书局，1999年，第4857页。

⑤　（宋）程公说：《春秋分记》卷30，《四库全书》文渊阁电子版经部，春秋类。

⑥　（汉）许慎，（清）段玉裁注：《说文解字注》，上海古籍出版社，1981年，第955、956页。

⑦　夏征农、陈至立：《辞海》，上海辞书出版社，2009年，第3028页。

⑧　（宋）李昉、李穆、徐铉等：《太平御览》卷71《地部》，中华书局，2000年，第336页。

⑨　戴均良：《中国古今地名大词典》，上海辞书出版社，2005年，第1267页。

清康熙年间高士奇奉敕撰《春秋讲义》时，借机考订《春秋》地理，累十四卷而成《春秋地名考略》一书。昆山徐乾学在原序中盛赞士奇所作考证的重要性，"《左传》一书固万世经术之祖也，学古而不通于《春秋》，譬若溯河而不探其源，寻枝而不揣其本，必不得之数也"。虽有前贤如杜预、颜师古、司马彪、司马贞、杜佑、李吉甫等的相关整理，然去时已远，有必要再做一番梳理。如若不然，则不知"渚宫之为江陵也，夏汭之为武昌也，澶渊之为三城也……"①亦直言渚宫即为江陵旧称。

随着时代的演变，"渚宫"的意象不再单指一个官船码头或是行宫名，它的文化意义逐渐扩大，唐余知古撰《渚宫旧事》（或称《渚宫故事》），则是以"渚宫"为题载荆楚之事。

3. 江陵沿革

综上可知，江陵地名当出现于战国，作为县级行政区则自秦始。秦昭襄王二十九年（前278年），秦将白起拔郢，置南郡②。白起拔郢致纪南城废弃后，在纪南城的东南方向出现了一座秦汉时期的郢城遗址。目前一般认为，郢城遗址为秦汉江陵县故址③，为秦南郡郡治所在。

秦亡后，项羽封义帝柱国共敖为临江王，江陵一度为临江国都。汉高帝五年（前202年），共敖临江国亡，地"属汉为南郡"。湖北江陵凤凰山一六八号墓出土一枚告地下丞的竹牍，该牍首句写："（西汉文帝）十三年五月庚辰，江陵丞敢告地下丞。"④《汉书·百官公卿表》："县令、长，皆秦官，掌治其县。万户以上为令，秩千石至六百石。减万户为长，秩五百石至三百石。皆有丞、尉，秩四百石至两百石，是为长吏。"⑤则此时江陵为南郡属县。景帝前元二年（前155年），以南郡置临江国，封子哀王阏。阏封三年薨，无后国除。七年，复置临江国，封子愍王荣。景帝中元二年（前148年），临江王荣自杀，国除为郡。自是不复为王国⑥。及至汉武帝元封五年（前106年），分天下为十三州，各部置刺史一人，巡行郡县，负责代表中央检核问事。其时刺史并没有固定的驻地和统辖区域，只是奉皇帝之命出巡地方，行使监察权力。汉成帝时期刺史改称州牧，职权进一步扩大，渐渐由监察官州变为地方军事行政长官。南郡属荆州刺史部，《汉书·地理志》将"江陵"列为荆州南郡的"县十八"之首⑦。按《汉书·地理志》体例，首县即郡治所在。但当时的荆州尚是监察区，荆州刺史治所则不在此。王莽时将南郡改称为"南顺"，江陵被改称为"江陆"。东汉时恢复旧称⑧。

---

① （清）高士奇：《春秋地名考略》原序，《四库全书》文渊阁电子版经部，春秋类。

② （汉）司马迁：《史记》卷5《秦本纪》，中华书局，1959年，第213页。又见于《六国年表》《白起列传》等，南郡始置年代无争议。

③ 江陵郢城考古队：《江陵县郢城调查发掘简报》，《江汉考古》1991年第4期。

④ 湖北省文物考古研究所：《江陵凤凰山西汉简牍》，中华书局，2012年，第182页。

⑤ （汉）班固：《汉书》卷19《百官公卿表》，中华书局，1962年，第742页。

⑥ 周振鹤、李晓杰、张莉：《中国行政区划通史·秦汉卷（修订本上册）》，复旦大学出版社，2017年，第429页。

⑦ （汉）班固：《汉书》卷28上《地理志》，中华书局，1962年，第1566页。

⑧ （晋）司马彪：《续汉书》志22《郡国志四》，中华书局，1965年，第3479页。

三国时期，魏、蜀、吴三分荆州，魏置荆州都督区镇新野，孙吴也曾置荆州都督区，治武昌[①]。东晋南朝时，荆州刺史治江陵、武昌、沔阳、夏口等地，最后稳定在江陵[②]。南朝宋时的南郡仅领六县，首县仍为江陵。

西魏时在南郡设江陵总管府，隋开皇初年废府，开皇七年隋吞并南朝梁，又设立了江陵总管，大业初年行郡县二级制。而江陵作为南郡郡治，在开皇年间的战时状态下被废，大业初复置，其地分属南郡和沔阳郡[③]。

唐初武德年间江陵地区分属荆州和复州，"武德十年，荆州领江陵、枝江、当阳、长林、安兴、石首、松滋、公安等八县"。而后，"龙朔二年，升为（荆州）大都督"，"天宝元年，改为江陵郡。乾元元年三月，复为荆州大都督府"。后经安史之乱，两京人口大量南迁，以至于"故荆南井邑，十倍其初，乃置荆南节度使"。上元元年九月，置南都，以荆州为江陵府。值得注意的是，在上元二年"置长宁县于郭内，与江陵并治。其年，省枝江县入长宁"[④]。这里有一个微小的政区变动，即在江陵县城内另设长宁县，并且在同年裁撤了枝江县，将它并入长宁。虽政区名称和所辖范围略有变化，但此时江陵治所未变。

五代十国时期，江陵属南平国和南唐国，并在短时期内作为割据政权南平的国都[⑤]。北宋初年，荆州又称江陵郡，江陵县为首县[⑥]。及至元代，江陵属中兴路[⑦]。明、清置荆州府，府治均在江陵[⑧]。及至民国元年，裁府留县。1932年改行政监察区制，1936年区间调整，今所辖各县均属第四区，包括江陵、监利、石首、公安、枝江、松滋、荆门、沔阳、潜江。区专员驻江陵（今荆州区）[⑨]。

1949年7月成立荆州行政区督察专员公署，治所在江陵县荆州镇，即今荆州城区，辖八县。同时析沙市为省直辖市。到1955年时荆州专区辖沙市市，1970年又将荆州专区改荆州地区，到1979年时沙市市由省直辖。1994年经国务院批准，将荆州地区、沙市市合并为荆沙市，将原江陵县及沙市辖区调整为荆州区、沙市区及江陵区。1996年荆沙市更名为荆州市。1998年国务院批准撤销荆州市江陵区，设立江陵县，县政府驻郝穴镇[⑩]。

郝穴镇古名江渚，因常聚鹤群，亦名鹤渚。晋末与北岸江连。南北朝时为荆江九穴之一，

①　胡阿祥、孔祥军、徐成：《中国行政区划通史·三国两晋南朝卷》，复旦大学出版社，2014年，第190、195页。

②　（梁）沈约：《宋书》卷37《州郡志》，中华书局，1974年，第1117、1118页。

③　（唐）魏徵：《隋书》卷31《地理志》，中华书局，1973年，第888页。

④　（后晋）刘昫等：《旧唐书》卷39《地理志》，中华书局，1975年，第1551页。

⑤　（宋）欧阳修：《新五代史》卷69《南平世家》，中华书局，1974年，第855～861页。

⑥　（宋）乐史著，王文楚等点校：《太平寰宇记》，中华书局，2007年，第2830～2839页。

⑦　（明）宋濂、王祎：《元史》卷59《地理志二》，中华书局，1976年，第1417页。

⑧　（清）张廷玉等：《明史》卷44《地理志五》，中华书局，1974年，第1081页；（清）顾祖禹：《读史方舆纪要》卷75《湖广方舆纪要序》，中华书局，2005年，第3492页。

⑨　罗运环、肖雨田、王准、罗银川：《荆楚建制沿革》，武汉出版社，2013年，第385页。

⑩　《关于湖北省撤销荆州市江陵区设立江陵县的批复》，《中华人民共和国国务院公报》1998年第31期。

名鹤穴口。因当地方言"鹤"与"郝"同音的缘故，"鹤穴"后谐音为"郝穴"①。明嘉靖年间"郝穴"被封堵筑堤，明万历十年（1582年）置郝穴司。清乾隆五十四年（1789年）始置镇。1942年改称"合协"，1945年又改称"鹤鸣"，1946年再次恢复郝穴名称。1998年成为县政府驻地。

原江陵县分置为荆州区和江陵县时，县治发生了东徙。今日的江陵县已非秦汉时期的江陵县，秦汉江陵县主要属今荆州市荆州区。自秦置江陵县以后，江陵多次作为州郡府治所，但江陵县这一县级政区，则基本没有变化。

综上所述，江陵地区从楚郢都迁于纪南城之后，是战国时楚国的政治、经济、文化中心，自秦置江陵县后，江陵一直是州郡治所，亦是湖北地区的中心城邑之一，是湖北历史文化的代表性地理标志。从战国时代起，江陵地区的地名经历了"郢""渚宫""江陵""荆州"的一系列变化，"郢"因楚国迁徙而失去了楚都的地位，"渚宫"逐渐成为后世文人怀古时所用的文学意象，"江陵"地名则长期保留，自秦以后一直未改。荆州由九州之一的广大地域，逐渐缩小了指代范围，明清时形成荆州府。因此明清以来，江陵与荆州又可互相代称。

二、江陵县、郢县与郢城遗址

郢县是一个特殊的存在。前文讨论过，郢在楚武王以后是楚都的通名。秦毁纪南城时，荆州地区的"郢"便失去了楚都的地位，这一区域被"江陵"之名代之。南郡有江陵县，却又置一个郢县，这就是奇怪之处。

学界曾因睡虎地秦简《语书》中的"别书江陵"，对秦南郡治所是否在江陵产生过怀疑。此语似乎表明，南郡守腾所发出的这一份文书，并不是在江陵发出的，因此才需要"别书江陵布，以邮行"，因此有学者认为既然"别书"江陵，则南郡守腾发布文书之地就不能在江陵，从而反证江陵不是南郡治所，而是治郢县②。加上《汉书·地理志》中，在江陵之后还有郢县，因此亦有学者以为秦南郡最初的治所为郢县而非江陵县③。这一问题在里耶秦简和岳麓秦简发表后获得解决，晏昌贵先生考察相关资料后指出，在里耶秦简中多见"别书"，秦"别书"制度应当是文书涉及多地传递时，分别抄录副本分发各地，此处可解为另抄副本从江陵出发，不能推导出南郡治所不在江陵④。虽然我们现在已经可以确定秦汉两代，江陵县均为南郡治所，但郢县仍不失其讨论的价值。

① 湖北省江陵县县志编纂委员会：《江陵县志》，湖北人民出版社，1990年，第58页。

② 马非百：《云梦秦简大事记集传》，《中国历史文献研究集刊》（第2集），湖南人民出版社，1981年。

③ 黄盛璋：《江陵凤凰山汉墓简牍及其在历史地理研究上的价值》，《文物》1974年第6期。又辛德勇亦同此说，参辛德勇：《北京大学藏秦水陆里程简册初步研究》，《出土文献》（第四辑），中西书局，2013年。

④ 晏昌贵：《秦简牍地理研究》，武汉大学出版社，2017年，第87、88页。

（一）郢县的存在时段及其与江陵县的关系

目前所知，《汉书·地理志》载有"郢县"[①]。

> 南郡，户十二万五千五百七十九，口七十一万八千五百四十。县十八：江陵、临沮、夷陵、华容、宜城、郢、邔、当阳、中庐、枝江、襄阳、编、秭归、夷道、州陵、若、巫、高成。

但是，西汉二百年间的政区是一个不断发生变迁的动态过程，而且变化很大，《汉书·地理志》政区框架的年代断限，不过是西汉政区变动已经趋于相对稳定的特定时期的记录，其所在政区乃是班固以某一年的实际版籍为据而移录[②]。近年，马孟龙的《西汉侯国地理》又对《汉志》断限做了进一步的研究，以为《汉志》版籍断限在汉成帝元延三年（前10年）九月[③]。据此，则至迟在元延三年（前10年），郢县仍然存在。

从江陵松柏M1所出武帝时期的35号木牍[④]所载"南郡免老簿""南郡新傅簿""南郡罢癃簿"来看，三份文书排列极其整齐，上署南郡，属县和侯国名当无缺漏的可能性。据研究，35号木牍记事的年代上限定在汉武帝建元三年（前138年），而其年代下限则在元光二年（前133年）[⑤]。据此，则至武帝前期尚无郢县。

往前探寻，张家山汉简《二年律令·秩律》所载汉初吕后二年（前186年）时汉朝所辖县道名目，亦无郢县。

再往上，里耶秦简记秦南郡县道甚详，有江陵、临沮、竟陵、秭归、夷陵、州陵、鄢县、销县、醴阳、孱陵、巫、当阳[⑥]。亦无郢县，因此郢县当置于武帝以后[⑦]。

近期新出土的湖北荆州胡家草场墓地西汉简牍有4642枚[⑧]，希望公布后能对西汉早期政区地理有进一步的补充。

在东汉人许慎的认知中，"郢，故楚都，在南郡江陵北十里"[⑨]。说明了三个问题：第一，东汉时应该已无郢县，否则郢应该不止楚故都一个含义。第二，郢在时人观念中仍在江

① （汉）班固：《汉书》卷28《地理志》，中华书局，1962年，第1566页。
② 周振鹤、李孝杰、张莉：《中国行政区划通史·秦汉卷》，复旦大学出版社，2016年，第102、103页。
③ 马孟龙：《西汉侯国地理》，上海古籍出版社，2013年，第79～91页。
④ 荆州博物馆：《湖北荆州纪南松柏汉墓发掘简报》，《文物》2008年第4期。
⑤ 李炳泉：《松柏一号墓35号木牍与西汉南郡属县》，《中国历史地理论丛》2010年第4期。
⑥ 晏昌贵：《秦简牍地理研究》，武汉大学出版社，2017年，第158～167页。
⑦ 晏昌贵：《秦简牍地理研究》，武汉大学出版社，2017年，第87～89页。
⑧ 荆州博物馆、武汉大学简帛研究中心：《荆州胡家草场西汉简牍选粹》，文物出版社，2021年，第1页。
⑨ （汉）许慎撰，（清）段玉裁注：《说文解字注》，上海古籍出版社，1981年，第533页。

陵这一区域。一定程度上侧面说明，郢县应该不是"长沙国削废时划归南郡之县"[①]。第三，纪南城位置已知，其南十里为许慎时江陵县所在。《说文解字》原书作于汉和帝永元十二年（100年）到安帝建光元年（121年）。据《中国历代度量衡单位量值表》，东汉时1尺为23.1厘米，古代一里合三百步，一步六尺，则一里合1800尺，则一里合公制415.8米，十里则为4.15千米。郢城西北距纪南城2.61千米，虽然数据有些出入，但鉴于许慎可能不是从郢城西北角往纪南城东南角算的直线距离，所以还是倾向东汉中期的江陵县仍在郢城。另外，《史记正义》引《括地志》云："纪南故城在荆州江陵县北五十里。杜预云国都于郢，今南郡江陵县北纪南城是也。"[②]纪南城位置不变，唐代江陵县位置则发生了巨大的变化。另，唐一尺为30.6厘米，五十里约27.5千米，此处五十里的记载当为讹误。此为后话，暂不做讨论。

郢县在西汉早期不见于记载，目前仅见于元延三年的材料，东汉中期亦不复存在。因此，不排除与唐初上元二年"置长宁县于郭内，与江陵并治。其年，省枝江县入长宁"[③]的情况相似。即在江陵县城内另设郢县，作为一个过渡，于郭内并治，即郢县仅存在于一个极短的时间内，却恰为班固所录。所以，本文倾向郢城既是秦汉江陵县所在，同时又在某一特定的短暂过渡时期囊括郢县。

（二）郢城的自然废弃及其与江陵县的关系

据已发表的考古调查简报判断，郢城的时代上限为秦白起拔郢，下限为东汉[④]。

城墙的修筑必然充分考量其政治性、军事性的需求。关于县邑"堕城"与"筑城"，在秦汉时期有这么两条政令值得注意。在统一之后不久的公元前215年，《史记·秦始皇本纪》载秦始皇三十二年，立碣石门碑，曰："坏城郭，决通堤防。"[⑤]命令天下毁坏"城郭"，考虑的是铲除、消灭旧诸侯国的残余势力，实现彻底的统一。而公元前201年，为了稳定集权统治，为了保护处于权力末端、承担地方职责的官衙，《汉书·高帝纪下》高祖六年："冬十年，令天下县邑，城。"[⑥]汉高祖命令全国县邑修筑城墙。结合江陵来看，秦始皇所堕城郭当为纪南城，汉高祖所修之城当为郢城。

此外，就自然条件而言，江汉平原是典型的由河间洼地组成的洪泛平原[⑦]。当长江、汉水发生洪水时，洪水便会通过分流河道漫流。而郢城则恰为这一区域内除纪南城外地势较高的一

① 周振鹤、李孝杰、张莉：《中国行政区划通史·秦汉卷》，上复旦大学出版社，2016年，第436页。

② （汉）司马迁：《史记》卷40《楚世家》，中华书局，1959年，第1696页。

③ （后晋）刘昫等：《旧唐书》卷39《地理志》，中华书局，1975年，第1551页。

④ 江陵郢城考古队：《江陵县郢城调查发掘简报》，《江汉考古》1991年第4期。

⑤ （汉）司马迁：《史记》卷6《秦始皇本纪》，中华书局，1959年，第251页。

⑥ （汉）班固：《汉书》卷1下《高帝纪下》，中华书局，1962年，第59页。

⑦ 谢远云、李长安、王秋良等：《江汉平原近3000年来古洪水事件的沉积记录》，《地理科学》2007年第1期。

块台地，在此筑城还出于基本的防洪目的。

建好的城墙不只是政治上的建筑物，还会吸引人口向城内集中。当其经济活动开始活跃，游离于周边各个村落之外的聚落形态就会开始变得规整起来。拥有城墙的大聚落的数量是有限的。先秦时代的城市型聚落在建造宫殿与城墙之时，不可避免地要征发劳役，耗费大量的人力物力。因此，在面对一般居民的居住地域之时，很有可能会包容其旧有的秩序，维持其自然发展的状态[①]。郢城的修建当是如此，这一高地应当在战国时原本就有一定数量的居民生活，如此才能快速的过渡为新的区域内政治中心，达到稳固统治的作用。

日比野丈夫认为，自春秋到战国，随着领土国家的建立，为了保证更大范围内的国家安全，农民开始离开城池，在领土所至之处生活，农村因此出现。而在此之前，从王到武士、从工商之人到农民，都居住于城墙之中，农民的耕作只停留在城墙附近的少量土地之上。宫崎市定也有同样的看法，不过他所划定的下限是从上古到汉代，这一时期的聚落大概是二百到五百户规模的集中聚落（都市国家）[②]。那么伴随着人口的增加，新的更大规模的城市便会顺应需求而产生。

从考古学的成果来看，聚落的分化与派生在龙山文化时期就已经出现了。人们放弃原有的邑而前往野地，新兴聚落由此派生。此为由人口增长或天灾导致的自然流徙观点，但随着户籍制度不断完善，这种自然流徙行为是会作为"亡命"而被禁止的。因而秦汉时期的县邑变化，作者更倾向居民被强制迁徙。

郢城的兴废则是这二者综合作用的结果。郢城当是纪南城被废后，出于政治目的强制性新建的城。伴随着人口的增加以及前文讨论过的长江主河道的南移，交通及经济重心随之改变，郢城的地位逐渐被取代，最终在荆州城建成后衰落。

据20世纪90年代末的《荆州城南垣东端发掘报告》显示，荆州城三国时期的土城墙已埋入地下3米多深，但顶部宽度仍达10米[③]。说明三国时期荆州城城墙已具备一定的规模，东汉末年荆州城已移至今址。那么，郢城则至迟在东汉末被废弃。郢城因成为江陵县县治而兴，又因江陵县县治转移而废。

三、秦汉江陵县的空间形态

荆州是一座拥有丰富历史文化遗存的城市，城北的纪南城遗址为东周时楚郢都故址。战国末年，今荆州市区的政治地理景观经历了从楚郢都到秦江陵县的转变。那么，秦汉时期的江陵县是以怎样的形态存在的呢？县邑之外，人们的主要活动区在多远的范围内？换言之，一个早期县级政区的实际控制范围有多大？

---

①　〔日〕池田雄一著，郑威译：《中国古代的聚落与地方行政》，复旦大学出版社，2017年，第13页。

②　〔日〕宫崎市定：《关于中国聚落形态的变迁》，《大谷史学》6，1958年；收入《宫崎市定全集》，1991年。

③　湖北省荆州市博物馆、湖北省荆州区博物馆：《荆州城南垣东端发掘报告》，《考古学报》2001年第4期。

　　这些疑问传世文献无法解答，但是，当时的人们留下的生活痕迹可以给我们一定的提示。幸而现今已建立了完整的考古学墓葬发展序列，这也为我们探讨这一时段的文化演进提供了一个分析的基础。伴随着荆州地区考古材料的不断丰富，通过对相关发掘简报、研究成果以及地理信息的整合，探究战国晚期到西汉早期的江陵县地理景观也逐渐成为可能。

　　有学者在依据墓葬与聚落之间的距离分析汉代聚落分布的变化时指出：西汉时期相当数量的聚落位于县城内或分布在距离县城非常近的地方。至于西汉时期的县城和其周边聚落的结构，则大致推断出是以规模比较大的城市为中心形成的[①]。这一结论恰与江陵县吻合。本节以郢城为核心，通过分析周边同一时期的墓葬、遗址分布情况，试对秦汉时期县级政区的空间形态进行初步探索。

　　据2002年出版的《中国文物地图集·湖北分册（下）》记载，荆州区共有六处秦汉时期的遗址，分别是严家草场遗址、郢城城址、皂角坟遗址、胡家山遗址、马眼桥遗址和凤凰地遗址[②]。这六处遗址中，郢城城址的规模最大，面积约2平方千米。郢城位于湖北省荆州市荆州区郢城镇郢城村（原属荆州地区江陵县郢城镇）。西南距荆州城约1.5千米，西北离楚故都纪南城3千米[③]。郢城水源充足，自然地理条件优越。城址平面近似正方形，南北长1200～1500、东西宽约1500米，夯筑城垣基宽15～20、顶宽7～10、残高3～6米。城外有护城河遗迹[④]。有一定的防御能力。城内文化层厚0.6～3米。文化层厚说明这一区域内人类活动的时间不短。出土有"半两""五铢"钱等，反映出这里的确是秦汉时期的城址，并且有一定的商品交换；陶器以泥质灰陶为主，有少量夹砂灰陶和泥质红陶，纹饰有绳纹、几何纹，器形有鬲、豆、盂、碗、罐、釜、盆及砖、瓦、井圈等，这些生活类的陶器以及建筑遗存都反映出郢城是一个主要生活区。

　　除皂角坟遗址外的其他四处汉代遗址都距离郢城很近，明显是以郢城为中心分布，凤凰地遗址和严家草场遗址甚至就在城墙边，且凤凰地遗址的面积仅次于郢城，一定程度上反映了人口的集中。从资料来看，目前仅郢城遗址与马眼桥遗址进行了发掘工作。鉴于地面复杂的环境变化，遗址往往容易消亡，现在可供参考的遗址信息有限。在交通不发达的古代，安葬亲人的区域也不会离生活区过远，毕竟还需进行扫墓祭祖等活动。据《中国文物地图集·湖北分册（下）》，荆州区有秦汉时期的墓葬群50处[⑤]，但其中38处墓群经钻探为东汉砖室墓，密集的分布于郢城以西、纪南城以南的区域内，本文暂不讨论。根据第三次文物普查资料和最新的发掘材料显示，在郢城周围分布汉代文物点83处。

　　结合地形、距离以及自然分界线等因素，以郢城为观察中心，拟将这些墓葬遗址分为四个圈层。

　　①　金秉骏：《汉代聚落分布的变化——以墓葬与县城距离的分析为线索》，《考古学报》2015年第1期。

　　②　国家文物局：《中国文物地图集·湖北分册（下）》，西安地图出版社，2002年，第147页。

　　③　江陵郢城考古队：《江陵县郢城调查发掘简报》，《江汉考古》1991年第4期。注：据最新的调查数据，郢城"南距荆州古城2.12千米，西北距纪南城2.61千米"。

　　④　国家文物局：《中国文物地图集·湖北分册（下）》，西安地图出版社，2002年，第147页，第12条。

　　⑤　国家文物局：《中国文物地图集·湖北分册（下）》，西安地图出版社，2002年，第159、160页。

（一）以郢城为核心的圈层结构

第一圈层：推测为郢城居民活动的核心区域

将郢城居民活动范围的核心区域（1千米内）划分为第一圈层。

1）鸡公山墓群。

郢城西北方向有位于荆州市荆州区郢城镇郢北村的鸡公山墓群，距郢城北城垣400米左右。鸡公山墓群中时代最早的墓葬可以定到春秋中晚期，一直延续至明清。墓群面积约10万平方米，1990～1994年发掘的千余座墓葬中，以秦、汉墓为主。出土器物中包含很多日常的生活用具，反映出这一区域自秦至东汉一直有大量的居民生活，陪葬物中的铜器则说明部分墓主人的身份可能为中下层官员，拥有一定的财力。

2）王家台墓群。

鸡公山墓地以北仅一冲之隔为王家台墓群。王家台墓地位于荆州市荆州区郢城镇郢北村的一座东西向小土岗，南距郢城北垣约1千米，西北距纪南城约5千米，北距长湖约1千米，西南距荆州城约5千米。1993年荆州地区博物馆在此发掘清理秦汉墓葬16座，其中15号墓出土了大批秦代竹简[①]。虽然不知道这批竹简现在的整理情况，但是这里出土的竹简说明墓主人具有一定的知识水平，可以确定墓主人至少是一个处理行政文书的小吏。

3）严家草场遗址。

郢城正北方位有严家草场遗址，也位于荆州市荆州区郢城镇郢北村，距北城垣仅200米。包括东周和汉代的遗存。面积约2000平方米，文化层厚0.4～0.8米。采集的汉代遗物有泥质灰陶绳纹砖、板瓦等残片，说明有建筑遗迹。

4）余家草场墓地。

郢城东城垣以东200米有余家草场墓地。墓地在岳山村、郢城村交界处，西与郢遗址相距200米。该墓地大部分为无封土堆古墓葬，墓地面积4000平方米。根据荆州博物馆以前发掘的情况，墓地大部分为秦汉墓葬[②]。

5）凤凰地墓地。

郢城东门外为凤凰地遗址，原调查材料显示为汉代遗址，是荆州区文物保护单位。面积约1.35万平方米，文化层厚1米左右。采集有石斧和泥质灰陶绳纹板瓦残片等[③]。2016年4～10月荆州博物馆对该遗址进行了发掘清理，发现石家河文化的房址、灰坑、灰沟、祭祀坑等遗迹20多处，遗址内还发现东周和西汉时期墓葬50多座。并更名为凤凰地墓地。值得注意的是的该墓地据郢城东门极近，直接于城门外安葬是个比较奇怪的现象。

---

① 荆州地区博物馆：《江陵王家台15号秦墓》，《文物》1995年第1期。
② 第三次全国文物普查资料。
③ 国家文物局：《中国文物地图集·湖北分册（下）》，西安地图出版社，2002年，第147页，第16条。

6）岳山墓群。

郢城东南约500米为岳山墓群。岳山位于荆州城东北约2.5千米处，此处原为南北向岗地。1986年初进行勘探时发现了一批古墓葬，同年秋发掘出秦汉墓葬40余座。其中秦墓主要分布在南端的高岗地上，之间无叠压关系，保存也较完整；而汉墓分布较普遍，汉墓一般较秦墓浅，汉墓多数打破秦墓①。反映出这一小区域内，在汉代的生活人口较秦代有显著增加。

7）擂鼓台墓群。

岳山寺以东约300米为擂鼓台墓群，擂鼓台墓地位于荆州市荆州区岳山村，西南距荆州城约3千米，南距草市街约2千米。1991年抢救性发掘了2座秦墓，据出土器物推断墓葬时代为秦统一之后至西汉前期②。

据最新的考古调查资料显示郢城南垣以南800米内的区域密集分布着30余处初步判断时代为东汉的墓葬遗址。其中做过发掘工作的窑台遗址及墓地、刘家台墓地与夏家台墓地、西胡家台墓地、严家台墓地、悦汉宋墓葬已经可以确定有秦、西汉墓葬。

8）窑台遗址及墓地。

2017年发掘的窑台遗址及墓地位于荆州市荆州区郢城镇郢南村三组，其西临楚南路，南距楚源路约150米。该文物点为一东西向长方形台地，中部略高于四周，台面高出四周地面约0.5米，面积约5000平方米。地面采集到东汉墓砖、筒瓦残片③。虽为墓地，但仍存在建筑遗迹。

9）刘家台与夏家台墓地。

刘家台墓地与夏家台墓地位于荆州区郢城镇荆北村与郢南村交界处，2014年8月16日～2015年8月15日，荆州博物馆在此发掘战国至宋代的古墓葬476座，其中战国墓350座。发掘情况表明，战国时期的墓葬有两种不同的棺椁形制，代表两种不同的文化，以弧形棺为代表的楚文化和以方棺为代表的秦文化，为研究战国晚期楚秦之间的文化交流提供了不可多得的实物资料④。刘家台与夏家台墓地可以反映出，战国末期秦占故楚都，置南郡、江陵县后，秦移民与楚遗民是杂居在一起的，且两者之间有通婚的情形，虽然这种通婚是单向的，但确实反映出秦南郡、江陵县治下的族群融合是在进行之中。另外，向荆州博物馆考古人员了解到，这一区域内还发现有建筑台基。

10）西胡家台墓地。

荆州西胡家台墓地位于湖北省荆州市荆州区郢城镇郢南村二组，距荆州城东北城垣1750米，距郢城西南部城垣400米。2013年，清理西汉、东汉、六朝、宋、明时期古墓葬27座。10座汉代墓葬出土铜钱均为"五铢"，不见新莽钱币"大泉五十"。因此本次发掘的10座西汉墓时代均应为西汉晚期，下限为新莽之前⑤。

---

① 湖北省江陵县文物局、荆州地区博物馆：《江陵岳山秦汉墓》，《考古学报》2000年第4期。

② 荆州市荆州区博物馆：《荆州擂鼓台秦墓发掘简报》，《江汉考古》2003年第2期。

③ 荆州博物馆荆北新区考古调查资料，据最新的发掘情况来看，其中包含西汉墓。

④ 田勇：《刘家台墓地与夏家台墓地战国墓发掘情况简介》，《纪南城考古发掘四十周年学术研讨会会议论文集》，江汉考古编辑部，2015年。

⑤ 荆州博物馆：《湖北荆州西胡家台墓地发掘简报》，《文博》2016年第2期。

11）严家台墓地。

郢城西南方约600米处为严家台墓地。严家台墓地位于荆州市荆州区郢城镇荆北村五组，南距荆州古城2千米。2013年，荆州博物馆在严家台墓地发掘墓葬11座，年代涵盖秦、汉、唐、宋、明等历史时期。其中M6出土了一件铭文铜铍上有"十四年少府工佗"，据考证，为秦王政十四年，即公元前233年。

12）和悦汉宋墓葬。

和悦汉、宋墓葬群位于湖北省荆州市荆州区郢城镇荆北村五组，除西部有一小型台地外，地势大部分较平坦。2013年冬荆州博物馆对这一区域进行了考古勘探。2014年春对勘探发现的古墓葬进行了发掘，揭露面积525平方米，清理出西汉墓葬3座（M1～M3），出土器物均以陶器为主，主要有罐、盂日用器和仓、井、灶明器，仅见铜钱和铜饰件等少量铜器。

通过以上材料我们可以发现，在第一圈层内也是存在遗址的，表明第一圈层内的墓葬也不必然是郢城居民的墓葬。秦汉江陵县的居民并不都是生活在郢城内的。

（二）外围乡里构成的区块结构

1. 第二圈层：周边乡邑

将处于中等距离（1千米以外、3千米以内）区域内的墓葬拟为周边乡邑，划分为第二圈层。

（1）西北区块

郢城西北方向至纪南城东南角之间，分布着高台墓群、杉树林墓地、三步二道桥墓地、松柏汉墓和凤凰山墓群。

1）高台

高台墓群位于荆州城以北约5千米处的荆州市荆州区纪南镇高台村。墓地的西北面是丘陵地带，东面是湖泽，南距长江不足10千米。墓地以西不足100米处是楚故都纪南城的东城墙，纪南城的东城墙在这里恰好有个折而向东再向北延伸的转角，所以墓地以北约80米处亦是城墙，且西、北两面恰好挨着纪南城的护城河。墓地的东南面有郢城，其间相距约3.5千米。墓地东南约3千米处即是长湖的外围湖庙湖，庙湖南岸不远有著名的鸡公山旧石器时代遗址以及鸡公山战国秦汉墓地。高台墓地与凤凰山秦汉墓地相距仅200米之遥[①]。

高台墓地面积12.7万平方米，曾清理44座秦汉时期长方形竖穴土坑墓。出土大批珍贵文物，尤其是漆器，M4、M5、M18等墓中还出土了一批竹简和木牍。高台墓地台地中部偏西原有一高出地面约4米的圆形高台，高台因此而得名。1992年荆州博物馆在高台墓地清理发掘45座墓葬，除M22外，其余44座为秦汉墓。根据墓葬分布与排列的情况，高台墓地应是由几个（至少4个）家族墓地构成。通过对出土器物组合及变化，时代在秦至西汉中期前段。

---

① 湖北省荆州博物馆：《荆州高台秦汉墓》，科学出版社，2000年，第1、2页。

2009年又发掘了汉墓M46。M46椁室面积约11平方米，是荆州西汉墓中较大者，墓主生前的社会地位应在汉代第六级至第九级爵之间。根据器物组合特征，与高台秦汉墓二期4段相近，时代大概在西汉早期后段，即元狩五年（前118年）以前的武帝初年。

2）杉树林墓地。

杉树林墓地位于荆州市荆州区郢城镇郢北村七组，2011年秋荆州博物馆对该墓地进行了发掘，共发掘墓葬9座，时代为西汉、东汉和清①。

3）三步二道桥墓地。

三步二道桥墓地位于荆州市荆州区郢城镇高台村四组，2012年2～4月荆州博物馆对该墓地进行了发掘清理，共发掘墓葬11座，其中西汉墓9座、东汉墓2座②。

4）松柏汉墓。

松柏1号汉墓位于荆州市荆州区纪南镇松柏村六组，西距凤凰山一六八号汉墓约340米，南据纪南城外的高台秦汉墓地约380米③。2004年底荆州博物馆抢救性发掘了汉墓4座（编号M1～M4）、东周古井2口（编号J1、J2）。M1西距凤凰山M168汉墓约340米，南距纪南城外的高台秦汉墓地约380米。出土有铜器、陶器、漆木器和简牍。其中木牍63块，木牍上的内容一是记录部分随葬品器物的名称和数量的遣册；二是包括南郡及江陵西乡等地的户口簿、正里簿、免老簿、新傅簿、罢癃簿、归义簿、复事算簿、现卒簿、置吏卒簿等各类簿册；三是记载秦昭襄王至汉武帝七年历代帝王在位的年数的叶书；四是汉文帝颁布的部分律令；五是汉武帝时期的历谱；六是墓主人周偃的功劳记录；七是汉景帝至汉武帝时期周偃的升迁记录及升调文书等公文抄件。出土的漆耳杯和器圆盘等刻有"周"字，根据木牍可知是墓主周偃，其官职是"江陵西乡有秩啬夫"，其爵位是"公乘"④。

下葬于汉武帝早期的松柏1号墓墓主周偃（为江陵西乡一位管理司法、税收的基层官吏）陪葬的这些木牍信息也能帮助我们了解两千多年前江陵县究竟是如何运转的。

松柏M1是郢城周边有纪年资料和墓主确切身份的西汉墓葬，出土随葬器物组合时代特征明显。墓葬所在地可能是江陵西乡所在。

5）凤凰山墓群。

凤凰山在春秋战国时期楚故都纪南城的东南隅，南距荆州城约5千米。1974年，考古工作者对整个凤凰山墓地进行普遍探查，发现有自秦汉以来的古墓葬180余座。1975年先后在凤凰山发掘，共发掘秦汉木椁墓20余座，其中有著名的凤凰山168号墓⑤。M168出土器物500多件，

① 荆州博物馆：《凤凰大道（207国道——荆襄外河西岸）考古勘探报告》，2015年。

② 荆州博物馆：《荆州三步二道桥墓地考古发掘简报》，《荆州郢城遗址——考古调查、勘探与试掘》，科学出版社，2021年。

③ 荆州博物馆：《湖北荆州纪南松柏汉墓发掘简报》，《文物》2008年第4期。

④ 朱江松：《罕见的松柏汉代木牍》，《荆州重要考古发现》，文物出版社，2009年，第209页。

⑤ 湖北省文物考古研究所：《江陵凤凰山一六八号汉墓》，《考古学报》1993年第4期。

该墓还出土了一具保存完好的男尸，名遂，爵位为五大夫①。根据出土的竹牍所记"十三年五月庚辰"，这座墓的年代为汉文帝前元十三年（前167年）五月十三日。M167为无墓道的竖穴土坑墓，葬具为一椁一棺，随葬陶器（仓、灶、釜、甑和瓮、罐等）、漆器和木俑。出土的竹简遣册可以与出土器物相对照。

（2）东北区块

郢城东北方向分布的秦汉墓葬有黄山墓群、印台墓地。

1）黄山墓群。

黄山古墓群位于荆州市荆州区郢城镇黄山村八组、彭湖村一组，墓群处于一条东西走向的岗地上，东西长2500、南北宽600米，2002年6月～2004年10月，荆州博物馆对该墓地进行了抢救性发掘，共发掘古墓葬600余座，这些墓葬的时代有战国、秦汉、六朝和宋代。

2）印台墓地。

印台墓地位于岳桥古墓群内，太湖港南岸，在荆州市沙市区关沮镇岳桥村四、五组，地处沙市区西北角，西与荆州区接壤。这里地势高亢，土壤贫瘠，不易耕作，又紧邻湖泊，自古就辟为茔地。印台以西为肖家草场墓地，1991年原沙市市博物馆在此发掘了36座秦汉墓。考古发现，岳家草场墓地与肖家草场墓地、印台墓地的墓葬年代、规模相当，且位置相连，应属同一个墓地②。这一区域墓葬的密集反映出当时人口的集中。

（3）东部区块

郢城正东分布的墓葬有扬家山墓地、朱家山墓地、谢家桥墓地和稍远的关沮秦汉墓地。

1）扬家山墓地。

郢城东垣约1.5千米处有扬家山墓地。扬家山墓地位于湖北省荆州市荆州区郢城镇一座南北走向的土岗上，西南距荆州城约4千米，西北距楚故都纪南城约5千米。紧临土岗东有一条太湖港河由南往北流去。1990年冬对整个墓地进行了发掘，共发掘不同时代的古墓葬178座，其中绝大多数为秦汉墓，共127座。

2）朱家山墓地。

与扬家山墓地南北相连的是朱家山墓地。朱家山墓群位于荆州市荆州区郢城镇岳山村三、四组，墓区东抵太湖港，南抵沙市清河村六组，西侧为农田，北侧为渔池。朱家山墓群和杨家山墓地南北相连，总长700、宽200米，均为台地。2008年10～12月荆州博物馆曾经进行过考古发掘。根据荆州博物馆以前发掘的情况，墓地大部分为秦汉墓葬，保存状况一般（三普资料）。

3）谢家桥墓地。

谢家桥墓地位于荆州市沙市区关沮镇清河村六组，地处郢城遗址以东约2千米处，西北距楚故都纪南城遗址约5.5千米，面积约1.5万平方米。据其中谢家桥一号墓中的竹牍《告地书》记载，该墓下葬的年代为"五年十一月癸卯朔庚午"，即西汉吕后五年十一月二十八日（前

① 滕壬生：《凤凰山西汉古尸的出土与研究》，《荆州重要考古发现》，文物出版社，2009年，第175页。

② 郑忠华：《印台墓地出土大批西汉简牍》，《荆州重要考古发现》，文物出版社，2009年，第204页。

184年12月26日）。"西乡……郎中五大夫昌自言，母大女子恚……"反映出墓主人为女性，名恚。"有四子一女，长子昌为五大夫，贞、竖为大夫，乙为不更，都有一定的爵位。"[①]谢家桥一号墓只是谢家桥汉墓中的一座，且周围还有其他同时期墓群。

这里值得注意的是墓主人的长子昌在告地书中自言为西乡郎中，前文松柏1号汉墓墓主周偃为江陵西乡有秩啬夫。两处都涉及"西乡"，昌的履历虽不明晰，但从其母离世时间来看，当是汉初无误。而周偃的主要升迁记录及升调文书为汉景帝至汉武帝时期，与昌的生活年代十分接近；昌的爵位为五大夫，周偃的爵位为公乘，按二十等爵来看，甚至不排除昌恰为周偃上级的可能性。至于"西乡"所在，则更倾向在郢城以西的位置。

4）关沮秦汉墓地。

周家台位于荆州市沙市区西北郊的太湖港东岸，西距郢城东垣1.7、西南与荆州古城相隔4.4千米[②]。湖北省荆州市周梁玉桥遗址博物馆（原湖北省沙市市博物馆）于1992年11月发掘清理了萧家草场26号汉墓，随后又于1993年6月发掘清理了周家台30号秦墓。两墓出土了大批器物及简牍。周家台30号秦墓出土了387枚竹简，其中有秦二世元年历谱，为江陵地区年代较为可靠的年代墓。

（4）西南区块

郢城西南方有著名的张家山墓群。

湖北江陵张家山，东南距荆州城约1.5、东北距楚故都纪南城约3.5千米。墓群面积约1.2万平方米，曾发掘3000余座长方形竖穴土坑墓，时代为战国和汉。1983年12月～1984年1月，荆州地区博物馆在张家山墓地清理了汉墓3座（编号M247、M249、M258）[③]。三座墓共出竹简1600余枚[④]。张家山汉简的出土及整理、发表，为我们了解两千多年前的基层社会提供了重大线索。

2. 第三圈层：县域边缘

我们将这一时期墓葬遗址较为稀疏的区域——庙湖以北、关沮以东的更外围区域（3千米以外）暂视为县域边缘区。这里值得关注的是九店秦墓和楚遗民墓。

九店墓地西南距纪南城1.2～1.5千米，南距荆州城约8.5千米，北距九店2千米[⑤]。九店墓地有5座战国晚期后段偏早的洞室墓，洞室墓是关中地区秦人的习俗，"九店报告认为这些洞室墓应当是秦军占领江陵后不久下葬，由于无秦器可用，只好采用楚器随葬，并敢于冒江陵地区土质易于塌方的危险掏挖洞室，这一批随葬楚式器物的洞室墓为江陵地区最早的战国秦

① 杨开勇：《谢家桥1号汉墓》，《荆州重要考古发现》，文物出版社，2009年，第194页；荆州博物馆：《湖北荆州谢家桥一号汉墓发掘简报》，《文物》2009年第4期。

② 湖北省荆州市周梁玉桥遗址博物馆：《关沮秦汉墓清理简报》，《文物》1999年第6期。

③ 陈耀钧、阎频：《江陵张家山汉墓的年代及相关问题》，《考古》1985年第12期。

④ 荆州地区博物馆：《江陵张家山三座汉墓出土大批竹简》，《文物》1985年第1期。

⑤ 湖北省文物考古研究所：《江陵九店东周墓》，科学出版社，1995年，第1页。

墓"①。由此推测，此处应是秦人初至江陵，尚未融入当地且未知其基本地理条件，所以虽然九店墓地主要是东周墓，但依然将其纳入考虑范围，为县域边缘地带。

3. 第四圈层：县域边界

秦汉时期的县级政区是否都存在明确的边界，还很难说。唯一可知的是北大藏秦水陆里程简载：

> 销到当阳乡九十三里，到江陵界卅六里。【04-060】
> 当阳乡到江陵百廿三里。【04-072】②

这为我们指明秦江陵县应当是存在官方设定的北界，销县至当阳乡为93秦里，当阳乡至郢城北为123秦里，则销县至郢城北为216秦里，而销县至江陵界为36秦里，可算出郢城北至江陵界为180秦里，换算今制约为75千米。

至于西界、南界最大可能性是受荆江河道限制，东界可能是受云梦泽限制。

根据《中国文物地图集·湖北分册（下）》③，删去其他时段墓葬信息，增加最新考古动态绘制了如图2所示的荆州市区秦汉墓葬遗迹分布图。

由图2可以直观地感受到，荆州市区的秦汉遗址和墓葬分布是以郢城为核心的，除正西面外，郢城的北、东、南三面均分布着规模不小的遗址和墓葬群。

北面严家草场遗址和胡家山遗址，虽然都不大，但遗存的绳纹砖和板瓦都是建筑痕迹，说明有人聚居于此。西北向纪南城方向依次分布有鸡公山墓群、王家台墓群、高台墓群、松柏汉墓、凤凰山墓群，这几处墓地不仅有简牍出土，还有种类丰富的陪葬器物。同时也能看到纪南城作为一座被摧毁的都城，在秦汉时被贵族和中下层吏员辟为了墓地。

东北方稍远的九店墓群中，发现有5座江陵地区最早的战国秦墓，并且有秦拔郢后的楚遗民墓，反映了秦统治楚地之初，秦人是与楚遗民杂居的。

郢城的东面，秦汉墓的分布较为密集，在距郢城稍远的今荆州区与沙市区交界处，密集分布着秦汉墓葬，有印台墓地、谢家桥墓地、黄山墓群等，距郢城最近的是余家草场墓地和凤凰地墓地。其中印台、谢家桥都出土有简牍，这些说明郢城以东地区为秦汉江陵县的重点区域，可能有大量人口聚集在这一区域。

南面可能受长江所限，只有岳山、擂鼓台、夏家台、西胡家台墓地和马眼桥这些离郢城很近的文化遗存。

比较独特的是张家山墓群，唯有这个墓群孤立于郢城西南方，隔着纪南城之南与郢城之西

---

① 尹弘兵：《江陵地区战国晚期至秦代墓葬初探》，武汉大学硕士学位论文，2005年，第14页。
② 辛德勇：《北京大学藏秦水陆里程简册初步研究》，《出土文献》（第四辑），中西书局，2013年，第225页。
③ 国家文物局：《中国文物地图集·湖北分册（下）》，西安地图出版社，2002年，第159、160页。

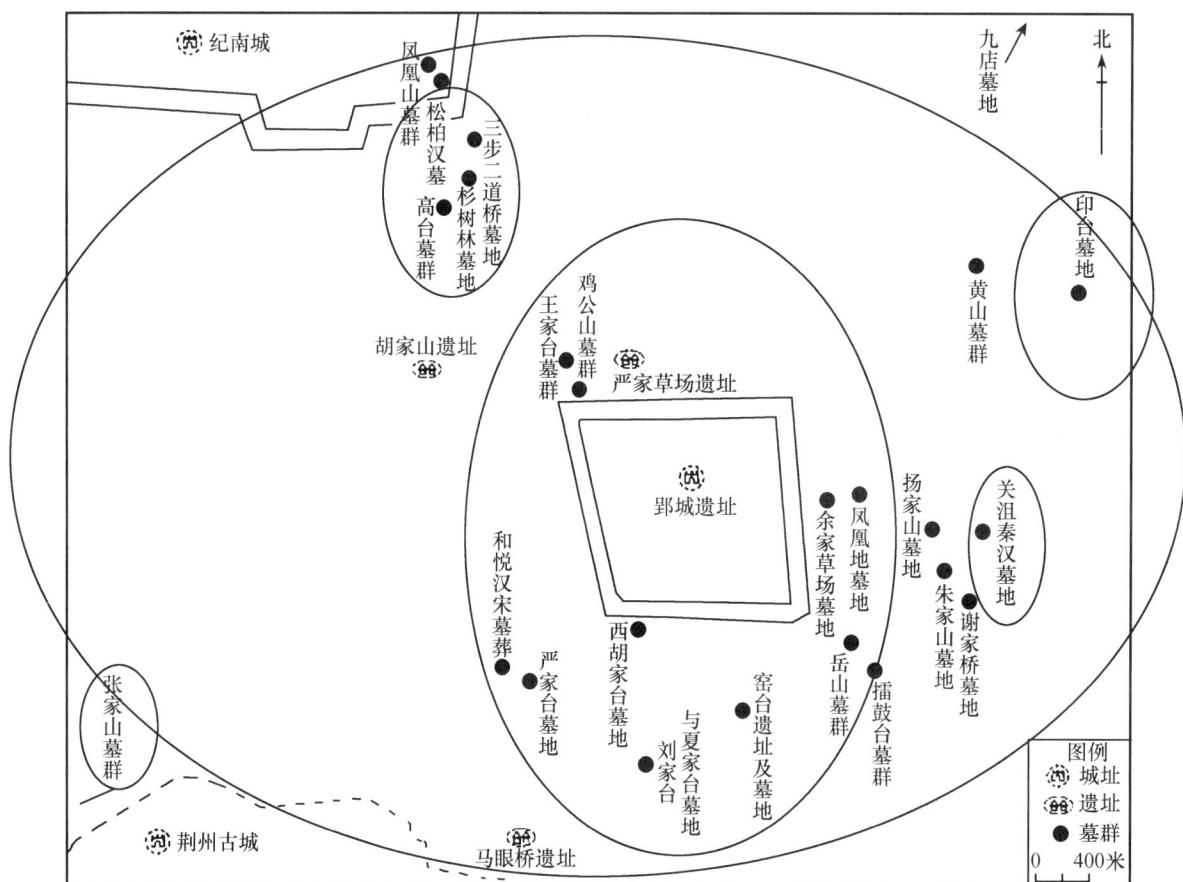

图2　荆州市区秦汉墓葬遗迹分布图

的大片空地。可能是受自然条件的限制未能开发。

综上所述，假设人们经常活动的范围就是落后生产力条件下，一个文明社会的影响范围，那么根据考古材料可以推断出的结论就是：秦汉时期江陵县主要县域范围就是以郢城为中心。

郢城的夯筑城垣以及城外的护城河都说明，郢城是具备军事防御功能的，可能本身就是一座军事性质的城堡。今荆州市区作为故楚核心区，对于秦人来说，占领此地后，对故楚遗民的统治需要一定的军事防御措施和相应的设施，同时，南郡不仅是新占领地区，更是前线，因而秦对南郡、江陵县的统治必然带有军事色彩，在此情形下，秦军在摧毁纪南城之后，于纪南城附近另建城池作为秦在这一区域的统治核心是可以想象的，因此秦江陵县以郢城为核心是合乎情理的。从考古资料的分析来看，虽然郢城只是一座小型的军事城堡，但秦江陵县有很大可能就是位在郢城。郢城所谓的"小"，也只是相对于纪南城而言，如果相对于同时期荆襄地区一般县城的规模而言，就目前所知，襄阳邓城遗址、南漳临沮城遗址、钟祥罗山遗址，可能为楚汉时期的邓县、临沮县、䣄县所在，这些遗址面积只有50万～60万平方米，郢城面积2平方千米。与这些楚汉县治相比，郢城确实当得起南郡首县之名。

郢城遗址正在发掘过程中，因此对郢城的认识还有很大的空间。虽然可以确定郢城遗址有极大可能就是秦汉江陵县所在，且具有浓厚的军事性质，但对于郢城的具体内涵，在未经大规模考古工作的前提下我们的认识还极为有限，因此并不能假设秦汉江陵县的大部分人口都是居住在郢城之内的。但不管如何，秦汉江陵县的人口应该也是以郢城为中心分布的，在较为靠近城墙的区域内集中生活，因此算上不会常去但又不得不活动的墓葬区域，可以大致估算出秦汉江陵县的郢城居民主要活动在直径1千米的范围内，周边乡邑不超过直径3千米的范围，至于这个范围的外缘，在此一县域的统治无法触及的空间，也许就应当是另一行政区域的位置。

纪南故城到郢城之间的区域作为西汉早期贵族或吏员的墓葬区，到东汉时期衰落，人们倾向将死后的安身之所转移到郢城之西、纪南城之南的区域，而这一区域在秦至西汉时期恰恰是一片空白区域，尚需要新的考古材料来解释。

四、结　语

江陵历史悠久，是千年古城亦是千年古县，1982年为国务院公布的全国首批24处历史文化名城之一，作为江陵起源的楚都纪南城，1961年被国务院公布为首批重点文物保护单位。江陵地区从楚郢都迁于纪南城之后，是战国时楚国的政治、经济、文化中心，自秦置江陵县后，江陵一直是州郡治所，亦是湖北地区的中心城邑之一，是湖北历史文化的代表性地理标志。

从战国时代起，江陵地区的地名经历了"郢""渚宫""江陵""荆州"的一系列变化，"郢"因楚国迁徙而失去了楚都的地位，"渚宫"逐渐成为后世文人怀古时所用的文学意象，"江陵"地名则长期保留，自秦以后一直未改。江陵地区的中心城邑在地理空间上，也经历了从纪南城到郢城，再到荆州城的转变。郢城当是纪南城被废后，出于政治目的新建的一座城。伴随着人口的增加以及长江主河道的南移，交通及经济重心随之改变，郢城的地位逐渐被取代，最终在荆州城建成后衰落。

通过对郢城遗址及其周围的秦汉遗存进行分析，尽可能地摒除现代建筑的干扰，复原出了这一地区在当时的自然地貌：郢城以北的长湖，到明代南岸筑堤围湖才基本成形。可以大致推断，现在横亘于郢城以北的水域在秦汉时并未对这一区域的开发造成阻碍；而诸多证据表明长江主泓在历史时期是不断南移的，比现今的位置要更北，因此秦汉时期的郢城比现在离长江更近一些。郢城西北方向的纪南故城在秦汉时期已经废弃，可作为郢城西北的一处高地看待，其东南为凤凰山与高台，地势的确较高；郢城正北为鸡公山，这里不仅是旧石器时代遗址，也有自春秋中晚期延续至明清的墓群，可见这里地势长期高于周围，是重要的人类活动区域；郢城东南方为岳山岗地，绵延至擂鼓台。而郢城以西的遗址、墓葬空白区域也许可以推断为由于地势较低而处于偶尔被洪水淹没的状态，故未被古人利用。

在复原这一区域微地貌的基础上，通过分析周边同一时期的墓葬、遗址分布情况，对战国晚期到西汉早期江陵县，这一新设立的县级政区的空间形态进行了初步探索。假设在落后生产力条件下，人们经常活动的范围就是一个文明社会的影响范围，那么根据考古材料可以推断出的结论是：秦汉时期江陵县主要县域范围就是以郢城为中心。虽不能肯定秦汉江陵县的大部分人口居住在郢城之内，但秦汉江陵县的人口应该也是以郢城为中心分布的，在较为靠近城墙的区域内集中生活，因此算上不会常去但又不得不活动的墓葬区域，可以大致估算出秦汉江陵县的郢城居民主要活动在直径1千米的范围内，周边乡邑不超过直径3千米的范围，至于这个范围的外缘，在此一县域的统治无法触及的空间，也许就应当是另一个行政区域的位置。

明清以来，荆州府治长期稳定在江陵，江陵与荆州可互相代称。但在20世纪末的政区调整中，江陵地名离开延续千年的原地区移至郝穴镇。政区调整发生的地名变更导致历史文化传承中断，是国内政区调整中的一个突出问题，此问题已引起社会的广泛关注。著名学者郭德维亦曾针对江陵地名问题撰文呼吁，应该保护这份珍贵的历史文化遗产[1]。同时，提醒我们在做相关历史研究的时候，要注意"时过境迁"，辩证地对具体的时空及其承载的文化演进过程做出科学的复原。

附记：本文是2018年4月至2019年8月，湖北省社会科学院研究生李润晨在荆州郢城遗址考古实习期间完成的硕士论文。

---

① 郭德维：《江陵之名不可丢》，原载《要文摘报》2003年第12期，《人文荆州》2009年第9期转载，《世纪行》2010年第7期再转载；收入氏著：《楚史·楚文化研究》，湖北人民出版社，2012年。

后　记

本报告主编刘建业，副主编郑雷、汤琪琪、陈程。

第一章由汤琪琪、刘建业执笔；第二章由刘建业、汤琪琪执笔；第三、四章由刘建业、陈程执笔；第五、六章由刘建业执笔；序言的英文翻译由汤琪琪完成。报告初稿形成以后，由郑雷、刘建业修改定稿。报告中图版照片由彭巍拍摄，测绘图由谢章伟完成。器物线图由王家鹏、朱枫、湖北创图文物保护有限公司绘制。报告排版由刘建业、王家鹏完成。参加发掘的人员先后有刘建业、朱江松、王家鹏、陈程、王家正、谢章伟、刘中义、李润晨、胡鹏程、张黎涛、何慧芳、石旭、孟珂珂、储佩君、李正榕等。

本报告中的田野工作，得到了荆州市文化和旅游局、荆州纪南生态文化旅游区文物局的大力支持。荆州市文化和旅游局副局长王立静，荆州博物馆党委书记郑雷、馆长王明钦、党委副书记李亮、副馆长贾汉清、彭昊、杨开勇对报告的整理与出版给予了极大的关心与支持。一些具体问题，得到王红星先生、湖北省文物考古研究院周国平研究员、长江大学历史系主任卢川博士的指导，在此一并致谢。此外，感谢朱江松先生对郢城遗址考古工作的推进做出的重大贡献。

本报告整理、编写、出版经费由国家文物保护专项资金资助。

这本报告是继《荆州郢城遗址——调查、勘探与试掘》出版之后，关于郢城遗址的第二部报告，从发掘到整理、再到报告编写历经两个寒暑，凝聚了全体工作人员的辛劳汗水。报告不敢言其有俯视全景的视野，有的只是田野资料的如实报道；不敢言其有理论深度，只为研究者提供基础资料。所以，我们十分真诚地希望读者批评指正。

编　者
2023年2月

1. 西北角台基发掘探方全景航拍
（上为北）

2. ATN136E49垮塌散落瓦片

3. ATN136E50垮塌散落瓦片

西北角台基发掘现场

1. BG1（南—北）

2. 东城门北侧城垣垮塌瓦砾堆积全景

东城门发掘现场

1. 东城门航拍

2. 东城门发掘全景

东城门发掘现场

1. Q1近景（北—南）

2. Q1近景（西北—东南）

Q1发掘现场

1. Q1近景（西南—东北）

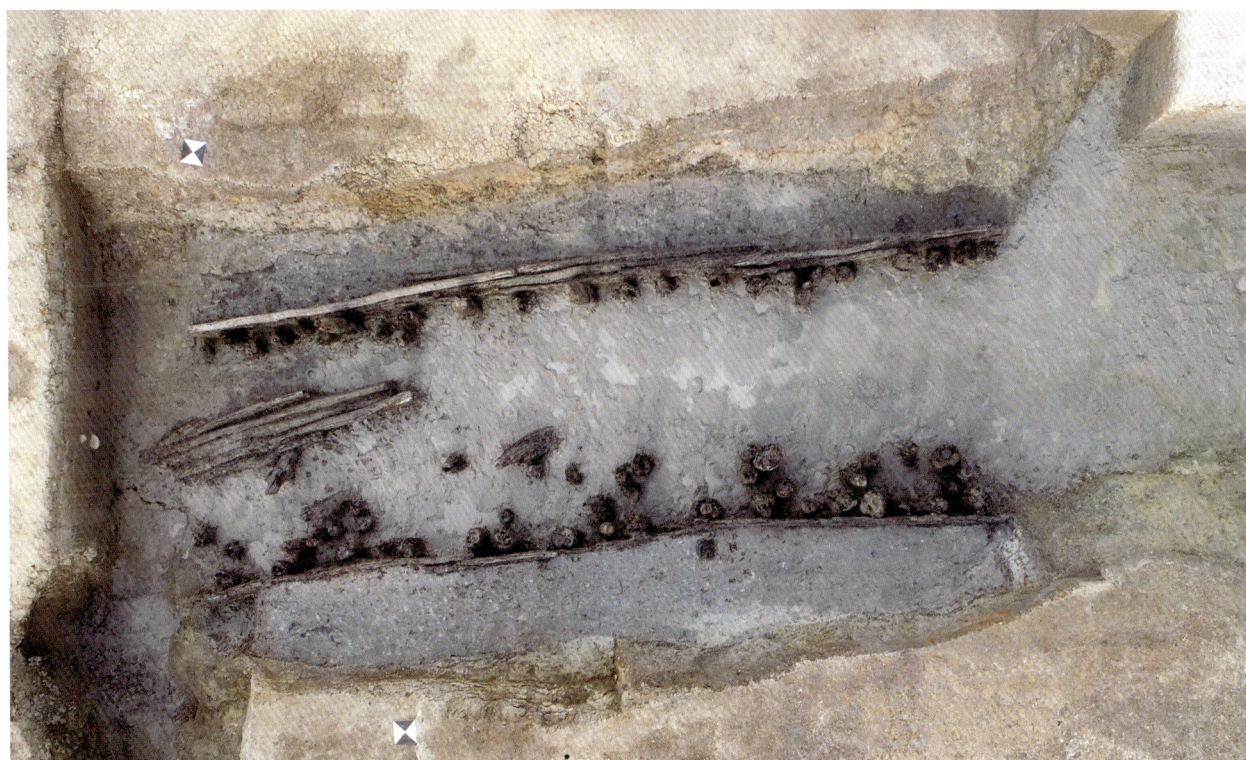

2. Q1全景（左为北）

Q1发掘现场

1. Q2、Q3中心水系全景（右为北）

2. Q2近景（东南—西北）

Q2、Q3发掘现场

1. Q2近景（西南—东北）

2. Q2鸟瞰（南—北）

Q2发掘现场

1. Q3木桩及挡板（北—南）

2. Q3近景（东—西）

Q3发掘现场

1. Q3近景（西—东）

2. Q3近景（东—西）

3. Q3鸟瞰（西南—东北）

Q3发掘现场

MG1发掘现场（左为北）

1. MG1北段（东北—西南）

2. MG1北段（东南—西北）

MG1北段发掘现场

1. MG1北段局部（东—西）

2. MG1北段与南段交汇处（东北—西南）

3. MG1北段与南段交汇处（东北—西南）

MG1北段发掘现场

1. MG1南段盖板（东—西）

2. MG1南段结构（北—南）

3. MG1南段墙板撑木（南—北）

MG1南段发掘现场

1. MG1全景（东南—西北）

2. MG1全景（南—北）

3. MG1全景（西南—东北）

MG1发掘现场

1. MG1全景（北—南）

2. MG1全景（东南—西北）

MG1发掘现场

1. MG1全景（南—北）

2. MG1全景（西南—东北）

MG1发掘现场

1. F1、F2航拍拼合图（上为北）

2. AK1全景（南—北）

房基和AK1发掘现场

1. AM1全景（西—东）

2. AM2全景（西南—东北）

AM1、AM2发掘现场

1. AM3全景（南—北）

2. AM4全景（东北—西南）

AM3、AM4发掘现场

1. F1Q2局部

2. F1Q6（北—南）

F1发掘现场

1. F1Q5局部（南—北）

2. F1Q2、F1Q3、F1Q6交汇处（南—北）

F1发掘现场

1. F1Q3与F1Q5交汇处（南—北）

2. F1Q1与F1Q2交汇处（南—北）

F1发掘现场

1. F1Q4局部（北—南）

2. F1Q2分层堆积（西南—东北）

F1发掘现场

1. F1Q1与F1Q4交汇处（北—南）

2. F2Q1与F1Q2交汇处（东—西）

F1、F2发掘现场

1. F2Q1局部（东—西）

2. F2Q2（西—东）

F2发掘现场

1. AL1全景（南—北）

2. Z1（南—北）

AL1、Z1发掘现场

1. Z2（南—北）

2. Z3（南—北）

Z2、Z3发掘现场

1. Z4（南—北）

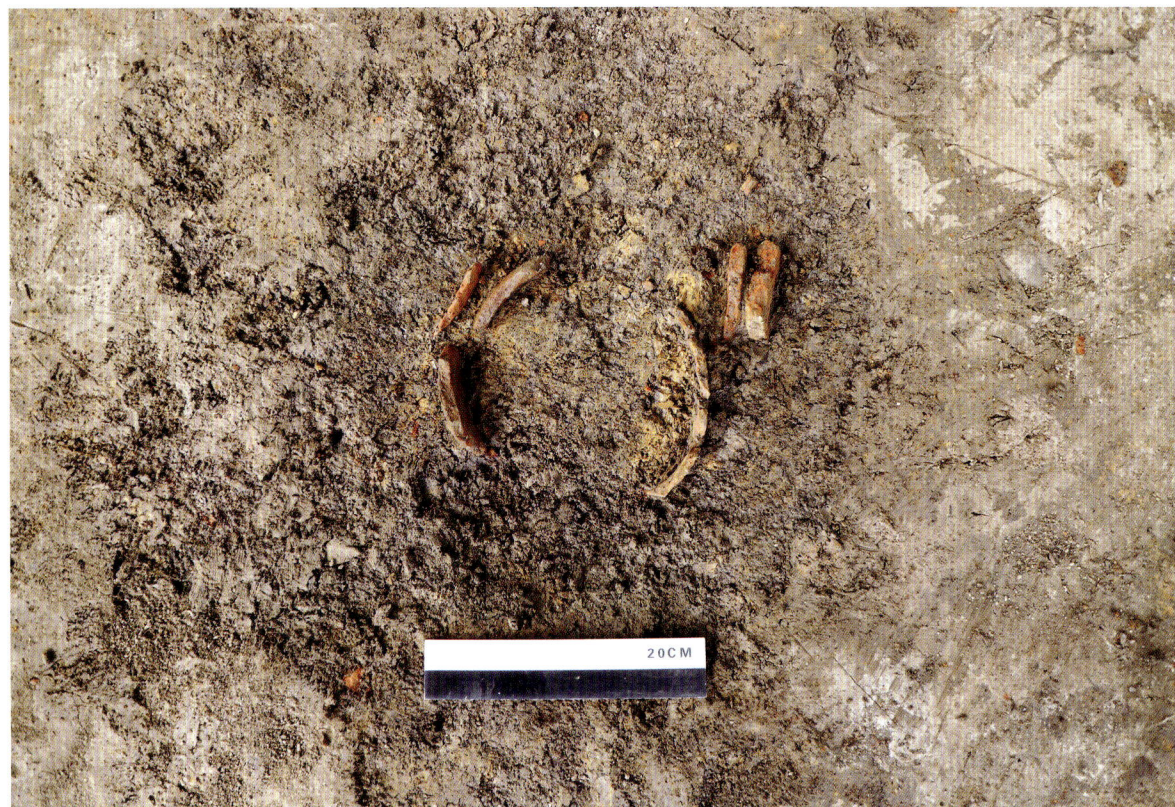

2. Z5（南—北）

Z4、Z5发掘现场

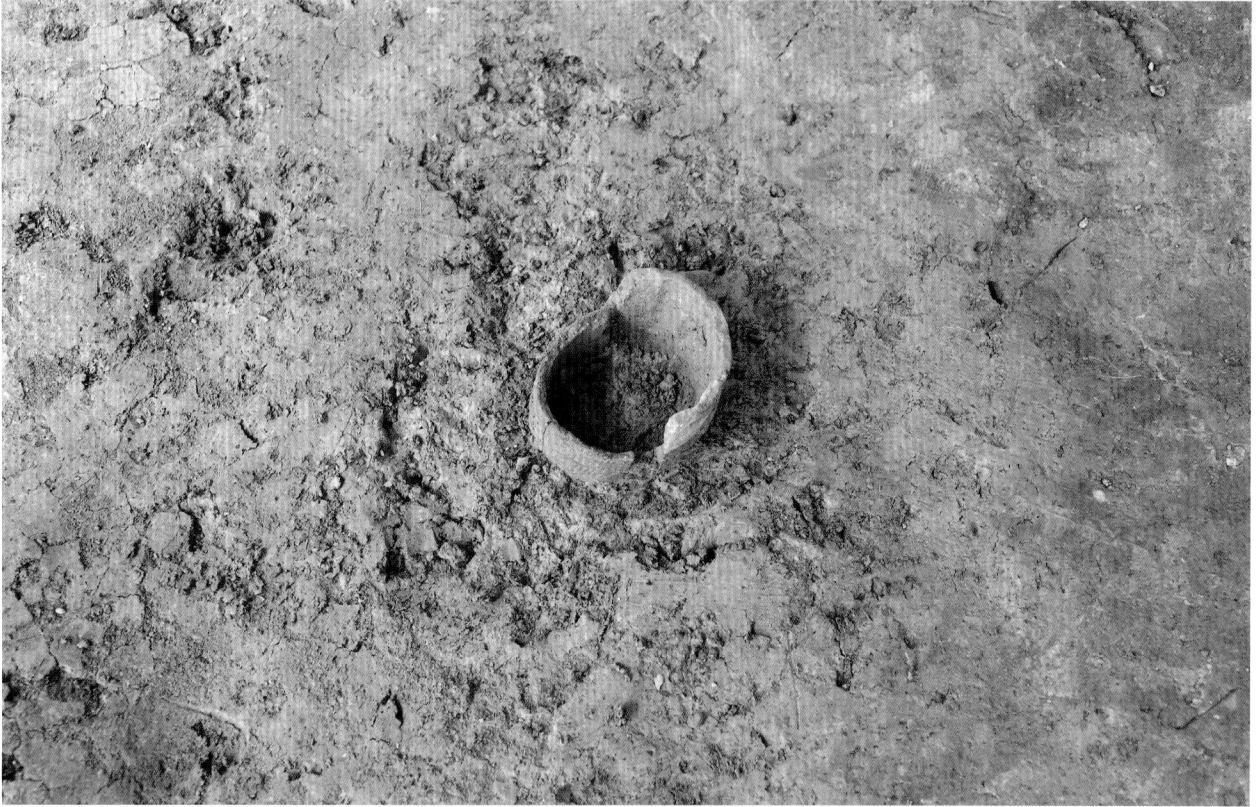

1. Z6（南—北）

2. Z7（南—北）

Z6、Z7发掘现场

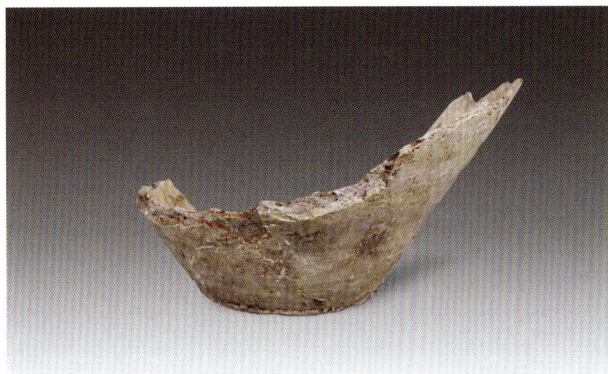

1. 罐底（Q2①：11）

2. 罐底（Q2①：13）

3. 盂底（Q2①：16）

4. 罐底（Q2②：54）

5. 罐底（Q3①：5）

6. 甑底（Q3①：8）

7. 罐底（Q3①：11）

8. 盂底（Q3①：13）

出土陶器底

1. 盆（BTN8E35②：11）

2. 罐（Q2①：6）

3. 瓮（Q2①：22）

4. 盆（Q2①：25）

5. 盆（Q2①：27）

6. 盆（Q2①：31）

出土陶器口沿

1. 盆（Q2①：33）

2. 盂（Q2①：35）

3. 盆（Q2②：1）

4. 盂（Q2①：3）

5. 盆（Q2②：4）

6. 盆（Q2②：5）

出土陶器口沿

1. Q2②：6

2. Q2②：10

3. Q2②：13

4. Q2②：14

5. Q2②：18

6. Q2②：26

出土陶盆口沿

1. Q2②：34

2. Q2②：69

3. Q2②：70

4. Q2②：71

5. Q2②：72

6. Q2②：74

出土陶盆口沿

1. 罐（Q2②：78）

2. 瓮（Q2②：81）

3. 瓮（Q2②：82）

4. 罐（Q2②：84）

5. 罐（Q2②：86）

6. 瓮（Q2②：90）

7. 瓮（Q2②：88）

出土陶器口沿

1. 瓮口沿（Q2②：91）

2. 瓮口沿（Q2②：92）

3. 罐口沿（Q2②：95）

4. 盆口沿（Q3②：9）

5. 盆口沿（Q3②：11）

6. 瓮口沿（Q3②：13）

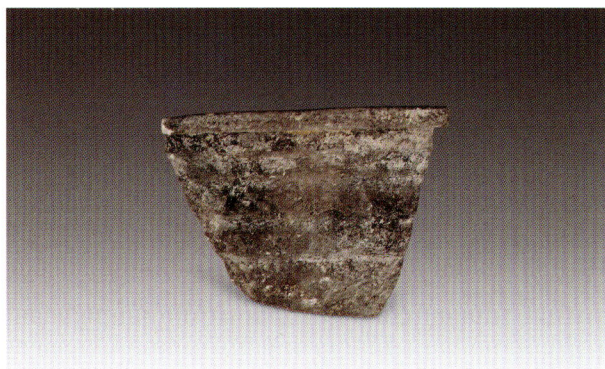

7. 盂口沿（Q3②：16）

8. 罐耳（Q3①：17）

出土陶器

1. BH2①：2

2. BH2①：9

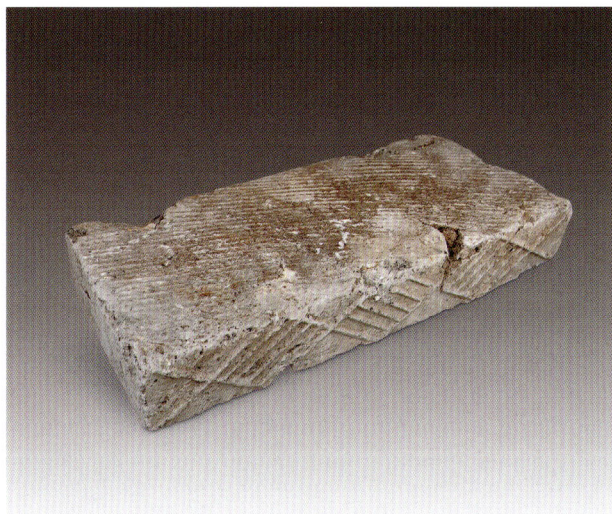

3. BH2①：10

4. BH2①：12

5. BH2①：13

6. BH2①：15

出土墙砖

1. 墙砖（BH2①：16）

2. 墙砖（DG5：13）

3. 瓷碗（DG5：18）

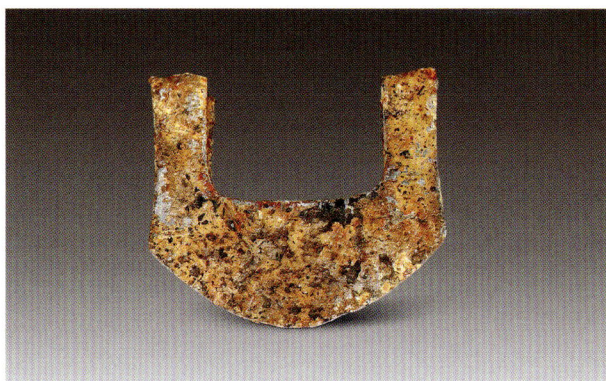

4. 铁锸（MG1：25）

5. 墙砖（Q2①：101）

6. 墙砖（Q2①：102）

7. 墙砖（Q2①：103）

出土遗物

1. 瓦当（MG1∶8）

2. 瓦当（MG1∶9）

3. 铜钕（MG1∶15）

4. 铜箭镞（MG1∶16）

5. 铜箭镞（MG1∶21）

6. 铜箭镞（MG1∶22）

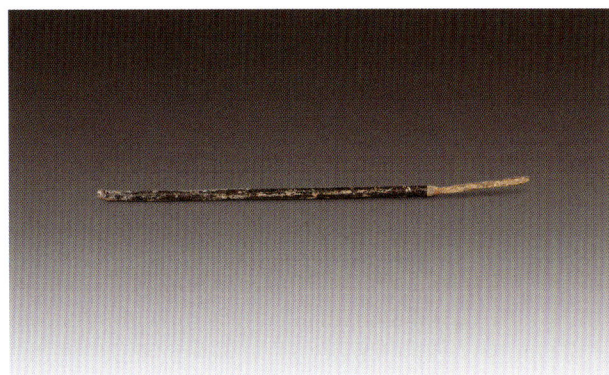

7. 铜箭镞（MG1∶24）

出土遗物

1. 罐（Q2①：1）

2. 罐（Q2①：5）

3. 罐（Q2①：10）

4. 瓮（Q2①：19）

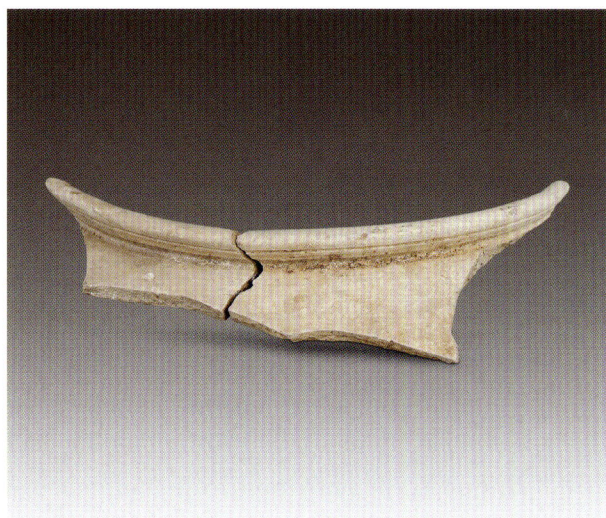
5. 瓮（Q2①：20）

6. 罐（Q2①：45）

出土陶器口沿

1. Q2①：47

2. Q2①：48

3. Q2①：51

4. Q2①：52

5. Q2①：53

6. Q2①：56

出土瓦当

1. 瓦当（Q2①：57）

2. 瓦当（Q2①：61）

3. 瓦当（Q2①：64）

4. 瓦当（Q2①：65）

5. 仓（Q2①：75）

出土陶器

1. 铺地砖（Q2①：87）

2. 墙砖（Q2①：95）

3. 筒瓦（Q2①：108）

4. 筒瓦（Q2①：109）

5. 筒瓦（Q2①：125）

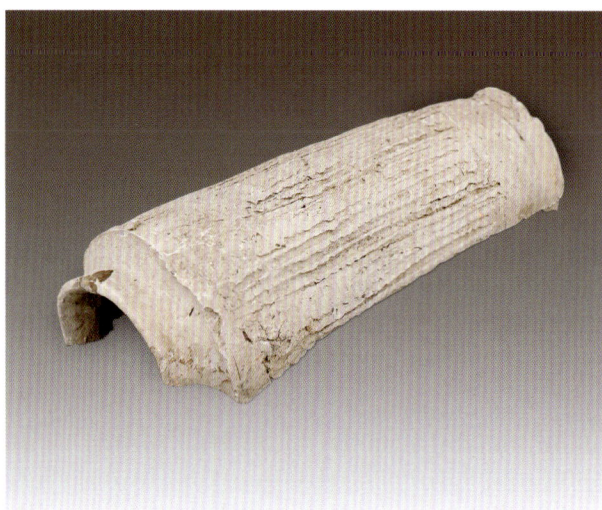

6. 筒瓦（Q2①：129）

出土陶器

1. 筒瓦（Q2①：130）

2. 筒瓦（Q2①：132）

3. 筒瓦（Q2①：133）

4. 筒瓦（Q2①：134）

5. 板瓦（Q2①：138）

6. 板瓦（Q2①：139）

出土陶器

1. 板瓦（Q2①：147）

2. 板瓦（Q2①：154）

3. 板瓦（Q2①：156）

4. 板瓦（Q2①：160）

5. 瓦当（Q2②：209）

6. 墙砖（Q2②：241）

出土陶器

1. 罐耳（Q2②：62）

2. 罐耳（Q2②：64）

3. 罐耳（Q2②：80）

4. 拍（Q2②：105）

5. 网坠（Q2②：108）

6. 空心砖（Q2②：110）

出土陶器

1. 空心砖（Q2②：111）

2. 空心砖（Q2②：112）

3. 空心砖（Q2②：113）

4. 空心砖（Q2②：117）

5. 石斧（Q2②：118）

6. 陶盂（Q2②：119）

出土遗物

1. 盂（Q2②：120）

2. 盂（Q2②：121）

3. 盂（Q2②：122）

4. 盂（Q2②：123）

5. 罐（Q2②：124）

6. 筒瓦（Q2②：130）

出土陶器

1. Q2②：137

2. Q2②：135

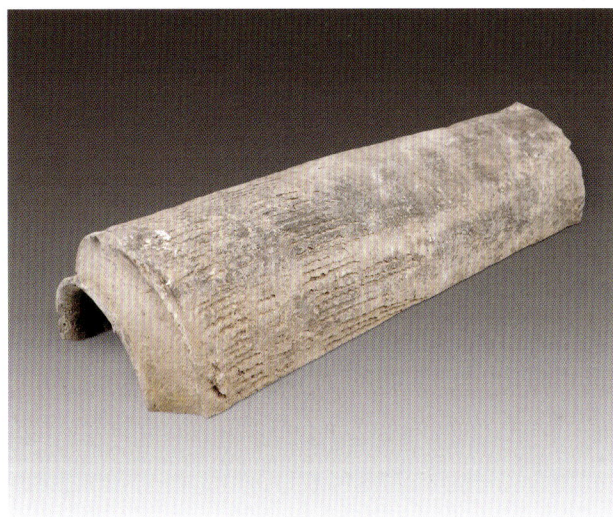

3. Q2②：136

4. Q2②：139

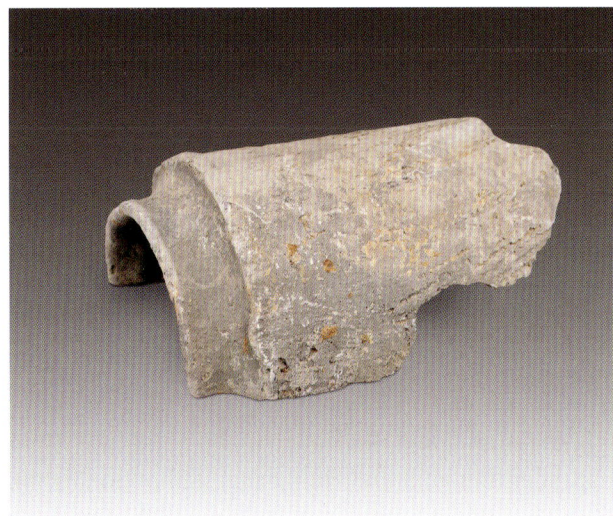

5. Q2②：142

6. Q2②：143

出土筒瓦

1. 铺地砖（Q2②：181）

2. 铺地砖（Q2②：182）

3. 铺地砖（Q2②：186）

4. 铺地砖（Q2②：193）

5. 铺地砖（Q2②：200）

6. 瓦当（Q2②：221）

出土陶器

1. Q2②：212

2. Q2②：215

3. Q2②：218

4. Q2②：223

5. Q2②：226

6. Q2②：227

出土瓦当

1. 瓦当（Q2②：229）

2. 瓦当（Q2②：230）

3. 瓦当（Q2②：235）

4. 瓦当（Q2②：236）

5. 墙砖（Q2②：238）

6. 墙砖（Q2②：239）

出土陶器

1. Q2②：246

2. Q2②：247

3. Q2②：248

4. Q2②：249

5. Q2②：250

6. Q2②：251

出土铸范

1. 铸范（Q2②：252）

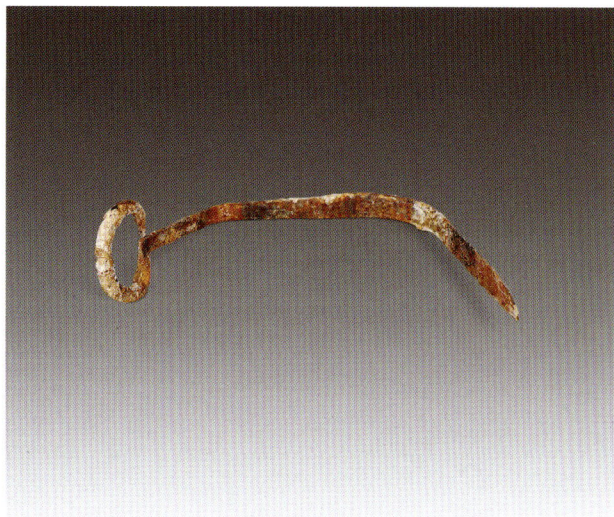

2. 铁削刀（Q2②：253）

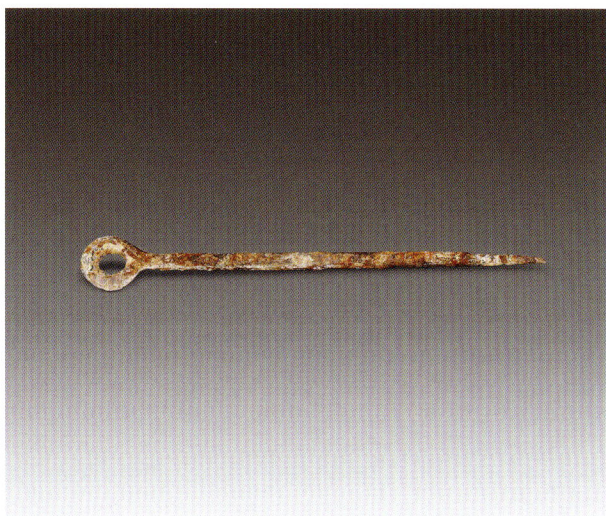

3. 铁锥（Q2②：254）

4. 陶罐口沿（Q3①：3）

5. 陶罐口沿（Q3①：9）

6. 墙砖（Q3①：49）

出土遗物

1. 铺地砖（Q3①：58）

2. 瓦当（Q3②：23）

3. 盂（Q3②：1）

4. 盆（Q3②：2）

5. 权（Q3②：3）

6. 罐（Q3②：4）

出土陶器

1. 瓮口沿（Q3②：12）

2. 瓮口沿（Q3②：14）

3. 罐耳（Q3②：18）

4. 瓦当（Q3②：21）

5. 筒瓦（Q3②：27）

6. 异型砖（Q3②：38）

出土陶器